Konrad Küster

Das Konzert
Form und Forum der Virtuosität

Bärenreiter Studienbücher Musik

Herausgegeben von
Silke Leopold
und
Jutta Schmoll-Barthel

Band 6

Konrad Küster

Das Konzert

Form und Forum der Virtuosität

Bärenreiter
Kassel · Basel · London · New York · Prag

Die Deutsche Bibliothek – CIP-Einheitsaufnahme

Küster, Konrad:
Das Konzert : Form und Forum der Virtuosität / Konrad Küster. –
Kassel ; Basel ; London ; New York ; Prag: Bärenreiter 1993
(Bärenreiter-Studienbücher Musik ; Bd. 6)
ISBN 3-7618-1156-X
NE: GT

Umschlaggestaltung: Jörg Richter, Emstal-Sand
Satz: satz + form GmbH, Kassel
Druck und buchbinderische Verarbeitung: Clausen & Bosse, Leck
Printed in Germany
ISBN 3-7618-1156-X

INHALT

ABKÜRZUNGEN

AfMw	Archiv für Musikwissenschaft
BV-TP	Bärenreiter-Taschenpartitur
BWV	Bach-Werke-Verzeichnis
ETP	Eulenburg-Taschenpartitur
H.	E. Eugene Helm, Catalogue of the Works of Carl Philipp Emanuel Bach, New Haven/London 1989
HPS	Hawkes Pocket Score
JAMS	Journal of the American Musicological Society
KV	Köchel-Verzeichnis
NA	Ludwig van Beethoven, Werke, Neue Ausgabe
NBA	Neue Bach-Ausgabe
NMA	Neue Mozart-Ausgabe
NZfM	Neue Zeitschrift für Musik
RV	Peter Ryom, Verzeichnis der Werke Antonio Vivaldis, Kleine Ausgabe, Leipzig 1974, [2]1979 (bzw. Peter Ryom, Répertoire des Œuvres d'Antonio Vivaldi, Les compositions instrumentales, Kopenhagen 1987)
TP	Taschenpartitur
Wq	Alfred Wotquenne, Thematisches Verzeichnis der Werke von Carl Philipp Emanuel Bach, Leipzig etc. 1905
🕮	Den Analysen zugrunde gelegte Notenausgabe.

Zu Schriften, die in Fußnoten nur abgekürzt zitiert sind, finden sich die kompletten bibliographischen Angaben im Literaturverzeichnis.

VORWORT

Immer, wenn man aus der Musikgeschichte eine Gattung herausgreift, um sie einzeln zu betrachten, muß man versuchen, zwei Aspekte auf einen Nenner zu bringen: Einerseits entwickelt sich eine Gattung nach eigenen Gesetzen – sie geht also ihre eigenen Wege. Andererseits ist sie aber in die Gesamt-Musikgeschichte eingebunden. Dies letztere gilt gerade für das Konzert auf besonders vielfältige Weise. Zunächst steht es in einem intensiven Wechselspiel mit anderen musikalischen Gattungen und Formen (so kommt man nicht umhin, bisweilen auch einen Blick auf die Geschichte der Sonate zu werfen). Spezifisch konzerthaft ist zwar die fesselnde Wirkung, die stets von dem Nebeneinander des Orchesters und eines (oder mehrerer) Virtuosen ausging; doch weil man sich dessen genierte, wie sehr sich das Publikum von den spieltechnischen Fertigkeiten eines Solisten faszinieren ließ, äußerte man Zweifel daran, ob das Konzert eigentlich noch als eine ernsthafte Kunstgattung gelten könne – und stürzte es damit in eine schwere Krise. Und schließlich: Im Deutschen ist das, was man als »Konzert« benennt, obendrein besonders weit gefaßt: Mit ein und demselben Begriff belegt man sowohl *musikalische Werke* als auch – viel allgemeiner – *Aufführung von Musik* (soweit diese Musik nicht szenisch dargeboten wird wie in einer Oper). Somit ist die jahrhundertealte, breitgelagerte Geschichte des Konzerts durchaus etwas, das man mit dem Adjektiv »wechselvoll« beschreiben kann.

Diese Geschichte soll hier, soweit es in einem Buch dieses Umfangs möglich ist, aufgerollt werden; die Gattungsgeschichte soll im Vordergrund stehen (ausführlichere Studien zu Details der Geschichte des Konzerts als Veranstaltung sind hingegen im Literaturverzeichnis genannt). Betrachtet werden einzelne Werke (oder auch: einzelne verbale Äußerungen); sie sind so ausgewählt, daß man in ihnen jeweils etwas Zeittypisches findet – also nach Möglichkeit Aspekte, denen man beim eigenen Weiterarbeiten ähnlich auch in anderen Werken begegnen kann. Aber es geht auch um Spezielles: Manchmal kommt man den Denkweisen einer Zeit näher, wenn man sich den Sonderfällen widmet (auch mit Speziellem kann man ein »zeittypisches« Problem lösen). Andere Zugänge zur Gattungsgeschichte treten dahinter zurück: Diese wird nicht aus den Details nationaler Strömungen heraus entwickelt; die Werke sind nicht so ausgewählt, daß die typischen Konzert-Soloinstrumente gleichmäßig berücksichtigt werden, und das Buch versucht auch nicht, das Standard-Konzertrepertoire umfassend zu betrachten. Doch es werden nur solche Werke ausgewählt, deren Noten ohne größere Mühe im Neudruck zugänglich sind (es sind auch ein paar weniger bekannte Kompositionen darunter, die deshalb aber nicht weniger interessant sind). Zu diesen Werken wird jeweils eine Notenausgabe genannt, in der Regel eine Taschenpartitur (weil man mit diesen auch zu Hause arbeiten kann); wer hingegen zur jeweiligen historisch-kritischen Gesamtausgabe greift (meist nur im Präsenzbestand von Bibliotheken zugänglich), hat die größere Sicherheit, mit einem zuverlässigen Notentext zu arbeiten.

Das Buch umfaßt neun Kapitel: Das erste widmet sich der frühen Begriffsgeschichte, die Kapitel 2–5 beleuchten die Entwicklung des Konzertsatzes ungefähr im 18. Jahrhundert. Damit wird diesem ersten Jahrhundert des solistischen Instrumentalkonzerts ein besonders breiter Raum gewidmet – nicht zuletzt deshalb, weil man an Werken jener Zeit Grundlegendes feststellen kann (und muß). Die Kapitel 2–4 konzentrieren sich dabei auf schnelle Konzertsätze, in denen man aber einem Formprinzip begegnet, das zunächst alle Sätze eines Konzerts beherrschen konnte; im 5. Kapitel geht es dann um das Konzert als »Summe von Sätzen« sowie um abweichende Form-Möglichkeiten. Die Kapitel 6 und 7 gelten daraufhin dem Problem der Virtuosität im Konzert – das erste von ihnen eher allgemein, das zweite den Beziehungen zwischen Instrumentenbau und Virtuosität. Im 8. und 9. Kapitel werden schließlich Fortentwicklungen des 19. und im 20. Jahrhunderts dargelegt.

Das Buch will ein »Studienbuch« sein: Es versucht, gleichzeitig grundlegend zu informieren und Anregungen zum eigenen Weiterarbeiten zu geben. Dies prägt auch seine äußere Gestaltung. Im Text wird zwischen Normaldruck und Kleindruck unterschieden: In Kleindruck erscheinen Exkurse und Detailanalysen; wer sich lediglich knapp orientieren will, kann über sie hinweglesen. Zur noch schnelleren Orientierung werden einzelne Begriffe im Text hervorgehoben (durch Kursivsatz). Einen knappen Überblick ermöglicht auch die Zeittafel im Anhang. Um schließlich einige Quellentexte, die an mehreren Stellen des Buches gebraucht werden, leichter auffindbar zu machen, sind diese ebenfalls im Anhang abgedruckt. Ferner: Es gibt »Aufgaben«, mit denen punktuell Ansätze für ein eigenes Weiterarbeiten geschaffen werden. Hierzu gibt es im Anhang auch einen »Lösungsteil«. Da man aber gerade bei der Analyse musikalischer Zusammenhänge zu unterschiedlichen Interpretationen gelangen kann und deshalb vieles schlichtweg eine Ermessensfrage ist, ist klar, daß sowohl die Aufgaben als auch die Lösungen nur Anregungen oder Ideenskizzen sein können.

Ein Problem einer solchen Darstellung ist es, daß allzu leicht der Eindruck von etwas Exemplarischem vermittelt wird: Man ist dann geneigt, diese »exemplarischen« Werke als Glieder einer geradlinigen Entwicklung zueinander in Beziehung zu setzen. Eine derartige Entwicklung ist im Konzert allerdings noch weniger denkbar als in anderen Gattungen: Personell und regional unterschiedliche Vorstellungen darüber, was »Konzert« sei, greifen ineinander – und zwar unentwirrbar. Das Aufblühen des Konzerts fällt in eine Zeit, in der für die Fortentwicklung der Musik in Europa praktisch keine Grenzen mehr bestehen. Der Notendruck trug seinen Teil dazu bei, auch das Postwesen und die zunehmend besseren Möglichkeiten des Personentransports (»der reisende Virtuose«). Einen ebenso universellen Charakter konnten die Fortentwicklungen von Instrumenten annehmen; diese ließen sich ähnlich verbreiten wie die (handschriftlichen oder gedruckten) Noten. Beides aber – der Literatur-Pool und spezifische Möglichkeiten eines bestimmten Instruments – bot der Gattung offenbar das für sie existenziell notwendige Fundament. Welcher Komponist also weshalb was wo gehört hat, wird für die Nachwelt zunehmend unberechenbar; und wer wen beeinflußt hat oder von wem zugleich Einflüsse empfangen hat, ist kaum voneinander zu trennen.

Ein Buch des Umfangs – und der Intention – wie das vorliegende kann und will ein Problem nicht »abschließend« diskutieren. Fragen werden offenbleiben, und es ist durchaus denkbar, daß es Werke gibt, die mit einem dargestellten kaum etwas zu tun zu haben scheinen, obgleich beide in der gleichen Zeit komponiert worden sind. Dies ist in einer so universellen und so vielfältigen Gattung wie dem Konzert unvermeidlich; diese Probleme der Analyse zu leugnen wäre unredlich. Wichtiger ist daher aber gerade beim Konzert die Ausgangsfeststellung der Verschiedenartigkeit: subjektiv mit Blick auf den Komponisten und sein historisches Umfeld, subjektiv auch mit Blick auf den einzelnen Virtuosen. Der Mut zur Lücke ist also nicht nur Prinzip eines Buches, das Räume zum Weiterarbeiten bieten will, sondern auch eine Verbeugung vor der Eigengesetzlichkeit einer Gattung.

1. KAPITEL: »KONZERT«: BEGRIFFSVIELFALT IM WANDEL

Gattung – Werk – Ort – Vereinigung – Ensemble

Was ist ein »Konzert«? Schon wenn man sich überlegt, was dieser Begriff heutzutage bedeutet, ist die Antwort nicht eindeutig – als Deutschsprachiger hat man es darin schwerer als etwa ein Franzose oder ein Engländer. Wir gehen »ins Konzert«, egal, was gespielt wird; manchmal wird dort, im Konzertsaal, tatsächlich ein Werk gespielt, das wir auch als »Konzert« bezeichnen. Es gibt im Deutschen ein einziges Wort sowohl für eine *Werkgattung* (der zum Beispiel ein Klavierkonzert von Beethoven angehört) als auch für eine *Veranstaltung*: Wir sprechen vom »Sinfoniekonzert« und haben es dort mit einem Begriff zu tun, der im Vergleich mit »Klavierkonzert« als absurd erscheinen könnte, aber – in seinem eigenen Kontext – ebenso richtig und stimmig ist wie der andere. Im Englischen und Französischen bezeichnet man Werk und Veranstaltung hingegen mit unterschiedlichen Begriffen: Ein »concerto« ist stets ein Werk, ein »concert« eine Aufführung.

Doch die historische Spannweite des Begriffs ist noch größer; dies wird am Beispiel Leipzigs im 18. Jahrhundert deutlich: Leipzig als Universitäts- und Messestadt, die aber keine Residenzstadt war (auch nicht auf andere Weise Hauptstadt eines Territoriums, etwa als Freie Reichsstadt), bietet ideale Voraussetzungen, um die allmähliche Entwicklung des Konzerts als einer eigenständigen, öffentlich-bürgerlichen Veranstaltung (also in den bis heute üblichen Formen) zu betrachten. Musik war hier nicht primär Bestandteil eines Staatszeremoniells – das sich ja auch entfaltete, wenn am Hof eines Landesfürsten ein Hofkonzert abgehalten wurde. Hier nun hatte Georg Philipp Telemann als Student der Universität kurz nach seiner Immatrikulation 1701 ein Collegium musicum gegründet (als eine alte studentische Musizierform), und 1708 gründete Johann Friedrich Fasch ein zweites; aus beiden *Institutionen* entwickelte sich 1743 das »Große Concert«, das zwar in engem Kontakt zur Universität (d. h. zu ihren Studenten) stand, ansonsten aber vom Bürgertum getragen wurde. Über die Gründung berichtet eine zeitgenössische Chronik[1]: »Den 11. März 1743 wurde von 16 Personen, sowohl Adel als bürgerlichen Standes, das Große Concert angeleget.« Damit war eine Konzertgesellschaft gegründet, praktisch ein Verein, der Konzerte veranstaltete und sich dafür zugleich ein Ensemble hielt. Und weil es erst seit etwa 1770 überhaupt Ensembles gibt, die sich »Orchester« nennen[2], konnte zuvor »Concert« bisweilen auch dieses bedeuten –

[1] Aus der »Vogel-Chronik«, zitiert nach: Arnold Schering, Johann Sebastian Bach und das Musikleben Leipzigs im 18. Jahrhundert, Leipzig 1941, S. 260 (Musikgeschichte Leipzigs, Band 3).

[2] Salmen, Das Konzert, S. 45.

also dasselbe wie »Collegium musicum«. Daher hatte in Leipzig der Begriff »Konzert« vier Ebenen:

1. Man ging ins »Große Konzert« (Veranstaltung).
2. Man war Mitglied des »Großen Konzerts« (Verein).
3. Man hörte das »Große Konzert« (Ensemble) spielen.
4. Aufgeführt wurde möglicherweise tatsächlich ein »Konzert« (Werk).

Mit der Begriffsfacette »Konzert als Ensemble« nähert man sich einem anderen Terminus an: »consortium«. Als »consort« bezeichnet man Ensembles vor allem der englischen Renaissancemusik; dort wurde »consort music« außerdem zu einem Gattungsbegriff, der von der Besetzung abgeleitet wird (man unterscheidet »whole consorts« aus Instrumenten, die durchweg der gleichen Gattung angehören, von »broken consorts«, in denen etwa Streicher und Bläser nebeneinander musizieren). Auf dieser Begriffsebene, auf der also »consort« und »Collegium musicum« stehen, steht im 18. Jahrhundert auch der deutsche Begriff »Konzert« in einer seiner zahlreichen Facetten – von denen lediglich diejenigen für das Werk und für die Veranstaltung übriggeblieben sind.

Für dieses Buch wird der Begriff »Konzert« als Gattungsbegriff in den Vordergrund gestellt. Allerdings kann man auf eine Behandlung der übrigen Begriffe nicht verzichten: Die Werke werden im Kontext der Konzert-Veranstaltung aufgeführt und nehmen dort einen zentralen Bedeutungsaspekt für Interpreten und Zuhörer ein; die Werke setzen bestimmte Ensemble-Verhältnisse voraus (die also in der musikgeschichtlichen Allgemeinentwicklung erst einmal geschaffen sein müssen, damit das Konzert als Werk überhaupt denkbar ist) und werden zudem in satztechnischen Konzepten realisiert, die ebenso nicht im luftleeren Raum entstanden sind, sondern im Wechselspiel mit Nachbar-Gattungen (die wir aber heute nicht als »Konzert« bezeichnen).

Grundlagen des Gattungsbegriffs

Unter »Konzert« stellen wir uns in der Regel ein Werk vor, in dem *Tutti und Solo* unterschieden werden; Konzerte für einen Solisten erscheinen uns noch gattungstypischer als etwa Doppel- oder Tripelkonzerte. Doch es gibt auch Konzerte ohne Solisten und Konzerte ohne eigenen Tutti-Apparat: In Bachs 3. Brandenburgischem Konzert »konzertieren« drei Orchestergruppen miteinander (Violinen, Violen, Violoncelli; jeweils drei Stimmen pro Gruppe, dazu Generalbaß), ohne daß es einen »Solisten« gäbe und ohne daß diese dreimal drei obligaten Stimmen solistisch besetzt sein müßten. Im 6. Brandenburgischen Konzert hingegen »konzertieren« zwei Bratschen, zwei Gamben und ein Cello miteinander (wiederum zuzüglich Generalbaß), ohne daß ein Orchester mitspielte.

Der erste Fall lenkt den Blick auf ein Konzert-Verständnis, das eine gewisse Nähe zum altenglischen Consort offenbart: »Konzert« bezeichnet hier das *Zusammentreten* von Ensemblegruppen. Diese Ensemblegruppen können den Charakter von Teilchören annehmen, die an sich als eigengesetzlich musizierende Glieder erscheinen können; doch damit der »Gesamt-Chor« eines Werks konstituiert werden kann, müssen die Teilchöre miteinander vereinigt werden. Somit gehört die Vorstellung, daß doppelchöriges Musizieren »Konzert« sei, ebenfalls in diesen Zusammenhang (hierzu mehr im nächsten Abschnitt). Ähnliches prägt auch Bachs Kantatenpraxis: Bach überschrieb die Partituren seiner geistlichen Kantaten mit »Concerto« und reiht sich damit in die gleiche Tradition ein, nach der ein Gesamt-Ensemble in mehrere Teil-Ensembles aufgespalten werden kann, zwischen denen sich das Faktum »Concerto« ergibt. Die einzelnen Teilensembles werden dabei als unterschiedliche »Chöre« einander gegenübergestellt: Blechbläser, Holzbläser, Streicher und Singstimmen bilden jeweils einen »Chor« (grundsätzlich ist dies bis hin in die moderne Anordnung einer Partitur – nach Instrumentengattungen geordnet – erhalten geblieben).

In Bachs Benennung scheint sich zudem ein Prinzip zu spiegeln, das man bisweilen als charakteristisch für das frühe »Concerto« ansieht: daß ein »Concerto« eine *Mischung aus vokalen und instrumentalen Teilensembles* sei[3]. Ausgangspunkt für diese Sehweise ist, daß Giovanni Gabrieli 1587 Werke seines kurz zuvor verstorbenen Onkels und Lehrers Andrea Gabrieli, um einige eigene Werke erweitert, unter dem Titel »Concerti« veröffentlichte und tatsächlich einzelne Stimmen eher auf instrumentale als auf vokale Aufführung hin konzipiert erscheinen. Doch insgesamt ist dies schon ein weitergehender definitorischer Schritt, der eher die Aufführung der Werke als deren musikalische Substanz betrifft. Vielmehr erscheinen die Werke der beiden Gabrieli auch bereits deshalb als »Concerti«, weil das Musizieren in ihnen überhaupt als das Musizieren eines »Ensembles« (gleich welcher Besetzung) aufgefaßt wird.

Das 6. Brandenburgische Konzert setzt dies gewissermaßen im kleinen Rahmen fort. Hier ergeben sich enge Berührungspunkte mit *Kammermusik* – die besonders deutlich auch im Mittelsatz von Bachs 5. Brandenburgischem Konzert zutage treten, in dem das Orchester völlig pausiert, also nur die Soloinstrumente Flöte, Violine und Cembalo übrigbleiben – also eine barocke Triosonaten-Besetzung. Das gleiche Prinzip steckt andererseits auch hinter Mozarts Preußischen Quartetten (KV 575, 589, 590), die Ende 1791 im Druck erschienen und in einer Zeitungsannonce als »Drey ganz neue konzertante Quarteten für zwey Violinen, Viole und Violoncello vom Hrn. Kapellmeister Mozart« angekündigt wurden[4]; hier wie im 6. Brandenburgischen Konzert musiziert somit ein einziges, in sich geschlossenes Ensembles, in dem aber alle Stimmen obligat geführt sind (in dem also keine den Rang einer reinen Tuttistimme übernimmt, außer dem Generalbaß). Und diese Benennung setzt sich sogar in noch »kammermusikalischeren« Verhältnissen fort, wie Carl Maria

[3] Kunze, Die Entstehung des Concerto-Prinzips im Spätwerk Giovanni Gabrielis, S. 83.

[4] »Wiener Zeitung« (28. Dezember 1791), zitiert nach: Otto Erich Deutsch (Hrsg.), Mozart, Die Dokumente seines Lebens, Kassel etc. 1961 (Mozart, Neue Ausgabe sämtlicher Werke, Serie X, Werkgruppe 34), S. 376.

von Webers »Grand Duo concertant pour Pianoforte et Clarinette« op. 33 (1811) und Igor Strawinskys »Duo Concertant« für Violine und Klavier (1932) zeigen: In beiden Werken wird das »Konzertante« von einem Duo realisiert.

Was aber bedeuten die Begriffe des »Konzertierens« und des »Konzertanten«, die in allen diesen Fällen für die Beschreibung der Werke herangezogen werden, in der historischen Entwicklung?

Was versteht man im 16. und 17. Jahrhundert unter »Konzertieren«?

Die Etymologie des Wortes »Concerto« ist ebenso umstritten wie die Voraussetzungen für die früheste nachweisbare Verwendung des Begriffs in der Musik. Eine wesentliche Ursache für diese Unklarheiten dürfte sein, daß sich der Begriff »concertare« gegen Ende der Renaissance im *Italienischen* und im humanistisch gepflegten *Latein* in zwei unterschiedliche Richtungen fortentwikkelten: Wenn ein Italiener umgangssprachlich das Wort »concertare« verwendete, meinte er damit etwas anderes, als wenn beispielsweise ein Nichtitaliener, der aber eine gute Schulbildung genossen hatte (die grundsätzlich auf der Verkehrssprache Latein beruhte), mit dem buchstabengleichen lateinischen Begriff arbeitete. Folglich konnte ein Italiener auch etwas anderes »Concerto« nennen als etwa ein lateinisch geschulter Deutscher. Beide Sinn-Sphären griffen mit der Zeit ineinander – Italien und die nördlicheren Staaten Europas standen ja ohnehin in einem regen wirtschaftlichen und kulturellen Kontakt zueinander, so daß sich auch die Begrifflichkeit verselbständigen konnte.

Grundlage des *italienischen* Verständnisses ist, daß etwa aus dem 14. Jahrhundert heraus »concertare« als »etwas verabreden« oder »*etwas aufeinander abstimmen*« verstanden wird; frühe Belege für eine derartige Verwendung gibt es in Dichtungen Giovanni Boccaccios (1313–1375). In diesem Sinne gelangte das Wort auch ins Deutsche und wird sogar im Duden mit dieser Bedeutung geführt: Wirtschaftspolitische Aktionen können »konzertiert« sein, nämlich auf Vereinbarung, wechselseitiger Abstimmung und partnerschaftlicher Übereinkunft beruhen. Überträgt man diese Bedeutung auf das Musizieren, so gelangt man zu einer Vorstellung, mit der sich die Verhältnisse, denen man im 3. und 6. Brandenburgischen Konzert begegnet, in idealer Weise decken: Mehrere Ensembleteile *musizieren gleichberechtigt* nebeneinander. In dieser Vorstellung hätte »der Solist«, ein so typisches Element unserer Konzert-Vorstellung, keinen Platz, weil er gegenüber der »Begleitung« eine Vorrangstellung einzunehmen scheint. Damit erklärt sich auch, weshalb etwa noch Antonio Vivaldi, dessen Kompositionen wesentlich zur Durchsetzung gerade dieses »Solo«-Konzerts beigetragen haben, Werke für Streichorchester und Generalbaß wahlweise als »Sinfonia« oder als »Concerto« bezeichnete – obgleich sich in diesen Instrumentalwerken überhaupt nichts äußert, das für das Bewußtsein spätestens des 19. Jahrhunderts »konzertartig« gewesen wäre.

Grundsätzlich ist also schon das Verfahren, Psalmen Vers für Vers von unterschiedlichen Chören vortragen und diese bisweilen zu einem gemeinsamen Ensemble zusammentreten zu lassen, eine »Concerto«-Praxis genau dieses ursprünglichen Zuschnitts: Die einzelnen Chöre bewahren beim abwechselnden Musizieren ihre Eigenständigkeit, gewissermaßen ihren obligaten Charakter, und wenn sie zusammentreten, wird das »Aufeinander-Abgestimmt-Sein« reguliert. Dieses Verfahren geht auf den alternatim-Vortrag von Psalmen im Gregorianischen Choral zurück (zwei Chorhälften wechseln jeweils von einem Vers zum nächsten miteinander ab); eine besonderen Reiz erhielt dies durch mehrstimmigen Vortrag und durch die Einbeziehung von Raumarchitekturen in die Aufführung (indem man etwa von zwei verschiedenen Emporen aus singt). Traditionell hervorgehoben wird in diesem Zusammenhang Adrian Willaert, der als Kapellmeister an San Marco in Venedig mit seinen »Salmi spezzati« (1550) Schlüsselbeispiele für diese Musizierform schuf; allerdings sind jene Formen des doppelchörigen Musizierens auch schon deutlich früher nachweisbar[5].

In den gleichen historischen Rahmen gehört der »Concerto«-Typus, der in den 1550er Jahren von Vincenzo Lusitano als *Improvisationspraxis* beschrieben wird. Lusitano widmet sich unterschiedlichen Formen von Improvisation zu einem vorgegebenen Cantus firmus und teilt sie in drei Klassen ein, mit denen zwei, drei- oder vierstimmiger Satz erreicht werden kann. Die zweistimmige nennt er »aria di cantar il contraponto« (Technik, einen »Kontrapunkt« zu dem Cantus firmus zu improvisieren, und zwar in wesentlich kleineren Notenwerten als die Ausgangsstimme); und während er die vierstimmige als »contraponto in accordo« bezeichnet (und damit zwar nicht »Akkorde« schafft, aber das »Zusammenstimmen« der drei improvisierten Parts in den Vordergrund stellt), ist für ihn der *dreistimmige* ein »contraponto in concerto«. Für Lusitano entsteht damit also nicht nur das Singen eines Kontrapunkts wie in der zweistimmigen Technik, sondern dem Cantus firmus stellt sich das kleinste denkbare Ensemble (»Concerto«) improvisierter Stimmen entgegen; dies ist der entscheidende Unterschied zur kleineren Besetzung, während sich der vierstimmige Zusammenklang durch eine gesteigerte Komplexität unterscheidet (man muß noch eine Stimme mehr berücksichtigen).

Schon um 1600 ist dann die geringste Form des »Concerto« nicht mehr dreistimmig, sondern *zweistimmig*: In den »Cento concerti ecclesiastici« von Lodovico Viadana (1602) bilden die Werke für nur eine Singstimme und Baßakkompagnement die größte Gruppe. Und auch in Musikaliendrucken der nachfolgenden Zeit, in denen unter anderem auch einstimmige Werke mit Generalbaß enthalten sind, kann die Überschrift des Inhaltsverzeichnisses »Tavola de concerti« lauten, ohne sich damit in einen Widerspruch zum Erscheinungsbild jener generalbaßbegleiteten Einstimmigkeit zu begeben; entsprechend umfaßt Claudio Monteverdis VII. Madrigalbuch von 1619, das den

[5] Detaillierte Ausführungen hierzu bei Carver, Cori spezzati.

Haupttitel »Concerto« trägt, auch Werke für nur eine Singstimme und Generalbaß.

Gerade diese Werke bereiten aber Schwierigkeiten, wenn man sie aus dem Blickwinkel der *lateinischen Begriffstradition* heraus zu erklären versucht. Für das lateinische »concertare« steht ein *Wettkampf-Charakter* im Vordergrund: Abgeleitet von »certus« (sicher), verstärkt durch die Vorsilbe »con-«, bedeutet das Wort im klassischen Latein »eifrig streiten« oder – im übertragenen, weniger militärischen Sinn – »heftig miteinander disputieren«. Auf dieser Definition baute 1619 Michael Praetorius auf, als er im Dritten Teil seines »Syntagma musicum« auf »Die Bedeutung, wie auch Abtheil- vnnd Beschreibung fast aller Nahmen, der Italianischen, Frantzösischen, Englischen vnd jetziger zeit in Teutschland gebräuchlichen Gesänge: Alß, Concerten, Moteten, Madrigalien, Canzonen, etc.« auf jenen fraglichen Begriff zu sprechen kommt. »Concertare« übersetzt er als »mit einander scharmützeln«: Typisch sei, daß Chöre vielfältiger Zusammensetzungs-Möglichkeiten sich wechselweise regelrecht in den Vordergrund zu spielen versuchten (sowohl im übertragenen Sinn als auch in einem rein musikalischen; Wiedergabe im Anhang, Text 1). Damit fügt Praetorius zu der traditionellen italienischen Definition einen Aspekt hinzu: Daß es sich um das Musizieren eines in Teile »zerlegbaren« Ensembles handele, ist für ihn aus der italienischen Musik der Zeit heraus offenbar selbstverständlich gewesen; von seinem Latein-Verständnis her drängt sich jedoch in den Vordergrund, was die Teilensembles genau tun. Sie »scharmützeln« miteinander und scheinen sich gegenseitig den Vorrang streitig zu machen. Wo aber bleibt da die »Übereinkunft«, die im italienischen Begriff »Concerto« liegt?

Falsch ist das, was Praetorius beobachtete, allerdings nicht (wenn es auch weder die Herkunft des Begriffs noch in umfassender Weise eine Kompositionspraxis erklärt). Tatsächlich setzt ja auch er die Existenz eines »gegliederten Ensembles« voraus; und mit der Charakteristik dessen, wie das Ensemble musiziert, hat er zwar die Grenzen einer allgemeinen Definition überschritten, aber auf etwas auch in Italien durchaus Denkbares hingewiesen. Für den deutschsprachigen Raum wurde seine Definition hingegen zu einer weithin bestimmenden Norm; sie wurde so häufig gelesen und zitiert, daß sie auch für die kompositorische Praxis richtungweisend werden konnte. Wie tief die bildliche Vorstellung des »Miteinander Disputierens« das Musikleben erfaßte, zeigt sich noch in einer *Streichquartett*-Definition Johann Friedrich Reichardts, der 1773 über ein eigenes Werk schrieb (»Vermischte Musikalien«, Vorwort): »Bei diesem Quartett habe ich die Idee eines Gesprächs unter vier Personen gehabt.« Natürlich ergibt sich im Streichquartett nie eine Situation, die einem Gespräch auch nur entfernt ähnelte (weil dessen Teilnehmer ja nicht gleichzeitig sprechen); doch mit dieser Feststellung Reichardts rückt sogar ein Kammermusikstil (wie er letztlich auch Mozarts »Preußische Quartette« prägt) in die Nähe von Praetorius' Begriff »gegeneinander streitten«.

Auch in Italien selbst gab es Konflikte zwischen dem Lateinischen und verschiedenen italienischen Sprachtraditionen. 1594 bemüht sich Ercole Bottrigari in seinem Traktat »Il desiderio«, der Begriffspalette aus »concerto«, »concento« und »conserto« gerecht zu werden; das letzte erklärt er als toskanische Sonderform, das erste als allgemein umgangssprachlichen Ersatz für »concento«[6]. »Concento« heißt »Vereinigung«, »conserto« läßt sich auf das lateinische »conserere« (zusammenknüpfen) zurückführen. Davon ist aber auch jenes mittelitalienische »concertare« nicht weit entfernt. Daraus ergibt sich zweierlei – erstens: Bottrigaris Hinweis auf einen »indifferenten« Gebrauch von »concento« und »concerto« bestätigt, daß »concerto« sich nicht nur auf die lateinische Wurzel bezog; und zweitens: Zu einem sprachlichen Konflikt konnte es nur kommen, wenn man neben dem italienisch gewandelten Begriff auch – als humanistisch Gebildeter – den buchstabengleichen lateinischen kannte. Bottrigaris Beobachtungen kommen dem Kern der Problematik somit besonders nahe; demnach ist »concerto« primär eine »Zusammenkunft« gewesen (ebenso wie ein »concento«). Nur ist Bottrigari offenbar nicht bereit, dem Begriff »concerto« eine eigenständige Bedeutung zuzugestehen; diese liegt in jenem »etwas aufeinander abstimmen« (mit dem sich das Funktionieren der »Zusammenkunft« regelt).

Das musikalische Profil der Teil-Ensembles

Praetorius kannte die außermusikalische italienische Bedeutung von »Concerto« offenbar nicht; er versteht den Begriff ausschließlich von der lateinischen Wurzel her. Wenn er aber von »scharmützeln« spricht, spielt er nicht nur auf das bloße Abwechseln der Ensembleteile und deren Zusammentreten an; vielmehr scheint für ihn eine viel speziellere Vorstellung mitzuspielen: daß man den Charakter des »Scharmützelns« als Hörer eines Werks begreifen könne. Für Praetorius rückt also in den Vordergrund, was die einzelnen Teilensembles einander entgegensetzen können; daß die Komposition sich schließlich aus der Zusammenschau der Einzelteile ergebe, steht eher im Hintergrund. Die Teilensembles müssen sich folglich *gegeneinander profilieren*; dieses »Profil« muß sich in der *Motivik* äußern, denn nur dadurch, daß die Motivik des einen Ensembleteils (Stimme, Chor etc.) von einem anderen wiederholt, variiert oder mit neuem Material kontrastiert wird, kann man erleben, daß Chöre »gegeneinander streitten«. Es kann dabei also keine Verhältnisse geben wie in den weitausschwingenden Linien freier Polyphonie (wie beispielsweise in Hochrenaissance-Motetten), sondern knappe, von Anfang bis Ende prägnant durchgeformte Phrasen.

Praetorius hat diesen Aspekt nicht derart präzise angesprochen; seine bildliche Vorstellung ist aber anders nicht denkbar. Zudem: Er hat den Aspekt aus Doppelchörigkeit hergeleitet und daraufhin eine Verbindung zum späteren, geringstimmigen »Concerto« hergestellt. Tatsächlich ist eine Verbindung zwischen diesen beiden Satztypen denkbar: Sowohl in den beiden einzigen Melodiestimmen eines Satzes als auch in den Oberstimmen von zwei Chören

[6] Hercole Bottrigari, Il desiderio overo de' concerti di varii strumenti musicali, Venedig 1594, Faksimile Berlin 1924 (Veröffentlichungen der Musik-Bibliothek Paul Hirsch, Band 5), S. 9f.

kann ein Komponist ein Profil erarbeiten, anhand dessen sich das »Gegeneinander Streitten« verfolgen läßt. Somit ließ sich aus Praetorius' Beschreibung das historische Modell ableiten, daß ein zweistimmiges »Concerto« praktisch aus einer doppelchörigen Komposition extrahiert sein könne; »Concerto« erschiene dort als *reduzierte Doppelchörigkeit*[7]. Doch in gleicher Weise können auch die Stimmen eines fünfstimmigen a-cappella-Satzes gegeneinander ein musikalisches Profil entwickeln, das jenem »Gegeneinander Streitten« nahekommt; auch sie können untereinander Motivteilchen wiederholen, sie können miteinander »dialogisieren« und einander »widersprechen« (und sich somit wechselseitig zum »Satz« ergänzen)[8]. Die *motivische Prägnanz* scheint also nicht an die doppelchörige Praxis gebunden gewesen zu sein (so daß man die Doppelchörigkeit als einzige direkte Vorläuferin des geringstimmigen »Concerto« bezeichnen könnte); viel eher lagen diese »Concerto«-Techniken auch in anderen musikalischen Satzarten praktisch auf der Hand, und so gibt es durchaus auch Verbindungslinien zwischen fünfstimmigem a-cappella-Satz und dem geringstimmigen »Concerto«.

Aufgabe (1):
Ein typisches Beispiel für einen derart »profilierten Dialog« zwischen zwei Chören ist Giovanni Gabrielis »O magnum mysterium« aus den »Concerti« von 1587: Die Oberstimmen beider Chöre lassen von Abschnitt zu Abschnitt die motivischen Verhältnisse (Wiederholung, Variierung, Kontrast) klar erkennbar werden. An zwei Stellen gewinnen auch andere Stimmen (als ebenso selbständige Einzelglieder des Ensembles) ein solches »Profil«.

Zusammenfassung: »Konzertanter Stil« und Konzert

Das Instrumentalkonzert steht in einem komplexen Beziehungsgeflecht: Die sprachlichen Wurzeln von »Concerto« (zwischen »klanglich aufeinander abstimmen« und »wetteifern«) sind unklar bis widersprüchlich; die musikalische Frühgeschichte des Instrumentalkonzerts stellt eher das wohlgeordnete Musizieren eines in mehrere Teile aufgefächerten Gesamtensembles in den Vordergrund als das Gegeneinander dieser Teile. Um ein »Wetteifern« aber überhaupt erlebbar zu machen, mußten sich die »Teilnehmer« entsprechend profilieren: Aus der Motivik heraus kann man folglich beobachten, wie die Beziehung zwischen den Ensembleteilen geregelt ist. Dies beherrscht die Situation seit der ersten Hälfte des 17. Jahrhunderts. Doch eine spezielle

7 Adam Adrio, Die Anfänge des geistlichen Konzerts, Berlin 1935 (Neue deutsche Forschungen, Abteilung Musikwissenschaft, 1), S. 43f.; Friedrich Blume, Das monodische Prinzip in der protestantischen Kirchenmusik, Leipzig 1925, S. 59f.

8 Küster, Opus primum in Venedig.

Legitimierung ist notwendig, um überhaupt »den Solisten« als eine musikalisch wirksame Instanz auszubilden, der für die Gattung von grundlegender Bedeutung werden konnte.

Andererseits finden sich Elemente, die in der Geschichte des Konzerts Schlüsselfunktionen übernehmen, später auch noch in anderen Gattungen; die Praxis des »konzertierenden Stils« wirkt bis in die Gestaltung einer Sinfoniepartitur oder in die Satztechnik von Kammermusik hinein. Die Grenzen zwischen den Gattungen bleiben also offen, wenn auch deren Definitionsspielraum mit der Zeit immer enger geworden zu sein scheint. Wie weit er ursprünglich war (gerade mit Blick auf das »Concerto«), läßt sich beispielhaft am Schaffen Giovanni Gabrielis erläutern: Nach den »Concerti« von 1587 gab er 1597 »Sacrae Symphoniae« in Druck; die »Concerti« – als primär vokale Ensemblemusik – unterscheiden sich in keinem grundlegenden Detail vom Charakter der »Symphoniae«, deren Sammeltitel nichts grundlegend anderes besagt (»syn« heißt griechisch »zusammen mit«, »phoneín« heißt »klingen«; dem entspricht musikalisch das italienische »con-certare« als »etwas aufeinander abstimmen«). Die »Sacrae Symphoniae« enthalten auch eine »Sonata pian e forte«, ein Instrumentalwerk für zwei vierstimmige Chöre (»sonare« heißt »klingen«, und zwar im instrumentalen Sinn); auch für sie hat folglich jener Sammeltitel zu gelten. Die »Sonata« als eine »Symphonia«; »Symphoniae«, die sich prinzipiell ähnlich verhalten wie »Concerti«: Das ist letztlich der Boden, auf dem der differenzierte Formenkatalog klassisch-romantischen Musizierens erwuchs. Von ihm hat man folglich auch für die Geschichte des Instrumentalkonzerts auszugehen. Wenn Bach also ein Vokalwerk »Concerto« nannte und Vivaldi die Bezeichnung »Sinfonia« und »Concerto« für musikalisch gleichartige Werke verwenden konnte, erkennt man, daß auch zu Beginn des 18. Jahrhunderts die späteren Werkbegriffe noch nicht derart normiert waren. Auch für Vivaldi war also ein Konzert für Solovioline und Orchester noch nicht »das« Konzert, sondern lediglich eine – wenn auch bereits zentrale – Spielart einer breiter gefächerten musikalischen Gattung.

Instrumentalkonzert: Eine Formenübersicht

Die am meisten verbreitete Form des Instrumentalkonzerts ist das *Solokonzert*; wie der Name sagt, setzt es prinzipiell in einer musikalisch geschlossenen Form genau einen Solisten voraus (so daß also die Solofunktion nicht während des Verlaufs eines einzigen Satzes permanent wechselte). In den »Concerto«-Formen aus der ersten Hälfte des 17. Jahrhunderts fehlt dieser Aspekt noch. Denkbar sind freilich schon in jener Zeit Refrainformen: Ein »Orchester« tritt von Zeit zu Zeit mit einem gleichbleibenden musikalischen Gebilde hervor, das in der Regel auf gleicher Tonstufe erklingt; die Zwischenräume zwischen den beiden Eintritten verbleiben einem »Solisten« zur Darbietung wechselnder »Strophen«, auch zur Improvisation oder zur Entfaltung seiner virtuosen Möglichkeiten. Besonders geeignet dafür, einen derartigen Gegensatz herzustellen, ist offenkundig die Trompetenmusik gewesen[9]: Eine (Natur-)Trompete der Zeit hat einen völlig anderen Tonvorrat und völlig andere Virtuositätsbedingungen als ein begleitendes Streicherensemble. Daß diese Trompetenmusik folglich eine musikalische Scheidung zwischen einem breiten Tuttiapparat und einem einzigen, profilierten Solisten besonders gefördert hat, ist also denkbar.

Die wichtigste musikalische Form des 17. Jahrhunderts, in der ein Solist einem Tutti-Apparat gegenübertritt, war allerdings keine instrumentale, sondern eine vokale: die *Opernarie*. Somit ist es nicht verwunderlich, daß sich auch das Solokonzert über die Jahrhunderte hinweg immer wieder an Gegebenheiten der Vokalmusik orientierte (beispielsweise auch in Wolfgang Rihms Violinkonzert »Gesungene Zeit«, 1992). Einzelne Satztypen im barocken Instrumentalkonzert stehen vokalen Formen relativ nahe – im Stil etwa die zahlreichen sanglichen Mittelsätze barocker Konzerte, in der Form aber auch Konzertsätze in Da-capo-Anlage. Manche Sätze nehmen hingegen allgemeinere Charakteristika der Instrumentalmusik an, etwa Rondoformen (Beispiele für alle drei Typen findet man in den drei Sätzen von Bachs Violinkonzert E-Dur BWV 1042; vgl. S. 103); charakteristisch sind auch Berührungspunkte mit der Fuge (vgl. S. 49). Einem Satztypus aber hat sich die Musikgeschichtsschreibung unmittelbar mit Blick auf das Instrumentalkonzert gewidmet: dem barocken *Ritornellkonzertsatz* (vgl. Kapitel 2 und 3), einem charakteristischen Satztypus des instrumentalen Solokonzerts in den ersten Jahrzehnten des 18. Jahrhunderts.

Was passiert, wenn statt des einen Soloparts ein zweiter besetzt ist – entsteht dann bereits ein neues formales Gebilde? Tatsächlich gibt es in *Doppelkonzerten* Details, mit denen sie sich von Solokonzerten unterscheiden; sie entstehen daraus, daß ein Dialog zwischen den beiden Solisten zustandekommen kann, über den Dialog hinaus, der zwischen »dem« Solopart eines Solokonzerts und der Begleitung entsteht. Grundsätzlich brauchen die formalen Bahnen im Doppelkonzert (auch: in noch größeren Besetzungen des Solo-Apparats) nicht anders zu sein als im Solokonzert.

Eine andere Form des Musizierens mehrerer Solisten und eines Orchesters ergibt sich im *Concerto grosso*. Dieser Begriff heißt an sich lediglich »großes Konzert« und scheint damit nur einen Teil von etwas Umfassenderem zu bezeichnen – denn dem »großen Konzert« muß sinnvollerweise ein »kleines Konzert« (»Concertino«) gegenübertreten. In diesem Sinne hat Arcangelo Corelli seine Werke komponiert, die für die Ausstrahlung der Gattung »Konzert« von immenser Bedeutung waren und auch eine jüngere Komponistengeneration nachhaltig beeinflußten (beispielsweise Georg Friedrich Händel, aber auch Giuseppe Torelli); für diese Werke ist der Besetzungs-Begriff gleichzeitig zum Gattungsbegriff geworden. Die Frage der »Ensemblemusik« wird in ihnen also auf eine besondere Weise beantwortet: Ein größeres Teilensemble figuriert als Tutti, ein kleineres als Solo. Damit kann sich ein »Konzertieren« sowohl zwischen Concertino und Concerto grosso als auch

[9] Talbot, Albinoni, S. 112f.; Talbot, Vivaldi, S. 173.

innerhalb des »solistischen« Klangkörpers ergeben (vgl. auch die Definition Johann Joachim Quantz': Anhang, Text 2, § 30). Doch nicht alle Konzerte mit mehr als zwei Soloinstrumenten werden als »Concerti grossi« bezeichnet; für entsprechende Werke Vivaldis und seiner Nachfolger (auch Bach) wurde der Terminus »Gruppenkonzert« geprägt. Eine Sonderbedeutung von »Concerto grosso« war zeitweise für großbesetzte Kammermusik üblich: Aus diesem Blickwinkel heraus bezeichnete 1859 der Musikforscher Ludwig Gantter Mozarts Serenaden und Divertimenti als »Concerti grossi«[10].

Quantz bezeichnet Konzerte für einen Solisten und Orchester als »Kammerkonzert«. Diese Bezeichnung ist unüblich geworden; an seiner Stelle wird der Begriff »Solokonzert« verwendet. Die Musikwissenschaft bezeichnet hingegen als *Kammerkonzert* solche (barocken) Werke, in denen sozusagen das Orchester »fehlt«, also Werke mit der Bezeichnung »Konzert«, in denen mehrere Soloinstrumente und Generalbaß besetzt sind. Klassische Beispiele finden sich im Werk Vivaldis, aber auch bei Bach: im Brandenburgischen Konzert Nr. 6 (für je zwei Bratschen und Gamben sowie Cello und Continuo).

Im französischen Raum entstand um die Mitte des 18. Jahrhunderts eine Sonderform des Konzerts für mehr als ein Soloinstrument: die *Symphonie concertante*. Wesentliche Charakteristika ergeben sich – außer aus der größeren Besetzung nach Art eines Gruppenkonzerts – aus einer Ausschöpfung der »Dialogmöglichkeiten« beim Musizieren mehrerer Soloinstrumente; die Folge ist etwa eine viel weiter gehende thematische Eigenständigkeit des Soloapparats als in einem Solokonzert, in dem es viel eher um eine thematische Koppelung und Verflechtung der Klangkörper geht. Bläserbesetzungen waren besonders beliebt.

[10] Alexander Ulibischeff, Mozart's Leben und Werke, Neu bearbeitet und wesentlich erweitert von Ludwig Gantter, Stuttgart ^{2}1859, Bd. 3, S. 63: »41 Divertissements (concerti grossi) für das Orchester und Harmoniemusik«.

2. KAPITEL: DIE BAROCKE RITORNELLKONZERTFORM

Konzertsatz-Formen des 18. Jahrhunderts: Forschungsmodelle

Es gibt keinen Konzertsatz-Typus, über den mehr Forschungen angestellt worden wären als über denjenigen, der in den ersten Sätzen von Konzerten anzutreffen ist. Zunächst standen die Kopfsätze von *klassisch-romantischen Konzerten* im Vordergrund des Interesses; man stellte Ähnlichkeiten zwischen klassisch-romantischen Konzertsätzen und dem Modell fest, das man zuvor als »Sonatenhauptsatzform« formuliert hatte (mit zwei Themen, mit Exposition, Durchführung und Reprise). Donald Francis Tovey stellte dann mit seiner Abhandlung »The Classical Concerto« klar, daß es sich bei jenem Konzertsatz-Typus nicht um eine »reine« Sonatenhauptsatzform handele (noch viel weniger, als überhaupt irgendein Musikstück als bloßes Formmodell komponiert worden wäre); zunehmend bürgerte sich der Begriff *»Sonatenkonzertsatz«* ein.

Ein solcher Begriff war um so notwendiger, seitdem man auch ein Formmodell für den Konzert-»Hauptsatz« der Barockzeit entwickelt hatte (vor allem ausgehend von Forschungen Wilhelm Fischers); dieses Formmodell ließ sich als *»Ritornellkonzertsatz«* beschreiben. Fischer hatte dieses Formmodell aus den Werken selbst abgeleitet; es ist somit Produkt historischer Forschung. Zuvor war man stets von der aktuellen Kompositionslehre ausgegangen: »Sonatenhauptsatzform« war Lehrstoff an Konservatorien; dieses zeitgenössische Modell übertrug man also auf Werke, die über hundert Jahre zuvor entstanden waren (etwa auf Kompositionen Mozarts) und die zudem einer anderen Gattung angehören (weder Sonate noch Sinfonie, sondern eben Konzert). Das Modell »Ritornellkonzert« kann also den Anspruch erheben, direkt aus Musik des frühen 18. Jahrhunderts heraus formuliert zu sein; das Modell »Sonatenkonzert« ist dagegen aus der Kompositionslehre um 1900 heraus entwickelt worden und (»rückwärts«) auf Musik vor 1800 übertragen worden. Beide Modelle stehen einander unversöhnlich gegenüber – in ihrem Informationsgehalt ebenso wie ihren gedanklichen Voraussetzungen.

In der Anwendung der Modelle wirkte sich der Unterschied aber praktisch nicht aus: Beide dienten gleichermaßen als Grundlage der musikalischen Analyse. Folglich konnte auch der Eindruck entstehen, daß in dem begrenzten Raum des 18. Jahrhunderts, im Abstand von wenigen Jahrzehnten, für ein und dieselbe musikalische Konstellation (Instrumentalsolist und Orchester) zweimal eine revolutionär neue »Form« entstanden sei – zunächst kurz nach 1700 das »Ritornellkonzert«, kurz nach der Jahrhundertmitte dann das »Sonatenkonzert«. Dies alles hätte sich zudem in einem begrenzten geographischen Raum zugetragen – der sich, überspitzt formuliert, zwischen Vivaldis Venedig und Mozarts Wien über lediglich 600 Reisekilometer erstreckt. Doch man begann nicht etwa an der Tragfähigkeit der Modelle zu zweifeln; vielmehr verhärtete sich der Eindruck einer fundamentalen *Umbruchzeit*, die sich beim historischen »Zusammentreffen« von Ritornellkonzert und Sonatenkonzert ergeben haben müßte. Viel eher jedoch liegt der »Umbruch« darin, daß beide Modelle ähnliche Erscheinungsformen einer einzigen Sache aus zwei völlig verschiedenen Blickwinkeln betrachten.

Es wurden auch Zweifel an den Modellen selbst geäußert, vor allem an dem des Sonatenkonzerts, besonders massiv und wirkungsvoll etwa durch den britischen Mozart-Forscher Arthur Hutchings (A Companion to Mozart's Piano Concertos, 1948), und sogar die begrifflichen Grundlagen, von denen Tovey ausging, sind mittlerweile in Mißkredit geraten – es gibt etwa verbreitet Bedenken dagegen, in einem Konzertsatz des 18. Jahrhunderts eine »Durchführung« zu konstatieren. Letztlich ist damit jener fatale »Umbruchzeit«-Eindruck zunehmend entkräftet worden, so daß sich die Entwicklung des Instrumentalkonzerts im 18. Jahrhundert allmählich als etwas *Kontinuierlicheres* begreifen läßt. Man sollte in der Ablehnung des Sonatenkonzert-Modells aber auch nicht zu weit gehen. Zwar ist nicht zu bestreiten, daß Mozart keine Konzerte nach der »Sonatenhauptsatzform« komponierte (weil es das Modell zu seiner Zeit noch nicht gab) und daß er diese Form deshalb erst recht nicht »konzerthaft modifizieren« konnte. Daß es allerdings *Berührungspunkte zwischen den Gattungen* gibt, läßt sich schließlich auch nicht anzweifeln – zumal sie auch von den jeweils zeitgenössischen Musiktheoretikern beschrieben worden sind.

Man benötigt somit insgesamt einen *neuen Zugang* zum Konzert des 18. Jahrhunderts (vor allem: ohne eine »Umbruchzeit« in der Jahrhundertmitte von vornherein in Kauf nehmen zu müssen). Als Grundlage ist die Modellvorstellung »Ritornellkonzert« zwar nicht unproblematisch, aber auch nicht untauglich – aus folgenden Gründen: Zwar ist es allemal schwierig, überhaupt einen Konzertsatz zu finden, an dem sich diese Modellvorstellung schlüssig mit musikalischer Realität verknüpfen läßt, und sie läßt nur wenig Raum dafür, daß man auch das aus ihr heraus erklären könnte, was man üblicherweise als »Variierungen« des Schemas bezeichnet. Doch gerade darin liegt der entscheidende Punkt, der einem ein konstruktives Weiterarbeiten ermöglicht: Mit diesen »Variierungen« nähert sich das Solokonzert im Lauf des Jahrhunderts auf unterschiedlichsten Ebenen jenen Aspekten an, die man um 1900 als Berührungspunkte zwischen Konzert und Sonate interpretieren konnte. Manche dieser »Entwicklungen« setzen zudem schon im frühesten 18. Jahrhundert ein.

Um schließlich diese »Berührungspunkte« überhaupt beschreiben und benennen zu können, braucht man für sie ein *Vokabular*; es ist konsequent, daß man hierfür die Begriffe verwendet, die für eines der beiden Verhältnisse, deren Verwandtschaft man darstellen will, bereits eingeführt sind. Dies aber gilt tatsächlich nur für die Begriffe der »Sonatenform«. Deshalb ist eine besondere terminologische Vorsicht nötig – die sich an dem Begriff »Durchführung« exemplifizieren läßt. Es ist durchaus denkbar, daß einem in einem Konzertsatz des 18. Jahrhunderts ein Abschnitt begegnet, der – äußerlich – an »Durchführungen« in Sonatensätzen erinnert, obgleich es sich nicht um eine »thematische Durchführung« im allerengsten terminologischen Sinn der Sonatentheorie handelt (also: nicht um eine Durchführung von Haupt- und Seitenthema). In einem solchen Fall läßt sich problemlos zweierlei unterscheiden: Wenn man dann davon spricht, daß in jenem Konzertsatz ein Glied enthalten sei, das in seiner formalen Stellung, vielleicht auch in seinem harmonischen Zuschnitt einer Durchführung annähernd vergleichbar ist, ist daran nichts auszusetzen; wenn man aber davon spricht, jenes Konzert enthalte eine Sonatenhauptsatz-Durchführung, so sind erhebliche Zweifel angebracht. Entscheidend ist also, daß man jeweils erklärt, auf welchen begrifflichen Ebenen man »Berührungspunkte« konstatieren will.

Ritornell und Refrain, Episode und Strophe

Als barocke Ritornellkonzertform beschreibt man in der Regel die Form der beiden *Außensätze* eines dreisätzigen Werks. In ihm übernehmen *Tutti und Solo* abwechselnd unterschiedliche Aufgaben und beherrschen dabei *unterschiedliche Formglieder*. Das Tutti eröffnet und beschließt den Satz (wobei der »Tutti«-Charakter dadurch nicht beeinträchtigt wird, daß der Solist in dem betreffenden Abschnitt auch mitspielt; vielmehr wird der Charakter des »Tutti« dadurch besonders unterstützt, wenn wirklich »alle« spielen, einschließlich des Solisten). Im Satzinneren tritt das Tutti in ähnlicher Weise für mehrere Abschnitte in den Vordergrund; zwischen zwei Tutti-Abschnitten steht jeweils ein Soloabschnitt, so daß der Satz einen Tutti-Abschnitt mehr enthält als Soloabschnitte.

Mit diesem Erscheinungsbild ist zunächst noch nichts spezifisch Konzerthaftes entstanden: Daß ein Soloabschnitt zwischen zwei Tuttiabschnitten eintritt, ist ein Phänomen, das ebenso beispielsweise in *Tanzmusik* vorkommt. Der Tuttiabschnitt, der dabei von Zeit zu Zeit erklingt, bleibt stets in allen Details gleich (Harmonik, Besetzung, Motivik); er muß deshalb, wenn er schriftlich fixiert wird, auch nur ein einziges Mal notiert werden (also unabhängig davon, wie oft er schließlich erklingt). Zwischen zwei Eintritten dieses Tuttiabschnitts eröffnet sich Raum für Solistisches, etwa für Improvisation unterschiedlichen Ausmaßes; aber der Bewegungsraum dieser solistischen Musik ist eingeschränkt, da diese zu ihrer Ausgangstonart zurückkehren muß (damit jener konstante Tuttiabschnitt neuerlich erklingen kann). Dieses Prinzip läßt sich als Wechsel zwischen Eintritten eines *Refrains* und begrenzt unterschiedlichen *Strophen* bezeichnen; konzerthafte »Ritornellform« äußert sich darin noch nicht.

Zum Problem wird die Situation erst durch die Benennung: Im Italienischen verwendet man für den (französischen) Begriff »Refrain« den Begriff »Ritornello«, also den gleichen, den man späterhin für die Tuttiabschnitte im Konzert einführte. Und »Ritornello« und »Refrain« gelten tatsächlich auch gleichartigen Phänomenen. »Ritornello« ist vom italienischen »ritorno« (»Rückkehr«) abgeleitet, um die Verkleinerungsform »-ello« erweitert und bedeutet daher »kleine Rückkehr«; das französische »Refrain« bedeutet allgemein soviel wie »Signal«, daneben – spezieller musikalisch – auch »Wiederholungsvers« oder »Kehrreim« und hängt schließlich auch (ausgehend von seiner lateinischen Wurzel »refringere«) mit Verbformen wie »etwas aufbrechen« oder »hemmen« zusammen. Ein Refrain »unterbricht« also den musikalischen Fluß mit einem »wiederkehrenden Vers« (ebenso wie ein Ritornell), dem etwas »Signalhaftes« anhaftet.

Zur Refrain-Praxis gehört als solistischer Bestandteil die Strophe – die, wie erwähnt, in der Regel darauf angelegt ist, zur *Ausgangstonart* zurückzukehren, damit der Refrain neuerlich folgen kann. Somit brauchen Strophen sich untereinander kaum zu unterscheiden, etwa (wie im Volkslied) lediglich in textlicher Hinsicht. Nur gelegentlich kommt es vor, daß Strophen tatsächlich modulieren, so daß ein Refraineintritt (oder mehrere hintereinander) auf einer anderen Tonstufe stehen als der erste. Dies ist der Rahmen, in dem beispielsweise Claudio Monteverdis »Ritornelltechnik« in seiner Oper »Orfeo« (1607) zu sehen ist: Im Prolog der »Musica« werden Strophen, die mit geringfügig variierender Musik vorgetragen werden, von Eintritten eines »Ritornello« gegeneinander abgesetzt, wobei die Binnen-Eintritte aus der Grundtonart in die V. Stufe versetzt werden.

Die *Soloabschnitte im Instrumentalkonzert* sind allerdings anders gebaut: Sie erreichen in aller Regel eine andere harmonische Stufe als die, von denen sie ausgehen; in ihnen liegt die *Modulation* des Satzes. Dies wirkt sich fundamental auch auf die Tuttiabschnitte aus: Normalerweise stehen nur der erste und der letzte auf gleicher Tonstufe (nämlich in der Grundtonart), die mittleren dagegen auf anderen Stufen, je nachdem, wohin die solistischen Abschnitte im Einzelfall modulieren. Daher kann man an der Stellung der *Tuttiabschnitte* die harmonischen Entwicklung eines Satzes verfolgen: Sie stehen in den Tonarten, die im Verlauf eines Satzes berührt werden (bzw. in den wichtigen von ihnen). Die Soloabschnitte übernehmen also jeweils die harmonische Vermittlung zwischen zwei Tuttiabschnitten. Das Verfahren, das sich in der tonalen Position der Ritornelli in Monteverdis Orfeo-Prolog zeigt, wird hier also grundlegend ausgebaut: Es handelt sich nicht mehr um eine einfache Quintversetzung mehrerer Binnen-Ritornelli, nach denen das Schlußritornell wieder auf dem Grundton steht, sondern um eine grundsätzliche Versetzung aller Ritornelli von der Grundtonart weg (außer dem ersten und letzten).

Die solistischen Abschnitte des Konzertsatzes werden üblicherweise als *Episoden* bezeichnet. Abgeleitet ist der Begriff vom griechischen »epeisódion«, womit man in der antiken Tragödie die Musik benannte, die zwischen zwei Chorgesängen erklingt. Das allerdings entspricht wiederum nur dem Refrain-Strophe-Bild und sagt über die »Soloepisoden« des Konzertsatzes entsprechend wenig aus (mehr vielleicht über die humanistische Bildung derjenigen, die den Begriff prägten). Unterschwellig stellt sich zudem der Bedeutungshintergrund ein, daß die »Soloepisode« etwas »Episodisches« sei: Wenn man beispielsweise davon spricht, etwas sei im Leben eines Menschen »eine Episode« geblieben, so meint man damit eine in sich abgeschlossene Begebenheit, die sich nicht wiederholt habe, die also keine tiefere Bedeutung für das weitere Leben des jeweiligen Menschen erlangt habe. Auch dies ist freilich keine hilfreiche Information über die Verhältnisse im Konzertsatz: Die »Episoden« des Solisten sind zweifellos etwas überaus Wichtiges im Konzert. »Episodisch« kann nur das

Material sein, das dort erklingt: Tatsächlich kann die Motivik für jedem Soloabschnitt neu erfunden werden, ohne jemals in demselben Konzertsatz wiederverwendet zu werden. Der Grund dafür läßt sich aus der Harmonik heraus erkennen: Jeder Soloabschnitt hat ein anderes harmonisches Ziel; eine Modulation eine Quinte aufwärts (etwa von der Tonika zur Dominante) erfordert eine andere Materialaufbereitung (oder gar ein anderes Material) als eine Modulation eine Sekund aufwärts (etwa von der Dominante zur Mollparallele der Grundtonart). Deshalb also müssen die Soloabschnitte des Instrumentalkonzerts auch in der Motivik wesentlich stärker von einem gleichbleibend-strophischen Charakter abweichen, der in einer Refrain-Strophe-Refrain-Anlage noch denkbar ist; und damit entsteht zugleich jedesmal ein neuartiger Freiraum auch zur Entfaltung virtuoser Kräfte.

Der Eindruck eines »Ritornells« entsteht also aus zwei Faktoren: aus der »Wiederkehr« des Tutti, aber auch aus der »Wiederkehr« gleichen musikalischen Materials – allerdings auf wechselnden Tonstufen. Diese *harmonische Variabilität* eines Satzes erscheint als der wesentliche Unterschied gegenüber der Ritornelltechnik des 17. Jahrhunderts; im Konzertsatz erzeugt sie damit auch eine *motivische Variabilität* der solistischen Episoden. Die harmonische Versetzbarkeit des Ritornells läßt sich daher als eine der entscheidendsten Voraussetzungen für die Entwicklung des Konzertsatzes des 18. Jahrhunderts bezeichnen. Relativ gesehen, unterscheidet sich somit das Konzertritornell zwar ein wenig von der Ritornellpraxis des frühen 17. Jahrhunderts; viel stärker aber unterscheidet sich die Soloepisode von der »Strophe«. »Episodisch« ist in der »Soloepisode« lediglich das Material, das unter den im Satzverlauf sich wandelnden Bedingungen eben auch unterschiedliche Ausprägungen erhält (angesichts der harmonischen Variabilität hat die »Episode« sogar mit dem »epeisodion« der griechischen Tragödie nur wenig gemein). Da jene Bedingungen sich aber auch von denen der Tuttiabschnitte unterscheiden (die tonal stabil sind, also auf gleicher Tonstufe beginnen und enden), gibt es im musikalischen Material der Tutti- und Soloabschnitte untereinander zunächst kaum Überschneidungen – ebensowenig wie traditionell zwischen Refrain und Strophe.

Zur bildlichen Veranschaulichung der Ritornellkonzertform trifft man bisweilen eine Anleihe bei der Architektur: Man vergleicht die musikalischen Verhältnisse mit Arkadenreihen, in denen die Säulen den Tuttiabschnitten und die Bogen den Soloabschnitten entsprächen. Bei genauerem Hinsehen erscheint das Bild als kaum hilfreich; es beschreibt an sich wiederum nur das Abwechseln von Refrain und Strophe, wobei beide gleichermaßen »wiederkehren«: die Säulen in stets exakt gleicher Bauform, die Bogen als zumindest architektonisch-statisch gleichwertige Glieder. Hilfreicher ist vielleicht das Bild einer Brücke über ein Tal mit asymmetrischem Querschnitt: Die Brückenpfeiler (mit unterschiedlicher Höhe, möglichst zudem unterschiedlich weit voneinander entfernt) übernehmen in individuellen Situationen eine gleichartige Funktion, sind aus gleichem Material (in unterschiedlicher Zubereitung) gebaut und lassen sich somit – zusammen mit den Brückenköpfen – den Tuttiabschnitten vergleichen. Der Querschnitt des Talgrunds, mit variablen Landschaftsformen (»optisch gegliedert« von den Pfeilern), entspräche den Soloabschnitten. Die Brückenoberfläche (mit ihrer »brutalen Nüchternheit«) repräsentierte eine Art »Zeitachse«, die zu- und abnehmende Höhe der Brücke über dem Talgrund böte ein Äquivalent für die Harmonik – die sich von der Grundtonart weg und wieder zu ihr zurück bewegt.

Ritornellkonzertform in Vivaldis Flautino-Konzert RV 443

🕮 Eulenburg-TP 1247

Die Ritornellkonzertform wird also von drei verschiedenen Aspekten geprägt: von der *Besetzung* (Tutti, Solo) und von der *Harmonik* (einer Entwicklung weg von der Grundtonart und zu dieser zurück), schließlich aber vom musikalischen *Material*: Das Tutti spielt auf unterschiedlichen Tonstufen das gleichbleibende, harmonisch in sich geschlossene Ritornell, das Solo die wechselnden, modulierenden Episoden; Ritornell und Episoden haben, weil sie musikalisch unterschiedlichen Zwecken dienen, primär unterschiedliches Material. Diese Unterscheidung sollte allerdings ernstgenommen werden. Die Arbeit mit den Begriffen »Ritornell« und »Episode« hat langfristig nur dann einen Sinn, wenn beide nur für das motivische Material verwendet werden – denn sobald es auf der Ebene der Motivik Überschneidungen zwischen beiden Formteilen gibt, kommt man andernfalls in Schwierigkeiten: Allein aus sprachlichen Gründen kann eine »Episode« kein Material des Ritornells enthalten; derartige Überschneidungen sind aber nicht selten (so daß die »Episode« beispielsweise mit dem gleichen Thema beginnt wie das »Ritornell«). Durchaus kann aber Material des Ritornells (also Material, das im ersten Tuttiabschnitt eingeführt wird) im Rahmen eines »Soloabschnitts« erklärt werden – der dann neben dem üblichen episodischen Material auch Ritornellmaterial enthält. Da in den Werken nur die reine Tuttifunktion und das Vorherrschen einer Solofunktion (begleitet vom Tutti) klar voneinander geschieden werden, sollten allein diese Besetzungskriterien auch für die Benennung der Formteile verwendet werden.

Diese Bedingungen sollte man also berücksichtigen, wenn man zur Betrachtung der musikalischen Realität übergeht. Als Ausgangspunkt soll ein Konzertsatz Vivaldis dienen, da sich mit dessen Namen die Entwicklung der Form besonders eng verbindet (zur Geschichte vgl. S. 45). Besonders deutlich werden die Verhältnisse am ersten Satz seines Konzerts für Flautino, Streicher und Generalbaß in C-Dur RV 443; es handelt sich um einen unbezeichneten Allegro-Satz im Dreiertakt. Der Satzverlauf ist übersichtsweise in Tabelle 1 dargestellt, zunächst unter Aussparung der Frage, welches musikalische Material im einzelnen erklingt.

Abgesehen vom ersten Soloeinsatz werden Tutti- und Soloteile stets miteinander verschränkt: Die Schlußkadenz eines Abschnitts endet stets auf dem Anfangston des folgenden Abschnitts (für die Berechnung der Länge einzelner Abschnitte wurde jeweils der Schlußtakt eines Abschnitts gezählt, der Anfangstakt hingegen – als Kadenztakt – dem vorigen Abschnitt zugerechnet).

Zwischen Tutti- und Soloabschnitten gibt es *keinerlei Materialüberschneidung*; zudem kehrt kein Motiv eines Soloabschnitts in einem anderen, späteren

Soloabschnitt wieder. Jeder Tuttiabschnitt steht auf einer anderen Tonstufe (nur der letzte steht naturgemäß auf der gleichen wie der erste). Allerdings sind die Tuttiabschnitte unterschiedlich lang (18, 8, 10 und 12 Takte), woraus bereits abgelesen werden kann, daß nicht in jedem von ihnen exakt dasselbe musikalische Material enthalten ist; dies erfordert also eine erste detailliertere Betrachtung. Doch abgesehen davon erweist sich der Satz als idealer Ausgangspunkt, um anschließend auch Hintergründe des Verfahrens zu erkunden – und um daraufhin die eng gezogenen Grenzen des Modells sprengen zu können.

Tabelle 1: Antonio Vivaldi, Flautinokonzert C-Dur RV 443, 1. Satz: Überblick

Takt	Formglied/Besetzung	Tonart		Länge (Takte)	
1–18	Tutti 1	C	(I)		18
19–42	Solo 1	C-a		24	
42–50	Tutti 2	a	(VI)		8
50–73	Solo 2	a-F		23	
73–81	Tutti 3	F	(IV)		8
81–102	Solo 3	F-e		21	
102–112	Tutti 4	e	(III)		10
112–143	Solo 4	e-C		31	
143–155	Tutti 5	C	(I)		12

Was geschieht im ersten Satz mit dem Ritornell?

Bevor man allerdings die Frage stellen kann, wie die Längenunterschiede der einzelnen Tuttiabschnitte zustandekommen, hat man sich zu fragen, wie überhaupt die Motivik »des Ritornells« beschaffen ist – was also im ersten Tuttiabschnitt präsentiert wird (Notenbeispiel S. 30–31). Das Material läßt sich in vier Bestandteile zergliedern:

Die ersten fünf Takte werden von einem gleichbleibenden Baß-Muster geprägt, über dem die beiden Violinen im Taktabstand einen Kanon spielen; die Harmonik verharrt unverändert auf dem Tonika-Klang C. Dies läßt sich als »*Vordersatz*« des Ritornells bezeichnen.

In Takt 6 löst ihn neues musikalisches Material ab, das einen zweiten Ritornellbestandteil konstituiert: Baßgrundlage ist nun eine über zwei Takte hinweg aufsteigende Leiterbewegung, die von Takt 8 an eine Sekund höher wiederholt wird und von Takt 10 an erneut in der gleichen Intervallik sequenziert wird. In Takt 12 erklingt dann die erste Hälfte dieses Sequenzmodells, nochmals eine Sekund höher, ohne aber in Takt 13 in der gewohnten Weise fortgeführt zu werden. Auch die Violinen spielen jeweils eine in Stufen ansteigende Sequenz, der in beiden Stimmen ein melodisch gleichartiges, zweitaktiges Glied zugrunde liegt; die erste Violine führt, die zweite folgt im Abstand eines Taktes in der Unterquint (dies betrifft allerdings nicht die Harmonik: Die Oktave der Violine II in Takt 8 umreißt einen D-Dur-Akkord, die Oktave der Violine I im Takt vorher umreißt hingegen einen F-Dur-Akkord, und zwar von der Terz aus, nicht vom Grundton). Ein derart sequenzierendes

Concerto C-dur

für Flautino (Flauto dolce), Streicher u. Cembalo

I.

Antonio Vivaldi Op. 44, Nr. 11
(um 1675 - 1741)

Glied im Zentrum barocker Ritornelle wird üblicherweise als »*Fortspinnung*« bezeichnet.

Die Sequenz setzt in der Grundtonart C-Dur ein; mit dem 12. Takt erreicht Vivaldi also nach dem vierten Sequenzdurchgang die vierte Stufe über dem Grundton (Subdominante). Daraufhin erklingen zwei Takte, die auf die Dominante G bezogen sind; die Erwartung, daß nach dieser bis zur Subdominante geführten Sequenz und einem Dominantglied (dem normalen Gang der *Kadenz* folgend) die Tonika eintritt, wird nicht enttäuscht; das entsprechende Schlußglied ist vier Takte lang fast ausschließlich auf die Tonika C bezogen und weicht nur auf dem vorletzten Viertel-Schlag nochmals zur Dominante aus.

Das Ritornell besteht also zunächst aus einem Vordersatz, der – als Eröffnung – die Grundtonart darlegt; an ihn schließt sich eine Sequenz an, in der in einem gleichbleibenden Intervall (hier: steigende Sekunden) ein ebenfalls gleichbleibendes Motiv »fortgesponnen« wird. Diese »Fortspinnung« mündet in die Schlußkadenz; um den Anschluß zwischen beiden Gliedern zu gewährleisten, kann – wie hier – Raum für ein zusätzliches Verbindungsglied entstehen. Sequenzen können zweierlei bezwecken: Man kann mit ihnen modulieren; man kann mit ihnen aber auch eine Tonart stabilisieren (hierauf wird bei der Betrachtung der Soloabschnitte zurückzukommen sein). Deshalb hat eine Sequenz stets ihren Sinn auch auf harmonischer Ebene. Hier führt Vivaldi die Sequenz von der I. Stufe (C) in drei Sekundschritten aufwärts bis zur IV. Stufe; von dort aus (Subdominante) bietet die Kadenz-Stufenfolge eine einfache Möglichkeit, um über jenes Dominant-Glied zur Tonika zurückzukehren.

Dies ist ein *typischer Ritornellaufbau* in barocker Musik, nicht nur im Konzert, sondern auch in Arien. Die vorgestellte Gliederung ist allein aus der Musik dieses ersten Tuttiabschnitts (und den sich wandelnden musikalischen Charakteren in ihm) abgeleitet. »Gliederung« eines barock-klassischen Konzert-Tuttiabschnitts hat aber stets auch eine zweite Bedeutung, neben der Analyse: Auch der

Komponist *gliedert* das Material, und zwar dadurch, daß er die späteren Tuttiabschnitte aus dem gleichen Material heraus gestaltet, dieses aber nicht komplett aufgreifen muß, sondern aus ihm eine Material-Auswahl treffen kann. Er löst dabei Einzelteile aus ihrem Kontext – nicht nur einzelne Motive, sondern in der Regel größere musikalische Zusammenhänge (es handelt sich also um mehrere Takte Musik, und zwar mit voller Begleitung). Die »Trennungslinie«, die der Komponist dabei zwischen zwei derartigen »Blöcken« zieht, sollte freilich auch in der Analyse des Ritornellmaterials berücksichtigt werden. Diese Information darüber, wie ein Komponist Musik gliedert, ist etwas typisch Konzerthaftes; in Sonaten und Sinfonien kann es dieses Verfahren nicht geben (weil es an die Ritornell-Gegebenheiten gebunden ist). Wie also gliedert Vivaldi diesen ersten Tuttiabschnitt, wie entwickelt er aus dessen Material noch vier weitere Tuttiabschnitte?

Der *zweite Tuttiabschnitt* (a-Moll; VI. Stufe) beginnt wie der erste: mit dem fünftaktigen Vordersatz (T. 42–46). Die Fortspinnung fällt aus; eine harmonische Überleitung wie in Takt 13/14 gibt es ebenfalls nicht. Statt dessen mündet die Musik, die in Takt 5 eingeführt ist, sofort in die Musik, die von Takt 15 an erklingt (T. 47–49/50). Vivaldi isoliert also den Vordersatz und die Kadenz – die beiden Glieder, die am knappsten die Tonart a-Moll darlegen können.

Auch der *dritte Tuttiabschnitt* (F-Dur; IV. Stufe) wird von dem Vordersatz eröffnet, der aber auf vier Takte verkürzt wird (T. 73–76). Daraufhin entwickelt Vivaldi für die Fortführung neues Material: Die Bewegung, die in Takt 6, Violine I, den Fortspinnungs-Abschnitt eröffnet, isoliert er, führt sie im folgenden Takt weiter (T. 77/78; stets so, daß eine Gruppe aus einem Achtel und zwei Sechzehnteln eine Terz tiefer erklingt als die vorige – also genauso wie in Takt 6, nur eben auf zwei Takte gedehnt) und schließt eine freie Kadenzwendung an, die also lediglich »kadenziert«, aber nicht mit exakt dem gleichen Material, das aus dem »Kadenzabschnitt« des Ritornells bekannt ist (T. 79–80/81).

Der *vierte Tuttiabschnitt* (e-Moll; III. Stufe) beginnt nicht mit dem Vordersatz, sondern direkt mit dem Fortspinnungsglied; es erklingt in voller Länge (T. 102–108: dreimal zwei Takte plus ein einzelner Takt) und mündet in die originale zweitaktige Überleitung (T. 109–110). Allerdings schließt sich auch hier nicht der originale viertaktige Kadenzabschnitt des Ritornells an; statt dessen erklingt ein einzelner Takt, der an die Motivik jenes Ritornellgliedes angelehnt ist, aber den harmonischen Aufriß hat, der im Ritornell erst im vorletzten Takt entsteht (T. 111, wie T. 17: Tonika-Tonika-Dominante...; die Auflösung zur Tonika fällt, wie erwähnt, im folgenden Takt mit dem Einsetzen des nächsten Soloabschnitts zusammen).

Der *fünfte und letzte Tuttiabschnitt* (C-Dur; I. Stufe) beginnt wie der vorangegangene mit dem Fortspinnungsglied (T. 143–149); es mündet in die originale Überleitung (T. 150/151), und der Satzschluß wird mit dem originalen Kadenzglied formuliert (T. 152–155).

Die motivischen Verhältnisse der Tuttiabschnitte, gewissermaßen ein Muster für die selektive Wiederverwendung von Material, aus dem das Ritornell besteht, ist in Tabelle 2 zusammengefaßt.

Der Vordersatz kann also ohne die Fortspinnung erklingen (Tutti 2); Fortspinnung und »Überleitung« erklingen stets zusammenhängend, doch weder muß der Fortspinnung stets der Vordersatz vorausgehen (Tutti 4 und 5), noch mündet die Überleitung stets in die originale Kadenz (Tutti 4). Und auch die Kadenzformulierung ist davon unabhängig, ob ihr das gleiche Material wie im ersten Tuttiabschnitt vorausgeht (Tutti 2). Damit bestätigt sich die blockhafte Gliederung, zu der die Analyse des ersten Tuttiabschnitts geführt hat, prinzipiell auch aus Vivaldis »Gliederungs«-Arbeit heraus. Doch Vivaldi geht über diese bloße Gliederungsmöglichkeit auch hinaus: Von Vordersatz und Kadenz können Einzeltakte weggelassen werden. Da aber beide Glieder ohnehin aus Wiederholungen gleichen Materials bestehen oder jeweils in sich eine harmonisch gleichbleibende »Aufgabe« übernehmen, beeinträchtigt dies den Eindruck der Blockhaftigkeit nicht. Außerdem kann anstelle der originalen Fortspinnung und der originalen Kadenz variiertes oder völlig neues Material erklingen (Tutti 3); an einer solchen Stelle rechtfertigt sich, von »Tutti 3« zu sprechen (und nicht von »Ritornell 3«, denn das »völlig neue Material« ist prinzipiell »episodisch«, auch wenn es im Tuttiabschnitt erklingt).

Tabelle 2: Antonio Vivaldi, Flautinokonzert C-Dur RV 443, 1. Satz: Motivischer Aufbau der Tuttiabschnitte

Abschnitt	Tonstufe	Vordersatz	Fortspinnung	Überleitung	Kadenz
Tutti 1	I: C	komplett	komplett	komplett	komplett
Tutti 2	VI: a	komplett			komplett
Tutti 3	IV: F	ohne 5. Takt	variiert		frei
Tutti 4	III: e		komplett	komplett	ohne 1./2. Takt
Tutti 5	I: C		komplett	komplett	komplett

Das *Material des Ritornells* wird also nicht »verarbeitet«; Ziel ist vielmehr, es abschnittsweise möglichst *unverändert* beizubehalten: Es tritt in wechselnden Situationen prinzipiell gleich ein. Die Gesamtlänge des Satzes beträgt 155 Takte (vgl. Tabelle 1, S. 29); von ihnen bilden 56 Takte die Tuttiabschnitte, die verbleibenden 99 Takte die Soloabschnitte. Gut ein Drittel des Satzes werden also von Tutti beherrscht, knapp zwei Drittel vom Solo. Es gibt aber fünf Tuttiabschnitte; erklänge in ihnen das Ritornell jeweils komplett, läge der Tutti-Anteil fast ebenso hoch wie der Soloanteil: bei 5×18 Takten, also 90 Takten. Rechnerisch gesehen, liegt der tatsächliche Tutti-Anteil aber bei etwas mehr als 3×18 Takten (dies wären 54 Takte). Vivaldi verkürzt also den kompositorischen Rahmen, den er auszufüllen hat, und wie er dies tut, ist leicht zu ersehen: Jedes der Ritornellglieder tritt im Satzverlauf durchschnittlich dreimal ein, je zweimal nach dem einzigen kompletten, eröffnenden Tuttiabschnitt. Damit kann also das Gewicht der Tuttiabschnitte zurückgenommen werden – weil Teile des Ritornells gewissermaßen als *Stellvertreter des ganzen* eintreten können. Das Gewicht der Soloabschnitte wird dadurch zugleich vergrößert, ohne daß deswegen der Solist tatsächlich länger zu spielen hätte. Zugleich entsteht damit aber ein weiteres Beziehungsgeflecht noch neben der bloßen Ritornellstruktur: Die Tuttiabschnitte sind durch die Material-Verarbeitung gewissermaßen »grenzübergreifend« aufeinander bezogen.

Die Tuttiabschnitte beschreiben den harmonischen Ablauf der Komposition. Modellhafte Form-Vorstellungen sprechen davon, daß das zweite Tutti üblicherweise auf der Dominante stehe. Dies ist hier – und überhaupt im barocken Konzert – keine unbedingte Regel; eher ist die Dominantposition erst im vorklassischen Konzert üblich. Vivaldi geht hier statt dessen nach einem außerordentlich klaren *harmonischen Plan* vor: Das zweite Tutti steht harmonisch eine Terz tiefer als das erste (Paralleltonart); das dritte steht eine Terz tiefer als das zweite (IV. Stufe, zuvor VI.), und das fünfte eine Terz tiefer als das vierte (I. Stufe, zuvor III.). Lediglich zwischen dem dritten und vierten Tuttiabschnitt steht ein Sekundschritt (IV./III. Stufe). Theoretisch ist es zwar denkbar, eine Oktave in gleiche Terzschritte aufzuteilen (drei große Terzen: c-gis-e-c; oder vier kleine Terzen: c-a-fis-es-c). Doch Vivaldi hat kein arithmetisches Modell geschrieben, sondern eine musikalische Komposition in der Sprache seiner Zeit; ein harmonischer Plan in fallenden Terzen hat sich an den leitereigenen Stufen der Grundtonart zu orientieren. So folgt auf die kleine Terz c-a die große Terz a-f, und der Rückweg in die Grundtonart erfordert die große Terz e-c; der »Bruch« entsteht dort, wo die C-Dur-Tonleiter einen ihrer zwei Halbtonschritte hat (f-e, natürlich sinnvoller als der c-h-Schritt, der in unmittelbarer Nachbarschaft zum Grundton steht). Dies zeigt, daß der Tonartplan einer derartigen Komposition auch völlig anderen Gesichtspunkten folgen kann als der nach der Harmonielehre schematisierten Rangfolge der Tonstufen.

Die Soloabschnitte des ersten Satzes

Vergleichbare Materialverflechtungen der einzelnen Formglieder gibt es in den Soloabschnitten nicht; deren Motivik ist tatsächlich im engeren Sinne das, was auch das moderne Adjektiv »episodisch« meint. Trotzdem hat man danach zu fragen, wie Vivaldi den Übergang von einer Tutti-Station zur nächsten beschreibt – nicht nur harmonisch, sondern auch motivisch, also als eigenständige Solo-Maßnahme.

Der *erste Soloabschnitt* (Notenbeispiel S. 36–38) beginnt damit, daß aus dem Baß heraus ein C-Orgelpunkt »bereitgestellt« wird, über dem der Solist eine *virtuose Figuration* regelrecht ausbreiten kann: Zunächst spielt er in einem vergleichsweise engen Quintraum, dehnt ihn nach zwei Takten zu einem Oktavraum und nach weiteren zwei Takten zu einem Dezim-Raum aus. Bis dahin (T. 24) hat sich also lediglich figurativ, nicht aber harmonisch etwas getan; daraufhin setzt die *Modulation* ein. Vivaldi beschreibt sie mit einer in Stufen ansteigenden Sequenz: Die Musik aus Takt 25/26 wird in Takt 27/28 um eine Sekund angehoben, ebenso nochmals für Takt 29/30. Damit wird eine Klangfolge »C-Dur, D-Dur, E-Dur« beschrieben. E ist die V. Stufe der Zieltonart a-Moll (zweites Tutti); in ihr kadenziert Vivaldi daraufhin, erstmals schon in Takt 31. Wiederum erweist sich das Sequenzieren also als ein kombiniert harmonisch-rechnerischer Prozeß (die Sequenz wird abgebrochen, sobald das anzustrebende Ziel erreichbar – oder gar direkt erreicht – ist).

Bis hierhin sind die Streicher an der Begleitung beteiligt; ihre Aufgabe besteht im wesentlichen darin, die harmonische Stützfunktion des Generalbasses mitzutragen. Die anschließenden zehn Solotakte werden hingegen nur von dem Solisten und dem Generalbaß gespielt. Damit entsteht also auch aus den Besetzungsverhältnissen heraus eine scharfe Zäsur in Takt 31/32 – dort, wo die Zieltonart bereits mit einer Kadenz erreicht ist, elf Takte vor dem Einsetzen des zweiten Tuttiabschnitts. Was bleibt also in jenen elf Takten musikalisch zu tun übrig?

Die »Zieltonart« wird nicht wieder zu verlassen; dies prägt auch das (sequenzierende) Spiel von Solist und Generalbaß in diesem Teil-Abschnitt. Nach einem a-Moll-Takt (T. 32) stehen nun in den drei folgenden Takten jeweils zwei abwärtsgerichtete Quintschritte; jeweils auf dem ersten und auf dem zweiten Viertelschlag der Takte wird eine neue Tonstufe erreicht. Das Verfahren erscheint also als a-a, d-G, C-F, h-E; damit kann in Takt 36, nach einer typischen Folge aus sieben fallenden Quintschritten, wiederum a-Moll erreicht werden (daß die Quinte F-h, zwischen Takt 34 und Takt 35, eine verminderte ist, hängt wiederum mit der Disposition harmonischer Verläufe aus leitereigenen Stufen zusammen). Vivaldi führt den Prozeß noch fort: In Takt 36–38 komponiert er eine Leiterbewegung aufwärts (im Rahmen einer Oktave), bevor in Takt 39/40 und Takt 41/42 neuerlich kadenziert. Harmonisch »passiert« also zwischen Takt 32 und Takt 42 nichts; doch die Methoden, das erreichte a-Moll beizubehalten, geben Vivaldi zugleich Raum für die *erweiterte Ausbreitung der Virtuosität* im Solopart. Äußerlich entsteht damit in den Soloteilen ein ähnlicher Aufbau wie in den Tuttiabschnitten: Nach einem harmonisch stabilen »Vordersatz« folgen, von der Zäsur gegeneinander abgesetzt, hier zwei sequenzierende Abschnitte (als »Fortspinnungen«), schließlich irgendwann eine Kadenz in der jeweiligen Zieltonart.

In den *übrigen Soloabschnitten* geschieht nichts grundsätzlich anderes: Stets setzt der harmonische Gang erst ein, nachdem der Solo-Fluß eine Zeitlang auf der Stufe des vorangegangenen Tuttiabschnitts verharrt hat; stets gibt es eine Kadenz in der jeweiligen Zieltonart schon relativ früh (Solo 2: T. 67, Kadenz auf F; Solo 3: T. 92, Halbschluß auf der V. Stufe von e; Solo 4: T. 121, Kadenz auf C). Harmonisch gesehen, wirkt also nur jeweils die erste »Hälfte« der Soloabschnitte *modulierend* (auf der Basis von zweckgebunden eingesetzten Sequenzen); die zweite wirkt hingegen *stabilisierend* – und bietet damit den Raum zu weiterer Entfaltung virtuoser Mittel, und zwar wiederum auf Sequenz-Basis, aber auch etwa über Orgelpunkt-Konstruktionen (T. 63–66, T. 93–97, T. 136–141).

Zugleich schlägt nach den Zäsuren jeweils auch die *Figuration* um: im zweiten Soloabschnitt von einem Wechsel zwischen fallenden und steigenden Akkordbrechungen zu einer triolischen Figuration, im vierten Soloabschnitt von einer komplexen Achtelfiguration zu neuen Sechzehntel-Akkordbrechungen (etwas konstanter sind die Verhältnisse im dritten Soloabschnitt). Und das Gewicht, das Vivaldi den Zäsuren beimißt, zeigt sich nicht nur in Harmonik und Figuration; auch in den *Begleitstrukturen* ergibt sich jeweils ein Wechsel. Im zweiten Soloabschnitt schweigen die Streicher nach dieser Zäsur (ebenso wie zuvor im ersten); im dritten und vierten Soloabschnitt ist das Verhältnis umgekehrt, indem dort die Streicher jeweils erst nach der Kadenz zum Satz hinzutreten und zuvor lediglich Solo und Continuo musizieren.

Gewissermaßen führt die *Binnengliederung* der Soloabschnitte mit einer solchen Zäsur zu einer *Schwächung der harmonischen Funktionen*, die bei den Ritornell-Eintritten liegen: Wenn die Tuttiabschnitte die Funktion haben sollen, die jeweils erreichte harmonische Stufe auszubreiten, dann erhalten sie hier aus den jeweils zweiten Hälften der Soloabschnitte Konkurrenz. Denn auch in diesen wird bereits »eine erreichte harmonische Stufe ausgebreitet«, noch bevor

15
[Solo]
[Solo]
[p]
[Solo]
[p]
[Solo]
[p]
[Solo]
[p]
20 [simile]
24

28
tr
[1 Vcl.]
33 [simile]
37
tr
tr

die Tuttiabschnitte erklingen (grundsätzlich läßt sich ja ein solches »Erreichen« nicht nur mit einem Eintritt von Ritornellmaterial verdeutlichen, sondern in der einfachsten Form mit einer Kadenz – jede Kadenz markiert das »Erreichen einer Tonart«). Dieses Phänomen hat noch einen zweiten Aspekt: Abgesehen davon, daß damit die harmonische Signalwirkung der Tuttiabschnitte vom Solo vorweggenommen wird, zeigt sich auch, daß ein Soloabschnitt in einen »modulierenden« und einen »stabilisierenden« Teil gegliedert werden kann. Beides könnte an dem Satz selbst als nebensächlich erscheinen; doch beide Aspekte tragen entscheidende Keime für die Fortentwicklung der Form bis in die Zeit um 1800 in sich.

Alternativlösungen: der dritte Satz

In der Untergliederung der Soloabschnitte kann der erste Satz von Vivaldis Flötenkonzert RV 443 als zukunftsweisend erscheinen; da aber das zweite Tutti eben gerade nicht auf der Dominante steht, schlägt Vivaldi in der harmonischen Anlage einen anderen Weg ein als den, der in späterer Zeit üblicherweise gegangen wurde. Daß die Kategorien »modern« oder »nicht modern« hierfür aber nicht passend sind, zeigt sich im dritten Satz desselben Konzerts: Dort setzt Vivaldi die Akzente auf eine andere Weise – und nicht so konsequent wie im ersten Satz.

Wiederum erscheint das *Ritornell* als eine Zusammensetzung aus einem Vordersatz, einem (sequenzierenden) Fortspinnungsglied, einem eintaktigen Bindeglied und einer Kadenz; auch hier kann die Fortspinnung ohne Vordersatz eintreten (Schlußtutti: T. 71), aber sowohl die Kadenz als auch die Fortspinnung ohne das »Bindeglied« (Tutti 3, T. 37: nur Kadenz; Tutti 4, T. 55/58: Fortspinnung ohne Bindeglied, freie Kadenz). Auch hier gibt es die für den ersten Satz typischen *Zäsuren* in den Soloabschnitten (Solo 2, T. 27; Solo 3, T.

46), aber eben nicht in jedem Abschnitt. Der harmonische Aufbau ist zudem anders: Vom ersten und fünften Tutti (C-Dur) eingerahmt, steht das zweite in G-Dur, das dritte in e-Moll, das vierte in a-Moll; Vivaldi geht also aus der Tonika zunächst in die Dominante, dann zu deren Mollparallele, und von dieser über die Tonika-Mollparallele zurück zur Tonika. Doch auch diesem Verfahren liegt wohl eher ein »rechnerisches« Prinzip zugrunde: Vivaldi beschreibt zwischen dem ersten und dem zweiten Tutti eine aufsteigende Quinte C-G; anschließend beschreibt er einen Terzfall in die Mollregion (G-e). Er verharrt in der Mollregion, indem er einen Quintfall vorsieht (e-a), und löst sich von ihr wieder durch einen Terzanstieg (a-C). Auch dieses Verfahren ist also primär *intervallisch* gedacht: Quintanstieg, Terzfall, Quintfall und Terzanstieg wirken komplementär; jeder Intervallschritt wird also durch einen gleichartigen wieder rückgängig gemacht.

> Aufgabe (2):
> Von hier aus läßt sich die Analyse des dritten Satzes jenes Konzerts fortführen. Besonderes Interesse kann dabei folgenden Fragen gelten: Welchen Umfang haben die Tutti-Anteile des Satzes – kommen diese ebenso wie im ersten Satz durch eine gleichartige Verteilung der Ritornellbestandteile auf die einzelnen Tuttiabschnitte zustande? Und: Das dritte Solo des dritten Satzes (T. 40–53) hat nicht nur eine Zäsur, sondern zwei; welche harmonischen Folgen hat dies?

Eingang, Solokadenz und andere Formen der Improvisation

Johann Joachim Quantz widmet sich 1752 im XV. Hauptstück seines »Versuchs einer Anweisung die Flöte traversiere zu spielen« den »Cadenzen«, und er bemerkt vorab (§ 1): »Ich handele hier von derjenigen willkührlichen Auszierung, welche von der concertirenden Stimme, beym Schlusse des Stücks, über der vorletzten Note der Grundstimme, nämlich über der Quinte der Tonart woraus das Stück geht, nach dem freyen Sinne und Gefallen des Ausführers, gemachet wird.« Das ist alles lediglich relativ zu verstehen. Die »Willkühr« bezeichnet nur, daß der Komponist nicht festgelegt zu haben braucht, was gespielt werden soll; es braucht sich nicht um exakt die vorletzte Note zu handeln, sondern vielmehr muß die harmonische Situation entsprechend eingerichtet sein. Melodisch gesehen, ist sogar für die Kadenz der späteren Zeit der drittletzte Ton ausschlaggebend: Über dem Quartsextakkord der Tonika steht die Fermate, und der Akkord wird über die Dominante zum abschließenden Tonika-Akkord in Grundstellung aufgelöst.

Quantz vermutet die Zeit um 1710/16 als *Entstehungszeit* der *Solokadenz*; entsprechend datiert ist Vivaldis Kadenz im D-Dur-Violinkonzert RV 212 (»Concerto fatto per la solennità della S. Lingua di S. Antonio in Padova 1712«). Es gibt hingegen schon im Werk Giuseppe Torellis schriftlich fixierte Solokadenzen – was besagt, daß eine entsprechende Improvisationspraxis deutlich älter sein[1], also auch schon außerhalb des Konzerts existiert haben kann.

Als Grundcharakteristikum jener jüngeren Solokadenz beschreibt Quantz, daß der Baß-Fortgang aufgehalten werde (§ 2); dies entspricht der später üblichen *Fermaten*-Einzeichnung. Quantz bekennt, daß es vordem nie Regeln für die Einrichtung einer Kadenz gegeben habe – und daher gibt er auch lediglich Anhaltspunkte zur groben Orientierung. Demnach soll eine Kadenz »die Zuhörer noch einmal bey dem Ende unvermuthet überraschen« (§ 5), dabei sich aber auf den »Hauptaffect« des Stücks beziehen (also auch auf dessen Thematik, § 8), keine Tonarten berühren, die mit der Grundtonart »gar keine Verwandtschaft haben« (§ 14) und in Werken für Blasinstrument nur so lang sein, »daß sie in einem Athem gemachet werden können« (das gleiche gilt für Vokalmusik; der Spieler eines Saiteninstruments könne sie hingegen so lang werden lassen, wie er wolle; § 17).

Bezieht man diese Regeln nun auf den ersten Satz von Vivaldis Flautino-Konzert RV 443, so ergibt sich tatsächlich ein Raum, an dem der Solo-Vortrag den Einschub einer Kadenz ermöglichte: auf der Triller-Note in Takt 136 stockt die Bewegung der Orchesterbegleitung. Mindestens lassen sich die beiden nachfolgenden Takte der Solostimme als eine Art auskomponierter Solokadenz verstehen; doch prinzipiell ist auch denkbar, daß der Begriff »*Triller*« an einer solchen Stelle zu Vivaldis Zeit weiter gefaßt worden ist – als eine Solokadenz in dem von Quantz angedeuteten Rahmen.

Andere Improvisationsformen betreffen den »*Eingang*«: Für ihn kann sich ein Raum zwischen einer freien solistischen Eröffnung und dem modulatorischen Prozeß ergeben – allerdings eher erst in späteren Jahrzehnten des 18. Jahrhunderts (vgl. S. 73).

Ritornellkonzert: Zusammenfassung

Formal ergibt sich der Fortgang eines Ritornellkonzertsatzes aus dem Abwechseln von Tutti- und Soloabschnitten. In der Regel sind die Außenglieder des Satzes Tuttiabschnitte, die beide in der Grundtonart stehen; Tuttiabschnitte im Satzinneren stehen normalerweise auf anderen Tonstufen als der Tonika. Eine »Regel«, daß das zweite Tutti in der Dominante stehe, ist nicht noch erkennbar; andersartige Konstruktionen stehen im Vordergrund, etwa »intervallisch« regulierte Folgen.

Der erste Tuttiabschnitt präsentiert »das Ritornell«; die Glieder des Ritornells lassen sich häufig als »Vordersatz«, »Fortspinnung« und »Kadenz« auffassen (bisweilen um eine eigene »Überleitung« vor der Kadenz erweitert). Aus diesem Materialbestand trifft der Komponist für die Ausstattung der späteren Tuttiabschnitte eine Auswahl – so daß das Material dort prinzipiell »wiederkehren«

[1] Für Einzelheiten vgl. Walter Kolneder, Das Buch der Violine, Zürich 1972, ^{3}1984, S. 319–321.

kann, aber der Gesamtkomplex »des« Ritornells nicht jedesmal in der gleichen Geschlossenheit eintreten muß wie ein traditionelles Tanz-Ritornell. Die Soloabschnitte übernehmen harmonisch die Vermittlung zwischen den Tonstufen der Tuttiabschnitte; bisweilen ist die Zieltonart aber schon deutlich vor dem Tutti-Neueinsatz erreicht, so daß sich – nach der eigentlichen Modulation – ein eigener, die neue Tonart stabilisierender Solo-Teilabschnitt ergeben kann. In dieser Vermittlungs-Funktion zwischen zwei Tuttiabschnitten scheint sich etwas zu äußern, das auch das »epeisodion« der griechischen Tragödie spiegelt (dort aber eher als strophenartige Vermittlung zwischen zwei Refrain-Eintritten). »Episodisch« im Sinne des modernen Sprachgebrauchs (»nebensächlich«, »vorübergehend«) sind diese Formteile allerdings nicht, sondern allenfalls die Motivik, die prinzipiell in jedem Soloabschnitt eine andere sein kann (darin unterscheidet sie sich von der »Ritornell«-Motivik der Tuttiabschnitte).

Probleme des Formmodells, »Abweichungen« und Gattungs-Grenzfälle

Das Ritornellkonzert-Formschema bietet keinen »Grundwortschatz« von Vivaldis Konzertform, der also im Einzelfall durch einen »Aufbauwortschatz« zum individuellen Werk konkretisiert wird; das Schema geht vielmehr einen Schritt weiter und beschreibt eine theoretische Möglichkeit, einen Konzertsatz fertig auszuführen – offen bleiben nur noch der genaue Modulationsplan und die Motivik. Daraus entstehen Probleme: Nicht jedes Werk läßt sich direkt auf dieses Ritornellkonzert-Formschema beziehen; es gibt sogar eine ganze Reihe von Werken, die von dem Formschema nachhaltig »abweichen« – oder, historisch richtiger gesprochen: Das Formschema kann eine ganze Reihe von typischen Details nicht in sich aufnehmen. Deshalb ist das Schema aber nicht »falsch«; man muß sich nur über seine Tauglichkeit und seine Hintergründe im klaren sein. Einige grundsätzliche »Abweichungen« seien im folgenden anhand der Konzerte op. 3 von Vivaldi erläutert – nicht zuletzt deshalb, weil diese Konzerte für die europäische Ausstrahlung der Gattung von nachhaltiger Bedeutung waren und daher gerade auch jene »Abweichungen« in die Breite getragen wurden (vgl. S. 46).

Die erste Abweichung ist im allerersten Takt denkbar: Ein Konzertsatz kann auch *solistisch eröffnet* werden, das Tutti also erst später in den Satz eintreten (Beispiel: Vivaldi, op. 3 Nr. 1, 1. Satz); daß als Eröffnung eines Konzertsatzes (vor allem des ersten) ausschließlich ein Tuttiabschnitt dienen könne, ist erst eine Erkenntnis späterer Zeit. Eine wichtige zweite Abweichung kann sich im ersten Tuttiabschnitt ereignen: Das Ritornell kann *vom Solisten unterbrochen* werden und später fortgesetzt werden (Beispiel: Vivaldi, op. 3 Nr. 10, 1. Satz, nach solistischem Beginn). Die nächste Variante ist nur geringfügig anders: Nach dem ersten Tuttiabschnitt setzt das Solo ein, verändert aber die harmonischen Bedingungen nicht, so daß wenig später das Orchestertutti das Ritornell ganz oder teilweise wiederholt, *nochmals in der Tonika* (Beispiel: Vivaldi, op. 3

Nr. 5, 1. Satz). All diese Fälle haben zugleich Auswirkungen auf den weiteren Ablauf des Satzes: Je mehr Zeit vergeht, in der sich ein Konzertsatz nicht von der Tonika wegbewegt, um so geringer sind später die *harmonischen Entfaltungsmöglichkeiten*. Gerade in Vivaldis Konzerten op. 3 bleibt somit der harmonische Spielraum bisweilen auf Tonika, Dominante und Tonika beschränkt. In anderen Fällen wird der modulatorische Plan dadurch scheinbar »verkürzt«, daß ein Tuttiabschnitt moduliert (Beispiel: Vivaldi, op. 3 Nr. 3, 1. Satz, T. 30–37: D-Dur/h-Moll).

Weitere Abweichungen betreffen die *Materialverhältnisse*: Abgrenzungen zwischen Solo und Tutti sind nicht immer so scharf gezogen, wie das Schema es vermuten läßt. Nicht selten dient ein Tuttiabschnitt als eine Art *Nachsatz* für das vorausgegangene Solo; damit nimmt der Tuttiabschnitt aber lediglich die Kadenz in sich auf, die – nach der Vorstellung des Ritornellkonzertsatz-Schemas – dem Tuttieintritt vorausgehen sollte. Gewissermaßen ist also dieser Nachsatz-Charakter lediglich eine Variante des Schemas: So bleibt der Tutti-Kadenz immerhin der Charakter einer Tonart-Station erhalten. Umgekehrt kann ein Tuttiabschnitt aber auch als »Impuls« für ein anschließendes Solo dienen, indem er dem Solo eine Art *Motto* voranstellt (das aber nicht auch selbst kadenziert, sondern dies dem Solo »überläßt«); diese Technik wird häufig auf Konzerte Giuseppe Torellis (1658–1709) zurückgeführt, an deren kompositorischem Vorbild Vivaldi angeknüpft hat.

Grundsätzlich zeigt sich in diesen »Abweichungen« auch die Nähe, in der die musikalischen *Formen um 1700/20* zueinander stehen; sie können sich gegenseitig beeinflussen und befruchten, so daß »Grenzen« verwischt werden. So kann ein Konzertsatz etwa in *Da-capo-Anlage* geschrieben sein (Bachs Violinkonzert E-Dur BWV 1042, 1. Satz) – und »verletzt« dann das scheinbar so klare »Gesetz«, daß ein Konzertsatz nur einmal in seinem Verlauf zur Tonika zurückkehren könne (nämlich am Satzende). Andererseits ist gerade dieses Modulationsprinzip nicht nur Charakteristikum des Konzertsatzes: Auch der Fortgang einer *Fuge* kann es in sich aufnehmen – so, daß in ihrem Verlauf Themeneinsätze (oder ganze Gruppen von thematischen Gebilden) auf entsprechend unterschiedlichen Tonstufen zu stehen kommen wie die Tuttiabschnitte eines Konzertsatzes und daß das Werk endet, wenn die Tonika erstmals wieder erreicht ist. In diesen Grenzbereich zur Fuge kann sich etwa das schnelle Mittelstück einer *Suiten-Ouvertüre* begeben (vgl. Bach, vor allem Suite Nr. 2 h-Moll BWV 1067 und Suite Nr. 3 D-Dur BWV 1068, jeweils 1. Satz): Eingebaut zwischen langsame Eröffnung und langsamen Schluß, steht dort ein »konzerthafter« Satz, dessen Tuttiabschnitte fugisch durchorganisiert sind und in dessen solistischen Abschnitten das Thema nicht vorkommt. Man kann die Tuttiabschnitte ebensogut als die thematischen Abschnitte einer Fuge bezeichnen, die Soloabschnitte hingegen als die nichtthematischen Zwischenspiele, in denen dann obendrein die Besetzung so weit reduziert wäre, daß ein Solist klar auszumachen ist (in der h-Moll-Suite ein Flötist; in der D-Dur-Suite ein Violinist, auch wenn dessen Partien in Aufführungen bisweilen immer noch von allen ersten Violinen chorisch gespielt werden).

Aufgabe (3):
Einem ähnlichen modulatorischen Prinzip wie dem, dem man in den Tuttiabschnitten des Flautino-Konzerts RV 443 (1. und 3. Satz) begegnet, folgen der dritte Satz aus Vivaldis a-Moll-Konzert op. 4 Nr. 4 und der erste Satz aus Vivaldis C-Dur-Konzert op. 8 Nr. 6 (beides sind Violinkonzerte). Beide Sätze weichen aber von jenem Modulations-»Muster« in harmonisch-formalen Details geringfügig ab. Wie läßt sich dies jeweils verstehen?

Ursprünge der Ritornellkonzertform im 17. Jahrhundert

Die Ritornellkonzertform stellt sich also als ein vielfältiges Spiel mit Kriterien von Besetzung, Harmonik und Material dar. Über den Gedanken des ursprünglichen Concerto-Prinzips hinausgehend, zeigt sich eine zunehmende *Trennung zwischen Tutti und Solo*; sie ist aber nicht so scharf, daß Tutti- und Soloteile schroff gegeneinander abgegrenzt sein müßten (mit Kadenzen jeweils am Ende), sondern Tuttiteile können sich zu Soloteilen hin öffnen (»Motto«), ebenso wie sie Soloteile beenden können (»Nachsatz«). Damit entsteht der Eindruck, daß der Tutti-Solo-Kontrast und die Entwicklung von entsprechenden Formgliedern, zwischen denen dieser Kontrast entsteht, erst relativ jung ist. Nach älteren Vorformen suchte man vor allem in der *strophischen Arie*; allerdings konnte man dort gerade für den Faktor Harmonik nur wenig »Konzerthaftes« finden, weil eben die *alte Refrainstruktur* – mit »Ritornellen« auf prinzipiell gleicher Tonstufe – im Vordergrund stand. Erst in den 1680er Jahren, so schien es, fanden die Komponisten allmählich Mittel und Wege, um auch den tonartlichen Faktor in die Ritornellstruktur einzubauen[2].

Doch dieses Gesamtbild trügt: Schon um die Mitte des 17. Jahrhunderts gibt es Werke (weder Instrumentalwerke noch Arien), die die typischen Besetzungsunterschiede und den typischen harmonischen Verlauf eines Ritornellkonzertsatzes zeigen, dazu den typischen Materialunterschied zwischen »Ritornell« (folglich: im Tutti und harmonisch versetzbar) und »Episode« (Solo, harmonisch variabel). In diesen Werken findet sich obendrein eine frühe Erklärung dafür, weshalb auch Tuttiabschnitte bisweilen modulierend angelegt sein müssen (vorzugsweise solche, die kurz vor Satzende stehen). Ein Schlüsselbeispiel ist der Schlußteil des *Geistlichen Konzerts* »Ecce sacrum paratum convivium«, den der venezianische Opernkomponist Francesco Lucio (um 1628–1658) in seinen Motetti concertati op. 1 von 1649 veröffentlichte[3].

Das Werk ist dreistimmig (zwei Tenöre, Baß und Generalbaß); der Text, der in diesem Schlußteil vertont ist, umfaßt zwei Gedanken:

[2] Walter Kolneder, Antonio Vivaldi, 1678–1741, Leben und Werk, Wiesbaden 1965, S. 73.

[3] Küster, Opus primum in Venedig; mit Wiedergabe des Notentexts.

1 Habe, habe meum cor,
2 quod tibi non dicatum, tibi saepius dicabo.

Auf deutsch: »Bewahre mein Herz; was dir [noch] nicht gesagt worden ist, werde ich dir [noch] öfters sagen.«

Der erste Textgedanke des Abschnitts wird stets von allen drei Stimmen musiziert; der zweite liegt zunächst nur im ersten Tenor, dann, nach einem weiteren »Habe meum cor«, im zweiten Tenor, schließlich, nach einem neuerlichen Eintritt dieses Tutti-Texts, im Baß. Diese drei ersten Abschnitte mit »Habe meum cor« stehen auf unterschiedlichen Tonstufen – wie die Ritornell-»Stationen« eines Konzertsatzes; die jeweiligen »Solo«-Abschnitte übernehmen daher die Modulation. Das System erscheint bereits als völlig ausgereift: Tutti- und Soloabschnitte sind klar gegeneinander abgesetzt – jeweils mit einer Kadenz, in den Tuttiabschnitten auf der gleichen Tonstufe wie im vorausgegangenen Soloabschnitt. Zwar ist Lucio offenkundig bestrebt, die »Episoden« – da sie ja gleichen Text enthalten – mit möglichst »ähnlichem« musikalischem Material auszustatten; doch da auch in diesen Soloabschnitten (wie in einem typischen Vivaldi-Konzert) unterschiedliche Modulationswege zurückzulegen sind (zum Beispiel die erste eine Terz aufwärts, die zweite aber nur eine Sekund aufwärts), ergeben sich auch hier die typischen Unterschiede zwischen den einzelnen Soloabschnitten.

Lucio konzipiert den Satz (vgl. Tabelle 3) gewissermaßen nach der Stimmenzahl: Jede der Singstimmen soll beide Textglieder mindestens einmal vortragen – also nicht nur am Tutti-Bestandteil mitwirken, sondern auch einmal den Text der »Episode« singen. Daraus erklärt sich zunächst die Dreizahl der »Soloepisoden«. Mit ihnen entfernt sich Lucio aber von der Grundtonart g-Moll und legt die Komposition so an, daß sie mit dem letzten Solo-Durchgang (dritte Stimme = dritte »Episode«) noch nicht wieder in die Grundtonart zurückkehrt; damit »legitimiert« er also, daß die Komposition noch weitergehen muß, obwohl das ursprüngliche »Stimmen«-Programm schon erfüllt ist. Nach der letzten Episode (Baß), die in Es-Dur kadenziert, setzt folgerichtig das Tutti mit »Habe meum cor« ein – in variierter Form, denn damit leitet Lucio die Rückmodulation ein. Ihr Ziel ist zunächst die V. Stufe der Grundtonart als Halbschluß auf D (womit also die Grundtonart selbst praktisch wieder erreicht ist); die Auflösung des Halbschlusses zur Grundtonart bleibt noch offen. Und nur für den Abschluß des Werks muß Lucio tatsächlich von anderen Bedingungen ausgehen als ein Solokonzert-Komponist um 1720: Der Text ist zweigliedrig und hat einen klaren Verlauf; deshalb muß das Stück mit dem zweiten Textglied enden (mit dem der »Episode«), kann also nicht mit einem »Ritornelleintritt« abgeschlossen werden. Da andererseits alle Stimmen an dem Werkschluß beteiligt sein sollen, ergibt sich nun eine letzte »Episode« des Tutti, die stabil in der Grundtonart steht und schließlich in einer Coda ausläuft.

Tabelle 3: Francesco Lucio, »Ecce sacrum paratum convivium« (1649), Schlußteil

Takt	Formglied	Text	Besetzung	Tonart	Tonstufe
87/88-94	Ritornell	1	Tutti	g	I
95-99	Episode	2	Tenor I	g-B	
100-106	Ritornell	1	Tutti	B	III
107-111	Episode	2	Tenor II	B-c	
112-118	Ritornell	1	Tutti	c	IV
119-123	Episode	2	Baß	c-Es	
124-133	Ritornell	1	Tutti	Es-g^{V}	VI-V
134-140	Episode	2	Tutti	g-g	
141-143	Episode: Coda	2	Tutti	g	I

Lucios »Programm«, die *Zahl der Soloteile nach der Stimmenzahl* einzurichten, aber keine allzu kurzatmige Komposition zu schreiben, erklärt, weshalb es modulierende Tuttiabschnitte geben kann: weil nach dem letzten »erforderlichen« Soloteil das tonartliche Ziel noch nicht wieder erreicht ist. Diese Aufgabe übernimmt daraufhin das Tutti, und nach dem modulierenden Tuttiabschnitt ergibt sich – unter diesen speziellen Bedingungen – eine tonartlich stabile »Episode« (an der aber alle Stimmen beteiligt sind; T. 134ff.). Somit erscheinen alle Prinzipien der späteren Ritornellkonzert-Form in diesem Werk exakt vorgebildet – sogar mit einigen Elementen, die traditionell als typische »Abweichungen« vom Formschema angesehen werden. Lediglich ein Schlußtutti mit dem Material des Ritornells kann diese Komposition (aus textlichen Gründen) nicht enthalten.

Offenkundig konnten sich diese Aspekte mit der Zeit verselbständigen: dahingehend, daß die Zahl der Soloabschnitte nicht mehr an die Zahl der Stimmen gebunden war, das Eintreten eines modulierenden Tuttiabschnitts also nicht mehr aus den Besetzungsverhältnissen resultieren mußte. Und: Variable Virtuosität konnte an die Stelle von Lucios motivisch relativ gleichartigen Soloabschnitten treten.

Zur Verbreitungsgeschichte der Ritornellkonzertform

Die Geschichte der »Ritornellkonzertform« im Solokonzert beginnt hingegen erst mit dem Druck der »12 Concerti a 4 op. 6« von Giuseppe *Torelli*, gedruckt 1698 in Augsburg (Torelli war damals Kapellmeister im fränkischen Ansbach). Wie jung die Gattungs-Konstituenten des Solokonzerts waren, zeigt sich an einem Detail, das fast grotesk wirkt: Torelli weist noch ausdrücklich darauf hin, daß die Partien, an denen »Solo« stehe, tatsächlich von nur einer einzigen Violine gespielt werden dürften. Torellis Komponieren wird von dem erwähnten Mottoprinzip getragen (vgl. S.); es war vorbildhaft etwa für Tommaso *Albinoni* (1671–1750), aber auch für den etwa gleichaltrigen Antonio *Vivaldi* (1678–1741).

Notendruck setzt voraus, daß »Kunden« mit dem Notenmaterial etwas anfangen können; Voraussetzung war also, daß es genügend *gleichartige Orchester* gab und die *Soloaufgaben* nicht nur von weltweit einem einzigen Spieler gemeistert werden konnten. Notendruck ist zudem um 1700 etwas Kompliziertes und – im Erscheinungsbild – nicht besonders Ansprechendes: Mit einem Lettern-System, das in der frühesten Neuzeit entwickelt worden war, konnte man lediglich klobige, eckige Notenköpfe und unschöne Balkungen produzieren (vielfach haben Achtelnoten und kleinere Werte durchweg Fähnchen, womit der musikalische Fortgang nicht gerade übersichtlich wiedergegeben wird). Venezianische Drucker hatten in dieser Druckpraxis seit deren Erfindung eine marktbeherrschende Stellung inne (aber auch der Augsburger Torelli-Drucker arbeitete mit dieser Technik). Dagegen entstand um 1700 in *Amsterdam* eine neue Methode: Man machte sich die Techniken des Kupferstichs zunutze. Der Erfolg war zunächst ein schöneres Notenbild, das den musikalischen Verhältnissen individuell angepaßt werden konnte; außerdem ließen sich die Kupferplatten lagern und für Nachauflagen wiederverwenden – anders als in der alten Technik, bei deren Anwendung der Druckstock für die erste Seite bisweilen schon längst wieder auseinandergenommen worden war, wenn man bei der letzten Seite angekommen war – weil man die Lettern für jene späteren Seiten benötigte. Zwischen den venezianischen und den Amsterdamer Druckern entwickelte sich ein Kleinkrieg: Die Venezianer druckten mit großer Mühe und alter Technik die Werke, die ihnen ins Haus kamen; die Amsterdamer Drucker brauchten nur ein solches Exemplar, um dann davon eine Raubkopie herzustellen, die wesentlich schöner und billiger war als das Original und zudem noch offensiv vermarktet wurde. Ein Copyright gab es nicht; doch der Markt richtete sich nach dieser Revolution.

Vivaldi war einer der ersten, die deshalb davon abrückten, Werke in Venedig (vor der Haustür) drucken zu lassen: Nach den in Venedig publizierten Triosonaten op. 1 und den Violinsonaten op. 2 übergab er seine zwölf Konzerte »L'estro armonico« (»Das harmonische Wagnis«) op. 3 direkt an den Amsterdamer Drucker Estienne Roger (um 1711). Das Werk zählt zu den berühmtesten der Konzertliteratur – nicht zuletzt deshalb, weil von ihm für zahllose Komponisten nördlich der Alpen eine Vorbildwirkung ausging. Örtliche Konzert-Sonderströmungen, die es freilich auch aus früherer Zeit schon gab, wurden von dem neuen Vorbild offenkundig regelrecht überformt.

Beides läßt sich am Werk Johann Sebastian Bachs zeigen: Anscheinend befaßte er sich um 1712, also kurz nach Erscheinen des »Estro armonico«, erstmals mit Werken dieses neuen Stils; er war damals Hoforganist in Weimar. Vermutlich hatte der Weimarer Prinz Johann Georg die Werke von seiner eben abgeschlossenen adelstypischen »Grand Tour« durch Europa dorthin mitgebracht. Bach bearbeitete daraufhin einige dieser Werke für Tasteninstrument allein (Orgel; auch für reines manualiter-Spiel) – dies scheint eine Standardsituation im Umgang mit den neuen Werken gewesen zu sein, denn nicht nur sein entfernter Vetter, der Weimarer Stadtorganist Johann Gottfried Walther, schrieb entsprechende Transkriptionen, sondern ähnliche Bearbeitungen sind auch aus England überliefert. Bach allerdings war wohl zuvor schon mit Torelli-Konzerten in Kontakt gekommen; seine eigene Konzertproduktion ist fortan aber Vivaldis Vorbild zutiefst verpflichtet.

Die »Revolution« traf nicht nur einzelne Generationen, sondern gewissermaßen die gesamte musikalische »Alterspyramide«: Mit einem Schlag wurden Menschen unterschiedlicher Generationszugehörigkeit von den neuen Möglichkeiten nachhaltig beeinflußt. Die neue Situation löste eine intensive *Reisetätigkeit* aus: Manche Musiker (auch reiche Amateure) wollten es nicht dabei bewenden lassen, Musik Vivaldis nur aus den Noten kennenzulernen – sie suchten seinen persönlichen Unterricht oder wurden von ihren Dienstherren direkt zu Vivaldi geschickt (wie der Frankfurter Kaufmann Johann Friedrich Armand Uffenbach, der sächsische Hofmusiker Johann Georg Pisendel oder der württembergische Hofmusiker Daniel Gottlob Treu). Andere bauten intensive Notenhandels-Verbindungen mit Vivaldi auf, beispielsweise die im Würzburger Raum ansässige Fürstenfamilie von Schönborn oder Charles Jennens, der Händel-Freund und Librettist des »Messias«.

Alle, die damals mit Vivaldis Konzerten in Berührung kamen, machten schließlich *Unterschiedliches* aus dieser Begegnung – je nach den individuellen Vorstellungen und ihrem Erfahrungshintergrund. Johann Joachim *Quantz* etwa (1697–1773) hat – einem autobiographischen Bericht zufolge – Vivaldi-Konzerte erstmals um 1714 kennengelernt, also praktisch zur gleichen Zeit wie der um zwölf Jahre ältere Bach; für die Nachwelt gilt er als Vorklassiker, obgleich er – gemessen am »Lernen« von Vivaldi – derselben »Schüler«-Generation zuzurechnen ist wie Bach. *Händel* hingegen, nur vier Wochen älter als Bach, stammt aus einer anderen Konzert-Welt: Er reiste 1706, als 21jähriger, nach Italien, hielt sich dort zwar auch in Venedig auf, doch seine stärksten Eindrücke von »Konzert« erhielt in Rom, dem Wirkungsort Arcangelo *Corellis* (1653–1713). Händels eigene »Concerti grossi« (sechs Konzerte op. 3, gedruckt 1734; zwölf Konzerte op. 6, gedruckt 1740) sind dem Vorbild der Corelli-Werke gleichen Titels verpflichtet (Corellis 12 Concerti grossi op. 6, mit dem berühmten »Weihnachtskonzert« als Nr. 8, erschienen 1714, ebenfalls in Amsterdam – erst nach Corellis Tod). Händel steht damit zu Corelli im gleichen Verhältnis wie zuvor Georg Muffat (1653–1704), der um 1680 in Rom Corelli-Concerti kennenlernte, und sogar Giuseppe Torelli. Dennoch hat sich Händel dem Vivaldi-Vorbild später nicht entzogen, wie einzelne Sätze seiner sechs Orgelkonzerte op. 4 von 1738 zeigen (Ritornellform-Aspekte wirken etwa in den zweiten Satz des dritten Konzerts hinein).

Wer also die Geschichte des Konzerts im 18. Jahrhundert betrachtet, befindet sich in einer eigenartigen Situation: An sich folgt man gerne den traditionellen Epochenbegriffen und betrachtet Bach und Händel als »barocke« Komponisten auf gleicher Stufe wie Vivaldi, grenzt aber Quantz aus der Betrachtung aus und sieht ihn als eher Vorklassiker, gemeinsam etwa mit Bachs Söhnen, also in einer Generation, die Barockes allmählich in Richtung »Klassik« transformiert habe. Vergleichbare »Transformationen« des Vivaldi-Konzerts werden aber auch mit knappen biographischen Hinweisen bereits im Werk Bachs und Händels aufgedeckt. Somit zeigt das Konzertverständnis Bachs, Händels und Quantz' gleichermaßen, was man aus einem *Vivaldi-Vorbild* machen konnte; in allen Fällen handelt es sich folglich gleichermaßen um »Fortentwicklung einer Gattung« – die nicht geradlinig, sondern auf breitester Front irgendwann einmal und irgendwo zu Satzformen geführt haben müßte, die die Nachwelt als »Sonatenkonzertform« interpretieren konnte. Wesentliche Konstituenten wären etwa Resultate aus einer thematischen Durchkonstruktion des Konzertsatzes (»Haupt- und Seitenthema«), einer präzisierten harmonischen Anlage (»das zweite Tutti steht auf der Dominante oder – in einem Moll-Konzert – auf der Durparallele«) und eines »Reprisenprinzips«. Einige dieser Konstituenten sind aber schon früh im 18. Jahrhundert denkbar; hiervon soll im nächsten Kapitel die Rede sein.

Auch *musiktheoretische Äußerungen* über »die Ritornellkonzertform« können erst in jenem späteren Zusammenhang beleuchtet werden. Nicht nur, daß ihre Autoren alle auf ihre Weise zu einer »Rezipienten-Generation« gehörten; vielmehr stammen ertragreichere Aussagen ohnehin erst aus dem mittleren

Drittel des 18. Jahrhunderts (Johann Adolph Scheibe, 1739/45; Johann Joachim Quantz, 1752), so daß man annehmen muß, daß auch jüngeres Gedankengut diese Darstellungen geprägt hat. Noch 1732 hingegen berichtet Johann Gottfried Walther, der zwanzig Jahre zuvor in Weimar buchstäblich neben Bach jenem neuen Konzert begegnete, in seinem »Musicalischen Lexicon«, daß ein »Concerto« entweder eine musikalische »Zusammenkunfft« sein könne, ebenso ein vokales oder instrumentales Kammermusikwerk oder schließlich eine Komposition, in der mehrere gleichberechtigte Violinen »auch mit den andern gleich in die Wette« spielen. Damit knüpft Walther über die Distanz von 113 Jahren an Praetorius' »Concerto«-Definition an und fügt nur als Schlußsatz einen knappen Hinweis an, daß es auch Werke gebe, in denen sich der Komponist auf einen einzigen Solopart festgelegt habe – zwei Jahrzehnte, nachdem Vivaldis Konzerte ihren Triumphzug durch Europa angetreten hatten.

3. KAPITEL: TRANSFORMATIONEN DER RITORNELLKONZERTFORM

Ritornellkonzertform und »historische Entwicklung«: Ein Überblick

Die Ritornellkonzertform hat sich – wie jede andere musikalische Form auch – *nicht geradlinig* oder in einem einzigen Strang fortentwickelt. Zunächst einmal kann sich ohnehin jeder Mensch (also auch jeder Komponist) in berufliche Vorgaben selbst »einbringen« und diese daher eigengesetzlich umformen. Außerdem aber traf die offenkundig als neu empfundene Klangwelt der Vivaldi-Konzerte nicht überall auf die gleichen musikalischen Voraussetzungen; vielmehr versuchte man jeweils, das Neue mit hergebrachten Vorstellungen zu verbinden. Daß dies also bei verschiedenen Personen und in verschiedenen örtlichen Traditionen unterschiedliche Folgen hatte, potenziert das Problem der »historischen Entwicklung«.

Beispielsweise konnte das Konzert-Verständnis auf *Musiksprache der Fuge* aufbauen: In ihr wechseln, wie erwähnt (S. 42), thematische und nichtthematische Abschnitte miteinander ab. *Thematische Abschnitte* sind dadurch definiert, daß in ihnen gleiches musikalisches Material eintritt (eben »das Thema«); sie sind jeweils auf eine bestimmte Tonstufe hin zentriert. Dem ähnelt die Stellung von *Ritornelleintritten* im Konzert: Auch sie bestehen aus gleichem Material, auch sie repräsentieren tonartliche Stationen eines Satzverlaufs. Diese »Nähe« hat schon Vivaldi selbst betont und ausgeschöpft: darin, daß die Tuttiabschnitte im ersten Allegro-Satz seines Konzerts für zwei Violinen und Violoncello op. 3 Nr. 11 fugisch durchorganisiert sind. In der Fuge liegt Modulation primär in den *nichtthematischen* Abschnitten – ähnlich wie in den *solistischen* Abschnitten eines Konzertsatzes. Doch die nichtthematischen Abschnitte einer Fuge können aus einheitlicher Motivik gestaltet werden (oder zumindest aus solcher, die in mehreren Abschnitten vorkommt) – freilich nicht aus »dem Thema«, aber etwa aus konstanten »Spielfiguren«. Wenn also ein im Fugenschreiben ausgebildeter Komponist der Zeit das »Neue« der Vivaldi-Konzerte auf sein eigenes Arbeiten übertrug, konnte es für ihn durchaus naheliegen, daß er dieses zweite Element, die motivische Ähnlichkeit von modulierenden Abschnitten, aus der Fuge in das Konzert einbrachte. Doch das Formmodell des Ritornellkonzerts gerät damit bereits an die Grenze seiner Belastbarkeit – weil dann die »Soloepisoden« nicht mehr aus »wechselndem Material« gestaltet werden, sondern (ebenso wie die »Ritornell«-Abschnitte) aus »wiederkehrendem«. Und dennoch war es keineswegs zwingend, daß ein solcher Komponist gerade seine Fugen-Erfahrungen in die Konzertkomposition einbrachte; die Praxis der Sonate, der Suite oder der Arie ließen auch andere Modifikationen zu.

Dennoch hat die Nachwelt aus der Masse der interpretatorischen Konsequenzen, die die unüberschaubare Zahl von Konzertkomponisten des 18. Jahrhunderts aus der Begegnung mit der Gattung Konzert zog, als Zielvorstellung einer angenommenen »Entwicklung« ein einzelnes Gebilde besonders herausgearbeitet: die *»Sonatenkonzertform«* (zu den Zusammenhängen vgl. S. 156). Ebenso wie jede andere jener Konsequenzen müßte aber auch sie auf ihre Konstituenten hinterfragt werden: Auf welche Weise müßte ein Komponist die »Vivaldi-Konzertform« modifiziert haben, daß die Nachwelt nun seine Konzerte als »sonatenhaft« begreifen könnte?

Ein erster Aspekt, den der Begriff »Sonatenform« suggeriert und der im »Vivaldi-Konzert« keinen Platz zu haben scheint, betrifft die *Thematik*: Unter welchen Voraussetzungen erschiene es überhaupt denkbar, daß etwas wie Haupt- und Seitenthema in die Ritornellkonzertform aufgenommen worden seien? Hierfür ist zunächst eine thematische Verflechtung von Ritornell und Episode nötig, da zumindest als Möglichkeit die »Themen« sowohl in einem Tuttiabschnitt als auch in einem Soloabschnitt vorkommen können. Relativ unkompliziert erscheint dies für ein »Hauptthema«; es könnte aus dem Ritornellmaterial heraus vom Solisten für den allerersten Einsatz aufgegriffen werden, so daß erster Tutti- und erster Soloabschnitt über einen »Anfangsreim« miteinander verbunden würden. Schwierig ist aber die Definition des »Seitenthemas«: An welcher Stelle des Ablaufs von erstem Tutti- und erstem Soloabschnitt kann etwas formuliert werden, das als »Thema« sinnvoll und faßbar ist? Kompliziert ist dies vor allem für die *Anlage des Ritornells*, wenn dieses sich in einer Grundform aus Vordersatz, Fortspinnung und Kadenz zusammensetzt.

Unmittelbar mit den Problemen der »thematischen« Verhältnisse ist ein zweites Problem verbunden, und zwar das der *harmonischen Konstruktion*: Wenn von einem Seitenthema überhaupt die Rede sein soll, dann setzt das einen klar definierten Modulationsgang voraus – die erste Tonstufe, die nach dem Verlassen der Grundtonart erreicht werden muß, ist also unumstößlich die Dominante (oder, in Moll: die Durparallele). Doch: In Vivaldis Konzerten geht eine solche *Signalwirkung*, wie sie dann beim Seitenthema läge, eher von den *Tuttiabschnitten* aus – die Tuttiabschnitte signalisieren ebenso das Erreichen einer neuen Tonstufe wie das *Seitenthema* der Exposition eines Sonatensatzes. Folglich scheint ein Seitenthema im Ritornellkonzertsatz mit den Tuttiabschnitten zu *konkurrieren*.

Eine dritte »Sonatensatz«-Vorstellung gilt dem *Reprisenprinzip*. Wenn ein solches in einem Konzertsatz entstehen soll, muß es enge Beziehungen zwischen den Soloabschnitten geben – allerdings nicht zwischen allen oder irgendwie beliebig, sondern so, daß sich der letzte Soloabschnitt als Reprise ausdrücklich auf eine »Exposition« bezieht. In den Soloabschnitten muß also der »episodische« Charakter abgebaut werden.

Manche dieser Ideen gehören bereits zum »Grundwortschatz« von Konzertkomponisten auch der Zeit vor und um 1750 – allerdings in einer viel universelleren Weise, als dies die Sonatenform suggerieren könnte:

1. Die *Soloabschnitte* können in ihrem Material derart *aufeinander bezogen* werden, daß für den Gesamtsatz der Eindruck einer zweizügigen Gestaltung (oder einer »hälftigen Anlage«) entsteht; dabei können Tutti- und Soloteile sich in ihrer Motivik auch gerade an solchen Stellen überschneiden, die überhaupt nicht als »thematisch« erscheinen (beides im Schlußsatz von Bachs c-Moll-Konzert BWV 1060, vgl. S. 51).

2. Ein »letzter Soloabschnitt« kann sich tatsächlich als eine *Reprise* auf frühere Soloabschnitte beziehen – aber nicht nur auf einen, der sich als »Exposition« bezeichnen ließe; vielmehr kann eine solche »Reprise« auch die spezifische Motivik aller vorausgegangener Soloabschnitte abschließend zusammenfassen (wie im Schlußsatz von Bachs »Italienischem Konzert« BWV 971, vgl. S. 54).

In beiden Fällen kann – scheinbar unter der Hand – ein neues Formglied entstehen: Für kurze Momente kann das Tutti den Solo-Ablauf mit Ritornellmotivik unterbrechen, ohne daß daraus ein veritabler »Tuttiabschnitt« zu entstehen scheint, sondern viel eher nur ein »*Tuttieinwurf*«. Damit aber kann auf eine neue Weise Ritornellmotivik in den Solo-Ablauf hineingetragen werden; dies verdichtet also die Beziehungen zwischen Tutti- und Soloteil. Grundsätzlich ist dabei zu überlegen, ob das Hineintragen von Ritornellmotivik in den Soloteil (»Ritornellverarbeitung«) nach einem »Plan« geregelt ist.

3. Um die Jahrhundertmitte gibt es Konzertsätze, deren Ritornellmaterial so stark differenziert ist, daß es sich nicht mehr mit den Begriffen »Vordersatz«, »Fortspinnung« und »Kadenz« beschreiben läßt; dennoch erhalten sie dabei aber kein »sonatenartiges« Aussehen. Dies zeigt der Schlußsatz des d-Moll-Konzerts Wq 22 von Carl Philipp Emanuel Bach in besonders deutlicher Weise – auch die Konsequenzen, die aus einer gesteigerten motivischen Vielfalt für die Satzgestaltung gezogen werden können (vgl. S. 61).

Nochmals sei also betont, daß die »Entwicklung« nicht zielgerichtet nur auf eine einzige musikalische Form hin verlief; alle diese »Entwicklungen« gehören zunächst einmal zur Erscheinungsform von »Konzert« im 18. Jahrhundert und sind daher kein Derivat anderer Gattungen (etwa der »Sonatenform«). Die breiten Gestaltungsmöglichkeiten, die sich an den drei genannten Sätzen nur auswahlartig andeuten lassen, gehören zudem in den engeren Gesichtskreis dessen, was die *Musiktheorie* der Zeit um 1750 von einem Konzert fordern konnte; die zeigen die Ausführungen Johann Joachim Quantz'.

Soloabschnitte mit wiederkehrendem motivischem Material: Johann Sebastian Bach, Konzert für zwei Cembali BWV 1060, 3. Satz

🕮 Eulenburg-TP 731

Wenn nicht nur das Material der Tuttiabschnitte im Satzverlauf wiederkehrt, sondern auch das Solomaterial (so daß es nicht den Charakter von etwas »Episodischem« übernimmt), gerät, wie erwähnt, die Definition des Ritornellkonzert-Modells an einer entscheidenden Stelle in die Krise: Dann hätte der Begriff »*Wiederkehr*« (»ritornello«) auch für die konstant beibehaltenen *Soloteile* zu gelten. Wie das zuvor entwickelte Modell einer Nähe von *Fuge und Konzertsatz* zeigt, bot sich diese Variation des »Episodengedankens« regelrecht an. Doch damit gelangt man gerade nicht zu einem »Reprisenprinzip«, sondern zunächst zu einer stärkeren *Vereinheitlichung der Satzabläufe* auch in den Teilen, die vom Solisten beherrscht werden; der mutmaßliche Zweck ist also etwas absolut Konzerttypisches. Besonders extrem verfolgt Bach dieses Ziel im Schlußsatz seines c-Moll-Konzerts für zwei Cembali und Streicher BWV 1060 (ursprünglich wohl für Violine und Oboe). Jene Vereinheitlichung kommt hier auch dadurch zustande, daß Material des Ritornells auch in die Soloteile aufgenommen wird.

Der Satz umfaßt 178 Takte. Weite Teile des Satzes lassen erkennen, daß er aus achttaktigen Einheiten heraus entwickelt ist. Dies zeigt sich bereits im Ritornell, dessen 24 Takte einen Fortspinnungsteil (T. 9–16) und ein Kadenzglied (T. 17–24) enthalten, die den Ritornellverlauf als dreiteilig erscheinen lassen (allerdings würde man in den Takten 1–8 wohl eher einen nur viertaktigen Vordersatz und eine ebenfalls viertaktige erste Fortspinnung unterscheiden).

Tabelle 4: Bach, Konzert für 2 Cembali BWV 1060, 3. Satz

Takt	Tutti	Tonart		Länge	Solomaterial
1–4	Vordersatz	c	(I)	4	
5–8	Fortspinnung 1			4	
9–16	Fortspinnung 2			8	
17–24	Kadenz	c	(I)	8	
25–32				8	A
33–40				8	B
41–44	Vordersatz	g	(V)	4	
45–52				8	C
53–60				8	D: »Fortspinnung 2«
61–68	Kadenz	g	(V)	8	
69–76				8	E
77–84				8	(F)
85–88	Vordersatz	f	(IV)	4	
89–100				12	(G)
101–108				8	A
109–120				12	D: »Fortspinnung 2«
121–124	Kadenz (gekürzt)	c	(I)	4	
125–134				10	E
135–138	Vordersatz	c	(I)	4	
139–146				8	C
147–154				8	B
155–158	Vordersatz	c	(I)	4	
159–162	Fortspinnung 1			4	
163–170	Fortspinnung 2			8	
171–178	Kadenz	c	(I)	8	

Der Satz als ganzer (Tabelle 4) hat einen ausgeprägten Tutti-Rahmen; in ihn ist ein außerordentlich breit angelegter Soloteil eingelagert. Dieser aber erscheint auf irgendeine Weise als zweigeteilt, da das Material, mit dem er beginnt, nach der Satzmitte wiederaufgegriffen wird (vgl. T. 101 mit T. 25). Dieser »irgendwie zweizügige« Soloteil wird nun mehrfach für kurze Zeit von Bestandteilen des Ritornells unterbrochen: Unverändert erklingen der viertaktige Vordersatz (mehrfach) und das achttaktige Kadenzglied (einmal, ein weiteres Mal verkürzt). In der Art und Weise, in der diese Themenbruchstücke eintreten, spiegeln sich Motto- oder Nachsatz-Charakter, also zwei überaus traditionelle Konzert-Grundaspekte; harmonisch gesehen, übernehmen sie die gleichen Funktionen wie die stärker abgegrenzten Tuttiabschnitte.

Was bieten dagegen die Soloabschnitte? Fünf »Episodentypen« kommen im Satzverlauf zweimal vor (zwei weitere finden sich hingegen nur einmal). Der Typ A lehnt sich locker (nicht konkret nach der Art eines »Themas«) an den Tuttibeginn an und verarbeitet dessen Motivik in einer Sequenz. Typ B ist die Sequenz einer freien Motivik; mit ihr wird ein Halbschluß erreicht. Der Episodentyp C variiert den Ritornell-Vordersatz noch weiter; nur noch dessen rhythmischer Zuschnitt wird beibehalten. Von Takt 53 an erklingt dann der »Episoden«-Typ D, der eigentlich nicht episodisch ist: Es handelt sich um den Fortspinnungsteil des Ritornells (T. 9ff.), nun aber im Wechsel der beiden Soli musiziert (daher klar als Soloabschnitt erkennbar, zudem klar als Übernahme des Ritornellmaterials, aber nicht im geringsten als »Thema« im Sinne der Sonatenform). Das Tutti führt diese Musik »ordnungsgemäß« fort: mit dem Ritornell-Kadenzglied. Daran schließt sich eine triolisch figurierte Passage an (Episodentyp E), die in einen völlig frei geführten Abschnitt mündet. Nach Takt 85/88 steht eine zweite völlig freie Episode, mit der Bach die Grundtonart wieder erreicht; von da an (T. 101) erklingen in den restlichen 78 Takten nur noch Tutti- und Soloteile, die schon einmal dagewesen sind (nur gelegentlich gekürzt oder erweitert), allerdings neu angeordnet. Bach verändert die Reihenfolge aber nicht willkürlich, sondern er betrachtet einzelne »Episodentypen« als zusammengehörig; für andere kann er die Anschlußmöglichkeiten frei wählen. Einen unauflöslichen Zusammenhang bilden Typ D und das kadenzierende Schlußglied des Ritornells (weil Typ D selbst aus dem Ritornell entstammt); darauf folgt beide Male Musik aus Typ E. Typ C folgt jeweils dem Ritornell-Vordersatz nach; Typ B bereitet – versteckter – zunächst den Eintritt nur des Ritornell-Vordersatzes vor, ist aber deshalb ebensogut geeignet, auch den kompletten Ritornelleintritt am Satzende vorzubereiten.

Jeder der Episodentypen außer den beiden in der Satzmitte (F und G) kommt doppelt vor; die Anlage läßt sich daher als freie Zweizügigkeit mit Erweiterungen in der Satzmitte bezeichnen. Klar ist, daß diese Art der Wiederverwendung von episodischem Material die alte Idee dessen, was man als Ritornellkonzertsatz bezeichnet, überformt, da ein solcher Vorrang *wiederkehrender Episoden* in diesem Schema nicht vorgesehen ist. Klar ist auch, daß in einem solchen Satz die Position von Binnen-Ritornelleintritten nur schwer zu fassen ist; dies ergibt sich einerseits aus der Übernahme des Fortspinnungs-Materials aus dem Ritornell in die Soloteile, andererseits aus der besonderen Knappheit der Tuttiabschnitte. Allerdings scheint es etwas Verbindendes beispielsweise zwischen dem Vordersatz-Eintritt in Takt 41–44 und dem Kadenz-Eintritt in Takt 61–68 zu geben, obgleich beide Glieder von solistischen Teilstücken getrennt sind (T. 45–52 davon ohne direkten Bezug zum Ritornellmaterial). Hierauf wird in einem besonderen Abschnitt zurückzukommen sein (S. 61).

> Aufgabe (4):
> Mit einer anderen Ritornellstruktur, aber ähnlichen Episoden-Prinzipien ist auch der erste Satz von Bachs Doppelkonzert für zwei Violinen BWV 1043 gestaltet (Noten: ETP 727). Wie läßt sich dort das Verhältnis der Binnen-Tuttiabschnitte zum Ritornell beschreiben? Wie kommt es hier zu einer »Wiederkehr« der Episoden?

Johann Sebastian Bach, »Italienisches Konzert« BWV 971, 3. Satz

🕮 In: Bach, Zweiter Teil der Klavierübung, Bärenreiter BA 5161 (Notentext der NBA)

Reprisenelemente im letzten Soloabschnitt

Es gibt auch in Konzerten Bachs Konstruktionen, die einem »sonatenhaften Reprisenprinzip« näherzustehen scheinen als der Schlußsatz jenes Cembalo-Doppelkonzerts; dennoch handelt es sich auch dabei um etwas typisch Konzerthaftes: Der letzte Soloabschnitt kann die Elemente der vorausgegangenen nochmals aufgreifen, nachdem diese allesamt unterschiedliches Material in den Satz hineingetragen haben. Ein Beispiel dafür ist der Schlußsatz des »Italienischen Konzerts« für Cembalo allein (ohne jede Begleitung) BWV 971, ein Werk, das gewissermaßen die Transkriptionsverfahren, die Bach in der Zeit um 1712/14 auf Konzerte Vivaldis und anderer angewandt hat, zu einem Kompositionsverfahren aufwertet. Tutti- und Soloabschnitte sind – trotz dieser Besetzung – klar trennbar, nicht zuletzt anhand des Ritornellmaterials (dem dabei freilich eine besonders große Signalwirkung zukommt), aber auch daran, daß Bach ein zweimanualiges Instrument fordert und der Spieler daher Tutti und Solo klanglich trennen kann.

Bach ließ das »Italienisches Konzert« 1735 zusammen mit einer weiteren Komposition unter folgendem Titel drucken: »Zweyter Theil der Clavier Ubung bestehend in einem Concerto nach Italiaenischen Gusto, und einer Ouverture nach Französischer Art, vor ein Clavicymbel mit zweyen Manualen«. Die Formulierung stellt klar, daß es sich um zwei Musterwerke handelt, um eines in italienischem und um eines in französischem Stil; als »typisch französisch« wird eine Ouvertüre (Suite) in den Druck aufgenommen, als »typisch italienisch« ein Konzert, womit also die Stil-Unterscheidung in einer Gattungs-Unterscheidung fortgeführt ist. Der Muster-Charakter wurde von Zeitgenossen verstanden; so schwärmt 1745 Johann Adolph Scheibe von diesem Werk[1]: »Wir werden auch noch zur Zeit sehr wenige, oder fast gar keine Concerten von so vortrefflichen Eigenschaften, und von einer so wohlgeordneten Ausarbeitung aufweisen können.« Dieser Muster-Charakter gilt somit auch für die »wohlgeordnete Ausarbeitung« – nicht zuletzt folglich auch für die Einrichtung der Soloabschnitte im dritten Satz.

Das Werk wird mit dem Vortrag des 24taktigen *Ritornells* eröffnet; es gliedert sich in zwei einander stark ähnliche Teile, die jeweils zwölf Takte lang sind. Eröffnet werden beide von einem viertaktigen Vordersatz, dessen Hauptcharakteristika ein synkopischer Oktavsprung, eine aufsteigende Achtel-Kette und ein Dominanthalbschluß sind (T. 1, 2, 4). Die achttaktige Fortsetzung geht beim ersten Eintritt (T. 5–12) von der Tonika aus und endet auf einem neuerlichen Dominanthalbschluß; beim zweiten Mal (T. 17–24) geht sie von einem Subdominant-Sextakkord aus und endet mit einer Kadenz auf der Tonika.

[1] Johann Adolph Scheibe, Der Critische Musicus, 69. Stück (22. Dezember 1739), erweiterte Fassung in: Critischer Musicus, Hamburg ^{2}1745, S. 637f.; zitiert nach: Bach-Dokumente II, Nr. 463 (S. 374).

Das charakteristische Thema des *ersten Soloabschnitts* wird in Takt 25 eingeführt: eine im wesentlichen in Vierteln fortschreitende Baßbewegung mit freier Oberstimme. Nach vier Takten erscheint die Viertelbewegung in der rechten Hand (T. 29–32), die vorige Oberstimme im Baß; dann moduliert Bach mit freier Figuration zur Dominante, auf der sich die gleichen motivischen Verhältnisse wie zuvor einstellen (Viertel links: T. 45–48; Viertel rechts: T. 49–52). Mit wiederum zwölf Takten freierer Figuration erreicht er in Takt 65 den nächsten »Tutti«-Abschnitt (in der Dominante).

Nach dessen Abschluß (T. 76) wird der *zweite Soloabschnitt* eröffnet – mit einem neuen Figurationstypus: Wiederum liegt eine Viertelbewegung im Baß (abwärtsgerichtete Akkordbrechungen), der diesmal auch in der rechten Hand ein einheitliches Figurationsmuster entgegentritt (Achtel-Akkordbrechungen); harmonische Grundlage ist jeweils ein Orgelpunkt und dessen Auflösung im jeweils vierten Takt (hier zunächst ein »gedachter« Orgelpunkt auf C mit Auflösung nach F). Der Figurationstypus der rechten Hand wird auch für die Modulation zum nachfolgenden Tuttiabschnitt beibehalten – der in Takt 93 auf der Mollparallele d eintritt (Ritornellthematik im Baß).

Der dritte Soloabschnitt reicht von Takt 104 bis Takt 139, wo sich ein Übergang zum vierten Tuttiabschnitt eher fließend ergibt (oder: aus dem Soloabschnitt herausschält); das so einprägsame synkopische Kopfmotiv des Vordersatzes fehlt, in Takt 140 ist plötzlich die aufsteigende Leiterbewegung des typischen zweiten Ritornelltakts vorhanden. Zwischen beiden Tuttiabschnitten tritt das Ritornell-Kopfglied hingegen noch zweimal zusätzlich ein (T. 113–116, B-Dur, mit dem Synkopen-Beginn; T. 123–126, d-Moll, ohne diese Eröffnung); diese »Tutti-Einwürfe« werden später eingehender betrachtet (S. 56). Das episodische Material hingegen setzt sich in einem besonderen, aber unauffälligen Detail von dem der vorausgegangenen Soloabschnitte ab: Es ist fast durchweg dreistimmig gehalten (zuvor nur: T. 53–63, jetzt nur: ohne T. 127–131) und entwickelt damit auch typische Triosatz-Strukturen – indem jeweils zwei der Stimmen kurze motivische Partikel in einem »Wechselgesang« vortragen können, während die dritte frei geführt ist.

Der vierte Tuttiabschnitt kadenziert in Takt 150 auf a; in Takt 151–154 folgt das viertaktige Ritornell-Eröffnungsglied (wiederum ohne das synkopische Kopfmotiv), und zwar in der Grundtonart F, ohne weitere modulatorische Vermittlung; auch hierauf wird nochmals im Detail einzugehen sein (S. 57). Daran schließt sich sogleich der letzte Soloabschnitt an, beginnend in Takt 155; nun ergibt sich jene typisch konzerthafte (und kaum sonatenhafte) »Reprise« im harmonisch konstanten Soloabschnitt: Man begegnet zunächst dem charakteristischen Figurationstypus des zweiten Soloabschnitts wieder (Viertel-Akkordbrechungen im Baß über einem »gedachten Orgelpunkt«). In Takt 167/169 geht Bach zum Material des ersten Soloabschnitts über; in Takt 175 schließlich wird der Satz dreistimmig wie im gesamten dritten Soloabschnitt, aber mit dem »dreistimmigen« Material, das am Ende der ersten erklang. Von Takt 187 an folgt daraufhin als Schlußtutti ein kompletter Ritornelleintritt.

Bach entwickelt also für drei seiner vier Soloabschnitte drei unterschiedliche, *charakteristische Figurationstypen*; im vierten Soloabschnitt greift er die Figurationstypen prinzipiell nochmals auf, so daß dieser den Charakter für die vorausgegangenen Soloabschnitte einer »*Reprise*« erlangt – aber nicht nur für einen ersten Soloabschnitt als »Exposition«. Da es hier zwischen Ritornell und Episode keinerlei motivische Überschneidungen gibt, ist zunächst einmal klar: »Thematisch« im Sinne der Sonatenform ist diese Reprise keineswegs gedacht, sondern sie zielt einzig auf das ab, *was der Solist tut*.

Der Tuttieinwurf

Die Ritornellbestandteile im Schlußsatz von Bachs »Italienischem Konzert« werden zunächst einem klaren Verarbeitungs-Verfahren unterworfen: Bach legt das Ritornell zweigliedrig an; beide Glieder unterscheiden sich motivisch nur geringfügig voneinander, in der Harmonik aber durch ihre Zielpunkte (das erste endet auf einem Halbschluß, das zweite mit einer Kadenz). In Binnen-Tuttiabschnitten, die – wie üblich – das Ritornell nur in *gekürzter Version* darbieten, kann Bach daher jeweils auf eine Ritornellhälfte verzichten. Dann besteht ein Tuttiabschnitt aus dem Vordersatz (der beide Glieder des Ritornells einleitet), außerdem aus der Fortführung nach dem Muster des zweiten Teilglieds und einer Kadenz; in dieser Gestalt erscheinen die Tuttiabschnitte 2, 3 und 4 (T. 65–76; T. 94–104: variiert, weil der Baß die Thematik darbietet; T. 139–150). Der letzte Tuttiabschnitt bringt das Ritornell dann nochmals in kompletter, 24taktiger Form.

Übrig bleiben aber drei Eintritte des Ritornell-Vordersatzes, nämlich zweimal vier Takte im dritten Soloabschnitt (T. 113–116; 123–126) und die vier Takte, die dem Beginn des letzten Soloabschnitts vorausgehen (T. 151–154) – fast etwas an die »alte« *Mottotechnik* erinnernd. Handelt es sich bei ihnen nun um Tuttiabschnitte in der »eigentlichen« Satzdisposition – oder haben sie einen andersartigen Stellenwert?

Die *harmonische Signalfunktion* ist nicht zu leugnen; die ersten beiden der drei Abschnitte betonen das Erreichen einer Zwischenstufe im Rahmen eines Soloabschnitts: zunächst die Subdominant-Stufe B-Dur, daraufhin neuerlich die Stufe des vorausgegangenen »vollgültigen« Tuttiabschnitts. Insofern handelt es sich offenkundig um ein Gliederungsmittel des Satzverlaufs, das den übrigen Tuttiabschnitten prinzipiell angenähert erscheint. Andererseits bewegen diese sich – gerade in diesem so »mustergültigen« Werk – in einem festgezurrten Rahmen, in dem »der« Tuttiabschnitt nicht nur durch den Vordersatz, sondern insbesondere auch durch eine Kadenz (zusätzlich ein dazwischenliegendes Fortspinnungsglied) definiert ist. Somit scheint es, daß diese beiden »Einwürfe« des Kopfmotivs durch ein »Tutti« neben der traditionellen Satzdisposition stehen.

Noch stärker dem Motto-Charakter angenähert erscheint hingegen der dritte jener fraglichen »*Tuttieinwürfe*«: In Takt 151 wird aus ihm heraus die Tonart des vorausgegangenen Ritornellabschnitts (a-Moll) durch die Grundtonart F-Dur ersetzt. Er wirkt also praktisch als »Auslöser« für den letzten Soloabschnitt.

Mit derartigen Tuttieinwürfen wird, zunächst vorwiegend mit dem Material des Ritornellbeginns, zunehmend ein System ausgebildet, das die »*Interpunktion*« des Konzertsatzes ergänzt: Neben die starke Interpunktions-Wirkung der Tuttiabschnitte tritt eine schwächere der Tuttieinwürfe, etwa so, wie man ein sprachliches Gebilde mit Punkt oder Komma gliedert. Die »*Komma-Funktion*« eines Tuttieinwurfs mit dem Ritornell-Kopfmotiv entsteht an drei Stellen besonders häufig:

1. im ersten Soloabschnitt, kurz nachdem der Solist (üblicherweise mit freiem motivischem Material) in den Satz eingetreten ist und bevor der modulatori-

sche Prozeß begonnen hat; der Tuttieinwurf löst dann die Modulation gewissermaßen aus (Beispiel: Bach, Violinkonzert a-Moll BWV 1041, 1. Satz, T. 40–43).

2. im Rahmen desjenigen Soloabschnitts, der in das andere Tongeschlecht umschlägt. Dies ist ein relativ seltener Fall, dient aber auch dazu, die dort weiter ausgreifenden Modulationsprozesse transparenter zu machen (wie im »Italienischen Konzert« gesehen).
3. unmittelbar vor Beginn des letzten Soloabschnitts als »Motto« in der wieder erreichten Grundtonart, nachdem zuvor ein Schluß in einer anderen Tonart erreicht worden ist (Beispiel, über die beschriebene Situation im »Italienischen Konzert« hinaus: Bach, 2. Brandenburgisches Konzert BWV 1047, 1. Satz, T. 103).

Diese Situationen scheinen zunehmend standardisiert worden zu sein – auch dahingehend, daß an diesen Stellen nicht mehr ausschließlich gerade das Ritornell-Kopfmotiv erklingen mußte, sondern auch andere *Ritornellbestandteile* eintreten konnten oder gar freies Material, womit die »Komma-Wirkung« ebenso garantiert ist (daher erscheint es ratsam, den von Peter Ahnsehl geprägten Begriff »Ritornelleinwurf«[2] zu dem allgemeineren Begriff »Tuttieinwurf« umzuformen). Tuttieinwürfe werden auch noch zu Ende des 18. Jahrhunderts in ihrer gliedernden Wirkung anerkannt, wie Heinrich Christoph Koch es in seinem »Versuch einer Anleitung zur Composition« (1782–93; Bd. 3, S. 336f.) zum Ausdruck bringt: »Die Melodie der Hauptstimme [wird] bey dem Cäsurtone der Absätze oder Einschnitte zuweilen von dem Orchester durch kurze Sätze unterbrochen.«

Aufgabe (5):
In welchem grundsätzlichen Detail unterscheiden sich jene vom Tonika-Tuttieinwurf eingeleiteten Schlußabschnitte in den beiden erwähnten Beispielsätzen (2. Brandenburgisches Konzert, 1. Satz, Noten: BV-TP 4; »Italienisches Konzert«, 3. Satz) voneinander?

Johann Joachim Quantz' Beschreibung der »Ritornellkonzertform«

Quantz ist in der mitteleuropäischen Vivaldi-Rezeption ebenso ein »Mann der ersten Stunde« wie der um zwölf Jahre ältere Bach. Als er Vivaldis Musik begegnete, war er Stadtpfeifergeselle im sächsischen Pirna; bekannt wurde er als Flötenvirtuose, zunächst in der Dresdner Hofkapelle, später, abgeworben von Friedrich dem Großen (noch während dessen Zeit als preußischer Kronprinz), als preußischer Kammermusikus und königlicher Flötenlehrer. Rund vierzig Jahre nach seiner Begegnung mit Werken Vivaldis widmete Quantz sich dem

[2] Ahnsehl, Genesis, Wirken, Weiterwirken, S. 78f.

Konzert auch *theoretisch*: in seinem 1752 erschienenen »Versuch einer Anweisung die Flöte traversiere zu spielen«. Seine Ausführungen gehören zu den wenigen breit angelegten *Beschreibungen des Konzerts* (weshalb es auch nicht ausbleiben konnte, daß spätere Kommentatoren sich mehr oder weniger stark auf ihn beriefen – wie etwa auch für Praetorius' Concerto-Definition gesehen).

Es wäre allerdings fatal, Quantz' Beschreibung allzu sehr zu verallgemeinern: Er entwickelt ein theoretisches System; theoretische Systeme lassen sich ebenso »komponieren« wie musikalische Werke. Beide sollen möglichst perfekt sein und ansprechend wirken, die Musik in ihrem klanglichen Ergebnis, der Text aber auch darin, daß er ein wohlabgewogenes System schlüssig und lesbar wiedergibt; zwischen beiden »perfekten« Gebilden bleibt somit fast zwangsläufig ein Rest (das ist ja auch ein Grundproblem musikalischer Analyse). Ferner: Quantz betätigt sich nicht als Analytiker, sondern als Theoretiker; er beruft sich nicht auf Einzelwerke, sondern er entwickelt ein subjektives Idealbild. Ob er sich in seinem eigenen Komponieren an die von ihm beschriebenen »Regeln« restlos hält oder nicht, ist dabei zunächst gleichgültig. Dennoch entwickelt Quantz dieses Ideal gerade vom Standpunkt des praktischen Musikers aus; er hatte zwar vielleicht eine Art »Strickmuster« für Konzerte, doch weder braucht er sich restlos in die Karten schauen zu lassen, noch kann er so tun, als ob es wirklich nur eine einzige Lösung für die Konzertprobleme gibt – er wußte aus seiner musikalischen Praxis heraus, daß für Detailfragen ein breiteres Spektrum von Antworten denkbar war.

Quantz' Angaben beziehen sich nicht immer konkret auf einzelne Formteile, sondern er faßt diese vielfach nach Typen zusammen. Seine Beschreibungen gelten zunächst den Verhältnissen im *Ritornell* (als einem Material-Pool, der im ersten Tuttiabschnitt dargestellt wird), sowie den Soloabschnitten und den Tuttiabschnitten im Satzinneren jeweils generell; separat behandelt werden das letzte Solo und das Schlußtutti. Ferner gibt es einige allgemeinere Anmerkungen dazu, was in einem Konzert zu beachten sei. Die Angaben stehen in § 33 des 18. Hauptstücks aus dem »Versuch einer Anweisung die Flöte traversiere zu spielen«; der Text ist in 17 Einzelabschnitte zergliedert (»Absätze« wie in einem Gesetzestext; vgl. Anhang, Text 2), deren Inhalt sich, nach Formteilen geordnet, folgendermaßen zusammenfassen läßt:

Formglied	Abs.	Beschreibung
Ritornell	1	Es ist prächtig und mit allen Stimmen wohl ausgearbeitet.
	4	Es ist mehrgliedrig – damit »die besten Gedanken« daraus nachher den Solo-Fluß unterbrechen oder begleiten können.
	8a	Es muß eine »proportionirliche Länge« haben.
	8b	Es muß aus mindestens zwei Hauptteilen bestehen.
	8d	Der 2. Teil wird mit den schönsten und prächtigsten Gedanken ausgekleidet.
Soloeinsatz	9	Er erfolgt mit einem eigenen Thema, falls die Ritornell-Eröffnung weder »singend, noch zum Solo bequem genug ist«.

Soloabschnitte	10a	Sie sind teils singend, teils brillant; in einer dem jeweiligen Instrument angepaßten Weise.
	12b	»Passagien« können, wenn möglich, mit Motivik aus dem Ritornell begleitet werden.
	7/12a	Die Begleitung muß dem Solopart untergeordnet sein und soll in ihrer Satztechnik öfters einmal wechseln.
	11a	Sie dürfen nicht zu kurz sein.
Tuttiabschnitte	10b	Sie unterbrechen die Soloabschnitte mit »kurzen, lebhaften, und prächtigen« Einschüben.
	11b	Im Satzinneren dürfen sie nicht zu lang sein.
letztes Solo	16a	Es darf nicht zu kurz sein.
	16b	Die »gefälligsten Gedanken« des zuvor Gehörten werden wiederaufgegriffen; ein Schluß-Soloabschnitt mit durchweg neuer Motivik wird abgelehnt.
Schlußtutti	8c/17	Es besteht aus dem zweiten Ritornell-Hauptteil.

Und grundsätzlich fordert Quantz folgendes:

Abs. 2:	einprägsame Motivik
Abs. 3:	richtige Imitationen
Abs. 5:	eine wohlklingende, baßmäßige Grundstimme
Abs. 6:	nicht zu viele Mittelstimmen (besser: Verdoppelungen von Einzelstimmen)
Abs. 13:	Die Modulation muß »richtig« sein; allzu entlegene Tonarten sind zu vermeiden
Abs. 14:	Metrum und Zäsurbildung müssen korrekt sein
Abs. 15:	Passagen dürfen nicht übertrieben oft wiederholt und sequenziert werden

In einzelnen Forderungen beschreibt Quantz somit genau das, was in einigen der bisher betrachteten Sätze geschieht. Der Reprisengedanke, der hinter Bachs Soloabschnitten im 3. Satz des »Italienischen Konzerts« als etwas Modernes zu stehen scheint, wird in Absatz 16 exakt angesprochen. Konventioneller wirkt etwa die Beschreibung des Modulationsgangs; Hinweise darauf, daß bereits üblicherweise in einem Dur-Konzert zunächst zur V. Stufe moduliert werde, gibt es nicht, sondern Quantz betont lediglich die »Richtigkeit« der Modulation, mit der dann auch nur verwandte Tonarten zu erreichen seien. Sein Hinweis, daß das Schlußtutti nur die zweite Ritornellhälfte enthalten solle, deckt sich mit den Verhältnissen in Vivaldis Flautinokonzert RV 443; in dessen erstem Satz wird, wie gesehen, das Material des Ritornells insgesamt dreimal verwendet und so aufgespalten, daß aus den Einzelgliedern fünf Tuttiabschnitte entwickelt werden.

Auf eine besondere Weise setzt sich diese Praxis in Quantz' eigenem Konzertschaffen fort: Die Ritornelle, die auf diese Weise »dreimal in fünf Tuttiabschnitten verwendet« werden, sind mehrgliedrig und übersteigen eine Strukturierung in »Vordersatz, Fortspinnung und Kadenz« bei weitem. Die Hintergründe dieser Verbreiterung des Ritornellmaterials seien an einem anderen Werk der Zeit betrachtet, in dem aber aus dieser Anlage völlig andere formale Konsequenzen gezogen werden (vgl. S. 61).

»Ritornellverarbeitung«

Als Idealfall des »Ritornellkonzerts« könnte es erscheinen, daß in allen Tuttiabschnitten stets das *komplette Ritornell* erklingt: ohne Kürzung, ohne Erweiterung. Allenfalls ist – so auch bei Quantz – die Rede davon, daß für die Tuttiabschnitte im Satzinneren nur *Bruchstücke* des Ritornells als *Stellvertreter* für das ganze verwendet werden, ein Sachverhalt, der in jedem der betrachteten Konzerte zutage tritt. Doch ein solches Verfahren ist nicht zufällig. Schon Vivaldis erster Satz des Konzerts RV 443 zeigt eine sorgfältige Disposition: Damit das Material des Ritornells lediglich dreimal eintritt, aber in fünf Tuttiabschnitten, hat er sich einen Schlüssel dafür zu überlegen, welches Ritornellglied in welchem Abschnitt vorkommt (vgl. S. 33, Tabelle 2). Dieses Verfahren kann man grundsätzlich als *»Ritornellverarbeitung«* bezeichnen – im gleichen Sinne, in dem auch Quantz davon spricht, einzelne »Gedanken« könnten aus dem Ritornell ausgegliedert werden; es werden also nicht die »Gedanken« (Motive, Themen) einer »thematischen« Arbeit im Sinne der Sonaten-Durchführung unterworfen, sondern sie werden lediglich von ihrer Umgebung *isoliert* und, wo nötig, in einen neuen Zusammenhang *eingefügt*.

»Ritornellverarbeitung« kann aber zu einem noch planvolleren Unterfangen werden; wenn man es untersuchen will, ist allerdings notwendig, daß man scharf differenziert zwischen exakt gleichen und nur ähnlichen *Motivgestalten* (weil »ähnliche« Motivgestalten schon ein weitergehendes Verarbeitungsverfahren voraussetzen, das nicht nur das Ritornell als eine Art Material-Pool auffaßt und entsprechend zergliedert, sondern auch noch am Motiv selbst ansetzt). Grundsätzlich sind zwei derart komplexere Verfahrensweisen denkbar: Die Ritornellglieder können im Laufe des Satzes alle irgendwann wiederverarbeitet werden; dies läßt sich als *»lückenlose Ritornellverarbeitung«* bezeichnen. Offen bleibt dabei aber, ob die Ritornellglieder tatsächlich in der Reihenfolge wiederaufgegriffen werden, in der sie im Ritornell eingeführt werden; dies läßt sich als eine *»lineare Ritornellverarbeitung«* bezeichnen. Beide Verfahren sind nicht aneinander gekoppelt; ein Komponist kann Ritornellglieder auch »linear« aufgreifen, ohne sie dabei aber alle zu berücksichtigen, und er kann ebenso sämtliche Ritornellglieder (»lückenlos«) in beliebiger Reihenfolge (nicht »linear«) wiedereintreten lassen. Beide Verfahren wirken *einheitstiftend*: Man kann bei der Verarbeitung des Ritornellmaterials zunächst ein Motivglied unbeachtet lassen und es erst am Satzende wiederaufgreifen, also mit einer Erwartungshaltung des Hörers spielen; andererseits kann man die Ritornellglieder in originaler Reihenfolge, aber in völlig *verschiedenen harmonischen Zusammenhängen* erklingen lassen, so daß die »Einheit« des Satzes dadurch entsteht, daß sich der Hörer an den Aufbau des einleitenden Ritornells erinnert und sich daran auch im weiteren Satzverlauf orientiert.

Mit der »Lücke« in der Ritornellverarbeitung, die erst spät ausgefüllt wird, spielt Bach im Schlußsatz seines c-Moll-Doppelkonzerts BWV 1060: Aus dem Ritornell werden zunächst lediglich der Vordersatz, die »zweite« Fortspinnung und die Kadenz übernommen; die »erste« Fortspinnung hingegen erklingt erst wieder im Schlußglied (T. 159; vgl. Tabelle 4,

S. 52). Auch in Konzerten späterer Zeit ist es nicht unüblich, auf derartige Weise mit Erwartungshaltungen zu spielen und sich ein Ritornellglied bis kurz vor Satzende gewissermaßen »aufzusparen«.

Und zum Spiel mit der linearen Abfolge der Ritornellglieder: Wie erwähnt (S. 33), ergibt sich im ersten Satz von Vivaldis Flautinokonzert RV 443 eine Beziehung zwischen Tuttiabschnitten, die klanglich durch einen Soloabschnitt voneinander abgetrennt sind; das Verfahren läßt also eine satzübergreifende Planung erkennen. Ähnlich ist schließlich auch das Ergebnis in Bachs Doppelkonzert-Satz: Der dritte »Durchgang« durch das Ritornellmaterial beginnt in Takt 85 mit dem Vordersatz; nach zwölf »freien« Takten greifen die beiden Solisten den »zweiten« Fortspinnungsteil auf, der schließlich in die gekürzte Wiederaufnahme der Ritornell-Kadenzmotivik mündet. Alle drei Teilglieder stehen in harmonisch unterschiedlicher Situation: Eines steht in f-Moll, eines moduliert (ausgehend von Es-Dur, T. 109), das letzte steht in c-Moll. Auch dieser »Bruch« wird also von der Ritornellverarbeitung überspannt.

Fortentwickelte Ritornelltechniken: Carl Philipp Emanuel Bach, Konzert d-Moll Wq 22, 3. Satz

🕮 Kunzelmann/Eulenburg Octavo Edition, No. 10146

Erweiterung des Ritornellmaterials

Bei einer Anlage aus »Vordersatz«, »Fortspinnung« und »Kadenz« sind die *Ausdehnungsmöglichkeiten* des Ritornells begrenzt. Zwar läßt sich die Anlage geringfügig erweitern: Die Fortspinnung kann zunächst in der *Dominante* kadenzieren und dann mit einer neuen Fortspinnung zur Tonika-Schlußkadenz zurückgeführt werden (zum Beispiel, auf immer noch knappem Raum von 16 Takten: Bach, Cembalokonzert A-Dur BWV 1055, 1. Satz; in der Mitte des Ritornells, in Takt 9 auf dem ersten Viertel, ist eine Kadenz auf E erreicht, von der aus zum Ritornellschluß in Takt 17 auf dem ersten Viertel, zur Grundtonart zurückmoduliert wird). Andere noch weiter ausgebreitete Fälle wie im ersten Satz von Bachs 4. Brandenburgischem Konzert sind seltener: Hier werden mehrere unterschiedliche Fortspinnungsprozesse und Neuanfänge miteinander *verkettet*, so daß der Soloeinsatz erst in Takt 83 steht; doch kompositionstechnisch handelt es sich nur um eine Vervielfachung des bisherigen Verfahrens, nicht um etwas substantiell Neues.

Allem Anschein nach ließ sich das »Problem« der Ritornell-Länge nur aus den *Materialverhältnissen* selbst lösen. Auf Impulse, wie sie von einem jener typischen Vordersätze ausgehen, wollte man offenkundig nicht verzichten, ebensowenig freilich auf eine Kadenz; folglich kam es zur *Umbewertung der Fortspinnungs-Teile*, noch über die zuvor denkbaren Erweiterungen hinaus. Ein Satz, in dem sich gewissermaßen der Übergang beobachten läßt (dadurch, daß er sowohl eine traditionelle als auch eine moderne Beschreibung der Materialverhältnisse erlaubt), ist der letzte des ungefähr 1747 entstandenen d-Moll-Konzerts Wq 22 (H. 425/484.1) von Carl Philipp Emanuel Bach, das wegen seiner virtuosen Behandlung des Soloinstruments und deshalb, weil es ein früher Vertreter der »dämonischen« d-Moll-Welt ist, zu den besonders bewunderten

Werken jener Zeit gehört. Die Frage nach der ursprünglichen Besetzung ist nicht eindeutig geklärt; neben einer Fassung für Flöte ist auch eine Version für Cembalo als Soloinstrument erhalten geblieben. Der Betrachtung ist im folgenden die Flötenfassung zugrundegelegt.

Das Ritornellgeschehen (vgl. Notenbeispiel S. 63–65) verteilt sich klar auf eine Hauptstimme (Flöte, Violine 1) und einer Begleitung durch die tieferen Streicher, von denen nur bisweilen die zweite Violine stärkeres Profil entwickelt; diese Begleitung, die mit ihren Tonrepetitionen vor allem eine harmonische Stütz-Funktion übernimmt, kann im folgenden vernachlässigt werden. In der Melodiestimme hingegen herrscht eine bemerkenswerte motivische Vielfalt.

Am Beginn steht eine fanfarenartig vorgetragene d-Moll-Wendung; sie ist harmonisch offen, da sie in Takt 2 auf einem Vorhaltsakkord abbricht. Dieser wird nun mit etwas melodisch völlig Andersartigem zur Kadenz hin (T. 4/6) aufgelöst; folglich hat man bereits diese beiden Glieder motivisch voneinander zu unterscheiden. Wenn man auf diese Weise fortfährt, lassen sich in den ersten 17 Takten der Komposition sechs motivische Glieder voneinander abgrenzen: Nach der *Eröffnungs-Fanfare* (T. 1–2) und ihrer so auffallend eigenständigen, kadenzierenden Fortführung (T. 2–6) folgt ein *Zwischenglied*, das die Harmonik öffnet (T. 6–7), ehe von Takt 8 an ein zweitaktiges Motiv in einer *Stufensequenz* fortgesponnen wird. In Takt 12 wird die Sequenz aufgegeben; in Takt 13–15 und in Takt 16/17 schließen sich zwei unterschiedliche Formeln an, mit denen ein Halbschluß auf der Dominante erreicht wird. In der zweiten Hälfte von Takt 17 entsteht dann aus der Generalpause heraus eine markante Zäsur.

Die »Fanfare« zu Beginn könnte einen typischen Ritornell-Vordersatz eröffnen, dem dann irgendwann eine »Fortspinnung« folgte; als »Hauptthema« im Sinne der Sonatenform läßt sie sich aber kaum bezeichnen, da sie dafür zu wenig »thematische« Qualitäten hat. Problematisch bleibt in beiden Interpretationen ohnehin der extreme motivische Kontrast gegenüber der »Fortführung«. Die Sequenz (T. 8–12) erscheint tatsächlich als eine traditionelle *Fortspinnung*; offen bleibt aber, wie man die Musik zwischen den Takten 6 und 8 interpretiert. Mit der Halbschlußwirkung und der Generalpause kommt dann etwas zustande, das es auch in »Sonatenhauptsatzform« geben kann – als Schluß einer Zwischengruppe, bevor das dominantische Seitenthema erklingt. Der Halbschluß an sich ist allerdings auch in älteren Konzerten denkbar (vgl. Bach, Italienisches Konzert, 3. Satz). Was hingegen hat man nach den verfügbaren Formmodellen im folgenden zu erwarten? Nach dem Ritornellschema (Vordersatz, Fortspinnung, Kadenz) könnte man mit einer Wiederaufnahme des Fortspinnungsprinzips und einer Schlußkadenz rechnen, nach der Sonatenform mit einem Seitenthema und einer Schlußgruppe. Beide Erwartungen werden nicht erfüllt.

Im Grunde genommen wird im folgenden permanent und in gestaffelter Form kadenziert – allerdings erst nachdem die Harmonik hierzu eigens aufgerissen worden ist: Nach der Generalpause erklingt ohne jede Vorbereitung ein Subdominant-Sextakkord, dessen chromatische Fortführung (T. 19) in Takt 20 in einen dominantischen *Halbschluß* aufgelöst wird (T. 18–20 werden in T. 20–22 in anderem harmonischem Zusammenhang wiederholt). Daraufhin erweist sich ein *erster Kadenz-Versuch* (T. 22–24) als Trugschluß; er wird mit einem piano-Glied fortgeführt (T. 24/25). Dann folgt tatsächlich eine Kadenz (T. 26–28) – aber noch immer nicht als Ritornellschluß. Dieser wird erst in drei weiteren, motivisch unterschiedenen Etappen erreicht: nach einer unisono-Bewegung (T. 28–30), einer unisono-Kadenz (T. 31–33) und deren *unisono-Bestätigung* (T. 33). »Fortgesponnen« wird nichts; andererseits ist auch der Sonatenbegriff »Schlußgruppe« absolut ungeeignet, um den differenzierten harmonischen Prozeß auch nur annähernd zu fassen – vom

Allegro di molto
Tutti
Fl.
I
Vl.
II
Vle
B.
Cont.
[f]
f
p
tr
5
9

motivischen Reichtum ganz zu schweigen: In der zweiten Ritornellhälfte lassen sich sieben motivische Glieder voneinander unterscheiden (gegenüber den sechsen in der ersten Ritornellhälfte).

Keines der verfügbaren Formmodelle erlaubt eine schlüssige »Erklärung« der Verhältnisse. Die Idee einer Dreigliedrigkeit – oder deren Erweiterung um ein dominantisches »Zwischen-Ziel« in der Ritornellmitte wie in Johann Sebastian Bachs »Italienischem Konzert« – ist relativiert. In der ersten Ritornellhälfte könnten charakteristische Einzelglieder von der Terminologie nicht erfaßt werden; für das Kadenzverhalten in der zweiten Hälfte gibt es aus der traditionellen Ritornellgliederung überhaupt keine Analysegrundlage. Andererseits: Abgesehen davon, daß es ohnehin keine »Themen« im Sonatenform-Sinn gibt, erweist sich das viergliedrige Sonatenform-Schema als zu schwach, um den Materialreichtum zu beschreiben. Eine wesentliche Hintergrundinformation ergibt sich allenfalls aus Quantz' Konzert-Charakteristik: damit, daß er das Ritornell als etwas Mehrgliedriges beschreibt (»Die besten Gedanken des

Ritornells können zergliedert, und unter oder zwischen die Solo vermischet werden«), und zwar im Rahmen eines zweigeteilten Ritornells (»Es muß dasselbe wenigstens aus zweenen Hauptheilen bestehen«).

Die »Ratlosigkeit« mit Blick auf die Anwendung analytischer Modelle läßt sich auch tabellarisch fassen – indem in Tabelle 5 je eine Spalte einer neutralen Beschreibung sowie der Beschreibung nach Ritornellkonzert und Sonatenform-Prinzipien gewidmet ist.

Tabelle 5: Carl Philipp Emanuel Bach, Konzert d-Moll Wq 22, 3. Satz: Aufbau des Ritornells

Takt	allgemein	»Ritornellkonzert«	»Sonatenform«
1	»Fanfare«, t	Vordersatz-Eröffnung	?
3	D_3-t / t-s-D-t	Vordersatz-Schluß (?)	Hauptthemen-Nachsatz (?)
6	aus t wird »T_7«	?	Zwischengruppe, Beginn (?)
8	Stufensequenz	Fortspinnung	Zwischengruppe (»Modulation«?)
13	Halbschluß t^V	Halbschluß (als Zusatz)	Ende der Zwischengruppe
16	dessen Bestätigung	?	?
		Generalpause	
18	zweimal Halbschluß	?	Seitenthema? Schlußgruppen-Beginn?
22	Kadenz 1 (Trugschluß)	Kadenz?	Schlußgruppen-Beginn?
24	piano-Einschub	?	(Fortsetzung der Schlußgruppe)
26	Kadenz 2	Kadenz	Ende der Schlußgruppe
28	Kadenz 3	?	?
33	Bestätigung	?	?

Ritornellverarbeitung – thematische Verflechtung – Reprise

Quantz fordert ein materialreiches Ritornell, damit dieses in Einzelglieder zerlegt und das Material im weiteren Verlauf des Satzes wiederverwendet werden kann. Zunächst kann eine solche »Ritornellverarbeitung« – wie in Vivaldis Flautino-Konzert gesehen – ein Schlüssel dafür sein, wie man die Tuttiabschnitte eines Satzes motivisch auf den ersten bezieht. Das Verfahren im Schlußsatz des Doppelkonzerts BWV 1060 von Johann Sebastian Bach ist komplexer: Jener Schlüssel reguliert auch die Verwendung von Ritornellmotivik in solistischen Abschnitten. Dies führt Carl Philipp Emanuel Bach fort – indem er die Soloabschnitte noch sehr viel enger an die Ritornellthematik anbindet, als sein Vater dies getan hat.

In der Anfangsphase jedes dieser Satzabschnitte (außer dem letzten Tutti) begegnet man einer Anspielung auf das Hauptthema. Unter wechselnden Bedingungen rückt Carl Philipp Emanuel Bach daraufhin irgendwann von der Thematik ab, so daß seine Komposition neue Bahnen einschlägt. Im einzelnen ist dies, nach Spalten geordnet, in Tabelle 6 zusammengefaßt – wobei in der ersten Spalte die Motive nochmals kurz erwähnt sind und in den folgenden jeweils der Takt angegeben ist, von dem an das jeweilige Motivglied erklingt (kursive Zahlen beziehen sich auf solistische Abschnitte).

Tabelle 6: Carl Philipp Emanuel Bach, Konzert d-Moll Wq 22, 3. Satz: Verarbeitung der Ritornellmotivik

Motivglied	Tutti 1	Solo 1	Tutti 2	Solo 2	Tutti 3	Solo 3	Reprise	Tutti 4
Tonart:	d	d-F	F	F-a	a	a-d	d-d	d
Fanfare	1	**34*	69	*96*	138	172	192	
D_3-t, Kadenz	3	*36*	71	*98*	140	174	194	
t-T_7	6	*39*			143		*197*	
Sequenz	8	*41*			145		*199*	
Halbschluß	13				150		*204*	
Bestätigung	16		85				*207*	
Generalpause	=		=					
zweimal → t^V	18		87				220	239
Kadenz 1	22		91				224	243
piano	24			*133*	156			245
Kadenz 2	26				158			247
Kadenz 3 unis.	28		*93		160			249
Bestätigung	33							254

Im *ersten Solo* wird das Eröffnungsmotiv des Ritornells variiert (in der Tabelle daher mit einem Stern bezeichnet). Zum Ausstieg aus dem Ritornellmaterial nutzt Carl Philipp Emanuel Bach den Umstand aus, daß das dritte Glied der »Fortspinnung« im Ritornell nicht vollständig ausgeführt ist, aber eben ausgeführt werden kann. Im *zweiten Tutti* läßt Carl Philipp Emanuel Bach zwischen dem »Vordersatz« und der Halbschluß-Bestätigung vor der Generalpause einen freien Fortspinnungsabschnitt eintreten; auch dieser läuft in einem Halbschluß aus (der sich mit Ritornellmotivik bestätigen läßt: T. 85/86). Die »Kadenz 1« ist diesmal kein Trugschluß, sondern eine »normale« Kadenz; ihr schließt sich Motivik an, die lediglich in ihrer triolischen unisono-Diktion an die »Kadenz 3« des Ritornells erinnert (deshalb wiederum mit einem Stern bezeichnet). Im *zweiten Soloabschnitt* geht der Solist schon frühzeitig zu freier Motivik über; unerwartet greift er jedoch in Takt 133, nach einem wie zufällig erreichten Trugschluß auf F (VI. Stufe von a-Moll), auf die Trugschluß-Fortführung des Ritornells zurück. Im anschließenden *a-Moll-Tutti* entfällt die charakteristische Generalpause; als Überbrückung erklingen zwei motivisch freie Takte (T. 154/155). Das *dritte Solo* ist das einzige, das nicht mit dem Ritornell-Kopfmotiv beginnt; erst im achten Takt (T. 172) tritt dieses ein, und zwar als Tuttieinwurf. Die Fanfaren-Fortführung folgt; nur die erste von dessen beiden Kadenzwendungen wird aber in originaler Gestalt gespielt, dann übernimmt der Solist die Motivik und »reißt« sie mit sich ins Episodische fort. In *Takt 192* tritt das Ritornell-Kopfmotiv neuerlich ein – in der Grundtonart. Alle Ritornellglieder bis hin zur Halbschluß-Formulierung (T. 208) folgen, ehe der Solist den Fortgang episodisch erweitert; in Takt 220 folgt das Überraschungselement, das im Ritornell nach der Generalpause eintritt, dazu der erste Takt der Trugschluß-Formulierung – und dann ergeben sich nochmals neun episodische Takte für den Virtuosen. Das Tutti setzt daraufhin ein, in Anlehnung an das Ritornell-Kopfmotiv; in Takt 239 ist dann das »Überraschungselement« wieder erreicht, und von da an läuft der Ritornellschluß ab wie gehabt, erstmals seit dem Ritornell einschließlich der allerletzten Bestätigung (T. 254).

Mit diesem Aufbau eignet sich der Satz in hohem Maß für eine Standortbestimmung, was um die Jahrhundertmitte aus der »Konzertform« geworden ist: Er zeigt, welche Möglichkeiten einer *motivischen Verflechtung von Tutti und Solo* mittlerweile bestehen – nicht nur darin, daß beide sich auf ein gleichartiges Anfangsmotiv beziehen können, sondern auch darin, daß an *Schlüsselstellen des Satzes* der Solist fast unerwartet auf Ritornellmotivik zurückgreifen kann. Sowohl in Tutti- als auch in Soloabschnitten zeigt sich, daß die Ritornellglieder nicht durchweg als konstante »Bausteine« benutzt werden, sondern geringfügig variabel sind: Gerade die Mittel, die Carl Philipp Emanuel Bach findet, um sich gewissermaßen aus einzelnen Motiven »herauszuschleichen« und damit die Musik auf neuen Wegen (ins »Episodische« hinein) fortzusetzen, zeigen diese absolut unschematische Universalität des Materials (vgl. etwa: Solo, T. 41ff.; Tutti, T. 150ff.). Bemerkenswert ist aber, daß Tutti und Solo sich gegen Satzende, sobald die Grundtonart wieder erreicht ist, den Vortrag des Ritornellmaterials teilen: Das, was hier zustandekommt, ist etwas anderes als das Verfahren, dem man im Schlußsatz des »Italienischen Konzerts« begegnet, den Johann Sebastian Bach im letzten Solo in eine globale »Reprise aller Soloabschnitte« münden läßt. Hier wie dort kann es scheinen, als ob dieses »letzte Solo« von einem Tuttieinwurf eröffnet werde; doch in dem Konzertsatz Carl Philipp Emanuel Bachs wird aus diesem »letzten Solo« eine regelrechte »*Ritornellreprise*«, deren Abläufe sich an denen des ersten Tuttiabschnitts orientieren und diese lediglich an zwei Stellen episodisch erweitern – »anstelle« der Generalpause und bevor das Tutti, wie auch von Quantz beschrieben, als Satzschluß die zweite Ritornellhälfte spielt.

Trotz dieser Materialverflechtung bewahren die *Tuttiabschnitte* ihre *Eigenständigkeit*: Alle (mit Ausnahme des letzten, das vor allem als Glied der »Ritornellreprise« in einer besonderen Situation steht) beginnen mit dem »*Hauptthema*« und enden mit einem der kadenzierenden Ritornellschluß-Glieder; alle treten somit als vollgültige Rumpf-Ritornelle auf – im gleichen Sinne, wie schon in älteren Werken Teile eines Ritornells als *Stellvertreter* für das ganze figurieren können. Dennoch ist das Verfahren, nach dem Carl Philipp Emanuel Bach die *Motivik auswählt*, nicht völlig frei: Im zweiten Tuttiabschnitt »fehlen« das dritte und vierte Ritornellglied, die im vorausgegangenen Solo enthalten sind, ebenso das piano-Glied, das im nachfolgenden Solo enthalten sein wird; im dritten Tutti fehlen hingegen das »Überraschungselement« und die »Trugschlußvorbereitung«, die nach dem neuerlichen Erreichen der Grundtonart noch zweimal erklingen werden (T. 220/224 und 239/243). Damit erhält die Ritornellverarbeitung auch hier den Charakter eines außerordentlich planvollen Verfahrens: Abgesehen von dem »Vordersatz« des Ritornells (Fanfare plus Fortführung) wird der »Materialbedarf« benachbarter Tutti- und Soloabschnitte sorgfältig aufeinander abgestimmt. Dabei ist die Ritornellverarbeitung nicht »linear«, aber insgesamt – ebenso planvoll organisiert – »lückenlos«: Jedes der isolierbaren Ritornellglieder taucht im Satzverlauf irgendwann wieder auf, als letztes jener eintaktige unisono-Schlenker, der das Ritornell beendet – ihn und seine *Signalwirkung* spart sich Carl Philipp Emanuel Bach bis zum letzten

Moment des Satzes auf. Darin deutet sich ein Phänomen an, das auch noch für Mozart wichtig gewesen zu sein scheint: Eine *thematische Wirkung geht von jedem Ritornellglied aus* (nicht nur von einem mutmaßlichen Haupt- oder Seitenthema), und sei es noch so kurz; gewissermaßen erhält jedes kleinste Ritornellmotivchen die Funktion eines »Themas«, so daß das Ritornell als Summe einer Masse von Motiven mit »Themen«-Charakter erscheint. Von jedem von ihnen kann eine besondere, fesselnde Wirkung ausgehen, gerade auch dann, wenn ein Ritornellmotiv aus seinem originalen Zusammenhang herausgelöst und in einen Solo-Kontext eingebettet erscheint. Als Brennpunkt dieses *Dreiecksverhältnisses* aus dem *Ritornellmaterial*, den *Soloteilen* und den *Tuttiteilen* erscheint die Anlage der »Ritornellreprise« im letzten Soloabschnitt, in dem gewissermaßen aus dem übergeordneten Ablauf des Ritornells heraus die formale Spaltung überwunden wird, die aus der Besetzung (Tutti und Solo) resultiert.

Etwas Vergleichbares ist in einer Sonate oder einer Sinfonie unmöglich: Jenes Dreiecksverhältnis entsteht nur, wenn zwei Klangkörper (wie Tutti und Solo) zunächst so weit voneinander *getrennt* sind, daß sie mit ihrem Musizieren eigene Formteile konstituieren – und wenn sie schließlich dennoch *vereinbar* sind. Konzertreprisen sind in jener Zeit zudem deutlich breiter angelegt als Sonatenreprisen, in denen oftmals lediglich der zweite Teil einer Exposition wiederaufgegriffen wird. Somit erscheint ein Konzertsatz wie derjenige Carl Philipp Emanuel Bachs als etwas deutlich Komplexeres, wesentlich *weiter Entwickeltes*, als es die »Sonatenhauptsatzform« sein könnte. Dennoch wurde in der Folgezeit diese ausbalancierte Konzertform um ein Element erweitert, das sich als »*Seitenthema*« verstehen läßt. Klar ist, in welche *Konkurrenz* es sich stellt: einerseits in die zu der *thematischen* Wirkung, die theoretisch von jedem Ritornellglied ausgehen kann, andererseits – bezogen auf die typische Dominantstellung in einer »sonatenhaften« Exposition – in die zu der *harmonischen* Signalwirkung des nachfolgenden Tuttiabschnitts. Betont man also in einem Konzertsatz Haupt- und Seitenthema, büßen zwei elementare Aspekte des traditionellen Konzertsatzes an Aussagekraft ein. Der »Konflikt« findet nicht nur zwischen verschiedlichen Auffassungen von »Konzertform« statt, sondern sogar im individuellen Schaffen von Komponisten; er prägt das Erscheinungsbild der Konzertform im Werk Mozarts, ebenso – unter veränderten Vorzeichen – noch dasjenige Beethovens.

4. KAPITEL: DIE KONSEQUENZ: »SONATENKONZERT« ALS AUFLÖSUNGSERSCHEINUNG

Arie und Sonate: Grundlagen für Mozarts Interpretation der Konzertform

Mozarts eigenschöpferische Erfahrungen mit der Gattung Konzert setzten erst ein, als er 17 Jahre alt war: 1773, als im Frühjahr sein erstes Violinkonzert (B-Dur, KV 207) und im Herbst sein erstes Klavierkonzert (D-Dur, KV 175) entstanden. Zuvor hatte er sieben Konzerte geschaffen, in denen er *Sonatensätze* verschiedener Komponisten derart mit einem *Orchesterapparat* umgab, daß sie zu Konzerten wurden (also: unter Hinzufügung von Ritornellabschnitten und Begleitung; KV 37 und 39–41 sowie KV 107, Nr. 1–3). Diese Konzerte nehmen daher traditionell eine Schlüsselfunktion bei der Bestimmung der Wechselwirkungen zwischen Sonatenform und Instrumentalkonzert ein – weil man auf diese Weise theoretisch jeden Konzertsatz aus einem entsprechend gearteten Sonatensatz herleiten kann. Dies bestätigt obendrein die Kompositionslehre seit dem ausgehenden 18. Jahrhundert: Georg Joseph Vogler beschreibt dieses Verfahren 1779 (vgl. Anhang, Text 3).

Abhängigkeiten des Konzerts von der Sonatenform können sich dabei zunächst nur im Rahmen der Soloteile ergeben, weil sie direkt aus den entsprechenden Klavier-Abschnitten der Sonaten entstanden sind; doch gerade in ihnen gibt es keine nachhaltigeren Berührungspunkte mit Mozarts späterer, eigener Konzertform. Wichtiger ist, daß Mozart zuvor außerhalb des Konzerts Bekanntschaft damit gemacht hatte, wie ein Solist und ein Orchester miteinander musizieren können: in der *Opernarie*. Mozarts Erfahrungen mit ihr lagen vorrangig auf dem Gebiet der »Opera seria«, in deren Arien die Handlung üblicherweise stillsteht; dort hat der Sänger daher die gewissermaßen »konzertante« Chance, seine virtuosen Fähigkeiten offenzulegen. Insofern brauchte er auch im Formalen die Virtuosität nicht unterschiedlich zu behandeln, ob sie nun vokal sei oder instrumental (dies wird im einzelnen näher zu beleuchten sein). Ein Problem des Sängers drang nun besonders in Mozarts Verständnis der Konzertform ein: das des Atmens. In seinen frühen Arien sieht Mozart markante *Atempausen* an auch kompositorisch herausgehobenen Stellen vor, etwa an Einschnitten im Modulationsprozeß; dieses auffallend starke Gliederungsmoment konnte er auch auf seine Konzertpraxis übertragen, und deshalb werden nicht nur in Konzerten für solistische Blasinstrumente, sondern auch in solchen für Streich- oder Tasteninstrumente Soloabschnitte an entsprechenden Stellen *wie Arienverläufe gegliedert*. Das Prinzip, derartige »Kommas« im Satzverlauf zu setzen, konnte sich schließlich verselbständigen, so daß es auch noch in extrem ausladenden Klavierkonzertphrasen (die das Volumen der menschlichen Lunge bei weitem überfordern) erkennbar ist. Mozart war sich aber zugleich auch dessen bewußt, daß er nach diesen Kommas jeweils mit irgendetwas »neu anfangen« mußte; er setzt folglich Signale, die dies ausdrücken.

Die völlige thematische Durchgestaltung der Ritornellform in Mozarts Salzburger Konzerten: Violinkonzert A-Dur KV 219, 1. Satz

🕮 Bärenreiter TP 20 (Notentext der NMA)

»Ritornell«

Der Tuttiabschnitt zu Beginn des ersten Satzes von Mozarts Violinkonzert A-Dur KV 219 ist ähnlich vielgliedrig wie derjenige des Flötenkonzertsatzes von Carl Philipp Emanuel Bach, und die Konsequenzen, die aus dem Ritornellmaterial gezogen werden, zeigen in beiden Sätzen ähnliche Wurzeln; allerdings geht Mozart über die Techniken Carl Philipp Emanuel Bachs hinaus. Das Ritornell präsentiert sich als eine verwirrende Vielfalt von motivischen Gestalten, die zudem aus der Dynamik heraus mindestens ebenso vielfältig differenziert werden – wobei auch die Differenzierung der Besetzung wichtig ist: Es gibt nicht nur Unterschiede zwischen forte und piano, sondern zudem (schon hier im Tuttiabschnitt) maßgebliche Unterschiede zwischen *verringerter Besetzung* (Streicher; gewissermaßen »Solo«) und dem *vollen Orchester* (»Tutti«, einschließlich der Bläser). Es läßt sich daher folgendermaßen gliedern:

T.	f/p	Motivglied
1	f/p	Akkordschlag (forte) als Eröffnung; daraufhin aufsteigende Akkordbrechung (piano, Violine 1) und neuer forte-Impuls. Zwei »Durchgänge«, als Vordersatz und Nachsatz (T-T^V, T^V-T)
9	f	unisono: Ausgehend von der Tonika A-Dur wird die Harmonik neuerlich geöffnet
11	p	Zwischenglied; tritt zweimal ein, von T. 12 an um eine Sekund abwärts versetzt
13	f	neuerliche Tutti-Kadenz (Tonika)
16	f	unisono-Überleitung zum Halbschluß auf E
17	f	Bestätigung des Halbschlusses, unisono; die Motivik wird in T. 18 verdichtet
19	=	Generalpause
20	p	Einsatz eines lyrischen Motivs, das, in der Tonika beginnend, zu einem Dominanthalbschluß führt. Es wird von T. 24 an unter Intensivierung (Notenwerte, Bläserbegleitung) wiederholt, ohne zu kadenzieren (es behält also durchweg seinen Vordersatz-Charakter bei)
28	f/p	hervorgehobener Tutti-Impuls auf dem ersten Taktschlag, piano-Spielfiguren in der ersten Violine auf der zweiten Takthälfte; die Motivik tritt zweimal ein
30	f	Tutti-Takt zur Fortführung der Harmonik (Schluß: Dominantklang auf E)
31	p	Streicher allein: Vorbereitung einer ersten Kadenz (T. 33)
33	f	Tutti: zweite Kadenz (abgeschlossen in T. 35 als T^3)

35	p	nur Streicher: Wiederholung des Anfangstakts dieser Kadenzformel (also: wie T. 33)
36	f	Tutti: Fortsetzung der »Kadenz 3«, endend mit einem Tonikaklang in Oktavlage, T. 37
37	f	unisono-Bestätigung der Tonika mit zwei unterschiedlichen motivischen Teilgliedern: zunächst Akkordbrechungen in Achteln, dann eine Sechzehntel-Figur.

Damit sind typische Elemente eines Mozartschen Konzertritornells genannt: Zwischen der *Eröffnungsmotivik* und der Vorbereitung des Halbschlusses tritt in den meisten Sätzen auf der Tonika ein zusätzliches forte-Motiv ein (egal ob der Satz im Forte oder im Piano begonnen hat); charakteristisch ist der *Halbschluß*, der üblicherweise in einem eigenen motivischen Glied *bestätigt* wird (bald mit nachfolgender Generalpause, bald mit einem piano-Bindeglied), das zwischen Halbschluß und dem folgenden *»lyrischen Motiv«* vermittelt. Dieses steht im piano; es kann einen – vorzugsweise ebenfalls im piano gehaltenen – Nachsatz erhalten. Der anschließende Prozeß des *Kadenzierens* ist dynamisch ähnlich *differenziert* wie in Carl Philipp Emanuel Bachs Flötenkonzertsatz: mit einer *forte*-Eröffnung, einem *piano*-Zwischenglied und einer Wiederaufnahme des forte (hier, als Spezialfall, bei gleichbleibender Motivik). Eine *Bestätigung der Tonika* folgt; sie kann im forte, aber auch im piano stehen.

Carl Philipp Emanuel Bachs Ritornellmotivik läßt sich nur unter großen Schwierigkeiten auf die Sonatenhauptsatzform beziehen. Vieles in Mozarts Satz scheint ähnlich gelöst zu sein wie in jenem Flötenkonzertsatz; der *Charakter eines vielgliedrigen Ritornells* (wie in den Jahrzehnten zuvor) bleibt eindeutig gewahrt. Folglich erscheint es als nicht sachgerecht, in Konzerten wie dem vorliegenden von einer »Orchesterexposition« zu sprechen. Dennoch kann das Eröffnungsmotiv ähnlich signalhaft wirken wie auch in Carl Philipp Emanuel Bachs Konzertsatz, ähnlich signalhaft also auch wie ein Hauptthema eines Sonatensatzes; und auch die »lyrische« Fortsetzung nach der Generalpause kann wie ein Seitenthema wirken.

Aufgaben (6):

1. Ein Ritornell mit ähnlichem Bau wie im A-Dur-Violinkonzert KV 219 findet man im ersten Satz des C-Dur-Klavierkonzerts KV 246 (Noten: ETP 1269).
2. Auch das Ritornell im ersten Satz des G-Dur-Flötenkonzerts KV 313 (Noten: BV-TP 250) ähnelt im Aufbau demjenigen des Violinkonzerts, doch in einem mittleren Abschnitt unterscheidet es sich markant von ihm. Wie läßt sich dies trotzdem aus dem Geschilderten heraus verstehen?

»Themen« im ersten Soloabschnitt

Aus dem Ritornell heraus steht Mozart also – über »Hauptthema« und »Seitenthema« hinaus – reiches »thematisches« Material zur Verfügung; mit ihm kann er sich aus allen späteren Abschnitten des Satzes heraus neuerlich auf das

Ritornell beziehen. »Themenartige« Gebilde entwickelt Mozart aber auch in den Soloteilen – in charakteristischen Funktionen.

Der Solist setzt nach dem Ritornellvortrag mit freier Motivik ein, ehe Mozart auf die Anfangsmotivik des Ritornells zurückkommt; außergewöhnlich ist daran, daß Mozart für diesen Teilabschnitt das Tempo wechselt (Adagio statt Allegro aperto). Am Ende einer solchen *freien solistischen Eröffnung* kann in der Solostimme ein Triller stehen, daraufhin eine Fermate; an dieser Stelle hat der Solist einen »*Eingang*« zu improvisieren, ein kurzes Analogon zur Solokadenz am Satzschluß (vgl. S. 40).

Für den Neu-Einsatz des Allegro aperto kann man Quantz zitieren: »Sofern der Anfangsgedanke vom Ritornell nicht singend, noch zum Solo bequem genug ist: so muß man einen neuen Gedanken, welcher jenem ganz entgegen ist, einführen, und mit den Anfangsgedanken dergestalt verbinden, daß man nicht bemerken könne, ob solches aus Noth, oder mit gutem Bedachte geschehen sey.« In diesem Sinne entwickelt Mozart für das Solo eine völlig neue Motivik und stellt ihr im Orchester das *erste Ritornellglied* entgegen. Nach dessen Schluß (Tonika, Terzlage) folgt aber nicht die differenzierte Kadenzvorbereitung aus dem Ritornell, sondern *freie solistische Figuration*. Typisch für Mozart: Wenn er Ritornellglieder im Verlauf eines Satzes wiederverwendet, läßt er sie in aller Regel vollständig erklingen; es ist fast ein Stilmerkmal für ihn, daß er sich nicht aus Ritornellmotivik »herausschleicht« (wie etwa Carl Philipp Emanuel Bach und auch dessen Halbbruder Johann Christian).

Mit jener freien solistischen Figuration wird in Takt 60 in A-Dur kadenziert. Die Tonika ist also noch nicht verlassen; ähnlich wie in Bachs a-Moll-Violinkonzert (vgl. S. 57) kann nun ein *Tuttieinwurf* folgen (T. 60–62), nach dem der modulatorische Prozeß des Soloabschnitts eingeleitet wird. Doch das Tutti greift nicht das Ritornell-Kopfmotiv auf (wie in Bachs Konzert), das schon nach der Adagio-Eröffnung »dagewesen« ist, sondern die Tonika-Bestätigung des Ritornell-Schlusses – mit einer *doppelten Signalwirkung*. Erstens: Wenn nach der ersten großen Soloperiode die Tonika »bestätigt« werden soll, ist dazu motivisch gerade die Ritornellschluß-»Bestätigung« geeignet; sie avanciert damit zu einem wichtigen »thematischen« Bestandteil des Satzes. Aber zweitens: Mozart greift nicht nur die Motivik, sondern auch deren Schlußwirkung auf. Folglich ist hier – analog zum »Schluß des Ritornells« kurz zuvor – vom »Schluß einer ersten größeren Soloperiode« die Rede; das Folgende wird also etwas Andersartiges sein.

Nach dem Tuttieinwurf setzt der Solist wieder ein – mit *freier Motivik* (ausgehend von den letzten vier Noten des Tuttieinwurfs). Eher als das Ritornell-Kopfmotiv läßt sich das nachfolgende Gebilde als »*Thema*« verstehen: Ein zweitaktiger Vordersatz endet in Takt 64 auf der Dominante; ein ebenfalls zweitaktiger Nachsatz kehrt in Takt 66 zu einem Tonikaklang (Oktavlage) zurück. Daraufhin eröffnet Mozart die eigentliche *Modulation*; sie verläuft *in mehreren Etappen*. Ein erster Schritt ist neuerlich ein Halbschluß auf der Dominante (T. 72). Für diesen ersten Schritt der Modulation geht der Solist zu einer *Sechzehntelfiguration* über; sie mündet in einen *weiteren Tuttieinwurf* (allerdings ohne Ritornellmaterial). Nach ihm fährt der Solist nochmals mit einem »themenartigen« Glied fort; es steht nicht mehr nur »auf« der Dominante wie ein Halbschluß, sondern »in« ihr (diese Differenzierung geht auf Beobachtungen Donald Toveys zurück: Er unterscheidet damit dominantische Situationen, die nur als V. Stufe der Tonika figurieren, von solchen, die vielmehr eine neue Tonika begründen). Die Modulation ist also vollzogen, und am Ende dieses Abschnitts ist ein Halbschluß auf h erreicht (T. 80), nun also »auf« der Doppeldominante.

Daran schließt sich nun die Wiederaufnahme der »lyrischen« Motivik aus der Mitte des Ritornells an, und zwar nicht nur der viertaktige »Vordersatz«, sondern auch der »reich differenzierte« Nachsatz (bis hin zur »Kadenz 1«). Der Nachsatz-Schluß tritt hier sogar doppelt ein (T. 81–94; Schlußwiederholung: T. 95–98). Die Musik steht durchweg »in« der Dominante. Dies ist dann schon die dritte Kadenz des ersten Soloabschnitts, die »in« der Dominante steht – und noch immer ist das zweite Tutti nicht erreicht. Statt dessen verdichtet Mozart in Takt 98 die Solo-Figuration; aus ihr heraus wird in Takt 104 die nächste Kadenz erreicht und diese mit ähnlichem Material (verkürzt um die beiden Anfangstakte) bis Takt 108 wiederholt. Die Solo-Virtuosität wird daraufhin nochmals gesteigert und mit ihr die Schlußkadenz des ersten Soloabschnitts erreicht: In Takt 112 beginnt das zweite Tutti.

Ähnlichkeiten und Unterschiede zur Sonatenhauptsatzform ergeben sich in der Harmonik und in der Binnengliederung. Zunächst zur *Harmonik*: Mozart entwickelt den Satz mit einem festen *Hauptthema* (dem Kopfmotiv des Ritornells) und einem festen *Seitenthema*, der lyrischen Motivik, die nach dem Halbschluß in der Ritornell-Mitte erklingt. Der Ritornell-Halbschluß steht lediglich *»auf« der Dominante*; nach einem solchen Halbschluß kann man in einer Sinfonie oder Sonate das Seitenthema problemlos *»in« der Dominante* einsetzen lassen und dem Satz daraus Spannung geben, daß in der Reprise nach dem gleichen Halbschluß das Seitenthema in der Tonika erklingt. Diese fruchtbare Ambivalenz gibt es für Mozart im Konzert nicht; hier sind die Verhältnisse dafür konkreter. Ein Dominanthalbschluß bereitet im Konzert ausschließlich einen Seitenthemen-Eintritt in der Tonika vor; soll das Seitenthema hingegen in der Dominante stehen, muß ihm eine Kadenz ebenfalls in der Dominante (oder ein Halbschluß auf der Doppeldominante) vorausgehen. Hieraus entsteht eine harmonische *Spannung* nicht erst zwischen *Exposition und Reprise*, sondern schon zwischen *Ritornell und erstem Solo*, die zudem durch einen unterschiedlichen Material-Kontext überhöht wird (im Ritornell ist das Seitenthema in typische Orchesterthematik eingebettet, im Solo in eine typische Solothematik). Dies kann dann noch mit der Sonatenform-Spannung zwischen »Exposition« und »Reprise« (oder: »erstem« und »letztem« Solo) potenziert werden: In einem »letzten Solo« geht dann dem Tonika-Seitenthema neuerlich ein Dominanthalbschluß voraus (wie im Ritornell; oder eine Tonika-Kadenz), doch das Thema kann »trotzdem« nun im Kontext der Solothematik stehen. Ein Dominant-Halbschluß erweist sich somit als eine Art kompositorischer Wegegabelung: nicht nur darin, daß nach ihm in einer Sonate zwei verschiedene Fortsetzungen möglich sind, sondern auch als etwas Trennendes zwischen Sonatenform und der straffer geordneten Konzertform.

Und zur *Binnengliederung* des ersten Soloabschnitts: Nach dem »Eingang« des Solisten vollzieht sich der Modulationsprozeß in *fünf Etappen*. Jeden der Teilabschnitte eröffnet er mit einem scharf profilierten, vorzugsweise in *melodischer* Hinsicht »signalhaften« Glied: den ersten mit dem *Hauptthema*, den zweiten und dritten mit den freien *A-Dur- und E-Dur-Themen* des Solisten sowie den vierten mit dem *Seitenthema*. Die ersten drei dieser Teilabschnitte enthalten außer den Themen auch noch weiteres, vorzugsweise bewegteres Material; auch das Seitenthema kann (anders als im A-Dur-Violinkonzert) derart episodisch fortgeführt werden. Zwischen diesen ersten vier Teilabschnitten entstehen hier –

als scharfe Abgrenzungen – Tuttieinwürfe. Der fünfte Teilabschnitt schließt stets (mit *intensivierter Bewegung*) direkt an den vorigen an: als Schlußgruppe, die, mit wenigen Ausnahmen typisch für Mozarts Konzerte, nicht nur einmal kadenziert, sondern mehrfach. Die ersten vier dieser Abschnitte lassen sich also jeweils als »Thema plus Rest« kennzeichnen; sie *unterscheiden* sich voneinander in ihrer *Stellung im Modulationsprozeß*. In einer Sonatenexposition hingegen sind maximal drei solche Abschnitte denkbar, nämlich zwischen dem Hauptsatz (Verlauf: von der Tonika zur Tonika) und dem Seitensatz (von der Dominante zur Dominante) eine »Zwischengruppe«, in der ein freies Thema (»sujet libre«) die von der Tonika zur Dominante führende Modulation eröffnet. Für eine zweite derartige Etappe ist kein Raum: Ein zweites »sujet libre« müßte bereits in der Dominante stehen, also ebenso wie das Seitenthema – das aber in der Sonate nicht schon zuvor erklungen ist, so daß man einem Hörer nicht plausibel machen kann, weshalb nun auf einmal zwei dominantische Themen hintereinander eintreten. Im Konzert kann man das aber, weil es einen *Vorrang des Ritornellmaterials* gibt: Dieses ist zu Anfang des Satzes schon einmal gehört worden, und es hat deshalb den »Anspruch«, auf der *am weitesten fortgeschrittenen harmonischen Station* einzutreten. Somit kann das E-Dur-Thema in Takt 74 zwar vordergründig als Verzögerung wirken; doch da ihm nur ein Dominanthalbschluß vorausgeht, nicht aber ein Doppeldominanthalbschluß wie dem Seitenthema (T. 80/81), wirkt die Gesamtsituation plausibel.

Somit ist der *harmonische Prozeß* in diesem »ersten Soloabschnitt« insgesamt *restlos »thematisiert«*: Jeder Abschnitt außer der Schlußgruppe beginnt mit einem »Thema«, und zwar im Anfangsbereich und an der am weitesten fortgeschrittenen Stelle mit solchen aus dem Ritornell. Ein sonatenartiger Anstrich kommt gewissermaßen durch die Hintertür zustande; die Bezeichnung »Soloexposition« wirkt immerhin sachgerechter als die Bezeichnung »Orchesterexposition« für das Ritornell. Unbefriedigend ist nur, daß mit den Begriffen der *Sonatenform* eigentlich etwas Primitiveres beschrieben wird als das, was den *Konzertablauf* prägt. Zumindest sollte daher jene fünfgliedrige Anlage beim Analysieren berücksichtigt werden; im folgenden sei der »erste thematische Bereich« (derjenige, in dem das Hauptthema einen Platz finden kann) und der »zweite thematische Bereich« (analog dazu: Seitenthema) unterschieden, aber zwei unterschiedliche »Modulationsbereiche« und eine »Schlußgruppe«. Nicht vernachlässigen sollte man dabei aber den thematischen Charakter, der auch von anderen Ritornellgliedern (etwa der Schlußbestätigung) ausgehen kann.

Konsequenzen für die nachfolgenden Satzglieder

Die thematische Durchgestaltung aller kompositorischen Schritte im ersten Soloabschnitt (bis dahin, daß man ihn als Soloexposition begreifen kann) hat Folgen auch für die Gestaltung des nächsten Tuttiabschnitts. Nur in ganz wenigen Mozart-Konzerten beginnt ein derartiges »zweites« Tutti (im folgenden: »*Mitteltutti*«) noch mit dem Ritornell-Kopfmotiv; in keinem Fall erklingt der von Quantz angesprochene »zweyte Theil« eines Ritornells (der mit dem

»Seitenthema« beginnen müßte), sondern ein kürzeres Teilstück des Ritornellschlusses (bisweilen noch eingeleitet durch jenes so typische forte-Glied, das im Ritornell nach dem »Hauptthema«, aber noch vor der »Modulation« erklingt). Die Ausstattung der Tuttiabschnitte wird also von einer umfassenden »Ritornellverarbeitung« reguliert. Im A-Dur-Violinkonzert wählt Mozart die forte-Kadenzglieder der Ritornell-Schlußgruppe, allerdings die Schlußbestätigung ohne die abschließende Sechzehntel-Figur.

Ohne daß das Mitteltutti mit einer Kadenz abgeschlossen worden wäre, setzt der *nächste Soloabschnitt* ein. Sofort wird die Dominante verlassen: Schon im zweiten Takt ist deren *Mollparallele* cis-Moll erreicht (T. 119), und zwar – zu Beginn eines Formteils fast nicht mehr anders zu erwarten – mit einem »lyrischen Thema«. Nach einem neuerlichen Tuttieinwurf (T. 125/126) wird ein dreitaktiges Motiv (T. 127–129) einmal eine Sekund abwärts sequenziert, ehe mit zwei Zwischen-Takten (T. 133/134) ein Dominantorgelpunkt vorbereitet wird (T. 135–139; vgl. Hörner!). Minimal verändert, erklingt daraufhin (T. 140) die Halbschlußwendung und deren Bestätigung aus der Ritornell-Mitte – ohne nachfolgende Generalpause, sondern mit einer Überleitung des Solisten, nach der in Takt 144 die »Reprise« beginnt.

Das Formglied zwischen Mitteltutti-Schluß und »Reprisen«-Beginn läßt sich, vom Standpunkt der Sonatenform betrachtet, nicht als thematische Durchführung bezeichnen. Dennoch entspricht es einem solchen Formglied in seiner Anlage, zumindest mit der Ausweichung ins andere Tongeschlecht. Andererseits werden hier traditionelle Ritornellkonzert-Verhältnisse außer Kraft gesetzt: Ein Soloabschnitt, der von Dur nach Moll überwechselt, führt irgendwann auch zu einem *Tuttiabschnitt in Moll*; ihn aber gibt es nicht. Zum Verständnis der Situation trägt ein Blick auf die *Arientechnik* bei: In einer Dacapo-Arie (die schon seit den 1720er Jahren kaum mehr nur als eine A-B-A-Form verstanden werden kann[1]) setzt sich ein A-Hauptteil aus zwei Hälften zusammen, deren erste von der Tonika zur Dominante moduliert und deren zweite – nach einem kurzen instrumentalen Abschnitt – von der Dominante zur Tonika zurückmoduliert. Diese zweite Hauptteil-Hälfte kann Reprisenelemente übernehmen (so daß auch hier die Musik stabil auf der Tonika verharrt); doch dann muß zwischen dem Orchesterabschnitt und dem »Reprisenbeginn« eine *Rückmodulation* stehen. Ähnlich wie zu Beginn des 3. Kapitels für einen fiktiven Fugenkomponisten um 1710 skizziert, gründete Mozart seine Konzertpraxis auf Erfahrungen als Opernkomponist. Diese wirken sich an dieser Stelle auch in der Form aus: Die genannten formalen Grundgegebenheiten des Arien-Hauptteils zeigen, daß man generell auf einen Orchesterabschnitt im Bereich des »anderen Tongeschlechts« verzichten kann; wenn also ein solcher »Ausflug nach Moll« stattfinden soll, dann kann dieser auch im Konzertsatz komplett Sache eines Soloteils sein – einschließlich des Rückwegs.

[1] Reinhard Strohm, Italienische Opernarien des frühen Settecento (1720–1730), 1. Teil: Studien, Köln 1976 (= Analecta musicologica, 16/I), S. 195.

Daraufhin nimmt der *Reprisenbeginn* wiederum Elemente in sich auf, die als »traditionell konzerthaft« erscheinen. Die Wiederaufnahme der Ritornellmotivik zu Beginn wird gegenüber der »Soloexposition« ausgebaut, und die alte Idee, den letzten Soloabschnitt mit einem Tuttieinwurf zu beginnen (vgl. Bach, Italienisches Konzert, 3. Satz), spiegelt sich noch hier: in der Übernahme des »Kopfmotivs« sowie den beiden nachfolgenden Motivgliedern aus dem Ritornell (dort: T. 9–13, nun T. 152–156; also unter Aussparung der Tonika-Kadenz). Von da an folgt dieser letzte Soloabschnitt den Vorgaben der Soloexposition; die einzigen Änderungen sind, daß der »zweite Modulationsbereich« – nach dem Dominanthalbschluß (T. 176, entsprechend T. 74), gemäß dessen ambivalenter Aussagekraft – nicht in der Dominante abläuft, sondern in die Tonika versetzt, und schließlich wird die Schlußkadenz-Vorbereitung um zwei Takte erweitert (T. 209 entspricht T. 107; dann vergehen fünf Takte statt dreien, ehe in T. 215 das Analogon zu T. 111 erreicht ist). Angelehnt an die Ritornellmotivik, die den »Übergang zum Halbschluß« beschreibt, bereitet das Orchestertutti daraufhin in der »*Vorkadenz*« die *Solokadenz* vor; anschließend an diese folgt die Ritornell-Schlußmotivik, ähnlich wie im Mitteltutti, aber diesmal einschließlich der Sechzehntel-Figur an ihrem Ende.

In Mozarts Konzertsatz werden also sämtliche Prozesse *thematisch durchgestaltet*: nicht nur das Ritornell mit dessen Charakter als ein reichhaltiger *Material-Pool*, in dem jedes Teilglied thematischen Charakter hat, sondern auch darin, daß jeder Schritt im Modulationsprozeß des *ersten Soloabschnitts* mit einem »Thema« eingeleitet wird; daß die beiden wichtigsten davon (Start und Ziel) Themen mit einem herausgehobenen Bekanntheitsgrad sind (weil im Ritornell vorab eingeführt), ist bereits für sich konsequent – obgleich die Nachwelt das eher deshalb konsequent findet, weil die beiden Themen damit »so schön sonatenhaft« als Haupt- und Seitenthema wirkten. Als Konsequenz aus dieser »Thematisierung« des Konzertsatzes scheinen Mitten- und Schlußtutti ihre formale Eigenständigkeit als »Ritornelleintritte« einzubüßen und nur noch als neuerlich kadenzierende Schlußglieder der vorausgehenden Soloabschnitte zu figurieren. Dennoch: Es kann keine Rede davon sein, daß sie nur noch Bestandteile einer großen Exposition oder Reprise seien – denn gerade jener Charakter, ein »Schlußglied für das Vorausgegangene« zu sein, liegt ja auch nach Quantz' Beschreibung des Schlußtuttis außerordentlich nahe, und dieser Eindruck wird eben mit der (»thematischen«) Wirkung der Ritornell-Schlußglieder besonders untermauert.

Keine direkten Konsequenzen ergeben sich aus der »Thematisierung« für die »Durchführung«: Hier wird nichts »durchgeführt«, was auch nur entfernt mit Ritornellthematik zu tun hat, geschweige denn »die beiden Themen«. Ritornellthematik wird hingegen zweckgebunden in diesen Formteil eingelagert: als gliedernder Tuttieinwurf und zur Vorbereitung des Reprisenbeginns. »Durchführungscharakter« liegt vielmehr nur darin, daß die Musik kurzzeitig nach Moll umschlägt. In anderen Sätzen kommt es darüber hinaus zu einer »Durchführung der virtuosen Möglichkeiten« (bisweilen so, daß dem bewegt-virtuosen Solopart aus dem Orchester heraus »Themen« des bisherigen Satzverlaufs gegenübergestellt werden, so daß man von »obligatem Accompagnement« sprechen kann – vgl. S. 106); doch zeigt gerade dieses Konzert, daß Derartiges nicht zwingend ist. Die »Thematisierung« prägt diese »Durchführung« nur insofern, als auch hier die einzelnen Perioden jeweils mit »themenartigen« Konstellationen eröffnet werden.

Nach dem, was sich an Johann Sebastian Bachs »Italienischem Konzert« und dem Flötenkonzert seines Sohnes Carl Philipp Emanuel über *Reprisenmöglichkeiten im Konzertsatz* sagen läßt, hat man auch das zu beurteilen, was bei Mozart passiert. Deshalb ist das, was zwischen Takt 144 und 216 eintritt, eine »*Episodenreprise*«: Sie folgt dem ersten Soloabschnitt des Konzerts fast wörtlich, »korrigiert« die Harmonik mit Blick auf das Satzende und erweitert einerseits die Ritornellmaterial-Übernahme in den Anfangstakten, andererseits die (episodische) Kadenzformulierung in den Schlußtakten.

Bisweilen ist davon die Rede, Mozarts Konzertreprisen seien Verkürzungen der Konzertexpositionen. Eine solche Sehweise gründet sich darauf, daß der Konzertsatz eine »doppelte Exposition« habe (nämlich »Orchesterexposition« und »Soloexposition«) und daß die Reprise aus dieser Summe aller Expositionen eine Materialauswahl treffe. Die Beobachtung ist zwar nicht rundweg falsch, aber historisch absolut unsinnig: Wer von einer »verkürzenden Reprise« spricht, verkennt die Traditionen, in denen auch Mozarts Konzerte stehen, und zwar diejenigen von Ritornell, Ritornellmaterial, »Repriseneröffnung« mit Tuttibeteiligung und klar definierten Soloabschnitten. Sogar wenn die Ritornellanspielungen so übermächtig werden, daß sie die Reprise zwischen Haupt– und Seitenthemeneintritt völlig beherrschen (wie in einem einzigen Fall, dem ersten Satz des Es-Dur-Konzerts KV 482), ist das »alte« System noch nicht außer Kraft gesetzt – wie ein Hinweis auf die »Ritornellreprise« in Carl Philipp Emanuel Bachs Flötenkonzert schlagend beweist.

Aufgaben (7):

1. Der erste Satz des C-Dur-Klavierkonzerts KV 246 ist ähnlich gegliedert wie derjenige des A-Dur-Violinkonzerts. Für den ersten Tuttieinwurf in der Soloexposition findet Mozart jedoch eine radikal andere Lösung, deren Konsequenzen daraufhin weite Teile des Satzes bestimmen. Versuchen Sie, die Situation zu beschreiben.
2. In der Soloexposition des G-Dur-Flötenkonzerts KV 313 legt Mozart den Modulationsgang anders an als im A-Dur-Violinkonzert; dennoch bleiben die »fünf Etappen« deutlich zu erkennen. Wie lassen sich hier die Verhältnisse beschreiben?

Die Konzertform des jungen Mozart im Überblick

Für Mozart steht die Vielgliedrigkeit des traditionellen Ritornells nicht in Frage. Annäherungen an Sonatenform-Praktiken (verglichen mit Carl Philipp Emanuel Bachs Flötenkonzertsatz von 1747) gibt es nur darin, daß nach dem charakteristischen Dominanthalbschluß in der Satzmitte (Generalpause) ein »lyrisches

Thema« eintritt. Die Materialvielfalt des Ritornells ist für Mozart von essentieller Bedeutung: Er braucht diese Summe signifikanter Motive für die Gestaltung des weiteren Satzes, nicht zuletzt auch als »thematische« Orientierungshilfe für einen Hörer, und zwar sowohl in den Solo-Abläufen wie in den Tuttiabschnitten.

Das erste Solo erscheint zur »Soloexposition« transformiert, weil die Schlüsselpositionen des modulatorischen Prozesses (dessen Beginn und Abschluß) mit Bestandteilen des Ritornells besetzt werden (Kopfmotiv; »lyrisches Thema«). Doch der Prozeß ist viergliedrig; an den »Schnittstellen« zwischen je zwei Gliedern setzt Mozart »Kommas«, in der Regel mit Hilfe von Tuttieinwürfen; diese »Atempausen« scheinen auf seine frühe Arienpraxis zurückzuweisen. Jeder kompositorische Teilabschnitt beginnt mit einem »Thema«, und jeweils im Anschluß daran öffnet sich Raum für virtuose Figuration: nach dem Hauptthema (noch in der Tonika) und nach dem Seitenthema als ausgedehnte »Schlußgruppe« (typischerweise mit mehrfachem Kadenzieren), aber auch nach den »sujets libres«, also im Rahmen der Modulation.

Diese thematische Durchformung des Modulationsprozesses bindet »die beiden Themen« des Ritornells an Schlüsselstationen des Soloabschnitts; ihre Wiederverwendung im jeweils nachfolgenden Tuttiabschnitt ist somit praktisch ausgeschlossen. Mit der Schlüsselposition, die aber das »Seitenthema« als Signal übernimmt, daß die Modulation abgeschlossen sei, wird der nachfolgende Tuttiabschnitt seiner harmonischen Signalfunktion »beraubt«. Mozart war sich offenkundig dieser Situation bewußt; doch als Ausweg blieb ihm immerhin, die Schlußgruppen-Schlußkadenz nochmals aufwendiger anzulegen als die Kadenz vor dem Seitenthemeneintritt. Die Gewichte gegen Schluß eines ersten Soloabschnitts verteilt Mozart also etwa folgendermaßen: Das Seitenthema steht gegenüber einem dominantischen »sujet libre« in besserer Position, weil die Dominantstellung weiter gefestigt ist; aus der Tradition des 18. Jahrhunderts gesprochen (also ohne Rücksicht auf die Sonatentheorie des 19. Jahrhunderts), steht aber das Mitteltutti gegenüber dem Seitenthema in besserer Position, weil sein Eintritt aufwendiger und damit »spannender« vorbereitet wird (dies zeigt sich besonders deutlich, wenn man im D-Dur–Violinkonzert KV 211 die Takte 39 und 53 miteinander vergleicht, ebenso im c-Moll-Klavierkonzert KV 491 die Takte 198/199 und 261–264). Das Problem ist also an sich immer noch das gleiche wie in Vivaldis Flautinokonzert, in dem jeweils die Tonart des »nächsten« Tuttiabschnitts schon lange zuvor im vorausgehenden Soloabschnitt erreicht ist (vgl. S. 35).

Nach dem somit nur noch rumpfartig wirkenden Mitteltutti nimmt Mozart von Konzert-Gesichtspunkten deutlicher Abstand: Einen veritablen »Tuttiabschnitt in Moll« gibt es nicht, sondern allenfalls Tuttieinwürfe mit der charakteristischen »Komma-Funktion«. Statt dessen orientiert er sich für die »Durchführung« aber nicht etwa an Sonatenform, sondern an Arien-Praktiken. Typische Elemente sind auch hier eine »themenartige« Eröffnung sowie – nach einem »Komma« ein sequenzierender Abschnitt (der auch wesentlich aufwendiger sein kann als im A-Dur-Violinkonzert). Nach einer »Rückleitung« folgt die Reprise: in der Regel als Episodenreprise, in die punktuell zusätzliche Ritornellglieder aufgenommen werden können (nach dem Vorbild des alten »Tuttieinwurfs zu Beginn« vorwiegend im Rahmen des »ersten thematischen Bereichs«), mit den unvermeidlichen harmonischen Änderungen und bisweilen virtuoser Erweiterung vor dem Wiedereinsetzen des Orchesters zum Schlußtutti.

Summarisch läßt sich dies folgendermaßen darstellen (mit einem Stern bezeichnet sind fakultative Lösungen):

Ritornell

- vielgliedrig, zwei thematische Komplexe bereits in der Tonika; Halbschluß (mit Generalpause), anschließend lyrisches Thema; mehrere Kadenzglieder

Soloexposition

- *freie Eröffnung
- Wiederaufnahme des Ritornell-Kopfmotivs; virtuose Fortsetzung
- Tuttieinwurf (*mit der Schlußbestätigung des Ritornells)
- 1. Modulationsbereich: freies Solothema 1, Tonika; virtuose Fortsetzung; Schluß in gesteigerter harmonischer Position
- Tuttieinwurf (*mit freier Motivik)
- 2. Modulationsbereich: freies Solothema 2, Dominante; virtuose Fortsetzung; Schluß in harmonischer Zielposition
- Wiederaufnahme des »lyrischen Themas« in der Dominante; kadenzierende Fortsetzung (mit *freier Motivik)
- Schlußgruppe mit mehrfachem Kadenzieren

Mitteltutti

- Ritornellmaterial, in der Regel ohne »Haupt- und Seitenthema«; *Nachspiel-Charakter

»Durchführung«

- Eröffnung mit freiem Solothema; *dessen Sequenzierung
- Tuttieinwurf
- Sequenzierung mehrerer Motive (*virtuos)
- Rückführung (*mit Tuttibeteiligung)

Reprise

- Wiederaufnahme des Soloexpositions-Ablaufs mit Korrektur der Harmonik; Erweiterungen denkbar (aus dem Ritornell heraus: vorwiegend zu Beginn; mit episodischem Material auch vor dem Seitenthema und in der Schlußgruppe)

Schlußtutti

- Kadenz des Solisten entweder in die (*erweiterten) Abläufe des Mitteltuttis eingefügt oder diesen vorausgehend. Jedenfalls orchestrale Einleitung der Solokadenz (»Vorkadenz«).

Mozart gelangte erst allmählich zu dieser Form. In seinen frühesten Konzerten wird der »zweite Modulationsbereich« noch nicht von einem Thema eröffnet, der erste enthält dafür keine »virtuosen« Elemente; diese »thematische« Durchformung des ersten Soloabschnitts ist also auch für Mozart erst ein allmählicher Prozeß, der 1775 mit dem G-Dur-Violinkonzert KV 216 abgeschlossen ist. Andersherum ist aber daraufhin auch ein Verzicht auf virtuose Elemente im zweiten Modulationsbereich denkbar – wie das betrachtete A-Dur-Konzert zeigt. Variabel blieb das Verfahren für Mozart ohnehin zeitlebens; so läßt sich nicht einmal genau definieren, wie die harmonischen Ziele der beiden Modulationsbereiche konkret zu benennen sind. Der erste von ihnen kann auf einem Dominanthalbschluß enden, der zweite daraufhin auf einem Doppeldominanthalbschluß oder mit einer Dominantkadenz; aber auch schon der erste kann einen Doppeldominanthalbschluß erreichen (der zweite dann eine Dominantkadenz), und beide können sogar auf gleicher Stufe enden. Grundsätzlich zeigt sich, daß nicht das jeweilige harmonische Ziel entscheidend war, sondern die Anschlußmöglichkeiten für das nächste »Thema«, und hier ist die Staffelung eindeutig, weil jeweils klar ist, ob ein »Thema« dem Ritornell entstammt oder nicht.

Für diese Konzertform hatte Mozart zunächst keine Alternative; sie ist ein zwar variables, aber doch klar erkennbares Modell, und sie hat ihn sein ganzes Leben lang begleitet. Allerdings scheint es Irritationen gegeben zu haben, die für die weitere Entwicklung der Konzertform nicht unbedeutend sind.

Mozart in Wien: Thematische Entflechtung von Tutti und Solo. Klavierkonzert B-Dur KV 450, 1. Satz

Während seiner zweiten Parisreise (Sommer 1778) kam Mozart offenkundig mit einer anderen Konzertform in Berührung, die sich von seiner bisherigen Praxis (insbesondere hinsichtlich der »thematischen« Durchstrukturierung) nachhaltig unterschied. Der Aspekt, der wohl als Ausgangspunkt in Frage gestellt wurde, war der Eintritt des Ritornell-Seitenthemas in der Soloexposition: Auf welche Weise kann man ihn vermeiden?

Die Antwort, die man in der Analyse üblicherweise findet, erscheint als relativ einfach: Mozart setzt ein *»freies Seitenthema«* an dessen Stelle. Doch ein derart »freies« Thema in der Dominante konkurriert mit dem dominantischen »sujet libre« zu Beginn des zweiten Modulationsbereichs; wenn sich die beiden Themen nicht durch die »Freiheit« des einen und den Ritornellbezug des anderen unterscheiden, sondern beide gleichermaßen »frei« sind, tritt genau der Fall ein, der in der Sonate eine mehrgliedrige Anlage des Modulationsprozesses unmöglich macht. Somit kam es für Mozart zum Zusammenbruch des sozusagen »zu speziellen« Systems.

Was im einzelnen Ursache für diesen Planwechsel war, ist nicht genau zu erkennen; denkbar ist, daß Johann Christian Bach Mozart entsprechende Anregungen gab, denkbar aber auch, daß es sich um eine Konzertpraxis handelte, die in jener Zeit in Paris üblich war. Das letzte Konzert, das nach traditionellen Überlegungen Mozarts gestaltet ist, ist das wohl im April 1778 entstandene Konzert für Flöte und Harfe KV 299; für die Probleme fand er erst in seiner Wiener Zeit (ab 1781) Lösungen, die für ihn als Kompositionsmuster generalisierbar waren – nun neben dem fortbestehenden traditionellen. Mozart arbeitete also etwa in der Zeit seiner »großen Klavierkonzerte« (1784/86) mit zwei unterschiedlichen Detail-Anlagemöglichkeiten für die Gliederung der

Soloabschnitte. Ein illustratives Beispiel für jene »zweite Art« ist der erste Satz des B-Dur-Klavierkonzerts KV 450 (vollendet am 15. März 1784), eines auch wegen seiner reichen Orchestrierung und der wichtigen Bläserfunktionen besonders geschätzten Werks.

🕮 Bärenreiter TP 248 (Notentext der NMA)

Das Ritornell ist ähnlich gegliedert wie das des A-Dur-Violinkonzerts, und auch im folgenden gibt es zunächst keine größeren Unterschiede (Soloeinsatz mit freier Thematik, Eingang, Hauptthemen-Wiederaufnahme, Tuttieinwurf; vgl. Tabelle 7, linke Spalte). Mit dem Tuttieinwurf moduliert Mozart jedoch nach g-Moll; somit entstehen für den modulatorischen Fortgang ähnliche Bedingungen wie im Flötenkonzert KV 313 (vgl. Aufgabe 7), so daß Mozart über eine Stufensequenz abwärts die Zieltonart F-Dur (Dominante) erreicht. In den Noten erkennbar ist die Stufensequenz allerdings nur mit Mühe: allenfalls an den Baßnoten der Soloklavierstimme jeweils auf den ersten Schlägen der Takte 87–90 und 91–94 (die figurative Verschleierung der Kern-Melodik geht hier etwa so weit wie später bei Frédéric Chopin im ersten Einsatz des Klavierparts zum e-Moll-Klavierkonzert op. 11: T. 139–154). Da dieses F-Dur bereits als »die« Seitenthemenposition angesehen werden kann, kann Mozart auf weitere Tuttieinwürfe o. ä. verzichten (die sich hingegen im Flötenkonzert KV 313 finden) und zur harmonischen Klarstellung dreimal einen Doppeldominant-Halbschluß auf C eintreten lassen (T. 96, 98, 100), der in Takt 102 von einem Tuttieinwurf »bestätigt« wird. Tatsächlich erklingt nun ein »Thema« – aber eines, das zuvor noch nicht dagewesen ist. Die Klavieranteile an ihm beschränken sich auf einen »doppelten Vordersatz« (T. 104–107, 108–111); der Nachsatz liegt im Orchester (T. 112–119). Daraufhin beginnt die typische, mehrfach kadenzierende Schlußgruppe (Kadenzen in T. 126, 129 und am Solo-Schluß, T. 137).

Die beiden typischen harmonischen Schritte werden also vollzogen: Die Tonika (Hauptthema) wird verlassen, indem die Dominante als neue Grundtonart erreicht wird (mit der Stufensequenz); daraufhin wird das harmonische Fundament verbreitert (Doppeldominant-Halbschluß). Das »Seitenthema« kann nach diesem Modell also folgen, ohne daß ihm ein dominantisches »sujet libre« vorausgegangen ist. Ist das »freie Thema«, das Mozart hier erstmals vorstellt, aber ein »Seitenthema«? Zusätzliche Informationen über die Hintergründe der »thematischen« Struktur bietet der letzte Soloabschnitt, der als Episodenreprise weite Teile des ersten Soloabschnitts übernimmt. Das Verhältnis zwischen beiden Teilen ist in Tabelle 7 als Übersicht dargestellt.

Die Unterschiede zwischen Soloexposition und Reprise sind gering: Daß der Reprise die Soloeröffnung fehlt, ist kaum verwunderlich, ebensowenig das harmonisch andersartige Erscheinungsbild der Reprise. Die Ritornellmaterial-Übernahme am Reprisenbeginn wird, wie traditionell üblich, gegenüber dem Soloexpositionsbeginn erweitert, und das »Solothema« zu Beginn der Modulationsbereiche tritt nun in einer dritten melodischen Variante ein, die aber dasselbe Baßgerüst hat wie zuvor. Schließlich die Erweiterung der Schlußgruppe: Sie bewegt sich in demselben Rahmen wie im A-Dur-Violinkonzert KV 219. Somit bleibt nur die Frage des Seitenthemas und des »freien dominantischen Themas« offen.

Das Thema, das in Takt 104 in Dominantposition erklingt, ist zuvor noch nicht dagewesen; das »lyrische Thema« des Ritornells (T. 26ff.) wird an dieser Stelle nicht wiederverwendet. Grundsätzlich gibt es hierfür zwei Erklärungsmöglich-

Tabelle 7: Mozart, Klavierkonzert B-Dur KV 450, 1. Satz, Soloexposition und Reprise

Solo 1 (Soloexposition)	Solo 3 (Reprise)
59–70 freie Soloeröffnung (mit Eingang)	–
71–86 Hauptthemen-Übernahme (71–78 Vordersatz, 79–86 Nachsatz, erweitert)	197–210 Hauptthemen-Übernahme (197–204 Vordersatz, 205–210 Nachsatz, originale Länge)
–	210–215 Fortführung mit Ritornellmaterial (forte-Material aus T. 14–17, Schluß erweitert)
86 Tuttieinwurf (B-g)	–
87–94 Solothema und dessen Sequenzierung (87–90 Version 1: g-Moll, 91–94 Version 2: F-Dur)	216–223 Solothema und dessen Sequenzierung (216–219 Version 3: c-Moll, 220–223 Version 4: B-Dur)
95–102 Halbschlüsse D^V	224–231 Halbschlüsse T^V
102/103 Tuttieinwurf, Überleitung	231/232 Tuttieinwurf, Überleitung
104–119 freies dominantisches Thema (104–111 Vordersatz Klavier, 112–119 Nachsatz Orchester)	233–248 freies Thema (Tonika) (233–240 Vordersatz Klavier, 241–248 Nachsatz Orchester)
–	249–264 Ritornell-Seitenthema
119–137 Schlußgruppe	264–284 Schlußgruppe 271–274 variiert; 133–135 durch 278–282 ersetzt

keiten, eine, die sich auf die Sonatentheorie stützt, und eine andere, die von den Materialvorgaben des Ritornells und von Mozarts früherer Praxis ausgeht. Die *Sonatentheorie*-Version lautet: Mozart tauscht das aus dem Ritornell heraus vorgegebene Seitenthema gegen ein »freies« Seitenthema aus, das »klaviermäßiger« oder dem Solo angemessener ist; das Ritornell büßt also an thematischer Relevanz hinsichtlich des Seitenthemas ein. Oder, aus dem Blickwinkel der *Ritornellkonzert*-Tradition gesprochen: Das Thema, das an dieser Stelle der Soloexposition erklingt, entspricht dem typischen dominantischen Solothema des »zweiten Modulationsbereichs«; ein »Seitenthema« im Sinne der Sonatenform ist in dieser Soloexposition überhaupt nicht enthalten.

Welches der beiden Modelle letztlich »wahr« ist, ist schwer zu entscheiden. Zwar entsteht in diesem Satz der Eindruck, daß Mozarts Überlegungen auf der Ritornellform-Tradition basierten: In der Reprise kommt eine Themen-Abfolge zustande, die unmittelbar der Themen-Struktur früherer Konzerte entspricht: Nach dem ersten thematischen Bereich (mit dem Hauptthema) folgt ein »erster Modulationsbereich« (eröffnet mit dem sequenzierbaren Solothema), dann, nach einem Tuttieinwurf, ein weiterer episodischer Abschnitt, der mit einem weiteren Solothema (dem »freien Thema«) eröffnet wird, schließlich der »zweite thematische Bereich«, der das Ritornell-Seitenthema enthält, sowie die Schlußgruppe. Demgegenüber erschiene das erste Solo als eine formale Verkürzung – exakt um jenen »zweiten thematischen Bereich«, dessen Eintreten erst in der Reprise die thematische Kohärenz der Satzteile verstärkte (Mozart hätte also nicht alles thematisch relevante »Pulver« schon in der Soloexposition verschossen). Andere Konzerte lehren aber eine andere Interpretation, insbesondere das um zwei Jahre jüngere Es-Dur-Konzert KV 482, in dem die Soloexposition ebenfalls nicht das Ritornell-Seitenthema enthält: Mozart gestaltet die Reprise ähnlich wie Carl Philipp Emanuel Bach in seinem d-Moll-Konzert als eine »Ritornellreprise«, so daß in ihr alles Material, das zwischen Reprisenbeginn und »Seitenthemenposition« erklingt, restlos dem Ritornell entstammt. Die Folge daraus ist, daß dann das – in der Soloexposition ausgebliebene – Ritornell-Seitenthema folgt, weil es naheliegt, eine *spezifische Themen-Vorbereitung* mit dem jeweils *»zugehörigen« Thema* zu koppeln; wenn Mozart also umgekehrt – wie im B-Dur-Konzert KV 450 – in der Reprise das Seitenthema aus der Soloexposition an die erste Stelle rückt, benutzt er entsprechend für die Vorbereitung das Material, das in der Soloexposition den Themeneintritt vorbereitet hat. Im B-Dur-Konzert resultiert aus dieser Themenfolge, daß das Ritornell-Seitenthema erst gegen Ende der Reprise erklingen kann; im Es-Dur-Konzert resultiert aus der umgekehrten Gestaltung, daß – ebenso umgekehrt – zunächst das Ritornell-Seitenthema übernommen wird und erst danach das »freie« der Soloexposition. Und das ist der entscheidende Punkt: Wenn Mozart dieses »freie« Solo-Seitenthema nicht als »Thema« betrachtet hätte, auf das es sogar in einer Ritornell-Reprise ankommt, hätte er es gar nicht in die Reprise aufnehmen müssen, ebenso wie das übrige Material der Soloexposition, auf das er im Es-Dur-Konzert verzichtet; eine virtuose Schlußgruppe hätte genügt, um das Schlußtutti vorzubereiten.

Allem Anschein nach spielte Mozart also mit der *Ambivalenz* seiner *»neuen« Form*: In moderner Terminologie gesprochen, konnte er selbst sein freies, in der Dominante eingeführtes Thema der Soloexposition einerseits als »zweites« Seitenthema interpretieren, das mit dem des Ritornells in Konkurrenz stand; jenes »neue« Thema ließ sich aber auch als traditionelles »sujet libre« interpretieren, und damit wurde der Eintritt »des« Seitenthemas überhaupt bis in die Reprise hinausgezögert. Denkbar ist, daß diese zweite (traditionellere) Sehweise Mozart den Einstieg in die Praxis ermöglichte; offenkundig war ihm aber zumindest späterhin auch die erste nicht mehr fremd (also wie am Es-Dur-Konzert KV 482 diskutiert).

Klar ist aber, daß mit der »neuen« Technik die *Soloexposition* in motivischer Hinsicht *eigenständiger* wird: Zwischen ihr und dem Ritornell gibt es nur noch insofern Berührungspunkte, als beide das gleiche Thema als Ausgangspunkt nutzen. Damit scheint es, als sei eine alte Soloabschnitts-Gestaltung wieder lebendig geworden: Auch im barocken Konzert können Ritornell und Episode mit dem gleichen Motiv beginnen (vgl. etwa Händel, Orgelkonzert g-Moll op. 4 Nr. 3, 2. Satz). Der entscheidende Unterschied ist aber, daß die »Episode« im Mozartschen Konzertsatz nicht mehr die alte ist: Sie ist »thematisch durchgeformt«, hat also klar definierte Stellen, an denen »Themen« eintreten können. Diese münden in virtuose Partien; die *»Themen«* lassen die *Virtuosität* als

Ereignis hervorstrahlen, setzen sich aber ihrerseits von den virtuosen Partien als leicht faßliche Signale und als Ruhepunkte ab. Diese Anlage der »thematisierten Episoden« bleibt in jenen späteren Werken Mozarts auch dann bestehen, wenn die »thematische« Wirkung des überreichen Ritornellmaterials gegen Null zu sinken droht.

Die Frage, ob jene erst in Mozarts Wiener Zeit zur Entfaltung kommende Konzertform-Variante »moderner« oder »traditioneller« als das ist, was er zuvor getan hat, ist also nicht eindeutig zu beantworten. »Modern« an der früheren Salzburger Form (die er ja auch bis an sein Lebensende weiter nutzte) ist die »Thematisierung« von Ritornell und Episode und die thematische Verflechtung beider Teile; »modern« an der jüngeren ist, daß sie die motivische Eigenständigkeit des zunehmend virtuosen Soloparts fördert. Somit kann es scheinen, daß Mozarts »Salzburger« Technik die höchste Überspitzung dessen war, was die Ritornellkonzertform zuließ; sie wurde durch eine *Rück-Entflechtung von Ritornell- und Episodenmaterial* abgeschwächt, zu der sich Mozart um 1778 offenkundig überzeugend veranlaßt sah, weil er einem anderen Entwicklungszweig der Konzertform begegnet war. Dieser war nicht so spezialisiert wie Mozarts bisheriges Verfahren, bot aber letztlich bessere Entfaltungsmöglichkeiten für eigenständige solistische Virtuosität. Hierfür allerdings stellte sich nach kurzer Zeit eine weitere Frage: Das Ritornell büßte an Aussagekraft ein, wenn dessen zweiter Teil nicht mehr »mit den schönsten und prächtigsten Gedanken ausgekleidet« würde (Quantz), sondern der Solist all diese beanspruchte; was also sollte man aus einer Orchestereinleitung machen, die zumindest mit der Motivik ihres zweiten Teils lediglich den Soloeinsatz ungebührlich hinauszuzögern schien? Für Mozart allerdings stellte sich das Problem wohl nicht; für ihn ist das Ritornell weiterhin insgesamt und für den ganzen Satz eine »thematische Instanz«, und Verfahrensweisen wie »Ritornellverarbeitung« sind für ihn zeitlebens grundlegende Aspekte der Konzerttechnik.

»Durchführung« in Mozarts Konzerten

Die »Durchführung« des B-Dur-Klavierkonzerts KV 450 zeigt einen Ansatz zu einer »thematischen« Durchführung, allerdings nicht im Sinne der Sonatenform (eher ähnlich konzerthaft wie die Reprisentechniken Bachs, die ja auch nicht sonatenhaft sind). Ihre Gliederung steht im Rahmen der übrigen Mozart-Konzerte: Nach einer Eröffnung (T. 154–166), die in den Moll-Bereich führt (g-Moll) folgt die typische Sequenzenverkettung (T. 166–170: fünfmal das gleiche eintaktige Glied in fallenden Quinten; T. 170–181: sechsmal ein zweites, zweitaktiges Glied, vorwiegend in fallenden Quinten), ehe der Übergang zurück in die Grundtonart vorbereitet wird. »Thematisch« an dieser Durchführung ist aber die Eröffnung: Mozart sequenziert dort eine figurativ angereicherte Version jenes Ritornell-Schlußglieds, das unmittelbar zuvor auch den Schluß des Mitteltuttis gebildet hat. Dieses Anknüpfen an das Mitteltutti ist für Mozart zunächst der einzige Weg, auf dem überhaupt Motivik, die zuvor schon einmal erklungen ist, in die Durchführung Eingang findet: Entweder greift der Solist – wie hier – das *Schlußmotiv des Mitteltuttis* auf, oder er setzt die Musik des Mitteltutti-Schlusses mit der *original anschließenden Ritornellmotivik* fort. Dies zeigt, daß »thematische Durchführungen« im Sinne der Sonatenform für ihn zunächst praktisch außer Reichweite liegen: Weder Haupt- noch Seitenthema gehören für Mozart zum Normalbestand eines Mitteltuttis; deshalb kann er diese auch nicht in die Durchführung »übernehmen«. Eher wird das Mitteltutti von einem Motiv des Ritornellschlusses beendet; dann kann Mozart entweder dieses in die »Durchführung« übernehmen (entsprechend dem »thematischen« Rang, den jedes Ritornellglied haben kann), oder er sequenziert nun die »freie« Eröffnungsthematik der Soloexposition – weil diese die »originale Fortsetzung« für jenes Schlußglied ist.

Auffällig dabei ist, daß für Mozart das »Hauptthema« als Eröffnung der »Durchführung« kaum in Frage kommt – obgleich an Werken wie dem Flötenkonzert Carl Philipp Emanuel Bachs ja deutlich wird, daß das Ritornell-Kopfmotiv prinzipiell jede Soloepisode eröffnen kann (erst die »Durchführung« des B-Dur-Konzerts KV 595 von 1787/91 verarbeitet ein »Hauptthema«). Die »neue« Anlage der Soloexposition ermöglichte Mozart aber eine Variante, nach der das Seitenthema sich in der Durchführung tatsächlich »durchführen« ließ: Im C-Dur-Konzert KV 503 fehlt (analog zum B-Dur-Konzert KV 450) das Ritornell-Seitenthema in der Soloexposition; diese übernimmt aus dem Ritornell lediglich das »Haupthema«. Daraufhin setzt das Mitteltutti die »lineare Ritornellverarbeitung« exakt an der Stelle fort, an der diese in der Soloexposition »abgebrochen« ist: Das Mitteltutti enthält das motivische Material etwa aus dem zweiten Viertel des Ritornells, also das, was dem Seitenthemeneintritt vorausgeht. Dann setzt der Solist ein: mit dem »Seitenthema« als »originaler« Fortsetzung für die Motivik des Mitteltutti-Schlusses. Daß es sich hierbei um eine Ausnahmeerscheinung handelt, ist allerdings offenkundig.

Der junge Beethoven oder Über den Verlust des Ritornells

Die Situation, daß das Ritornell seine thematisch wirksame Kraft einbüßt und damit eigentlich zu einem nur noch *verzögernden*, ansonsten aber *»unnötigen«* Glied zu werden scheint, zeigt sich besonders deutlich im ersten Satz von Beethovens 2. Klavierkonzert (B-Dur op. 19), das in vier Etappen in der Zeit zwischen 1790 und 1801 entstand. Das formale Problem wäre zu einfach beantwortet, wenn man eine direkte »Entwicklungslinie« von Mozarts zu Beethovens Konzertform annähme; dafür stammt Beethoven auch – mit seiner frühen Unterrichtszeit in Bonn – aus einem anderen musikalischen Kontext als Mozart. Zudem zeigt dieses Konzert auch andere Elemente, die für Mozart absolut untypisch sind – etwa das »Herausschleichen« aus »Ritornell«-Thematik, das sich etwa bei Carl Philipp Emanuel Bach feststellen läßt, zudem – auch im »Ritornell« selbst – ein ganz anderes Tonartverständnis.

🕮 Bärenreiter TP 275 (Notentext der NA)

Das Ritornell beginnt mit einer unisono-forte-Fanfare, die Bestandteil eines viergliedrigen Themas (»abab'«) ist. Nach einer weiteren derartigen Vordersatz-Nachsatz-Konstruktion (T. 9–16) kommt Beethoven im Forte auf die Anfangsfanfare zurück: Aus ihr leitet er ein Sequenzmotiv (T. 16f.) ab, das er auf seinem Weg zur »ritornelltypischen« Generalpausen-Position nur kurzzeitig verläßt. Doch er erreicht damit eine neue Tonstufe: einen Halbschluß auf der Doppeldominante C, die man also nach F-Dur (Dominante der Grundtonart) aufzulösen hätte – oder eher nach f-Moll, wie das in Takt 32 eingeführte as nahelegt. Die Halbschluß-Bestätigung auf C (T. 39/40) versetzt er über eine Sekundrückung nach Des (T. 41/42) und ebnet damit das Terrain für die Fortführung – wie man formal erwarten könnte, für das Seitenthema, das somit in Des-Dur zu stehen kommt. Das Thema lehnt sich motivisch an die Halbschlußbestätigung an (vgl. T. 43 mit T. 35). Über einen Dominant-Orgelpunkt (T. 57–62) wird die Tonika B-Dur wieder erreicht, zugleich auch die Fanfarenmotivik. Der Schluß des Abschnitts wird daraufhin lediglich mit einer flüchtigen piano-Kadenz im Einsatz eines forte-Gliedes (T. 81), der eigentlichen »Schlußkadenz« (T. 85) und deren piano-Epilog (T. 85–90) formuliert.

Der ursprüngliche »Sinn« eines Ritornellverlaufs in der Tonika ist also außer Kraft gesetzt (dadurch, daß das Seitenthema nicht in der Tonika steht), und an die Stelle der Materialvielfalt scheint ein *Kohärenzprinzip* getreten zu sein: Bis hin zum Halbschluß wird die Motivik von der Eröffnungs-Fanfare geprägt; sogar das »Seitenthema« läßt Beethoven nicht frei einsetzen, sondern leitet es aus zuvor Erklungenem ab. Beethovens Vorstellung von den Voraussetzungen eines »Seitenthemas im Ritornell« ist also eine völlig andere als diejenige Mozarts. Eine »Kadenzenkette« gibt es anschließend nicht; Beethoven verzichtet auch hier auf Differenzierung.

Den Aufbau der Soloexposition gibt Tabelle 8 wieder. Abgesehen davon, daß das Ritornell-Hauptthema vom Solisten nicht übernommen wird, und abgesehen von punktuellen Eigenheiten wie dem nur einmaligen Kadenzieren in der Schlußgruppe unterscheidet sich dieser formale Aufriß nicht wesentlich von Mozarts späterer (Wiener) Konzertform. Doch da hier jenes Hauptthema fehlt, ein so zentraler Bestandteil in Mozarts Konzerten, zeigt sich eben, daß Beethoven auch hierin andere Ziele verfolgt. Geht das Werk also nicht vielleicht wirklich vom Prinzip einer *»doppelten Exposition«* aus – deren beiden Teilen ein einheitliches motivisches Grundelement zugrunde liegt (die Fanfare des Hauptthemas, die für alle wichtigeren modulierenden Maßnahmen wiederaufgegriffen wird)? Ferner: Es gibt keine thematischen Überschneidungen zwischen »Ritornell« und »Episode«; doch auch dies ist nicht mehr die alte Materialtrennung zwischen beiden Formgliedern, denn die modulatorischen Prozesse der Soloexposition sind ja in exakt der Weise »thematisiert«, wie es sich für Mozarts Konzerte insgesamt feststellen läßt.

Das anschließende Tutti »beantwortet« diese formalen Prozeduren, als sei nichts geschehen: mit der Motivik der Ritornellschluß-Glieder aus Takt 63–90, nun allerdings in freier Überformung (die Melodie liegt zunächst im Baß) oder in Verkürzung der Einzelglieder (die sforzato-Wirkung aus Takt 75–80 erscheint in die zwei Takte 204/205 zusammengefaßt). Ähnlich wie Mozart reagiert auch Beethoven nun auf die dargebotene Motivik: Das

Tabelle 8: Beethoven, Klavierkonzert B-Dur Nr. 2 op. 19, 1. Satz, Soloexposition

Takt	Harmonik	Formelement
90–102	B-B	freie solistische Eröffnung
102–106	B-B	Tuttieinwurf (freie Motivik)
106–113	B-g	»Modulationsbereich«; Sequenzierung eines viertaktigen Themas, das mit der »Fanfare« des »Hauptthemas« beginnt
114–127	g-F^V	Vorbereitung eines Dominantorgelpunkts auf C (erklingt von T. 119 an)
128–143	F-F	Seitenthema (frei); Orchester-Vordersatz bis T. 135, danach Klavier-Nachsatz
143–157	F-F	freie Fortführung (einschließlich Des-Dur-Thema, T. 149ff.)
157–198	F-F	virtuose Schlußgruppe; keine Kadenzen außer der Schlußkadenz (lediglich schwache V-I-Schritte auf F in T. 167/168 und auf d in T. 168/169)

Mitteltutti endet mit der Ritornellschluß-Thematik; der Solist fährt mit der Motivik seines ersten Einsatzes fort (T. 213 entspricht also T. 90).

Der markanteste Unterschied der Durchführung gegenüber denjenigen Mozarts ist, daß »unvermittelt« das Orchester-Seitenthema erklingt und verarbeitet wird (T. 232) und daß – verglichen mit Mozarts konzisen Sequenz-Verkettungen im Zentrum der Durchführung – die Satzabschnitte nur wenig strukturiert werden. In Takt 285 ist dann die Tonika B-Dur wieder erreicht, und die Reprise wird eröffnet – vom Tutti, wie es sich seit Jahrzehnten »gehört«. Das Solo setzt dessen Vortrag des Themas mit dem aus dem »Ritornell« bekannten piano-Thema fort, und nach dessen Erklingen vereinigen sich Solist und Orchester im Vortrag des nachfolgenden forte-Ritornellgliedes (T. 300, wie T. 16). »Irgendwann« werden dann – nach Art des »Sich-Herausschleichens« – die motivischen Originalabläufe verlassen, aber der Kern der Motivik als isoliertes musikalisches Element noch zur Fortführung genutzt; in Takt 307 ist dann auch das letzte Element beseitigt, das noch an das »Ritornellmaterial« erinnern könnte. Dann dauert es gerade fünf Takte, bis das Seitenthema erreicht ist, das in gleicher Form fortgeführt wird wie in der Soloexposition (nun in Ges-Dur; T. 333ff., wie T. 149ff.); die Schlußgruppe wird (ähnlich wie in Mozarts Konzerten) unmittelbar vor dem Tuttieinsatz um zwei Takte gedehnt. Das Schlußtutti selbst (T. 384–400) ist knapper gehalten als das Mitteltutti: Die Vorkadenz ist motivisch frei gestaltet, lediglich in ihren Anfangstakten an der »Fanfarenmotivik« orientiert; nach der Solokadenz beschließt das piano-Schlußglied des »Ritornells« den Satz.

Tabelle 9: Beethoven, Klavierkonzert B-Dur Nr. 2 op. 19, 1. Satz, Reprise

Takt	Motivik	Herkunft	Verhältnis zur Soloexposition
285	Hauptthema	Ritornell (T. 1)	(nicht vorhanden)
293	piano-Fortsetzung	Ritornell (T. 9)	(nicht vorhanden)
300	forte-Glied (variiert)	Ritornell (T. 16)	(nur als Modulations-Motiv)
307	Überleitung nach F-Dur	(neu)	
310	Seitensatz (komplett)	Soloexposition	transponiert in die Tonika
341	Schlußgruppe	Soloexposition	transponiert, erweitert um 2 Takte

Anders als in Mozart-Konzerten (vgl. S. 78) drängt sich der Eindruck einer »*verkürzten Reprise*« auf, in der nebeneinander Material aus einer Orchester- und einer Soloexposition verarbeitet wird (vgl. Tabelle 9). Trotzdem dürfte für Beethoven eine andere Überlegung im Vordergrund gestanden haben. Teile, die in der Soloexposition »in« der Dominante stehen, übernimmt er in die Reprise und präsentiert sie dort erstmals in der Tonika; dies gilt für den Seitensatz und die Schlußgruppe. Für die übrigen Teile folgt er dem Tonika-Material der Orchesterexposition – also so lange, bis er das Solo-Seitenthema eintreten lassen kann. Das Verfahren erinnert an Mozarts »Ritornellreprise«; doch in Mozarts Konzertreprisen liegt der Zweck generell darin, mit einer klar festgelegten Motivik einen »Seitenthemeneintritt« vorzubereiten: Ritornellmotivik bereitet den Ritornell-Seitensatz vor, Soloexpositions-Motivik das freie Dominantthema der Soloexposition. Beethoven aber folgt hier der »Ritornellmotivik« so lange wie möglich, um dann in der Tonika gerade das Solo-Seitenthema eintreten zu lassen. Und da die Soloexposition nichts enthalten hat, was einem Hauptthema entsprechen könnte, ist der Eindruck äußerst naheliegend, Beethoven habe hier für die Reprise der »Orchesterexposition« das Hauptthema entnommen, der »Soloexposition« hingegen das Seitenthema.

> Aufgabe (8):
> Welche Aspekte in der Soloexposition des 1. Satzes von Beethovens 1. Klavierkonzert (op. 15) weichen grundsätzlich von diesen formalen Beobachtungen ab (Noten: BV-TP 274)?

Konzert um 1800: Versuch einer Standortbestimmung

Zusammenfassung: Beethoven und Mozart

Auffällig am ersten Satz von Beethovens 2. Klavierkonzert ist zweierlei: Erstens verzichtet Beethoven darauf, das Ritornell so vielgliedrig anzulegen wie traditionell üblich; eher scheint er zu bezwecken, daß die Orchestereröffnung motivisch so *homogen* wie möglich ist – gewissermaßen so ebenmäßig wie eine Sonatenexposition, wenn auch so, daß die Orchestereröffnung in ihrer Ausgangstonart enden kann. Und zweitens: Die *Material-Beziehungen zwischen Tutti und Solo* werden minimiert. Die Soloexposition nähert sich nur über die Umrisse der »Fanfare« an die Orchestereröffnung an; sogar deren Hauptthema (plus »originale Fortführung«) erklingt erst in der Reprise. Damit sind Orchestereröffnung und Soloexposition voneinander weitestgehend geschieden; daß man an der Existenzberechtigung der ausgedehnten Orchestereröffnung zweifeln konnte, während derer man überproportional lange auf den Einsatz des auf dem Podium bereits anwesenden Solisten warten müsse, erscheint also angesichts dieser thematischen Probleme nicht als abwegig.

Dies hat übrigens auch ganz äußerliche Hintergründe: Noch im 18. Jahrhundert konnte keine Rede davon sein, daß man je wirklich auf den Einsatz des Solisten »gewartet« hätte. Es war normal, daß ein Solist im Tutti mitspielte – als Spieler eines Tasteninstruments den Baßpart, als Spieler eines Melodieinstruments den Part der ersten Tutti-Violine (und wenn der Solist, etwa weil er ein Blasinstrument spielte, im Tutti pausierte, war das kein Gattungsproblem). Somit erscheint die Fragestellung zunächst als ein Problem des zu Ende gehenden Generalbaßzeitalters: Je weniger die Musik in einem Klavierkonzert dazu geeignet war, daß der Pianist den Baßpart als einen Generalbaßpart auffassen konnte, desto unklarer war, wie dieses Mitspielen sich eigentlich gestalten sollte; das Pausieren eines Klaviersolisten im Tutti ist daher eine zweifellos verständliche Konsequenz. Eine vergleichbare Komplikation konnte es zwar beispielsweise in einem Violinkonzert nicht geben; doch angesichts der führenden Stellung, die das Klavierkonzert um 1800 im Bereich des Instrumentalkonzerts insgesamt einnahm, konnte eine Vorbildwirkung für Konzerte mit anderen Soloinstrumenten nicht ausbleiben. Daß die Probleme noch dadurch wuchsen, je mehr ein Dirigent dem Solisten musikalische Leitungsfunktionen »abnahm«, sei zunächst nur am Rande bemerkt.

Somit stehen sich in Orchester- und Soloexposition gewissermaßen *zwei sonatenhafte Formungen* unvermittelt gegenüber. Als »sonatenhaft« erscheint im folgenden auch, daß Beethoven eine *thematische Durchführung* schreibt; indem er hierfür das Seitenthema der Orchesterexposition verwendet, schöpft er einen freilich konzertspezifischen Aspekt aus. Die *Reprise* schließlich steht traditionellen Konzertprinzipien noch relativ nahe; doch letztlich wirkt sich auch in ihr der Gedanke aus, daß es »zwei Expositionen« gebe, die es zu verbinden gälte. Einzig Mitten- und Schlußtutti verhalten sich in ihrer Präsentation von Ritornellmaterial so, als habe sich nichts verändert.

Für Mozart stellen sich die Verhältnisse hingegen völlig anders dar. Für ihn steht im Ritornell die Relevanz der *Materialvielfalt* außer Frage; er überhöht sie dadurch, daß er die markanten harmonischen Stationen des Satzes »*thematisiert*« und von diesen wiederum die wichtigsten mit »Themen« aus dem Ritornell besetzt. Damit stehen seine Konzert-Überlegungen aber denen Carl Philipp Emanuel Bachs noch immer relativ nahe – viel näher als denen Beethovens. Auffällig gegenüber älteren Konzerten ist nur, daß Mozart auf ein »drittes« Tutti verzichtet, das etwa in einem Dur-Konzert in der Mollparallele eintreten könnte (oder anders gesagt: mitten in der Durchführung); hier schlugen wohl Mozarts frühe Erfahrungen als Arienkomponist durch.

Überspitzt ausgedrückt, hatte Beethoven also die Konzertform des 18. Jahrhunderts nicht verstanden: Mit dem alten, materialreichen Tutti wußte er nichts anzufangen; folglich konnte er das Ritornell auch nicht mehr so intensiv zu den Soloteilen in Beziehung setzen, wie etwa Quantz es fordert und wie Carl Philipp Emanuel Bach und noch Mozart es praktizieren. Mit seiner Entscheidung, nicht nur die Soloexposition »sonatenhaft« anzulegen (in der gleichen Art, wie manche Wiener Konzerte Mozarts sich als sonatenhaft verstehen lassen), sondern auch das gesamte übrige Konzert vom Beginn der Orchestereinleitung an, hatte er freilich nichts Unsinniges getan; eine Interpretation der Konzertform aus dem Blickwinkel der Sonate ist prinzipiell nichts anderes, als wenn man Fugen- oder Arien-Erfahrungen in das Konzerteschreiben einbringt. Nur paßten dazu eben nicht mehr die alten Ritornelltechniken; so konnte der Solist – zudem in einer Zeit aufführungspraktischer Umwälzungen, in der er während der Orchestereröffnung nicht etwa nur pausieren durfte, sondern pausieren mußte – zu einem »absoluten« Virtuosen werden, dem sich freilich kein Orchester zugesellt, aus dessen Musizieren heraus sich Stoff zum Dialogisieren mit dem Virtuosen ergäbe. Beethoven stand damit nicht allein; Musiker wie er hatten damit aber gewissermaßen eine Lawine losgetreten, die auf Jahrzehnte hinaus die Konzertpraxis durcheinanderwirbelte.

Probleme des Sonatenkonzert-Modells

Die Musiktheorie sah das Instrumentalkonzert seit dem Ende des 18. Jahrhunderts in Abhängigkeit von der Sonate – zunächst freilich noch ohne daß dafür die »Sonatenhauptsatzform« als Modell formuliert gewesen wäre. Schon Georg Joseph Vogler konstatiert 1779, daß ein Konzertsatz aus der *zweiteiligen* Sonatenanlage abgeleitet werden könne (vgl. Anhang, Text 3), wobei er mit den »zwei« Teilen der Sonate einerseits die Exposition, andererseits Durchführung und Reprise meint; nur mit den Tuttiabschnitten kommt demnach ein Unterschied zu einem Sonatensatz zustande. Doch auch diese wurden in die Interpretation aus dem Sonaten-Blickwinkel einbezogen, etwa durch Antonin Reicha in seinem »Vollständigem Lehrbuch der musikalischen Composition« (deutsch von Carl Czerny; S. 334): »Dem ersten Solo geht ein Ritornell für das ganze Orchester voraus. Dieses Ritornell hat so ziemlich den Bau des ersten Theils vom ersten Satze einer Sonate, nur dass es wieder in der Grundtonart, oder deren Dominanten-Septime schliessen muss, wonach das erste Solo eintritt.« Reicha und Czerny erweitern als die Vogler-Sehweise: Auch das, was in der Tuttieröffnung eines schnellen Konzertsatzes geschieht, lasse sich aus dem Blickwinkel der Sonatenform heraus verstehen. Auf dieser Grundlage konnte schließlich die Konzert-Analyse (vgl. Donald Tovey 1903) zur »Sonatenkonzerttheorie« gelangen: Ihr zufolge gibt es im schnellen Konzertsatz vier Formglieder, die sich als Tuttiexposition, Soloexposition, Durchführung und Reprise bezeichnen ließen.

Dieses Modell, das über das von Vogler und Reicha/Czerny Gesagte weit hinausgeht, hat somit zwei elementare Schwachstellen: Zunächst ist es nicht in der Lage, formal eigenständige Tuttiabschnitte zu beschreiben, die sich noch nach der »Tuttiexposition« ergeben – doch auch zahlreiche Konzerte des 19. Jahrhunderts enthalten derartige Tuttiabschnitte. Zweitens wird die Funktion des traditionellen Ritornells rein »sonatenhaft« interpretiert; diesem folge mit der Soloexposition erst noch die »richtigere« Exposition nach (weil sie den Solisten einbezieht und moduliert). Wenn aber eine Tuttiexposition und eine Soloexposition gleichermaßen dazu da wären, Material zu »exponieren«, dann hätte man nach dem psychologischen Sinn des Verfahrens zu fragen – allein auf sprachlicher Ebene zeigt sich, daß es nicht möglich ist, etwas »zweimal zu exponieren« (oder: »zweimal erstmals vorzustellen«). Wenn nun aber nur das wirklich »wichtig« ist, was der Solist sagt – welche Aufgaben blieben dann dem Orchester? Die Tragfähigkeit der »Sonatenkonzerttheorie« als Formmodell erweist sich somit als überaus zweifelhaft.

5. KAPITEL: SATZFOLGE UND WERKZYKLUS IM 18. JAHRHUNDERT

Allgemeine Fragen des Werkaufbaus

Manches von dem, was wir als typisch konzerthaft schon für Vivaldis Werk bezeichnen, scheint erst Ergebnis weiterer Entwicklungen des Konzerts zu sein. Die modulatorischen Abläufe (also auch: die Stationen der Tuttiabschnitte) gehören dazu: Ein Konzertsatz modulierte nicht von vornherein grundsätzlich zur V. Stufe (in Dur; in Moll zur Durparallele), sondern es gab zunächst auch noch andere Möglichkeiten, wie der erste Satz von Vivaldis Konzert RV 443 zeigt.

Ein anderer derartiger Punkt ist die Frage der Dreisätzigkeit. Nach Quantz' Beschreibung (vgl. Text 2 im Anhang) besteht überhaupt kein Zweifel daran, daß ein Konzert *drei Sätze* habe; es umfaßt einen »ersten« Satz (§ 33/34), ein »Adagio« (§ 35–37) und das »letzte Allegro« (§ 38/39). Das ist zunächst nicht erstaunlich, weil Quantz ja über die Situation in der Zeit berichtet, in der er schreibt; allerdings war auch er bei seiner ersten Begegnung mit Vivaldi-Konzerten (um 1714) zunächst mit etwas sehr viel weniger Einheitlichem in Kontakt gekommen, nämlich mit den Konzerten aus »L'estro armonico« op. 3. Er wußte es (theoretisch) daher sicherlich auch anders; nur herrschten eben um 1750 schon andere Verhältnisse. Vivaldis zwölf Konzerte op. 3 sind hingegen drei- bis fünfsätzig; wie Tabelle 10 zeigt, ist den Werken nur gemeinsam, daß ihre Satzfolge ein Abwechseln zwischen schnellen und langsamen Sätzen entstehen läßt. Daß dreisätzige Konzerte gegenüber den vier- oder fünfsätzigen »verkürzt« seien (oder umgekehrt diese »längeren« Werke eine Grundform lediglich »erweiterten«), kann man also nicht sagen.

Tabelle 10: Satzfolge und Tempi in Vivaldis Konzerten op. 3

Nr.		langsam	schnell	langsam	schnell
1			Allegro	Largo	Allegro
2		Adagio	Allegro	Larghetto	Allegro
3			Allegro	Largo	Allegro
4		Andante	Allegro	Adagio	Allegro
5			Allegro	Largo	Allegro
6			Allegro	Largo	Presto
7	Andante	Adagio	Allegro	Adagio	Allegro
8			Allegro	Larghetto	Allegro
9			Allegro	Larghetto	Allegro
10			Allegro	Largo/Larghetto	Allegro
11	Allegro	Adagio	Allegro	Largo	Allegro
12			Allegro	Largo	Allegro

Für die »langsamen Sätze« ergeben sich zudem besondere Probleme: Der dritte Satz aus Konzert Nr. 4, der vierte aus Nr. 7 und der zweite aus Nr. 11 umfassen nur wenige Takte – als langsame akkordische Überleitung von einem schnellen Satz zu einem nächsten schnellen, so daß sie mit den umfangreicheren langsamen Sätzen anderer Konzerte kaum gleichzusetzen sind. Ein besonderes Licht auf dieses Problem wirft auch das 10. Konzert: Vier Tempovorschriften gelten allein für den »zweiten Satz« (Largo-Eröffnung, Larghetto-Mittelteil; er endet in einem einzigen Adagio-Akkord, ehe der Satz mit einer Largo-Überleitung abgeschlossen wird). Akkordische Anteile, wie sie in anderen Konzerten ganze »langsame Sätze« ausmachen, haben hier eher Rahmenfunktionen für einen selbst viel umfangreicheren »langsamen Satz«.

Während Dreisätzigkeit zum normalen Konzerttypus nicht nur der Zeit um 1750 wurde, sondern auch noch hundert Jahre später vorherrschte (zu den Problemen siehe unten), waren vier- und mehrsätzige Konzerte zu Beginn des 18. Jahrhunderts nichts Außergewöhnliches. *Concerti grossi* von Arcangelo Corelli gehen ohnehin deutlich über Dreisätzigkeit hinaus; ähnlich verhalten sich Komponisten aus seinem Umkreis und in seiner Nachfolge (auch etwa Händel). Es ist aber hervorzuheben, daß Konzerte mit vier und mehr Sätzen auch in Traditionszweigen nichts Ungewöhnliches waren, die man eher auf Vivaldi bezieht. Dabei kann auch der Eindruck entstehen, daß ein solches Konzert gegen Ende um einzelne Sätze regelrecht »erweitert« werde, die den Rahmen der Gattung scheinbar verlassen – und dennoch ist dies dann etwas, das keineswegs untypisch für das Konzert der Zeit ist. Eine solche »*Erweiterung*« ist erkennbar in Corellis »Concerto fatto per la notte di Natale« (Weihnachtskonzert; op. 6 Nr. 8), dessen berühmter Pastorale-Schlußsatz sogar den Zusatz »ad libitum« trägt. Auf ähnliche Weise konnten Konzerte auch in eine Folge von *Tanzsätzen* münden. So umfaßt Bachs 1. Brandenburgisches Konzert anschließend an eine »normale« dreisätzige Ausgangs-Anlage (mit solistischem Violino piccolo) noch einen ausgedehnten Menuett-Satzkomplex: Das Menuett selbst bildet dessen Anfang und Schluß und erklingt zudem zwischen den Zusatz-Sätzen (Trio I, »Poloinesse«, Trio 2); Solofunktionen übernimmt hier gerade nicht der Violino piccolo, der für die Polonaise sogar ausdrücklich zum Schweigen verurteilt ist, sondern allenfalls ein Holzbläsertrio aus zwei Oboen und Fagott (Trio 1) oder die beiden Hörner mit einem Fundament der Oboen (Trio 2). Das 1. Brandenburgische Konzert hat eine außerordentlich komplexe Entstehungsgeschichte; die Umstände, unter denen Bach aus den Sätzen einen Werkzusammenhang bildete, sind undurchsichtig. Wichtig ist aber, daß auch für ihn ein solches Werk als Zyklus durchaus denkbar war.

Konzert-Viersätzigkeit im Sinne des späteren *19. Jahrhunderts* hingegen steht in engem Zusammenhang mit den Versuchen, sinfonische Elemente in die Gattung Konzert hineinzutragen. Ihr Ansatzpunkt ist das Scherzo; in diesem Sinne wird etwa in Brahms' 2. Klavierkonzert die traditionelle Dreisätzigkeit von einem Scherzo-Satz an zweiter Position (Allegro appassionato) erweitert. Diese Viersätzigkeit steht allerdings in keinem Zusammenhang mit der Viersätzigkeit des frühen 18. Jahrhunderts, sondern lediglich mit derjenigen der »klassischen« Sonate – in deren fortentwickelter Version mit dem Scherzo an zweiter Stelle im Werk (wie in Beethovens Klaviersonaten op. 109 und 110).

»Mehrsätzigkeit« setzt grundsätzlich voraus, daß das *Verhältnis der einzelnen*

Sätze zueinander geregelt ist – und dies über die grobe Differenzierung hinaus, in welchem Tempo-Verhältnis jeweils zwei benachbarte Sätze zueinander stehen. Auch für die Ecksätze wird im 18. Jahrhundert ein (lockeres) Abhängigkeitsverhältnis gesehen; Quantz entwickelt ein System, nach dem er sich diese Satzunterschiede geregelt denkt (vgl. Anhang, Text 2; XVIII. Hauptstück, § 38). Er fordert, daß die beiden Ecksätze des Konzerts sich in ihrer Taktart unterscheiden, nicht aber in ihrer Tonart; dennoch postuliert er einen Unterschied im Ausdruck der beiden Sätze (der erste Satz soll »ernsthaft« sein, der letzte »scherzhaft und lustig«).

Dieser *Ausdrucks-Unterschied* wurde im Laufe des 18. Jahrhunderts dadurch noch überhöht, daß für die Konzert-Ecksätze unterschiedliche formale Grundlagen entwickelt wurden (etwa »Konzertform« und »Rondoform«). Obendrein blieb auch das Konzert davon nicht unberührt, daß man Musik zunehmend als Vermittler dramatischer Inhalte betrachten konnte – ähnlich also, wie sich dies in der poetisch-programmatischen Durchdringung von Sonate und Orchestermusik äußert. Im Konzert kulminierte diese Entwicklung in Moll-Werken: Immer häufiger erhalten *Moll-Konzerte einen Dur-Schluß*, sei es, daß der letzte Satz erst gegen Ende nach Dur umschlägt, sei es, daß er bereits von Anfang an in Dur steht. Schlüsselbeispiel für eine derartige Dramatisierung insgesamt ist Beethovens 5. Sinfonie: Ihre Grundtonart c-Moll, die das Werk vom »Schicksalsmotiv« des ersten Satzes an gewissermaßen überschattet, weicht im letzten Satz einem »Triumphgesang« in C-Dur, so daß das Werk nach dem Prinzip »per aspera ad astra« (»durch Nacht zum Licht«) eingerichtet zu sein scheint. Das gleiche tonartliche Verhältnis zeigt sich in Mozarts d-Moll-Klavierkonzert KV 466, dessen letzter Satz einen D-Dur-Schluß erhält (ähnlich sind die Verhältnisse auch in Beethovens c-Moll-Konzert op. 37). Daß bereits damit der Gedanke, daß ein Werk ein in sich geschlossener Zyklus sei, besonders herausgearbeitet wird, versteht sich von selbst.

Einheitlichkeit kann auch in der Motivik entstehen: über Satzgrenzen hinweg und bereits in Werken des späten 18. Jahrhunderts, wie Mozarts d-Moll-Klavierkonzert KV 466 zeigt. Mozart nimmt in den Schlußsatz Motivik auf, die er im ersten Satz eingeführt hat. In Takt 63 und 196 wird ein Thema entwickelt, das gleichermaßen auf das Seitenthema des Ritornells (1. Satz, T. 33) und auf das der solistischen Introduktion (1. Satz, T. 77) anspielt. Mit derartigen Maßnahmen kommt freilich eine noch dichtere zyklische Durchgestaltung eines Konzerts zustande als mit der »bloßen« Verknüpfung von rudimentär satzartigen Teilgliedern – ebenso ein Aspekt, der Konzerte des 19. Jahrhunderts nachhaltig prägen konnte (Berlioz, Mendelssohn, Liszt; vgl. S. 170).

Für spätere Komponisten hat es den Anschein, daß diese »zyklische Idee«, die nur in einem *Moll-Konzert* wirklich zur Entfaltung kommen kann, das *Konzertekomponieren* insgesamt nachhaltig beförderte. Frédéric Chopin schrieb zwei Klavierkonzerte; beide stehen in Moll-Tonarten (e-Moll op. 11, komponiert 1830; f-Moll op. 21, komponiert 1829), beide enden in Dur. Felix Mendelssohn Bartholdys mit Opus-Nummern versehene Konzerte (für Klavier: g-Moll op. 25, 1830/31, und d-Moll op. 40, 1837; für Violine: e-Moll op. 64, 1844) wechseln alle beim Übergang zum letzten Satz das Tongeschlecht. Mit Robert Schumanns a-Moll-Klavierkonzert op. 54 (A-Dur-Schlußsatz) und seinem a-Moll-Cellokonzert op. 129 (A-Dur-Schluß) läßt sich die Reihe weiter fortsetzen. Das Moll-Konzert mit Dur-Schluß erscheint als ein Topos des Konzerts in der Zeit kurz vor 1800 und in den fünfzig Jahren danach; diese tonartliche Spannung dürfte ein besonderes Faszinosum des Konzertekomponierens gewesen sein – obendrein in einer Zeit, in der Robert Schumann in einer Klavierkonzerte-Rezension ironisch lamentierte (1836)[1]: »Vier Fünftel der neusten Konzerte, von denen wir unsern Lesern noch berichten werden, gehen in Moll, so daß einem ordentlich bangt, die große Terz möchte gänzlich aus dem Tonsystem verschwinden.« Satzzyklus und Einsätzigkeit: Dieses Problem wird auch für die Betrachtung des Konzerts im ferneren 19. Jahrhundert von Bedeutung sein.

In den gleichen Rahmen der Dramatisierung eines Moll-Konzerts mit Dur-Schluß gehört schließlich auch ein gattungsübergreifendes Experiment ganz eigener Art: Louis Spohrs a-Moll-Violinkonzert Nr. 8 op. 47 (1816), das »in modo d'una scena cantante« (in Form einer Gesangsszene) geschrieben und auch tatsächlich in einem Theater uraufgeführt worden ist (Mailand, Scala). Auch Spohrs Werk ist an sich einsätzig und gliedert sich lediglich in einzelne »Teile«: Ein »Rezitativ« eröffnet das Werk (natürlich eines, das absolut in der Sprache der Violine geschrieben ist); darauf folgt eine »Arie«, aus der der Solist mit einigen Doppelgriffen zum Dur-Schlußglied überleitet. Die Dreiteiligkeit ist offensichtlich: Die »Arie« in der Satzmitte ist ein langsamer Satz, das Schlußglied ein schneller; die »rezitativische« Eröffnung zu Beginn enthält trotz dieses Anspruchs noch Elemente eines mäßig schnellen Konzert-Eröffnungssatzes (etwa in dem »Ritornell«, mit dem das Werk beginnt). Doch Spohr entwickelt in dem klar rezitativischen Schluß des ersten Satzes und der Doppelgriff-Passage am Schluß des zweiten einen ausgeprägten Überleitungscharakter, der die drei »Sätze« zu einem »einsätzigen« Komplex verbindet – nach dem Vorbild des aus der Vokalmusik bekannten Musters einer »Scena«.

Detaillierter zu betrachten sind zunächst jedoch die typischen Satzformen des 18. Jahrhunderts, die an zweiter und dritter Position des als dreisätzig determinierten Konzerts stehen; Ausgangspunkt sollen, soweit möglich, die Werke sein, aus denen bereits andere Sätze in den vorausgegangenen Kapiteln betrachtet worden sind.

Der zweite Satz

Formale Grundlagen und »Singbarkeit«

»In vorigen Zeiten wurde das Adagio mehrentheils sehr trocken und platt, und mehr harmonisch als melodisch gesetzet. Die Componisten überließen den Ausführern das, was von ihnen erfodert wurde, nämlich die Melodie singbar zu machen: welches aber, ohne vielen Zusatz von Manieren, nicht wohl angieng.« Dies ist Quantz' historische Sicht des Konzert-Mittelsatzes (XVIII. Hauptstück, § 36); ob er mit dem Hinweis auf ein »mehr harmonisch als melodisch« gesetztes Adagio auf Werke wie die erwähnten knappen »Sätze« aus Vivaldis op. 3

[1] »Konzerte für Pianoforte und Orchester«, in: Robert Schumann, Gesammelte Schriften über Musik und Musiker, hrsg. von Martin Kreisig, Leipzig 1914, 1. Band, S. 149.

anspielt, kann offenbleiben. Jedenfalls tritt hier ein wesentlicher Intentions-Konflikt zutage: derjenige zwischen *»Manieren«* (Verzierungen) und *»Singbarkeit«*.

Den Extremfall für ein nicht singbares Adagio findet man in Bachs 3. Brandenburgischem Konzert: zwei einfache Adagio-Akkorde, die die beiden Ecksätze voneinander absetzen. Möglich, daß sie einen ausgedehnteren improvisatorischen Einschub des ersten Violinisten beenden (wie nach einer improvisierten Solokadenz im klassischen Konzert); sicherlich läßt eine derartige Konstruktion aber nur Raum für eine Ausgestaltung mit *»Manieren«*.

Das Prinzip der *Singbarkeit* andererseits stellt Quantz sich in sehr konkreten Dimensionen vor. »Die Hauptstimme muß einen solchen Gesang haben, der zwar einigen Zusatz von Manieren leidet; doch aber auch ohne denselben gefallen kann. [. . .] Dieser Gesang muß eben so rührend und ausdrückend gesetzet werden, als wenn Worte darunter gehöreten.« Und: »Um die Leidenschaften zu erregen, und wieder zu stillen, giebt das Adagio mehr Gelegenheit an die Hand, als das Allegro« (XVIII. Hauptstück, § 37, 3 und 5; § 36). Also: Schon die Hauptstimme erhält hier einen »Gesang«, nicht etwa nur neutral einen »Solosatz« wie im ersten Allegro. »Manieren« sind in ihm nicht obligatorisch, aber denkbar, wie in vergleichbarer Vokalmusik – in solcher, die anrührend und ausdrucksvoll ist. Für Konzert-Mittelsätze ist dabei Orientierungsmaßstab, daß unter die Musik auch Text gesetzt sein könnte. Quantz schreibt »als wenn«, und dies wohl nicht ohne Grund: Offenkundig denkt er nicht daran, daß die Musik im praktischen Gebrauch textierbar sein »müsse«; wichtig ist vielmehr die *Illusion eines Gesangs*, der aber in einer *instrumentenspezifischen Sprache* dargeboten wird.

Schließlich aber gibt Quantz Hinweise zur absoluten und relativen Länge eines Konzert-Mittelsatzes (XVIII. Hauptstück, § 37, 1): Sowohl Tutti- als auch Soloabschnitte muß man kompositorisch kurz anlegen – sie nehmen ja in einem langsamen Tempo ohnehin mehr Zeit in Anspruch, als wenn man sie im Allegro-Zeitmaß musizierte. Außerdem (Satz 7) dürfe man »nicht in allzuviele Tonarten ausweichen«, weil dies gewissermaßen Zeit frißt. Quantz sieht also die Satzlänge in Abhängigkeit von den tonartlichen Entwicklungen. Übertragen auf die »Vivaldische Ritornellform« entsteht daraus aber ein Problem der Analyse und ihrer Terminologie: Wenn ein Konzert-Mittelsatz nicht vier Tuttiabschnitte enthält (wie modellhaft im Formschema des Ritornellkonzertsatzes »vorgesehen«), sondern nur drei, dann droht der formale Kontext seine Eindeutigkeit zu einzubüßen. Man neigt dann dazu, das Erscheinungsbild nicht mehr als »drei Tuttiabschnitte mit dazwischenliegenden Soloabschnitten« zu beschreiben, sondern als »zweizügig mit Ritornellrahmen«. Damit mißt man den Tuttiteilen plötzlich ein geringeres formales Gewicht bei und konzentriert die Betrachtung darauf, was der Solist macht. Einen Satz aber, der als derart *zweiteilig* interpretiert werden kann, setzt man leicht in Beziehung zur Sonatenform (in der die zwei Teile mit Doppelstrich und Wiederholungszeichen in der Satzmitte voneinander abgesetzt werden). Tatsächlich haben manche Komponisten des 18. Jahrhunderts die Soloteile des Mittelsatzes derart in den Vordergrund gestellt, daß die Rolle von Tuttiteilen nebensächlich oder unwichtig werden konnte. Dennoch ist bemerkenswert, daß man auch die *Mittelsätze* aus der *Ritornellform* heraus interpretieren konnte (wie Quantz es tut); somit entsteht der Eindruck einer einzigen Konzertform, die für alle Sätze eines Werks gleichermaßen bedeutsam ist – nicht nur also für den ersten und den letzten, sondern auch für den zweiten.

Zweizügigkeit: Der 4. Satz aus Vivaldis Konzert op. 3 Nr. 11

Jene formal knappere Gestaltung des Mittelsatzes läßt sich auf die *Da-capo-Arie* beziehen (eher noch als auf die Sonate), speziell auf die Zweizügigkeit, die in ihrem Hauptteil entstehen kann: Dessen erste Hälfte moduliert von der Tonika zur Dominante und behandelt bereits den kompletten zu vertonenden Text; die zweite Hälfte moduliert von der Dominante zurück zur Tonika, behandelt dabei denselben Text und greift deshalb möglichst weitgehend auch auf die Musik zurück, die in der ersten Hälfte zu diesem Text entwickelt worden ist. Diese beiden Vokalteile werden mit einem Tuttiabschnitt gegeneinander abgesetzt; es entsteht also äußerlich das gleiche (zweizügige) Verhältnis wie in einem Konzertsatz, für den man die Normal-Zahl der Soloabschnitte von drei auf zwei reduziert. Und in diesem Rahmen haben auch die Konstruktionen Platz, die die Tuttianteile noch weiter in den Hintergrund rücken: Wenn zwei Tuttiabschnitte vorhanden sind, zu Anfang und Ende je einer, und in der Satzmitte eine andere Tonstufe nur aus den Solo-Abläufen heraus angesprochen wird, ist lediglich die Zweizügigkeit der Solo-Anlage deutlicher erkennbar, während der Ritornellform-Charakter auf eine reine Rahmenfunktion reduziert ist. Dieser Form begegnet man bereits in Vivaldis Konzerten op. 3.

🕮 Eulenburg-TP 750

Besonders klar sind die Verhältnisse im vierten (vorletzten) Satz des d-Moll-Konzerts für zwei Violinen, Violoncello und Streicher op. 3 Nr. 11 (12/8-Takt). Die Tutti-Aufgaben beschränken sich auf die Bereitstellung des *Ritornellrahmens* (am Beginn und Ende des Satzes je drei Takte) und auf eine akkordische Begleitung der ersten Solovioline (Violine 1/2, Viola). Die Entwicklung der solistischen Anteile des Satzes läßt sich aus dem harmonischen Fortgang heraus darstellen – nicht nur anhand der gliedernden Kadenzen (Takt 7, 11, 15, 17), sondern auch anhand der Tonstufen, die im Laufe der Modulation lediglich gestreift werden:

Takt:	3b	4b	7a	7b	11a	11b	12b	13b	15b	17b
Ton:	d	F	g	f	a	d	F	d	d	d

Vivaldi führt den Satz also in einer freien Zweizügigkeit zunächst von der Grundtonart aus zur V. Stufe; danach wird die Grundtonart sogleich neuerlich eingeführt (mit gleicher Motivik wie in T. 3) und nicht wieder verlassen. Das ist freilich eine Interpretation des Satzes primär aus der *Harmonik* heraus – der aber deshalb keineswegs nur harmonische Qualitäten hat, sondern auch Quantz' späterem *Singbarkeits-Anspruch* gerecht würde, freilich in einer eher violinistischen als vokalen Ausschöpfung der Chromatik und auch in einer für die *Violine* maßgeschneiderten Tonlage (a^1–c^3).

Im Mittelsatz von Vivaldis Flötenkonzert RV 443 (vgl. 2. Kapitel) geht die Zweizügigkeit noch weiter: Er wird in der Mitte von einem Doppelstrich mit Wiederholungszeichen gegliedert. Somit erscheint sogar ein Ritornell-Rahmen als verzichtbar; die Satzabläufe ähneln dennoch denjenigen im »Largo e spiccato« des Konzerts op. 3 Nr. 11 in dessen rein solistischen Teilen. Und aus Bachs Konzertschaffen erhält man schließlich eine Information darüber, wann eine Tutti-Umrahmung des Mittelsatzes besonders verzichtbar ist: in Werken für mehr als einen Solisten. In diesem Sinne ergibt sich ein intensiver »dialogisierender Gesang« zwischen den beiden Solisten schon von Anfang an im Mittelsatz des Konzerts für zwei Violinen d-Moll BWV 1043 und ebenso in demjenigen des Konzerts für zwei Cembali c-Moll BWV 1060.

Eine weitere Besonderheit läßt sich ebenfalls an Vivaldis Konzert op. 3 Nr. 11 erläutern: Für den Mittelsatz eines Konzerts für mehrere Soloinstrumente kann die *Besetzung reduziert* werden – sowohl im *Tutti* als auch im *Solo*. Im Largo jenes Vivaldi-Konzerts hat nur die erste Violine eine Solofunktion, nicht aber auch die beiden anderen Soloinstrumente, eine weitere Violine und das Violoncello. Noch radikaler nutzt Bach diese Möglichkeit aus: Im Mittelsatz des 2. Brandenburgischen Konzerts läßt er nicht nur einen der Solisten pausieren (Trompete), sondern zugleich auch das gesamte Orchester; einzig Flöte, Oboe und Violine musizieren, dazu das Continuo. Nur einen kleinen Schritt weiter geht Bach im 5. Brandenburgischen Konzert: Soloinstrumente in den Ecksätzen sind Flöte, Violine und Cembalo; im Mittelsatz schweigt auch hier das Orchester. Im Grunde genommen sind damit die Solisten »unter sich« – doch das Cembalo wird in eine reine Continuofunktion abgedrängt, so daß eigentlich auch hier ein Solist »ausfällt« und schließlich nichts anderes zustandekommt als im 2. Brandenburgischen Konzert. Im Mittelsatz von Bachs Tripelkonzert a-Moll BWV 1044 hingegen begegnet man den Strukturen, die Bach im 5. Brandenburgischen Konzert vermeidet: Das Cembalo ist in das Konzertieren von Flöte und Violine als obligater Part miteinbezogen. Und der Gipfel ist im Konzert für zwei Cembali BWV 1061 erreicht: Hier sind im Mittelsatz nur noch die beiden Cembali »übriggeblieben«. Grundsätzlich festzustellen ist daher, daß Besetzungsreduktionen im Mittelsatz am Soloapparat ansetzen können, ebenso aber an der Begleitung; daß nur noch die Solisten übrigbleiben (und tatsächlich gleichberechtigt als Solisten operieren können), ist eine Extremform, die prinzipiell nur dann denkbar erscheint, wenn einer der Solisten ein *Tasteninstrument* spielt. Dies setzt sich auch in der Konzertpraxis des 19. Jahrhunderts fort: Clara Schumann läßt im Mittelsatz ihres a-Moll-Klavierkonzerts op. 7 den Solisten zunächst völlig allein spielen (und stellt ihm späterhin nur ein solistisches Cello zur Seite).

Aufgaben (9):

1. Skizzieren Sie den harmonischen Verlauf des Mittelsatzes in Vivaldis Flötenkonzert RV 443.

2. Auf welche Weise gelingt es Mozart in seinem G-Dur-Violinkonzert KV 216, die Tuttiabschnitte des zweiten Satzes knapper anzulegen, als es in einem schnellen Satz üblich wäre?

Solo-»Gesang« und Tutti-»Ostinato«: Bachs Violinkonzert a-Moll BWV 1041
🕮 Bärenreiter TP 269 (Notentext der NBA)

Anders als Vivaldi und anders als in schnellen Konzertsätzen präsentiert Bach in Konzert-Mittelsätzen oftmals als »Ritornell« etwas, das eher als *Ostinato-Modell* erscheint – allein schon deshalb, weil das Material im Baß liegt. Doch ebensowenig wie dieses Ostinato-Modell ein »Ritornell« im engsten Wortsinn sein kann, handelt es sich um ein echtes Ostinato, mit dem also die Satzabläufe komplett einen Passacaglia-Charakter übergestülpt bekämen – und auch nicht um Sätze mit einem »Basso quasi ostinato«, wie man dies in manchen Arien Bachs findet (in denen ein Ostinato-Modell melodisch verformt wird, damit der Satz modulieren kann und nicht dauernd in der gleichen Tonart verharren muß wie eine strenge Passacaglia). Vielmehr können jene Ostinato-Prinzipien hier mit Ritornellprinzipien verschmolzen werden: Teile dieser Sätze werden dann von dem Baßmodell geprägt (so daß dieses seine »ostinate« Wirkung entfaltet); in anderen Teilen kann auch die Baß-Wirkung von der Eigengesetzlichkeit der Solostimme in den Hintergrund gedrängt oder gar völlig beseitigt werden.

Ein Muster-Mittelsatz für diese Technik ist der von Bachs a-Moll-Violinkonzerts BWV 1041. Das »Ostinato«-Modell, das zu Beginn erklingt, ist viertaktig. Charakteristisch in den ersten beiden Takten ist eine Orgelpunkt-Konstruktion: Vom Grundton C weicht jeweils auf dem vierten Achtel einer Vier-Achtel-Gruppe die Baßmelodie aus, zunächst um eine Terz, dann um eine Quart, im zweiten Takt um eine Septim und eine Quint. In den beiden verbleibenden Takten tritt eine absteigende Leiterbewegung an die Stelle des Orgelpunkts; von diesen Leiter-Tönen aus weicht die Baßmelodie jeweils auf dem vierten Achtel um eine Quart aus (auch: um eine übermäßige Quart). Im fünften Takt setzt der Solist ein; das Ostinato-Modell »fehlt«. Schon hier äußert sich also, daß das Baßmodell nicht nach Ostinato-Art verarbeitet werden soll, sondern in einem konzerthaften Ritornell-Episode-Wechsel aufgehen kann. Dies bestätigt sich im folgenden: Im weiteren Satzverlauf tritt das Modell nie wieder komplett ein; siebenmal kommt Bach lediglich auf die erste Hälfte zurück (die Orgelpunkt-Konstruktion), nur noch einmal auf die zweite (vgl. Tabelle 11). Jeweils zwischen zwei Eintritten des Baßmodells werden zwei Takte von der Solo-Linie beherrscht (einmal auch vier Takte); dort schweigt das Continuo.

Die Modell-Hälften können zur Begleitung des Solisten benutzt werden, ebenso aber regelrechte Tuttiabschnitte konstituieren (für diese erschenen in der Tabelle die Taktangaben in Fettdruck); sie können verkürzt werden (Taktangaben in der Tabelle eingeklammert). Auch ein Element Bachscher Arien über einem »Basso quasi ostinato« wird erkennbar: Die Intervallik des Modells kann verändert werden, so daß Bach mit dessen Motivik modulieren kann. Für den Satzschluß ist eine Spezialkonstruktion erforderlich, weil das Baßmodell, wie gesehen, nicht mit einer Kadenz endet, sondern lediglich mit einem Halbschluß.

Tabelle 11: Bach, Violinkonzert a-Moll BWV 1041, 2. Satz: Verwendung des Ostinato-Modells

melodisches Glied	Takt/Tonart								
Originalversion:	C	C	G	G	d	a	(d)	C	C
Takt A: Terz/Quart	1	7	11	15	21	25		37	43
Takt B: Sept/Quint	2	8	(12)	16	22	(26)		38	44
Takt C: VIII–VII	3						29		
Takt D: VI–V	4						30		
Varianten:									
Terzfälle				17–18			31–34		
Kadenz IV–V–I									45–46
freie Soloabschnitte:	5–6	9–10	13–14	19–20	23–24	27–28	35–36	39–42	

Diese *Neungliedrigkeit* entspricht allerdings nicht dem tatsächlichen Aufbau des Satzes; das zweifellos stukturierende Prinzip, das vom Baß ausgeht, wird aus den *Soloanteilen* heraus radikal *uminterpretiert*. Aus diesen heraus erscheint der Satz als dreizügig angelegt – dies wird deutlich an der Position der Solo-Kadenzen, die jeweils nach vierzehn Takten eintreten (T. 14, 28, 42). Bach *überblendet* also unterschiedliche Prinzipien miteinander: Das Ostinato-Modell wird nicht permanent wirksam wie in einem echten Ostinato-Satz und nicht nur nach Art eines »Basso quasi Ostinato« variiert, sondern das Modell erklingt (ähnlich wie ein Ritornell) nur dort, wo es für die Harmonik eine Signalfunktion übernehmen kann – nach Kadenzen oder Halbschlüssen sowie in der Sonder-Konstruktion des Modulierens in Terzfällen, und zwar jeweils repräsentiert durch eine seiner beiden Hälften.

Aufgaben (10):

1. Skizzieren Sie den Verlauf des Satzes aus der dreizügigen Solo-Führung heraus: Welche Satzglieder, die nicht vom Baßmodell geprägt sind, kommen mehrfach vor? Wie unterscheidet sich der abschließende dritte Durchgang von den beiden vorigen in der Anordnung seiner motivischen Bestandteile?
2. Auch der Mittelsatz von Bachs d-Moll-Cembalokonzert BWV 1052 (Noten: ETP 744) beruht auf Basso-quasi-ostinato-Techniken; hier ist allerdings die Solostimme – mit einer reich figurierten »Gesangs«-Linie – viel freier geführt als im Mittelsatz des Violinkonzerts BWV 1041. Somit wirkt sich das zu Anfang präsentierte Ostinato-Modell in der Satzform viel stärker aus. Unterscheiden Sie Material, das sich direkt auf jenes Modell und seinen Ablauf beziehen läßt, von frei gesetzten Takten in der Begleitung.

»Romance« und Variationen: Mittelsatz-Alternativen Mozarts

🕮 Bärenreiter TP 248 (KV 456), TP 147 (KV 466; jeweils Notentext der NMA)

Alternativen für eine zwei- oder dreizügige Gestaltung (als Ritornellstrukturen wie von Quantz beschrieben oder auf Ostinato-Techniken beruhend wie bei Bach) entwickelt *Mozart*, und zwar besonders deutlich in seinen Klavierkonzerten KV 456 und 466. Im d-Moll-Konzert KV 466 ist der Mittelsatz mit »*Romance*« überschrieben. Bereits im Titel spiegelt sich also das auch von Quantz beschworene Singbarkeits-Prinzip; formal entsteht eine spezialisierte dreiteilige Form (ABA), deren Mittelstück in schroffem Kontrast zu den Außengliedern steht. Als besondere Spezialität des Konzerts erweist sich dabei, daß die »Wiederholungen« *von unterschiedlichen Klangkörpern* dargeboten werden können: Das Klavier führt sie ein, das Orchester führt sie fort.

Die Außenglieder sind in sich reich differenziert (vgl. Tabelle 12): Ausgangspunkt des Satzes ist ein melodischer Komplex der Gestalt »aa'ba'« (Vorder- und Nachsatz haben die gleiche Schlußwendung; vom Melodiebeginn unterscheidet sie sich darin, daß sie kadenziert, während jener auf einem Halbschluß endet). Faßt man den Vordersatz als »A« und den Nachsatz als »B« auf, läßt sich die thematisch freie Fortsetzung (T. 40–67) als »C« beschreiben; nach ihr folgt als Abschluß die Wiederholung des Anfangs (A), ehe in Takt 84 – mit gesteigerter Bewegung und in g-Moll statt des bisherigen B-Dur – der Mittelteil losbricht. Den Satzschluß bilden danach, um eine freie Coda erweitert, die Glieder A und B des Satzanfangs (T. 119–162).

Tabelle 12: Mozart, Klavierkonzert d-Moll KV 466, 2. Satz, Aufbau und Besetzung der »Romance«

Teil	Takt	1. Durchgang	Takt	Wiederholung
A	1–8	Klavier (aa')	9–16	Orchester (aa')
B	17–24	Klavier (ba')	25–39	Orchester (ba') incl. Coda I
C	40–67	Klavier/Streicher		
A	68–75	Klavier (aa')	76–83	Orchester (aa')
–	84–118	g-Moll-Mittelteil: Klavier + Orchester		
A	119–126	Klavier (aa')		
B	127–134	Klavier (ba')	135–146	Orchester (ba') incl. Coda I, mit Klavier
–	146–162	Coda II: Klavier + Orchester		

Ähnliche Möglichkeiten der *Besetzungsdifferenzierung* findet man in einem anderen Satztypus, der zu Mozarts Zeit im Vergleich mit der Konzertpraxis des 19. Jahrhunderts noch relativ selten ist: in Mittelsätzen, die als *Thema mit Variationen* angelegt sind. Das Thema im g-Moll-Mittelsatz von Mozarts B-Dur-Konzert KV 456 bereitet diese Differenzierung dadurch vor, daß es mit einem Wiederholungszeichen in zwei Teile gegliedert wird; folglich kann die Besetzung nicht nur zwischen einem »ersten« Durchgang und der Wiederholung wechseln, sondern auch von einer Variation zur andern. Wie Tabelle 13 zeigt (angegeben sind Taktzahlen und Besetzungen), ergibt sich in den zweimal zwei Teilgliedern jeder Variation (mit Ausnahme der ersten und der letzten) ein Wechsel zwischen Orchestergruppierungen einerseits und dem Solisten andererseits, wobei der Solopart auch mit weiteren Teilgruppierungen des Orchesters verbunden werden kann (Variation 4 ist ein Maggiore – also die Dur-Version des Moll-Variationenthemas).

Tabelle 13: Mozart, Klavierkonzert B-Dur KV 456, 2. Satz: Thema mit Variationen

Nr.	Vordersatz (1. Mal)	Vordersatz (2. Mal)	Nachsatz (1. Mal)	Nachsatz (2. Mal)
Thema	1–8 Orchester	[Wiederholung] Orchester	9–21 Orchester	[Wiederholung] Orchester
1	22–29 Solo (+ Streicher)	[Wiederholung] Solo (+ Streicher)	30–42 Solo (+ Streicher)	[Wiederholung] Solo (+ Streicher)
2	43–50 Orchester	51–58 Solo, Streicher	59–71 Orchester	72–84 Solo, Streicher
3	85–92 Orchester	93–100 Solo	101–113 Orchester	114–126 Solo (+ Streicher)
4 (♯)	127–134 Bläser, Baß	135–142 Solo, Streicher	143–150 Bläser, Baß	151–159 Solo, Streicher
5	160–167 Solo, Orchester		168–180 Solo, Orchester; gedehnt bis T. 185/188	

thematische Coda: T. 186/189–209

Der Schlußsatz

Üblicherweise nimmt man an, daß der Konzert-Schlußsatz im 18. Jahrhundert ebenso in *Ritornellform* gehalten sei wie der erste Satz. Als grober Durchschnitt mag dies zutreffen; dennoch gibt es schon früh auch andere Lösungen. Anders als ein Eröffnungssatz kann der Schlußsatz eines Konzerts von einem *Doppelstrich mit Wiederholungszeichen* in zwei Teile geteilt wird – und dies nicht nur in Vivaldis »L'estro armonico« (vgl. den Schlußsatz des G-Dur-Konzerts op. 3 Nr. 3, in dem der 14taktige Kopfteil eines 152taktigen Satzes wiederholt wird), sondern auch in so berühmten Werken wie Bachs Brandenburgischen Konzerten (im 3.; das Wiederholungszeichen trennt den 12taktigen Anfangsteil vom 36taktigen Schlußteil). Wie stark sich allerdings die »Ritornellkonzertform«, freilich in ihren sich wandelnden Konzepten, in den Vordergrund des Bewußtseins schob, zeigt noch Mozarts Konzert-Oeuvre: Seine ersten beiden Konzerte, das B-Dur-Violinkonzert KV 207 (Frühjahr 1773) und das D-Dur-Klavierkonzert KV 175 (Dezember 1773), beginnen und enden – wie die Modellvorstellung es auch für Vivaldi ausdrückt – mit Sätzen in »Ritornellkonzertform«.

In diesen beiden Werken Mozarts begegnet man allerdings zugleich einem fundamentalen Wandel des Konzert-Konzepts: In beiden ersetzte Mozart die ursprünglichen dritten Sätze durch neue, die in *Rondoform* stehen (für das Klavierkonzert entstand das Rondo KV 382, für das Violinkonzert möglicherweise das Rondo KV 261). Mozart paßte damit ältere eigene Werke einem neuen zyklischen Konzept an, in dem ein Satz (eben der dritte) sich überhaupt nicht mehr aus der traditionellen »Ritornellform« herleiten läßt; in seinen kompositorischen Vorstellungen hatte es hingegen zunächst noch diese Einheitlichkeit der Formkonzepte gegeben. Insgesamt gesehen, ergriff das Konzert »Besitz« von einer ursprünglich außerkonzertanten Form; aus dem Schlußsatz heraus wurde diese Form nun zu einem neuen charakteristischen Element des Konzerts, gewissermaßen zu dessen »*zweitem formalem Standbein*«, insbesondere für die Musik der Zeit nach 1800. Somit ist die Aufnahme von Rondo-Strukturen für die Gattung Konzert ein Ereignis von nicht zu unterschätzender Bedeutung – sowohl formal als auch historisch. Und trotzdem: Auch Rondo-Sätze am Ende eines Solokonzerts gibt es in der Musikgeschichte schon wesentlich früher, beispielsweise in Bachs ohnehin so eigenartigem E-Dur-Violinkonzert BWV 1042 (diesem dritten Satz geht dort ein Allegro-Satz in Dacapo-Form sowie ein Adagio voraus, das zwar klanglich an Basso-quasi-ostinato-Techniken erinnert, diesen aber noch weniger folgt als sogar der Mittelsatz des a-Moll-Konzerts). Bei formal und satztechnisch gleichen Möglichkeiten wie in der Musik um 1800 zeigt sich darin aber zunächst nichts anderes als eben die Idee, ein Konzert mit »*irgendeinem*« Tanzsatz abzuschließen – und als solcher ist ein »Rondeau« an sich nichts anderes als ein Menuett.

Grundlagen der konzertanten Rondoform:
Bach, Violinkonzert E-Dur BWV 1042, 3. Satz
🕮 Bärenreiter TP 269 (Notentext der NBA)

Die Ritornellkonzertform ist ohne Tutti-Solo-Trennung nicht denkbar und erscheint somit als etwas spezifisch Konzertantes; die Sonatenhauptsatzform hingegen erscheint als nur bedingt tauglich, um ein Konzert zu »regieren«. Ein Komponist des 18. Jahrhunderts hätte aber weder vom einen noch vom anderen konkret mit einem der beiden Begriffe gesprochen. Anders beim *Rondo* (oder »Rondeau«): Diese Formbezeichnung war Komponisten des 18. Jahrhunderts durchaus geläufig, und sie wandten sie auf Musik unterschiedlicher Besetzungen an, nämlich im Bereich einer Tutti-Ensemblemusik (beispielsweise im Rahmen der Orchestersuite), in rein solistischer Musik (etwa für Klavier allein) und eben auch im Konzert. In jedem Kontext lassen sich die Rondo-Strukturen aber auf unterschiedliche Weise ausbreiten (also der Wechsel von *Refrains*, die stets in der Grundtonart stehen, mit *Couplets*, die sich von der Grundtonart lösen, aber letztlich doch wieder eine Fortsetzung in der Tonika ermöglichen). In konzertanten Rondosätzen gibt es nun – ähnlich wie zuvor für Mozarts Mittelsatz-»Alternativen« beschrieben – besonders reiche Möglichkeiten zur Differenzierung von Refrain und Couplets, aber auch zwischen den einzelnen Couplets selbst – weil nicht nur mehrere Formteile, sondern auch mehrere Klangkörper in »Kontrast« zueinander treten können, zumindest als Tutti und Solo. Was also geschieht vor diesem Hintergrund in dem 3/8-Takt-Schlußsatz von Bachs E-Dur-Violinkonzert? Unter welchem Aspekt ergibt sich jener Wechsel von Refrain und Couplets?

Bachs Rondo-Satz (vgl. Tabelle 14) ist zehnmal so lang wie der Refrain, der 16 Takte umfaßt; wenn dies seine Ausgangsdisposition war, dann barg sie eine Komplikation: Der Satz würde, im Tutti begonnen, jeweils an ungerader Position neuerlich einen Tuttiabschnitt haben, an zehnter und letzter folglich einen Soloabschnitt. Bach »korrigiert« dies dadurch, daß er die Länge des letzten Soloabschnitts verdoppelt (dann kann anschließend der Refrain am Satzende stehen). Ferner: Wie im Rondo üblich, wird die Tonart aus den Couplets heraus variiert (freilich so, daß die Refrains dennoch stets in der Tonika stehen können). So führt das erste zur Dominante H-Dur, das dritte zur Subdominante A-Dur; das zweite hingegen steht durchgehend auf der VI. Stufe cis-Moll (Mollparallele), das vierte führt zur III. Stufe gis-Moll (Obermediante). Dur- und Moll-Charaktere wechseln also als tonale Zentren der Couplets miteinander ab. Dies sind noch Maßnahmen, die sich in jedem Rondo treffen lassen, nicht nur im Konzertrondo; weitere erscheinen aber als speziell »konzertbezogen«.

Zunächst betrifft dies die Differenzierung der Besetzung: Bach verzichtet im ersten Couplet auf jegliche Begleitung mit Ausnahme des Continuoparts, im zweiten hingegen auf diesen selbst, so daß nun nur die hohen Streicher den Solisten »stützen«. In beiden Fällen bleiben die Satzanteile der »Begleitung« auf eine schlichte Achtelbewegung oder Haltetöne beschränkt. Im dritten Couplet werden beide Begleit-Ensembles gekoppelt, ohne daß dies nachhaltigere Konsequenzen auf die Begleitungs-Strukturen hätte. Anders dann im Schlußcouplet: Zum Spiel der Solisten treten die hohen Streicher und der Continuopart nun auch untereinander in einen »konzertanten« Wechsel und stellen dabei insgesamt dem Solopart eine scharf profilierte Motivik entgegen. Parallel dazu verdichten sich auch die Verhältnisse im Solopart: Nachdem der Solist im ersten Couplet eine durchgängige, melodisch weit ausgreifende Sechzehntelbewegung gespielt hat (im Tonraum zwischen ais^0 und cis^3), reduziert Bach in der zweiten den Tonraum bei gleichbleibender Bewegungseinheit (his^0 bis a^2). Der Prozeß setzt sich im dritten Couplet fort: Im knappen Undezimen-Tonraum zwischen e^1 und a^2 hält Bach zunächst an der Sechzehntelbewegung fest; Bach »füllt« den Tonraum aber mit Doppelgriffen aus. Dann, von Takt 89 an, wird der Sechzehntelprozeß punktuell synkopisch aufgehalten. Im letzten Couplet ist der ursprüngliche Tonraum fast völlig wiederhergestellt (ais^0 bis his^2), und Doppelgriffe gibt es keine mehr, doch nun wird die Rhythmik komplexer – nicht nur durch Beibehaltung der synkopischen Momente (Takt 136, 140), sondern auch mit einlagerten Zweiunddreißigstel-Gruppen.

Tabelle 14: Bach, Violinkonzert E-Dur BWV 1042, 3. Satz (Rondo)

Takt	Formglied	Besetzung	Tonart	Solo: Motivik
1–16	REFRAIN	tutti	E	
17–32	Couplet 1	Solo, B.c.	E-H	durchgehend Sechzehntel
33–48	REFRAIN	tutti	E	
49–64	Couplet 2	Solo, Str.	cis	durchgehend Sechzehntel
65–80	REFRAIN	tutti	E	
81–96	Couplet 3	Solo, Str., B.c.	E-A	Doppelgriffe zu Beginn
97–112	REFRAIN	tutti	E	
113–144	Couplet 4	Solo, Str., B.c.	E-gis	Sechzehntel/Zweiunddreißigstel
145–160	REFRAIN	tutti	E	

Diese *doppelte Steigerungs-Wirkung* ist außerhalb einer Gattung mit Tutti-Solo-Kontrast so nicht denkbar: Die Couplets schreiten fort vom Einfachen zum Besonderen, und zwar nicht nur in der Stimme, die den musikalischen Vordergrund zu beanspruchen scheint (die Solostimme mit ihrer zunehmenden Komplexität), sondern auch im gesamten Begleitapparat – und zwar in Form eines Prozesses, der nicht an die Fortentwicklung im Soloapparat gebunden ist. »Einfach« in der Begleitung ist »reines Continuofundament«, ein Besetzungs-Element; einfach in der Solostimme ist durchgängige Sechzehntelbewegung, ein melodisch-rhythmisches Element. Daraufhin entwickelt Bach zunächst das Besetzungs-Element fort; doch das Ziel dieser Entwicklung, daß auch im Couplet das gesamte Orchester spielt, hat mit der Fortentwicklung der Solostimme (Begrenzung des Bewegungsraums bis hin zu Doppelgriffen) an sich nichts zu tun. Höhepunkt beider Entwicklungen ist das letzte Couplet: Sowohl die Solostimme als auch die Begleitung werden rhythmisch verdichtet, und obendrein ergibt sich das Wechselspiel innerhalb des Tutti-Körpers (zwischen Streichern und Continuo).

Rondo in Mozarts Konzerten

In Bachs Konzertsatz bleibt es bei einer klaren Abgrenzung zwischen dem Refrain, einer Tutti-Angelegenheit, und den Couplets, die vom Solo beherrscht werden. Anders bei Mozart, für den die Rondotechniken zu dem Schlußsatz-Prinzip schlechthin werden (Konzertsätze traditioneller Form und Variationensätze sind Ausnahmen): Abgesehen von erweiterten Tutti-Anteilen an den Couplets (etwa im gleichen Ausmaß, wie es »Tuttieinwürfe« in den Soloabschnitten eines ersten Konzertsatzes gibt) kann nun auch der Solist in den Refrain eingreifen – und zwar häufig schon in den Anfangstakten eines Satzes: Der *Refrain wird vom Solisten eröffnet*, nicht vom Orchester. Daß damit neuerlich musikalische Möglichkeiten greifbar werden, die spezifisch konzerthaft sind, braucht nicht weiter hervorgehoben zu werden.

Bisweilen spricht man von jenen Sätzen Mozarts (und anderer) als *Sonaten-Rondos* – weil die Couplets einen Verlauf (oder auch allgemeiner: einen Charakter) haben können, der an Exposition, Durchführung und Reprise der Sonate erinnere. Zweifellos werden auch in das Rondo »formfremde« Strukturen über die (ohnehin fiktiven) Gattungsgrenzen hinweg aufgenommen; doch das Charakteristikum des Rondos, daß der Refrain die Musik wieder auf die *Ur-Tonikasituation* zurückführt und damit eine wichtigere Signalfunktion als die *Thematik der Couplets* innehat, bleibt unverändert erhalten.

🕮 Bärenreiter TP 247 (Notentext der NMA)

Ein relativ einfaches Beispiel einerseits für die Vermischung von Tutti und Solo in Refrain und Couplets, andererseits für das Eindringen von »Sonatenform-Elementen« (ohne daß eine Sonatenform entstünde) ist der Schlußsatz von Mozarts Es-Dur-Klavierkonzert KV 449 (vollendet 9. Februar 1784; vgl. Tabelle 15). Der *Refrain* ist vierteilig und zunächst eine reine Orchester-Angelegenheit; anders als in Bachs E-Dur-Violinkonzert tritt er nie wieder in der gleichen Form ein wie in den eröffnenden 32 Takten, sondern stellvertretend für ihn erklingen lediglich Vorder- und Nachsatz des Themas (Takt 136, 219) oder eine Erweiterung, in der die beiden Schlußglieder des Refrains frei umgedeutet sind (T. 269). Und: Nach jenem ersten *Refrain-Eintritt* ist an allen weiteren auch der Pianist beteiligt; zunächst liegt seine Funktion darin, das von der ersten Violine vorgetragene Thema frei zu umspielen (T. 136/219), ehe er dann im letzten Refrain-Eintritt den Vordersatz völlig solistisch präsentiert – mit ihm eröffnet der Pianist eine Stretta im 6/8-Takt, in der die Musik des vorausgehenden Allabreve nun »zusammengedrängt« (»stretto«) erscheint.

Die *Couplets*: Tatsächlich erinnert das erste an Prozeduren einer sonatenhaften Exposition; liegt die Ursache dafür aber nicht wiederum (wie in den ersten Sätzen) darin, daß Mozart lediglich die harmonischen Einzelschritte von der Tonika zu deren Dominante »thematisch« durchformt? Daß das dominantische Thema dabei ein »freies« ist (also zuvor noch nicht vorgekommen), ist kein Wunder – der so liedhaft gestaltete Refrain enthält keine vergleichbare thematische Spannung. Und: Tatsächlich erinnert das zweite Couplet an Durchführungs-Prozeduren. Dies kommt aber lediglich dadurch zustande, daß Mozart unmittelbar nach dem Abbrechen des Refrains in das andere Tongeschlecht wechselt (Paralleltonart c-Moll, T. 152) und von Takt 166 an das Kopfmotiv des Refrain-Vordersatzes »verarbeitet«. Doch hier handelt es sich wohl – eher als um »Verarbeitung« – um

Tabelle 15: Mozart, Klavierkonzert Es-Dur KV 449, 3. Satz (Rondo)

Takt	Formglied	Besetzung	Tonart	Motivik
1	REFRAIN	Orchester	Es	1: Vordersatz: T-D
				9: Nachsatz: T-T
				16: Zwischenglied
				26: Kadenz (beginnt wie Vordersatz)
33	Couplet 1	Solo, Streicher	Es-B	33: Übernahme des Refrainthemas
				54: Beginn der Modulation
				63: Thema in der Dominante
				91: Refrain-Themenkopf B-Dur
				105: Schlußgruppe
			(B-Es)	128: Rückleitung nach Es
136	REFRAIN	Violine 1, Solo	Es	136: Vordersatz: T-D
		Orchester		144: Nachsatz : T-T
152	Couplet 2	Solo, Streicher	c-Es	151: akkord. Eröffnung im Wechsel
				166: »obligates Accompagnement«
				182: »Rückleitung« Es-Dur
		Solo, Orchester		213: Couplet-Schluß
219	REFRAIN	Violine 1, Solo	Es	219: Vordersatz: T-D
		Orchester		227: Nachsatz : T-T
235	Couplet 3	Solo, Orchester	Es	235: akkord. Eröffnung im Wechsel
		Solo, Streicher		246: Es-Dur, reduzierte Bewegung
		Solo, Orchester		262: Vorbereitung des Eingangs
		Solo		268: Eingang
269	REFRAIN	Solo	Es	269: Vordersatz: T-D (6/8-Stretta)
		Orchester		277: Nachsatz: T-T
		Solo, Streicher		285: Zwischenglied (neuer Nachsatz)
				300: Solo-Schlußkadenz
		Solo, Orchester		308: freier Epilog (Schluß: T. 322)

»obligates Accompagnement«: Aus dem Tutti heraus wird dem (motivisch freien) Solopart thematisches Material gegenübergestellt, das in einer Sequenz aufgeht (fallende Quinten: T. 166 c-Moll, T. 170 f-Moll, T. 174 B-Dur, T. 178 Es-Dur, Thematik abwechselnd in Violine 1 und Baß). Das dritte Couplet müßte also – aus Sicht der Sonatentheorie – eine Reprise sein. Doch ebensowenig wie ein Couplet, das »thematisiert« von der Tonika zur Dominante verläuft, unbedingt als Exposition bezeichnet werden muß, und ebensowenig wie ein Moll-Couplet mit streckenweise obligatem Accompagnement ausschließlich Durchführungscharakter hat, erweist sich dieses Couplet als Reprise. Es beginnt auf die gleiche Weise wie das vorausgegangene Couplet (bezieht sich also auf die »Durchführung«, nicht auf die »Exposition«), breitet die Grundtonart aus und bereitet den Übergang zum Stretto-Refrain vor. Zudem ist dieses Formglied mit 34 Takten bei weitem der kürzeste unter den Couplets. Bei alledem werden die Couplets – ebenso wie die Refrain-Eintritte – aus der Besetzung heraus differenziert: Im ersten Couplet pausieren die Bläser durchweg, treten auch im zweiten erst für die letzten sechs Takte in den Satz ein (ohne obligaten Part, also lediglich als Klangfarbe), behalten die dort errungene Funktion dann aber auch im dritten Couplet bei.

Aufgabe (11):
Formal ähnliche Verhältnisse herrschen im Schlußsatz von Mozarts Klavierkonzert KV 451 (Noten: BV-TP 249). Etwas stärker dringen »sonatenhafte« Überlegungen in diesen Satz ein – in welcher Hinsicht? Und: Wie differenziert Mozart die Besetzung der Refrain-Eintritte?

Wie erwähnt, kann Mozart dieses Rondo-Spektrum dadurch erweitern, daß er schon in den ersten *Refrain-Eintritt* den *Solisten* einbezieht, so daß dieser den Satz allein eröffnet. Dabei entstehen Verhältnisse, wie sie sich im betrachteten Es-Dur-Konzert erst für den letzten Refraineintritt ergeben: Der Solist spielt einen Vordersatz, das Orchester antwortet mit dessen Nachsatz (ein Beispiel für eine derartige Satzeröffnung ist das B-Dur-Konzert KV 450, Takt 1–16). Doch dann stellt sich die Frage, wie das Couplet, das doch vorrangig als »solistisch« definiert ist, realisiert werden kann – oder anders: welche Rolle das Orchester noch im Refrain übernimmt, ehe das Couplet solistisch beginnt. In Mozarts B-Dur-Konzert KV 450 ist die Lösung einfach: Der Rest des Refrains gehört ganz dem Orchester, so daß der Solist anschließend problemlos von Neuem einsetzen kann. Aus dem Konzertrondo-Vorzug heraus, den Satzverlauf auch aus der Besetzung heraus zu differenzieren, bieten sich aber auch formal frappierende, »extreme« Lösungen an: Wenn der Solist so den Refrain eröffnet und das Orchester erst später in diesen eintritt, kann das Orchester daraufhin auch noch das Couplet eröffnen. Besetzungs-Fortgang und Form-Fortgang müssen also nicht kompatibel sein.

Deutlich wird dies im Es-Dur-Konzert KV 271. Das Klavier beginnt den Schlußsatz ohne jede Begleitung; acht Takte lang währt der Vordersatz, der Nachsatz-Schluß verzögert hingegen sich bis zum Orchestereinsatz in Takt 35. Das Orchester übernimmt daraufhin den achttaktigen Vordersatz, bricht aber aus diesem »Thema« aus und entwickelt von Takt 43/44 an eine neue Motivik als Fortsetzung; diese übernimmt der Pianist bei seinem

Wiedereinsatz in Takt 55 und hält an ihr – im Wechsel mit den Streichern – bis Takt 66 fest. Die Grundtonart liegt dort längst in weiter Ferne; statt dessen wird bereits die V. Stufe der Dominante (F, Takt 71) erreicht. Daß Mozart dort mitten im Couplet angelangt ist, kann nicht bezweifelt werden; eine Abgrenzung zwischen Refrain und Couplet ergibt sich somit entweder aus der Besetzung heraus (dort, wo der Pianist einsetzt – doch dann gibt es keinen Materialunterschied zwischen Refrain und Couplet) oder aus der Motivik heraus (also in Takt 43, in dem die Streicher ihren neuen Nachsatz einführen – dann wird die »Grenze« zwischen Refrain und Couplet aber erst im Nachhinein klar, nicht von der Besetzung unterstützt). Dieses Werk zeigt letztlich auch, wie verformbar musikalische »Form« ist, wenn man mit dem konzertanten Besetzungskontrast spielt; der formale Gesamteindruck (»Rondo«) wird freilich nicht eingeschränkt.

Aufgabe (12):
Im weiteren Verlauf dieses Rondos hält Mozart an einer Stelle unvermutet inne; nach dem »Eingang« in Takt 232 folgt statt des zu erwartenden Refrains ein langsamer Menuett-Abschnitt. Dieses Hereintragen »fremder« Elemente in ein Rondo findet man ansonsten häufiger in Violinkonzerten Mozarts – zum Beispiel im A-Dur-Konzert KV 219. In welcher formalen Hinsicht unterscheidet sich die Situation dort von derjenigen im Klavierkonzert KV 271?

Zusammenfassung

Für das 18. Jahrhundert ist »Konzert« als Gattung primär etwas Zyklisches, Mehrsätziges. Man sah die Sätze in einem Abhängigkeitsverhältnis zueinander – nicht nur in Werken mit einem klar ausgesprochenen »Programm« wie in Vivaldis »Le quattro stagioni« und nicht erst in Moll-Konzerten der Zeit kurz vor oder nach 1800, in denen ein »dramatisches« Spannungsverhältnis zwischen Moll-Beginn und Dur-Schluß gesehen wird. Daß die Sätze eines Konzerts aufeinander abgestimmt sein müssen, beschreibt auch Johann Joachim Quantz für das Konzert als dreisätzigen Zyklus: als etwas Stimmungsmäßiges, aber auch technisch Bedingtes.

Daß das Konzert aus drei Sätzen bestehe, ist allerdings nicht schon für Vivaldi eine unbedingte »Regel«, sondern setzte sich erst im mittleren Drittel des 18. Jahrhunderts klarer durch. Konzert-Schlußsätze basieren dabei bis in die Zeit Mozarts hinein auf den gleichen formalen Prinzipien wie die Anfangssätze; bisweilen wird übersehen, daß diese formalen Grundlagen auch für die Mittelsätze als gültig erachtet wurden. Im Anschluß an Quantz' Beobachtungen läßt sich konstatieren, daß »die Konzertform« um 1750 kompositorische Grundlage aller Konzertsätze war – wobei die langsamere Bewegung der Mittelsätze in diesen lediglich Verkürzungen der Form notwendig machte, um alle Sätze zeitlich in einer sinnvollen Längen-Balance halten zu können.

Mit jener formalen Verkürzung konnte ein Konzert-Mittelsatz einer Arie ähnlich werden: Wenn man aus der schematischen Ritornellkonzert-Folge (vier Tutti, drei Soloabschnitte) je einen Tutti- und Soloabschnitt herausnimmt, bleibt ein Gebilde übrig, das in seinem Aufbau dem typischen Hauptteil einer Dacapo-Arie entspricht. Somit konnte in den Mittelsätzen die Form einen Grundzug besonders unterstützen, den man ohnehin – und auch noch nach 1900 – mit ihnen verbunden sehen wollte: den des Singbar-Lyrischen (freilich gemessen an der typischen »Gesangs«-Technik des jeweiligen Soloinstruments). Form und Ausdruck konnten sich mit weiteren, andersartigen Elementen verbinden, etwa mit Ostinato-Techniken (zum Beispiel bei Bach) oder – wie in schnellen Konzertsätzen auch – mit »thematischen« Konstruktionen, die man als »sonatenhaft« zu interpretieren geneigt ist. Markante Änderungen des Mittelsatz-Konzepts sind bis in Mozarts Zeit hinein ansonsten nicht zu erkennen; alternative Konstruktionen (»Romance«, Variationen) stehen hinter den traditionellen eher zurück.

Eine radikalere Änderung erfaßte hingegen Konzert-Schlußsätze: Für sie werden gegen Ende des Jahrhunderts Rondoformen besonders beliebt; damit wird die noch für Quantz gültige Einheitlichkeit der Satzformen aufgehoben. Zugleich wird hier ein Formmuster mit langer Tradition außerhalb des Konzerts konzerthaft umgedeutet; praktisch entsteht im engeren Gattungs-Umkreis des Solokonzerts eine zweite fulminant wichtige Form (oder anders: das Konzert erschließt sich eine neue konstruktive Grundlage). Ein Rondo im Konzert ist etwas anderes als ein »normales« Rondo, und es kann etwas Farbigeres sein: Die typischen Rondo-Verläufe lassen sich mit den reichen Konzert-Möglichkeiten auf eine unnachahmliche Weise ausbauen. Daß sie sich großen Zuspruchs erfreuten, ist daher kein Wunder; erstaunlich ist allenfalls, daß Rondo-Schlußsätze in Konzerten der Bach-Zeit eher als etwas Experimentelles erscheinen und von ihnen noch nicht die Sogwirkung ausging, die dann die Situation um 1800 prägt.

6. KAPITEL: VIRTUOSITÄT IM KONZERT

Kritik an Virtuosität

Um Virtuosität im Solokonzert gibt es fast schon ebenso lange *Diskussionen*, wie es existiert: spätestens seit dem frühen 18. Jahrhundert. Die Kernfrage lautet dabei, ob »Virtuosität« und »große Musik« einen *Gegensatz* bilden; macht also Virtuosität die Gattung Solokonzert zu etwas *Minderwertigem*?

Virtuosität ist relativ: Erstens gibt es Passagen, die offenkundig als »virtuos« konzipiert wurden, die aber die Nachwelt (rein von einem *ästhetischen* Standpunkt her betrachtet) späterhin nicht mehr als virtuos empfand. So konnte der Eindruck entstehen, daß »früher« die Konzertkomponisten auch ohne »so viel Virtuosität« auskommen konnten. Daneben gibt es auch Virtuosität, die durch Neuerungen im *Instrumentenbau* gewissermaßen »überholt« worden ist – Details, die in einer bestimmten Entwicklungsphase eines Instruments noch so schwer waren, daß sie als nahezu unspielbar erscheinen konnten, die aber späterhin von praktisch jedem gemeistert wurden (vgl. 7. Kapitel). An beidem zeigt sich, daß die Nachwelt für die jeweils zeittypische Virtuosität eines Werks nur sehr begrenzt ein angemessenes Verständnis entwickeln kann.

Instrumentale Virtuosität (von der sängerischen sei durchweg abgesehen) ist natürlich kein spezifisches Konzert-Problem: Beim solistischen Musizieren ohne Begleitung – als Pianist, Geiger, Cellist oder Flötist – stellt es sich in ähnlicher Weise, ebenso dann, wenn ein Virtuose ein Melodieinstrument spielt und sich dabei von einem Tasteninstrument begleiten läßt. Im Konzert kann sich Virtuosität auch nicht nur in den komponierten Abschnitten äußern, sondern auch in den improvisierten (Eingang, Solokadenz; vgl. überblicksweise S. 39), in denen folglich nicht nur die zeittypisch-individuellen Möglichkeiten eines Instruments, sondern auch die eines einzelnen Spielers entfaltet werden können. Im folgenden sei die Betrachtung des Virtuositäts-Phänomens aber so weit als möglich auf die Spielarten konzentriert, die sich im Konzertieren mit einem Tutti-Ensemble ergeben können. Oftmals erscheinen die Argumente, die gegen die Virtuosität im Konzert vorgebracht werden, weder als rational noch als konsequent und zu Ende gedacht. Das Kapitel kann somit nur versuchen, sich aus unterschiedlicher Richtung dem Kern des Problems zu nähern und ein *kaleidoskopartiges* Bild zu entwickeln.

Spieltechnik und Publikumsansprüche im 18. Jahrhundert

Der Frankfurter Kaufmann Johann Friedrich Armand von Uffenbach kam 1715 nach Venedig, um dort Vivaldi kennenzulernen und bei ihm Unterricht zu nehmen, weil er von Vivaldis Konzerten so begeistert war. Auf Vivaldis Spiel der Werke reagierte er distanzierter.

Uffenbach berichtet über seine Eindrücke in seinem Reisetagebuch. Nicht immer ist klar, ob er, wenn er von Vivaldis Spiel berichtet, die Interpretation von Konzerten meint (es könnte sich auch um Sonaten handeln). Am 4. Februar 1715 erlebte er nun Vivaldi im Teatro Sant'Angelo, als dieser in einer Zwischenaktmusik für die Oper als Solist auftrat[1]: »Gegen das Ende spielte der vivaldi ein accompagnement solo, admirabel [bewunderungswürdig], woran er zu letzt eine phantasie [Solokadenz] anhing die mich recht erschrecket, denn dergleichen ohnmöglich so jemahls ist gespielet worden noch kann gespiehlet werden, denn er kahm mit den Fingern nur einen strohhalm breit an den steg daß der bogen keinen plaz hatte, und das auf allen 4 saiten mit Fugen und einer geschwindigkeit die unglaublich ist, er surprenierte [beeindruckte] damit jedermann, allein daß ich sagen soll daß es mich charmirt [mir gefällt] das kan ich nicht thun weil es nicht so angenehm zu hören, als es künstlich [kunstvoll] gemacht war.« Und einen Monat später berichtet er von einem Privat-Vorspiel Vivaldis für ihn (6. März 1715): »Da ich denn in der näh seine geschicklichkeit noch mehr bewundern mußte und ganz deutlich sah, daß er zwar extra schwehre und bunte sachen spiehlte aber keine annehmliche und cantable manir dabey hatte.«

Uffenbach arbeitet zwei charakteristische *Begriffsgegensätze* heraus: Auf der einen Seite stellt er »surpreniren« und »charmiren« einander gegenüber (er spricht also davon, ob der Solovortrag ihm den Atem raubt oder ihm gefällt), auf der anderen stellt er im spieltechnischen Bereich »schwehre und bunte sachen« der »annehmlichen und cantablen manir« gegenüber. Das erste Begriffspaar betrifft direkt den Zuhörer, und daher ergibt sich zunächst eine *soziale Fragestellung*: Was bezweckt das Konzert beim Publikum? Das andere Begriffspaar betrifft das Verhältnis von *Spieltechnik* und Komposition; offensichtlich ist Uffenbachs Ideal, daß es zwei essentielle Konzert-Aspekte gebe, zwischen denen aber ein akzeptables Gleichgewicht herrschen müsse. Die beiden Aspekte erfordern also eine genauere Betrachtung.

Was ein ordentlicher Konzertspieler zu leisten habe, behandelt auch Quantz – im XVIII. Hauptstück seines »Versuchs einer Anweisung die Flöte traversiere zu spielen«. Das Orchester dürfe die Solostimme weder behindern noch zudecken (§ 33, Satz 7 und 12); von der Ausgestaltung der solistischen Abschnitte (»Solosätze«) fordert er (§ 10): »Die Solosätze müssen theils singend seyn, theils muß das Schmeichelnde mit brillanten, melodischen, und harmonischen, dem Instrumente aber gemäßen Passagien, untermischet . . . werden.« Auch ihm kommt es also auf beides an: einerseits auf das Singende, Schmeichelnde, andererseits auf »Passagien«, in denen Brillanz und wohltönender Charakter gleichermaßen wirksam werden. Allerdings müssen sie auch im Rahmen dessen stehen, was das Instrument vermag; sie sind diesem nur dann »gemäß«, wenn sie das Instrument weder unter- noch überfordern.

Das entspricht den analytischen Beobachtungen an Konzertsätzen um die Mitte des 18. Jahrhunderts: In ihrer »Thematisierung« der Soloabschnitte wechselt »*Singendes*« (Themen, die in den jeweils erreichten Tonstufen erklingen, und Themen, mit denen moduliert wird) mit »*Brillantem*« ab (den virtuosen

[1] Eberhard Preußner, Die musikalischen Reisen des Herrn von Uffenbach, Kassel etc. 1949, S. 67, 71.

Partikeln, die nach Erreichen einer neuen Tonstufe erklingen können). Folglich kann nur derjenige ein guter Virtuose sein, der beides beherrscht, sowohl das Singende als auch das Brillante.

Etwas weniger durchsichtig als die Position des Konzertkomponisten Quantz ist die Position Leopold Mozarts – aber das Mosaik der Virtuositätsprobleme läßt sich aus seinen Äußerungen heraus um wesentliche Steinchen bereichern. Er schreibt 1756 in seinem »Versuch einer gründlichen Violinschule« (12. Hauptstück, 2; zitiert nach der 3. Ausgabe von 1787):

»Der gute Vortrag einer Composition nach dem heutigen Geschmacke ist nicht so leicht als sichs manche einbilden ... Und wer sind diese Leute? Es sind meistens solche, die, da sie kaum im Tacte ein wenig gut fortkommen, sich gleich an Concerte und Solo machen, um (nach ihrer dummen Meinung) sich nur fein bald in die Zahl der Virtuosen einzudringen. Manche bringen es auch dahin, daß sie in etlichen Concerten oder Solo, die sie rechtschaffen geübet haben, die schweresten Passagen ungemein fertig [geschickt] wegspielen. Diese wissen sie nun auswendig. Sollen sie aber nur ein paar Menuete nach der Vorschrift des Componisten singbar vortragen; so sind sie es nicht im Stande: ja man sieht es in ihren studirten Concerten schon. Denn so lang sie ein Allegro spielen, so gehet es noch gut: wenn es aber zum Adagio kömmt; da verrathen sie ihre große Unwissenheit und ihre schlechte Beurtheilungskraft in allen Täcten des ganzen Stücks.«

Leopold Mozart polemisiert: Einerseits spricht er davon, daß jene »Leute« nicht einmal ein Menuett »nach der Vorschrift des Componisten *singbar* vortragen« könnten; im nächsten Satz schon wettert er dann aber gegen die *»studirten* Concerte« jener Musiker. Er kritisiert also zweierlei: einerseits die ausschließlich auf das »Brillante« (Quantz) oder auf »schwehre und bunte sachen« (Uffenbach) ausgerichteten Interessen des Konzertspielers; andererseits deren *eigene Kompositionen*. Was meint er mit beidem?

Der gegen die Interpreten gerichtete Teil läßt sich an einer Episode aus dem Leben seines Sohnes konkretisieren: Als Wolfgang Amadeus Mozart 1777 zum zweiten Mal nach Paris reiste, gab er jeweils an seinen Reisestationen Konzerte – so auch am 4. Oktober in München. Mit diesen Konzerten versuchte Mozart, auf sich aufmerksam zu machen, und zwar möglichst auf der ganzen Breite seines Könnens; folglich war er in der Situation eines *»reisenden Virtuosen«*. Für jenes Konzert erhöhte sich dieser »Druck«, weil er nicht nur mit einem mehr oder minder kunstinteressierten Publikum zu rechnen hatte, sondern außerdem dazu einen Geiger einlud, einen Tartini-Schüler, mit dem er bereits zuvor »von Concert geigen, und orchestre geigen« intensiv gesprochen hatte. Der Tartini-Schüler wirkte bei der Konzert-Veranstaltung an nachgeordneter Stelle mit, unter anderem als zweiter Geiger beim Quintettspielen. Mozarts Beobachtungen, die er dabei an seinem Partner anstellte (Brief vom 6. Oktober 1777), ähneln dem, was Leopold Mozart von jenen »Leuten« sagt; an diesen schrieb Mozart anschließend: »Er war nicht im stande 4 täcte fort zu geigen ohne zu fehlen [Fehler zu machen]. er fand keine applicatur [keine geeigneten Verzierungen]. mit die sospirs [Seufzer] war er gar nicht gut freünd.« Fast unausweichlich war es, daß sich Mozart in jenem Konzert als Geiger in Szene setzen wollte; er schreibt: »Zu guter lezt spiellte ich die lezte Casation aus den B von mir. da schauete alles gros drein. ich spiellte als wenn ich der gröste geiger in Ganz Europa wäre.«

Mozarts »lezte Casation aus den B« läßt sich näher identifizieren: als das Divertimento KV 287 (»2. Lodronische Nachtmusik«). Das Werk ist mit zwei Hörnern und vier Streicherstimmen relativ gering besetzt und scheint auf einer Divertimento-Tradition der Zeit aufzubauen, die von solistischer Besetzung des Ensembles ausgeht; eine »echte« konzertierende Violinstimme ist also nicht enthalten. Doch die Instrumente werden ungleichmäßig behandelt: Das Hauptgewicht liegt bei der ersten Violine – ihr Part ist deutlich bewegter als die anderen und reicht bis zum c^4; die zweite hingegen erreicht nur an zwei Stellen c^3 (2. Satz, Variation 5) und an einer des^3 (Finale, Takt 341), liegt also in der Regel mehr als eine volle Oktave tiefer als derjenige der ersten Geige. Das Werk steht damit in einem Grenzbereich zwischen Kammermusik, in der die Instrumente ebenso »konzertierend« wie in einem barocken Gruppenkonzert (vgl. S. 22) behandelt werden, und größer angelegten Divertimenti, in denen auch »echte« Konzertsätze vorkommen können (z.B. Mozart, Haffner-Serenade KV 250: Solovioline). Die »einseitige« Solo-Lastigkeit ist hier also offensichtlich; im Rahmen instrumentenspezifischer Virtuosität entfalten sich in sechs Sätzen reiche Bewährungs-Möglichkeiten für den »Solo«-Geiger: Er kann in zwei schnellen Sätzen glänzen (Anfangs- und Schlußsatz), muß zwei Menuette – um mit Leopold Mozart zu sprechen – »singbar« vortragen (Satz 3 und 5), präsentiert sich in einem Variationensatz (in dem auch die spieltechnischen Mittel variiert werden: Satz 2) und hat ein besonders aufwendiges Adagio zu meistern (Satz 4).

Somit dürfte Mozarts Selbstverständnis (mit dem Begriff »der gröste geiger in Ganz Europa«) von dem seines Vaters nicht weit entfernt gewesen sein: Er als »reisender Virtuose« meinte die Fähigkeit, die instrumentenspezifische Virtuosität unter den *wechselnden Anforderungen* unterschiedlicher Satztypen im Spiel angemessen herauszubringen. Somit trifft die Kritik (wohl auch diejenige Leopold Mozarts) nicht die Virtuosität an sich, sondern nur die einseitig auf das Brillante ausgerichtete.

Uffenbach, Quantz sowie Vater und Sohn Mozart meinen somit grundsätzlich alle das gleiche: Uffenbach wollte von Vivaldi nicht einfach »surprenirt«, sondern auch »charmirt« werden. Wenn Mozart in der 2. Lodronischen Nachtmusik so spielte, daß »alles gros drein« schaute, hatte er sicherlich zumindest Teile seines Publikums mit seinem Spiel (etwa mit seiner Benutzung der 9. Lage der Violine) ebenfalls primär »surprenirt«. Daß hingegen das »Charmiren« für Mozart zu den selbstverständlichen Anforderungen an einen Virtuosen gehörte, braucht ebensowenig bezweifelt zu werden wie die Erwartung, mit der Uffenbach nach Venedig und zu Vivaldi gekommen war: Irgendwann muß Vivaldis Musik ihn »charmirt« haben – sonst hätte er dies wohl kaum so plötzlich als Mangel empfinden können. Ein Konzert (und ebenso: dessen Spieler) mußte also zwei Aspekte erfüllen, um akzeptiert werden zu können: das »Brillante« und das »Charmante«, und zwar in einer sinnvollen Balance. Nur an demjenigen, der dies nicht erfüllte, erscheint die Kritik auch rückwirkend sinnvoll; dennoch faßte man sie weiter.

Das andere Problem, das Leopold Mozart anspricht, betrifft die Konzerte, die ein *Virtuose für sich selbst schreibt*. Gerade auch Konzerte Mozarts entstanden für den Eigengebrauch (ausdrücklich etwa Klavierkonzerte seiner Wiener Zeit seit dem B-Dur-Konzert KV 450), und er gilt als einer der letzten Komponisten, die sowohl ihre eigenen Violin- als auch Klavierkonzerte selbst spielen konnten. Man darf allerdings wohl annehmen, daß sein Vater das Problem ähnlich *differenziert* sah wie auch die Frage der Virtuosität und eigentlich nur einen Ausschnitt des Gesamtkomplexes kritisierte. Diesen hat man folglich eingehender zu betrachten.

Der komponierende Virtuose

Wie das Beispiel Mozarts zeigt, liegt das Problem nicht in der Verbindung von Komponisten- und Virtuosentätigkeit an sich. Unangenehme Begleiterscheinungen hatten die Verbindung allerdings in Verruf gebracht. Schon 1739/45 kritisiert Johann Adolph Scheibe, es gebe Konzertkomponisten, »welche ihre ganze Lebenszeit hindurch von der musikalischen Setzkunst nichts mehr gewußt haben, als was sie die Kenntniß ihres Instruments gelehret hat«[2]. Dann sinkt das *Niveau* aller Teile, in die man diese Instrumentenkenntnis nicht einbringen kann, plötzlich rapide ab.

Das Problem des komponierenden Virtuosen setzte sich fort; noch rund 100 Jahre später (1836) kommt Robert Schumann auf die Problematik zu sprechen und konkretisiert sie noch. Er rezensiert ein Klavierkonzert von Friedrich Kalkbrenner (As-Dur op. 127), einem der berühmtesten Pianisten in der ersten Hälfte des 19. Jahrhunderts und Lehrer unter anderem Chopins, und kritisiert, »daß Hr. Kalkbrenner seine Einleitungs- und Mitteltuttis später erfunden und eingeschoben habe« (vgl. Anhang, Text 4). Die Ursache hierfür könnte neuerlich – wie auch von Scheibe und Leopold Mozart kritisiert – darin liegen, daß sich ein Komponist allzusehr mit einem einzigen Instrument beschäftigte.

Vergessen könnte man daher über historisch so weitreichender Kritik, daß etwa Georg Joseph Vogler, der Schlüssel-Theoretiker der Mannheimer Schule, das von Schumann kritisierte kompositorische Vorgehen 1779 als besonders empfehlenswert bezeichnete (vgl. Anhang, Text 3). Über dasselbe Verfahren schließlich vollzog Mozart die letzten Etappen seiner Annäherung an die Gattung Konzert – indem er Sonatensätze anderer Komponisten zu Konzertsätzen ausbaute, also ebenfalls Tutti-Anteile erst nachträglich zu jenen hinzusetzte. Man befindet sich also in einer besonders grotesken Situation: Die Formenlehre stützt sich in der historischen Herleitung der Sonatenform im Konzert auf diese Äußerung Voglers; er empfiehlt einen Kompositionsvorgang, der auch Mozart praktikabel erschienen sein muß, und dennoch wurde dieses Vorgehen zeitweilig abgelehnt – nicht nur kompositorisch, sondern auch als *Auswuchs der Virtuosität*.

Die Kritik dreht sich folglich auch hier im Kreis: Offensichtlich sah man sich aus irgendeinem Grund zu ihr veranlaßt; doch sie läßt sich nicht verallgemeinern, weder einem bestimmten Kompositionsverfahren gegenüber noch darin,

[2] Johann Adolph Scheibe, Critischer Musicus, Neue, vermehrte und verbesserte Auflage, Leipzig 1745 (Faksimile: Hildesheim/New York und Wiesbaden 1970), S. 638f.

daß Virtuosität im Konzert schädlich sei. Eher hatte man etwas gegen Konzerte mit musikalisch *»unterbelichteten« Orchesteranteilen* einzuwenden. Eine ausgewogene Einrichtung des Verhältnisses von Tutti- und Soloanteilen verlangte nach den spezifischen Fähigkeiten eines guten Komponisten; eine akzeptable Dosierung der Virtuosität in deren vielfältigen Aspekten erforderte von ihm aber zugleich eine – zumindest theoretische – Beherrschung des jeweiligen Instruments in dessen extremen Möglichkeiten. Je spezialisierter die Spieltechnik eines Instruments war, desto mehr bot also eine Kooperation zwischen Komponisten und Virtuosen den anscheinend einzig gangbaren Ausweg.

Konzertkomposition für den Virtuosen

Daß ein Virtuose ein Konzert bei einem angesehenen Komponisten bestellte oder – umgekehrt – diesen bei seiner Arbeit beriet, ist ein im 19. und 20. Jahrhundert nicht seltener Fall. Felix Mendelssohn Bartholdy holte sich Rat bei dem Geiger Ferdinand David, als er für ihn das e-Moll-Violinkonzert op. 64 komponierte (1838/44); entsprechende Komponisten-Geiger-Kontakte gab es zwischen Johannes Brahms (Violinkonzert op. 77, 1878) und Joseph Joachim oder zwischen Alban Berg (Violinkonzert, 1935/37) und Louis Krasner – und ähnlich für Konzerte mit anderen Soloinstrumenten. Von derartigen *Kooperationsprojekten* bleibt am ehesten das Klavier unberührt – nicht zuletzt deshalb, weil in jener Zeit Komponieren stets in enger Tuchfühlung mit Klavierspielen gedacht werden kann.

Mendelssohn kündigte dem Geiger Ferdinand David an, das Konzert, das er für ihn komponiere, werde im ganzen ersten Solo »aus dem hohen e« bestehen (Brief vom 24. Juli 1839), und die erhaltenen Skizzen bestätigen dies – wobei mit dem »hohen e« das viergestrichene gemeint ist. Da in der Endfassung des Konzerts im gesamten ersten Satz nur ein einziges e^4 enthalten ist, muß man annehmen, daß hier der Sachverstand des Geigers bremsend eingegriffen hat: so, daß ein e^4 zwar spieltechnisch denkbar ist, aber – als Spitzenton in der elften Lage – allenfalls ein letztes Steigerungsmittel ist (tatsächlich handelt es sich um die beiden letzten Solo-Töne des Satzes, Takt 512/513). Ebenso fragte Igor Strawinsky während der Vorbereitungen seines Violinkonzerts 1930/31 den Geiger Dushkin, ob der außerordentlich weitgespannte Akkord d^1-e^2-a^3 auf der Violine spielbar sei; Dushkin verneinte zunächst (was Strawinsky bedauerte), probierte die Verbindung dann aber – mit Erfolg – aus und ermöglichte Strawinsky damit sowohl den Anfangsakkord als auch den »thematischen« Rahmen jenes Konzerts. Mendelssohn wie Strawinsky beugten somit Mängeln in ihren Werken vor; in beiden Fällen sollte gewissermaßen geklärt werden, ob ein kompositorisches Detail *spieltechnisch* gerade eben noch denkbar sei oder gerade eben nicht mehr – also um die Umsetzung von durchaus virtuosen Möglichkeiten. Solche Mangelerscheinungen konnten sich also nicht nur dann ergeben, wenn ein Virtuose für sich selbst ein Konzert komponierte und dabei Aspekte wie Orchesterbehandlung oder Dosierung der Virtuosität nicht »richtig« beherrschte, sondern auch dann, wenn ein Komponist ein Konzert komponieren wollte, ohne die instrumentenspezifische Virtuosität wirklich bis zu ihrer letzten Konsequenz zu beherrschen.

Mozart konnte sowohl seine eigenen Violin- als auch Klavierkonzerte selbst ausführen; wie erwähnt, ist er ein später Vertreter für diese Vielseitigkeit. Das darf nicht darüber hinwegtäuschen, daß es gerade auch von Mozart einige Schlüsselbeispiele für derartige Kooperationsverfahren gibt: Zu denken ist besonders an die Hornkonzerte. Zwar scheint Mozart relativ gut gewußt zu haben, wo die Grenzen der Horn-Virtuosität lagen. Dennoch scheint auch er sich in bestimmten Stadien des Komponierens beim Fachmann vergewissert zu haben, daß er das Instrument und dessen Spieler (bzw. dessen virtuose Möglichkeiten) richtig eingeschätzt hatte. So hat sich zum Rondo-Schlußsatz des Hornkonzerts KV 412 ein Partiturentwurf Mozarts erhalten, in dem die Orchestrierung nur in Andeutungen vorhanden ist, der aber mit ironischen spieltechnischen Anweisungen an den Solisten gespickt ist (vgl. S. 141); sie haben nur dann einen Sinn, wenn der betreffende Hornist (vermutlich Mozarts alter Freund Joseph Leutgeb) die Chance eines Probespiels aus der Partitur hatte: Erstens hätte Mozart die Bemerkungen nicht in einem so frühen kompositorischen Stadium in die Partitur eintragen müssen, und zweitens hätte der Hornist später doch wohl kaum aus der Partitur gespielt – er hätte sie also gar nicht zur Kenntnis genommen. Folglich sieht man in einem solchen Fall besonders deutlich, wie eine Komponisten-Virtuosen-Kooperation aussehen konnte.

Die Druckveröffentlichung von Konzerten

Die immense Wirkung der *Konzerte Vivaldis* wäre kaum denkbar gewesen, wenn es damals keine international relativ einheitliche *Violintechnik* und keine einigermaßen standardisierte *Orchesterbesetzung* gegeben hätte; ohne beides wären die Werke wohl eher im Sande verlaufen – nämlich dann, wenn die vierstimmige Besetzung eines Streichorchesters oder der geforderte Violinstil etwas allenfalls speziell Italienisches (oder gar eine Spezialität in Vivaldis näherem Umkreis) gewesen wäre. Es ist also auch kein Wunder, daß alle Konzerte Vivaldis, die ein Soloinstrument mit speziellerem Charakter oder (ebenso) ein Orchester in speziellerer Zusammensetzung voraussetzen, nur handschriftlich überliefert sind – sowohl Vivaldis Solokonzerte etwa für Viola d'amore, Mandoline, Blockflöte oder Fagott (aber auch die für Cello) als auch die Konzerte für eine Violine und zwei Streichorchester oder die Konzerte mit mehrstimmigem, nicht nur aus Streichern zusammengesetztem Soloapparat (zum Beispiel das für die Dresdner Hofkapelle geschriebene g-Moll-Konzert für Violine, zwei Oboen, zwei Blockflöten, zwei Fagotte und Orchester RV 577).

Je *virtuoser* also ein Werk angelegt wurde, je ausgefallener seine *Instrumentation* war und je mehr es sich an den individuellen Vorstellungen eines *einzigen Spielers* orientierte, desto weniger war es auf andere Aufführungsverhältnisse *übertragbar* – sei es auf andere Regionen der Musikwelt, sei es auf die Fähigkeiten eines anderen Virtuosen. Konzerte, die vom Komponisten von vornherein für die *Druckpublikation* entstanden, mußten folglich einen allgemeineren Schwierigkeitsstandard erfüllen. Insofern ist das komplexe Verhältnis zwischen virtuosem Anspruch und allgemeinem Stand der Spieltechnik ein entscheidender Punkt für die Fortentwicklung auch der gesamten Gattung: Wenn man dem potentiellen Notenkäufer zu wenig abverlangte, geriet die Gattung in Gefahr, ihren Reiz zu verlieren; legte man die Meßlatte zu hoch, schränkte man sich den Käuferkreis von Anfang an so weit ein, daß eine Drucklegung unerschwinglich war. »Verbreitungsgeschichte und Virtuosität« ist somit für das Konzert ein Thema für sich.

Damit potenziert sich im Konzert ein Problem, das es (nebenbei gesagt) in allen musikalischen Gattungen gibt, aus denen Werke im Druck verbreitet werden sollen. Um generelle Spielbarkeit zu garantieren, wird in ihnen der Schwierigkeitsgrad so weit reduziert, daß sie nur bedingt ein Maßstab für die Vorstellungen ihres Schöpfers sind – nämlich darin, daß sie etwas über die *Generalisierbarkeit* von Anforderungen aussagen. Die Druckveröffentlichung als Tatsache spiegelt also bereits ein Stück weit die aktuelle Marktlage, nicht nur im Konzert, sondern auch in Sonaten und Sinfonien, und jene Generalisierung an sich sagt nichts über die *Qualität* auch etwa von leichteren Werken aus. Im Konzert hat dies allerdings zwei Dimensionen, weil es stets darum geht, sowohl typische *Solisten*-Eigenschaften zu treffen als auch für eine typische *Orchesterbesetzung* zu komponieren. In der zweiten Hälfte des 18. Jahrhunderts bestand offenkundig eine große Nachfrage nach gedruckten Konzerten, obgleich der jeweils »typische« Wert auf beiden Ebenen relativ niedrig lag. Daß Komponisten sich dieser Herausforderung stellten, ist nicht verwunderlich; demnach muß man aber konstatieren, daß sich die Gattung zweispurig fortentwickelte. In Druck gelangten Konzerte mit leichtem oder mittelschwerem Solopart und möglichst kleiner Orchesterbesetzung; die Drucke spiegeln daher nicht, welche Ansprüche tatsächlich an einen Solisten gestellt werden konnten und mit welch aufwendigen Orchesterbesetzungen bisweilen gearbeitet wurde. Wenn Carl Philipp Emanuel Bach etwa 1772 sechs Konzerte drucken ließ (Wq 43) und von ihnen sagte, es seien »sechs leichte Flügel-Concerte«, die »auf Verlangen vieler Liebhaber« erschienen, so geben diese Werke seine Konzert-Vorstellungen nur darin wieder, was er von einem »Liebhaber« verlangte; ansonsten zeigen sie, daß auch Pianisten, die keine Virtuosen waren, Konzerte spielen wollten. Derartige Liebhabermusik gibt es vor allem auf dem Gebiet der Solo-Klaviermusik, und zwar – als Anfängerwerke – auch noch aus dem 20. Jahrhundert (zum Beispiel Bartóks »Mikrokosmos«); daß diese Kompositionspraxis im 18. Jahrhundert auch Konzerte einschloß, obendrein unter der erschwerten Bedingung, daß man auch noch die entsprechenden Orchesterbesetzungen einkalkulieren mußte, ist bezeichnend für den hohen Stellenwert der Gattung im Musikleben der Zeit.

Der Nachwelt ist dies im Detail bisweilen verborgen geblieben. Dies läßt sich an Werken zeigen, die wie selbstverständlich zum gängigen Konzertrepertoire gehören. Als Mozart selbst 1782 in Wien drei Klavierkonzerte für den Druck komponierte (F-Dur, A-Dur, C-Dur; KV 413–415), hatte auch er auf die Möglichkeiten seines Käuferkreises Rücksicht zu nehmen, so daß er nicht nur die pianistischen Schwierigkeiten in Grenzen hielt, sondern auch die Orchesterbesetzung an gängigen Möglichkeiten orientierte. An seinen Vater schrieb er hierzu (Brief vom 28. Dezember 1782): »Die Concerten sind eben das Mittelding zwischen zu schwer, und zu leicht – sie sind sehr Brillant – angenehm in die ohren –

Natürlich, ohne in das leere zu fallen – hie und da – können auch kenner satisfaction [Genugtuung] erhalten – doch so – daß die nichtkenner damit zufrieden seyn müssen, ohne zu wissen warum.« Als dann 1784 die Zeit seiner »großen Klavierkonzerte« begann, differenzierte er zwischen dem Es-Dur-Konzert KV 449, das jenen drei Konzerten nahesteht, und den drei Konzerten in B-Dur, D-Dur und G-Dur (KV 450, 451 und 453). Diese nun getraute er sich nicht einmal seinem Vater nach Salzburg zu schicken, weil sie nicht » quattro ohne blasinstrumenten gemacht« werden können wie das Es-Dur-Konzert, sondern weil sie »ganz mit blasinstrumenten obligirt sind [also: die Bläserstimmen sind obligat], und sie [=Sie] selten dergleichen Musique machen« (Brief vom 9. Mai 1784). Mozart unterscheidet also zwischen Konzerten für ein Orchester, dessen Standardbesetzung allgemein verbreitet war, und speziellen, individuellen Aufführungsbedingungen; für die ersteren mußte er die Bläserstimmen so einrichten, daß dem Werk kein erkennbarer Schaden daraus entstand, wenn man sie wegließ, während er für die zweiten (mit ihren obligaten Bläserstimmen) konstatierte, daß sogar sein Vater sie mit den ihm zur Verfügung stehenden Mitteln wohl kaum werde aufführen können.

Der Konzert-Gegensatz zwischen Virtuosität und Druckveröffentlichung läßt sich also am ehesten mit Begriffen des Computerzeitalters verstehen: Solange weder die örtlichen Aufführungsbedingungen noch der Stand virtuoser Möglichkeiten auf einem speziellen Instrument so weit standardisiert waren, daß sie miteinander *kompatibel* waren, war es unwirtschaftlich und wenig sinnvoll, Maßnahmen zu ergreifen, für die die Kompatibilität an sich Voraussetzung war – eine »Vervielfältigung des Programms«, in diesem Fall Vervielfältigung von Noten hochspezialisierter Konzerte. Die immer spezielleren Bedingungen der Virtuosität, die für die Musik der Zeit nach 1800 zunehmend zu Ermessensproblemen auch auf der Seite der Komponisten führte (wenn der Komponist über das Leistungsvermögen eines Instruments nicht ausreichend informiert war), bedeutete aber nicht, daß die Kompatibilitäts-Probleme sich weiter vergrößerten. Die Besetzung »des« *Sinfonieorchesters* wurde vielmehr ebenso *standardisiert* (unter Vergrößerung seines Umfangs) wie die instrumentenspezifische *Virtuosität*; Konservatorien und gedruckte Etüdenwerke sorgten gleichermaßen dafür, daß für jedes Instrument *virtuose Standards auf hohem Niveau* definiert wurden.

Transkriptionen und die »Entstehung des Klavierkonzerts«

Das geschilderte Problem der *Druckveröffentlichung* ergab sich in allererster Linie für Konzerte mit solistischem *Tasteninstrument*: Es war ein viel geringeres Problem, etwa ein Flötenkonzert auch auf einer Violine zu spielen; das Klavier forderte viel eher zu einer genauen Bestimmung heraus, für welches Instrument ein Konzert geschrieben sei. Dies hat zwei wichtige Konsequenzen.

Erstens: Auch ein Klavierkonzert war zunächst etwas so *Spezielles*, Ausgefallenes, weil sich der Kreis der potentiellen Nutzer nicht »künstlich« erweitern ließ (Versuche hierzu erkennt man beispielsweise in den Orgelkonzerten Händels op. 4, die – der Titelformulierung zufolge – auch auf Cembalo oder Harfe spielbar seien); damit ist ein Klavierkonzert mit gehobenem spieltechnischem Niveau zunächst etwas ähnlich Spezielles wie ein Mandolinenkonzert, und seine

Verbreitungsmöglichkeiten sind zunächst *eingeschränkt*. Andererseits ließ sich relativ leicht aus einem Konzert für ein Melodieinstrument und Orchester ein Konzert für Tasteninstrument und Orchester gewinnen: indem der Pianist die *Solostimme* mit der rechten Hand, den *Generalbaßpart* mit der linken Hand spielt. Dies ist beispielsweise das Prinzip, das hinter Johann Sebastian Bachs Übertragungspraxis steht: Um 1738 schrieb er eigene, ältere Konzerte für Melodieinstrument und Orchester (auch etwa Doppelkonzerte) zu Cembalokonzerten um und schuf damit Kompositionen, die als Schlüsselwerke auf dem Weg zum Klavierkonzert gelten. Und noch Beethoven schuf auf ähnliche Weise (freilich: ohne daß in der linken Hand ein »Generalbaßpart« gespielt würde) eine Klavierfassung seines Violinkonzerts op. 61. Für ein solches Vorgehen galt dann nur die Bedingung, daß die Virtuosität des »Ur-Instruments« so allgemein gehalten wurde, daß sie auf ein anderes übertragbar war – also die normale Grundlage dafür, daß man die Solostimme mit einem Instrument »freier« Wahl besetzen konnte.

Andererseits weiß man nicht, für welches Instrument das betrachtete d-Moll-Konzert Carl Philipp Emanuel Bachs zuerst entstanden war – für Querflöte oder für Cembalo. Doch auch hier zeigt sich, daß gerade die Entstehung des Klavierkonzerts mit den *Transkriptionsmöglichkeiten* verbunden ist: Grundsätzlich kann in einem Cembalokonzert des Generalbaßzeitalters der Solopart so gestaltet werden, daß er in eine Solostimme für Melodieinstrument und einen Baßpart zerlegt werden kann. Voraussetzung hierfür ist dann aber nicht nur, daß die Virtuosität universell genug gehalten wird, sondern auch, daß in der Aufführungspraxis der Zeit grundsätzlich ein Instrument dafür bereitsteht, jenen ausgegliederten Baßpart zu übernehmen. Je weniger aber bei einem Solo-Tasteninstrument zugleich auch eine Generalbaßfunktion liegt (und dies braucht desto weniger der Fall zu sein, je mehr Anteile die *Orchesterbegleitung* an den Soloabschnitten hat), desto problematischer ist eine Transkription für ein anderes Instrument. Die Etablierung »des« *Klavierkonzerts* ist also eigentlich in dem Moment vollzogen, in dem die *Übertragbarkeit* des Soloparts endet.

Damit berührt man die zweite Konsequenz aus dem eingangs Geschilderten: Erst dann ist nicht nur die Spieltechnik, sondern auch das Tonmaterial so spezialisiert, daß es sich nicht mehr auf ein Melodieinstrument übertragen läßt. Erst auf dieser speziellen spieltechnischen Grundlage ergibt sich also tatsächlich eine »Gattung Klavierkonzert« innerhalb der »Gattung Konzert«. Formal gesehen, ebenso im Ausdrucksvermögen, gibt es aber bespielsweise zwischen »Violinkonzert« und »Klavierkonzert« nur verschwindend geringe Unterschiede. Somit sollte man auch bei der musikhistorischen Arbeit die Kategorien scharf trennen: Wer *formale Untersuchungen* beispielsweise an Boccherinis Cellokonzerten vornimmt, müßte schon klar begründen, weshalb in ihnen Boccherinis Klavierkonzerte außer acht gelassen werden sollen. Auf diesem Sektor sind Feststellungen wie diejenige Hermann Aberts in seiner Mozart-Biographie von 1924, Mozarts Hornkonzerte böten auf knappen Raum formal eigentlich nichts anderes als Mozarts Klavierkonzerte, eigenartig unbeachtet geblieben (Leipzig ^{7}1956, Band 2, S. 200). Daß sich hingegen *Spiel- und Satztechnik* mit allen ihren Konsequenzen (zum Beispiel darin, daß ein Klavier im Konzert über weite Strecken völlig unbegleitet spielen kann, eine Violine aber kaum) unterscheiden, liegt eben auf einer anderen Ebene; insofern ist »die Entstehung des Klavierkonzerts« letztlich Ergebnis einer Spezialisierung der instrumententypischen Virtuosität.

Showeffekt und »Konzert als Raritätenschau«

Vivaldi scheint bisweilen vorsätzlich so gespielt zu haben, daß er damit sein Publikum »surprenierte« (Uffenbach); Mozart erreichte bei seinem »Solo«-Spiel in der zweiten Lodronischen Nachtmusik 1777 in München, daß »alles gros drein« schaute. Praktisch gesehen, handelt es sich dabei um zwei verschiedene Formulierungen für die gleiche Sache. Damit ist der eingangs angesprochene Aspekt neuerlich berührt, was eigentlich das Publikum »vom« Konzert »im« Konzert erwartet; wie also steht es um den *Showeffekt* des Instrumentalkonzerts in der Konzertveranstaltung – und um dessen Geschichte? Die Bandbreite der Problematik läßt sich erstaunlich gut am Schaffen Johann Sebastian Bachs betrachten – so daß kein Zweifel daran bestehen kann, daß auch er intensiv mit den Showeffekt-Überlegungen spielte.

Vermutlich zu Weihnachten 1729 führte Bach mit seinem Leipziger Collegium musicum seine Bearbeitung von Vivaldis h-Moll-Konzert op. 3 Nr. 11 auf; die Vorlage ist ein Konzert für vier Violinen und Streicher, die Bearbeitung ist für *vier Cembali* und Streicher (a-Moll BWV 1065). Für eine Zeit, in der sogar Konzerte für ein Tasteninstrument und Streicher noch zu den absoluten Ausnahmen des Musiklebens gehörten, kann man sich die Wirkung des Musizierens auf gleich vier Tasteninstrumenten wohl kaum überwältigend genug vorstellen. In einen ähnlichen Zusammenhang gehören auch Bachs Werke für ausgefallene *Instrumentenkombinationen*; zu fragen hat man sich etwa, welche konzertanten Ziele Bach im 2. Brandenburgischen Konzert verfolgte, in dem er Instrumente extrem unterschiedlicher klanglicher Möglichkeiten (unter anderem Trompete und Blockflöte) in einem solistischen »Concertino« miteinander zusammenfaßte. Und schließlich muß man es auch als ein »Stück aus dem Raritätenkabinett« verstehen, wenn Bach ein erst gerade *neu erfundenes Instrument* sogleich solistisch im Konzert hervortreten läßt: Wenn beispielsweise dem Cembalokonzert A-Dur BWV 1055 tatsächlich eine verschollene Urfassung für die um 1720 entwickelte Oboe d'amore zugrunde liegt (eine derartige Konzertversion wäre in Bachs Köthener Zeit – vor 1723 – einzuordnen), dann zeigt gerade dieses Werk, wie naheliegend es sein konnte, ein neues, funktionstüchtiges Mitglied der Instrumentenfamilie einem breiten Publikum mit einer Solorolle im Konzert »vorzustellen«.

Derartige »Konzerte als Raritätenschau« gibt es auch aus späteren Zeiten, und jene gewissermaßen »virtuose« Farbigkeit potenziert sich, wenn die Instrumentenkombination insgesamt aus dem *Raritätenkabinett* entnommen zu sein scheint – wie im Falle des Konzerts für Mandoline, Maultrommel und Streicher von Johann Georg Albrechtsberger (1769), aber auch in Francis

Poulencs Konzert für Orgel, Streicher und Pauken (1938). Schließlich sind aber auch Instrumente zu erwähnen, denen, wenn sie obligate Funktionen übernahmen, praktisch grundsätzlich ein »illustrativer« Wert beigemessen wurde. Besonders gilt dies – im weiteren Verlauf des 18. Jahrhunderts – für ausgesprochene *Baßinstrumente* wie Fagott und Kontrabaß: Sie sicherten sich einen Platz in der »Raritätenschau« nicht nur mit ihrem Klangcharakter, sondern auch damit, daß es satztechnisch reizvoll ist, sie als Soli aus einer von vornherein tiefen Lage heraus buchstäblich »hervortreten« zu lassen – denn sie können beachtlich hohe Tonlagen erreichen. Doch gerade ihnen wurde insgesamt eher ein Witz-Charakter beigemessen, und es ist durchaus berechtigt, wenn Patrick Süskind in seinem Ein-Personen-Stück »Der Kontrabaß« von 1980 konstatiert, Kontrabaßkonzerte seien primär von »Kontrabassisten, die aus lauter Verzweiflung zum Komponieren angefangen haben«, geschrieben worden; Süskinds »Held«, ein Kontrabassist, fährt in seinem umgangssprachlichen Monolog fort[3]: »Und entsprechend sind die Konzerte. Weil ein anständiger Komponist schreibt nicht für Kontrabaß, dafür hat er zuviel Geschmack. Und wenn er für Kontrabaß schreibt, dann aus Witz.«

Showcharakter (auch als Raritätenschau) prägte die Gattung Konzert also seit deren Anfängen. Daß Konzerte (als Kompositionen) nicht nur ein Forum zur Demonstration besonderer Instrumente sein konnten, sondern auch für den, der sie spielte, liegt nahe – man bewundert dann die Fähigkeiten desjenigen, der ein solches »exotisches« Instrument beherrscht. Daß Konzerte allerdings auch dann spieltechnisch »Exotisches« transportieren können, wenn das Soloinstrument allgemein bekannt ist, bedeutet prinzipiell nichts anderes; auch dann geht es darum, Exzeptionelles mit dem Klang eines Orchesters zu konfrontieren.

Welche Position hat »das Konzert« im Konzert?

Die jeweils aktuelle Bewertung des Solokonzerts spiegelt sich auch in der Gestaltung von *Konzertprogrammen*. Was aber als »jeweils aktuell« anzusehen ist, läßt sich nicht völlig generalisieren: Bis in die Gegenwart hinein können Ensembles oder einzelne Konzertveranstalter den Programmen einen unverwechselbaren Stempel aufdrücken, so daß diese nur für den entsprechenden Aufführungsrahmen gültig sind. Dennoch läßt sich nach Grundlinien fragen: In welchem Kontext steht das Konzert »im Konzert« – wie »inszeniert« man den öffentlichen Auftritt eines Virtuosen? Und: Welche Rückschlüsse läßt dies auf die Erwartung zu, die man mit einem Konzert (=Werk) verbindet?

Eine typische Programmgestaltung des ausgehenden 18. Jahrhunderts ist etwa diejenige zu Mozarts Konzert in Frankfurt am Main anläßlich der Kaiserkrönung Leopolds II. (1790)[4]:

[3] Patrick Süskind, Der Kontrabaß, Zürich 1984, S. 54.

[4] Otto Erich Deutsch (Hrsg.), Mozart, Die Dokumente seines Lebens, Kassel etc. 1961, S. 329.

»Erster Theil«:	1	Sinfonie (Mozart)
	2	Arie
	3	Klavierkonzert (Mozart)
	4	Arie
»Zweiter Theil«:	5	Klavierkonzert (Mozart)
	6	Duett
	7	freie Fantasie (Mozart)
	8	Sinfonie

Programme Franz Liszts sehen ähnlich aus, etwa das seines Konzerts in Preßburg am 26. Januar 1840[5]:

»Erste Abtheilung«:	1	Ouvertüre (Rossini, Wilhelm Tell)
	2	Chor (aus Rossini, Semiramide)
	3	Weber, Konzertstück (gespielt von Liszt)
»Zweite Abtheilung«:	4	Ouvertüre (Weber, Oberon)
	5	Chor (aus Rossini, Wilhelm Tell)
	6	»Hexameron«, Variationen von Liszt

Beide Programme haben auch Gemeinsamkeiten im Detail: In beiden sind Konzerte enthalten; keines steht am Anfang des Programms. Mozart beginnt mit einer Sinfonie, Liszt mit einer Ouvertüre; beides steht grundsätzlich im gleichen historischen Kontext (es ist ein wichtiger Traditionszweig der Sinfonie, daß sie im 18. Jahrhundert – auch als mehrsätziges Werk – als Einleitung einer Oper dienen konnte). In Liszts Programm wird der »dramatische« Aspekt allerdings noch deutlicher: Dem Auftritt des Solisten geht außer der Opernouvertüre auch noch ein Opernchor voran. Andererseits endet keines der beiden Programme mit einem Konzert; Höhepunkt ist entweder freie Improvisation (Mozart) oder ähnlich absolute Virtuosität (Liszt), womit sich beide Musiker gleichermaßen ideal ins rechte Licht setzen können – Liszt freilich noch »absoluter« als Mozart, der anschließend noch eine Sinfonie leitete.

Die gleiche Programmvielfalt spiegelt sich auch noch in dem Konzert Brahms' bei den Berliner Philharmonikern vom 28. Januar 1884; ein »absolut« solistisches Stück ist allerdings nicht mehr enthalten[6]:

1	Beethoven, Egmont-Ouvertüre
2	Méhul, Arie aus »Joseph in Ägypten«
3	Brahms, 1. Klavierkonzert
Pause	
4	Brahms, 3. Sinfonie
5	Schumann, Provenzalisches Lied (aus »Sängers Fluch«)
	Wagner, »Am stillen Herd« (aus »Meistersinger«)
6	Sylphentanz/Rakoczy-Marsch (Berlioz, Faust)

[5] Wiedergabe in: Ernst Burger, Franz Liszt – Eine Lebenschronik in Bildern und Dokumenten, München 1986, S. 123.

[6] Wiedergabe in: Timm Rautert, Paul Badde u.a., Das Berliner Philharmonische Orchester, Stuttgart 1986, S. 11.

Vor diesem Hintergrund erscheint die typische Dreigliedrigkeit späterer »Sinfoniekonzerte« als eine Reliktform dieses Denkens – bereits die des Beethoven-Konzerts vom 19. März 1899 mit den Wiener Philharmonikern unter Gustav Mahlers Leitung und mit Ferruccio Busoni als Solisten[7]:

1	Beethoven, Fidelio-Ouvertüre (E-Dur)
2	Beethoven, 5. Klavierkonzert
3	Beethoven, 7. Sinfonie

Deutlich wird daran, daß sich die Erwartungshaltung auf ein Konzert in der *Mitte einer Veranstaltung* erst allmählich entwickelt hat. Grundsätzlich konnte der Auftritt des Solisten schon früh als *theatralisches Ereignis* »vorbereitet« werden; »der Virtuose« wirkt dann im ersten Werk eines Abends noch nicht mit (Mozart allerdings dirigierte seine Sinfonie wohl selbst). Aber er beansprucht ein Stück des Abends für sich ganz allein: Als Höhepunkt des Programms wird gewissermaßen die Virtuosität »kumuliert«, und dabei hat eine Orchesterbegleitung nichts zu suchen. Dies läßt sich noch mit dem Überraschungseffekt überhöhen, den eine freie Improvisation grundsätzlich garantiert. Somit entsteht der Eindruck, daß die Selbstdarstellung des Solisten im Konzert grundsätzlich etwas *Gemäßigtes* zu sein hatte: Hier steht der Solist nicht derart unumschränkt im Vordergrund wie am Ende des Programms; seine »Exzeptionalität« stellt er in ein Wechselspiel mit dem Orchester. Doch seinem Auftritt geht eine *Orchestereröffnung* voraus – und nicht nur diejenige, mit der das Konzert selbst beginnt, sondern zudem auch als ein *eigenes Werk*.

> Aufgabe (13):
> Haben Sie aus Ihren eigenen Konzert-Erfahrungen Alternativen dafür kennengelernt, Konzertprogramme derart dreigliedrig zu gestalten und das Solokonzert in die Mitte zu stellen? Überlegen Sie sich Hintergründe des jeweiligen Verfahrens!

Der Virtuose: ein Typus im Wandel

Somit läßt sich einigermaßen klar umreißen, welche Stellung das Solokonzert innerhalb der Konzertveranstaltung im Lauf der Zeit einnahm; im »Endeffekt« galt das Interesse an dem Solo-Interpreten nicht dem Sich-Produzieren des Solisten im Wechselspiel mit einem Orchestertutti (oder auch: der orchestral »begleiteten« Virtuosität), wie es in einem Konzert möglich ist, sondern das Solokonzert ist eher nur Teil einer vielgliedrigen Kette von Einzelstücken bis hin zum »virtuosen Solo-Höhepunkt«.

[7] Wiedergabe in: Kurt Blaukopf, Mahler – Sein Leben, sein Werk und seine Welt in zeitgenössischen Bildern und Texten, Wien 1976, Nr. 169.

Wäre das Konzert die Schlüsselgattung virtuoser Selbstdarstellung gewesen, hätte es Probleme wie die, was eigentlich ein Orchester tun solle und welchen Nutzen man aus der Existenz eines Ritornells ziehen kann, wohl kaum eigentlich geben können. Vielmehr war ein Bewußtsein dafür vorhanden, daß sich die *Virtuosität* im Konzert eben *nicht »absolut«* äußern dürfe und völlig ungehindert im Vordergrund stehe, sondern sich erst aus einem Wechselspiel mit dem Orchester heraus »legitimiert« – anders als im rein solistischen Stück eines solchen Konzertprogramms. Somit ergibt sich für die jeweils »zeitgenössische« Bewertung der Gattung Konzert ein wichtiges Indiz daraus, daß das Konzert in einem gewissen Spannungs-Gefüge einer Veranstaltung steht. Das gilt aber auch für die anderen Werke eines solchen Programms, etwa auch für das eröffnende Orchesterwerk. Es ist also zweifelhaft, ob man sogar für das Publikum des 19. Jahrhunderts konstatieren könne, das Wichtigste an der Konzertform sei es im engeren Sinne gewesen, »daß das Publikum den Einsatz des Solisten erwartet und, sobald er mit dem Spielen aussetzt, schon auf den nächsten wartet«[8]. Vielmehr wird den eigenständigen Funktionen auch des Orchesters breiter Raum gelassen: nicht eben nur in der Konzertkomposition selbst, sondern auch im Gesamtprogramm.

Tatsächlich aber ist eine Sicht wie die zitierte auch gefördert worden, nicht durch die häufig kritisierten Nachlässigkeiten von Konzertkomponisten; einen wesentlichen Anteil daran hatten auch die *Interpreten* – und selbst dann, wenn sie nicht etwa eine eigene Komposition vortrugen. Wenn ein Solist in seinem *äußeren Verhalten* die gleiche Geringschätzung gegenüber den orchestralen Anteilen eines Konzerts (egal welcher Machart) zeigte, die man auch an Komponisten kritisierte, konnte er sich von der Kritik die gleichen Schelte einhandeln. So erging es einem jungen Pianisten von Seiten Eduard Hanslicks, als jener 1883 in Wien Beethovens 3. Klavierkonzert spielte[9]: »Es folgte Beethovens Clavierconcert in C-moll, gespielt von Herrn Arthur Friedheim. Der junge Virtuose sieht in Wahrheit arthurlich aus, ist schlank, blaß, interessant, trägt eine versteinert gleichgiltige Miene und sehr lange Haare, die so beweglich aufliegen, daß sie bei jeder Verbeugung ihm als dichter Schleier über das Gesicht fallen – ein Schauspiel, an welchem das Publikum das innigste Vergnügen bezeigte. Während der Orchester-Einleitung ruht der Virtuose tief eingebettet in seinem Lehnsessel, als wäre er todtmüde, bevor er noch angefangen, und scheint sich zeitweilig durch eine Berührung der Stirne zu besinnen, was für ein Stück eigentlich auf dem Programme und ob er selber noch auf der Welt sei. Bei dem ersten Solo aber schießt er wie ein Geier von oben herab auf die Tasten, um sich nach jedem Kraftaccord wieder hoch emporzuschnellen. Ohne Mühe erkennt man Liszt und Bülow als seine genau studirten Vorbilder, nicht nur äußerlich, sondern auch in der Spielweise. Herr Friedheim imponirt durch eine bedeu-

[8] Charles Rosen, Der klassische Stil – Haydn, Mozart, Beethoven, Kassel etc. und München 1983, S. 222f.

[9] Eduard Hanslick, Concerte, Componisten und Virtuosen der letzten fünfzehn Jahre – 1870–1885, Berlin 1886, S. 369f.

tende, sicher und fein ausgearbeitete Technik, insbesondere durch kräftigen Anschlag und ein schön verhallendes Pianissimo [...].« Hanslick wollte also diesem Absolutheitsanspruch des Virtuosen unter keinen Umständen folgen.

»Absolutheitsanspruch« schlägt – zumal in der ersten Hälfte des 19. Jahrhunderts – eine Brücke zu einer außermusikalischen Problematik, die das 19. Jahrhundert beschäftigte: zu Diskussionen um die *Rolle des Monarchen*. Man verglich das Konzert (und in ihm das Tutti-Solo-Verhältnis) mit gesellschaftlichen Konstruktionen; Schumann spricht in seiner Kalkbrenner-Kritik davon, daß das Orchester die »Kammern« repräsentiere, also Ständevertretung und Parlament vergleichbar sei, und aus dieser Position das Agieren des Solisten kontrolliere (vgl. Text 4 im Anhang): Das Orchester könne dem »Klavier« in dessen Vorgehen die Zustimmung erteilen oder auch verweigern. Ohne daß er sein Bild verfassungsrechtlich zu Ende führt und auch für »Klavier« ausdrücklich ein angemessenes Analogon entwickelt, ist klar, was er meint: Er denkt bei der Rolle des Klaviers im Klavierkonzert an einen »Herrscher«, der in eine *konstitutionelle Monarchie* eingebunden ist. In diesem Miteinander von monarchischem Herrschen und parlamentarischer Kontrolle verwirklicht sich erstaunlich klar die allgemeine Bedeutung des italienischen Begriffs »concertare« aus der Zeit, als er auf die Musik übertragen wurde: »etwas miteinander vereinbaren«. Dieses Bild wird an Kompositionen der Zeit nach 1800 näher zu überprüfen sein.

Schumanns Sicht läßt allenfalls theoretisch einen Raum auch für Konzerte mit mehr als einem Soloinstrument; andere Berichterstatter des 19. Jahrhunderts, die von seinem Denken an sich nicht allzu weit entfernt waren, sahen dieses Detail radikaler – etwa wiederum Eduard Hanslick. Er steht Brahms' *Doppelkonzert* für Violine und Cello op. 102 einigermaßen ratlos gegenüber; seine Rezension einer frühen Wiener Aufführung beginnt er mit folgenden Worten[10]:

»Joseph Joachim, der Geigerkönig, und der jüngere, kaum geringere Violoncellvirtuose Robert Hausmann waren zur Ausführung dieses Werkes eigens von Berlin hierhergereist und spielten es mit jener souveränen Beherrschung und vollendeten Noblesse, die wir an ihnen zu bewundern gewohnt sind. Composition und Ausführung fanden außerordentlichen Beifall. Es thut mir leid genug, gestehen zu müssen, daß mir persönlich das Doppelconcert keinen so hohen Genuß gewährt hat, wie die früheren großen Werke von Brahms. Gedenke ich seiner Symphonien, seiner beiden Klavierconcerte, seiner Kammermusiken, so vermag ich jenes nicht in die erste Reihe von Brahms' Schöpfungen zu stellen. Schon die Gattung hat von Haus aus etwas Bedenkliches. So ein Doppelconcert gleicht einem Drama, das anstatt eines Helden deren zwei besitzt, welche, unsere gleiche Theilnahme und Bewunderung ansprechend, einander nur im Wege stehen. Wenn man aber von einer Musikform behaupten darf, daß sie auf der Uebermacht eines siegreichen Helden beruht, so ist's das Concert. Haben wir nicht etwas Aehnliches in der Malerei? Die Künstler wehren sich gegen Doppelporträts, mögen nicht gern Mann und Frau auf Einer Leinwand verewigen. Gleiche Instrumente (zwei Violinen, zwei Klaviere) fügen sich, wie die ältere Musikliteratur uns zeigt, schon leichter zu einem Concert, als zwei Principalstim-

[10] Eduard Hanslick, Aus dem Tagebuche eines Musikers – Kritiken und Schilderungen, Berlin 1892, S. 264–266.

men von so verschiedener Tonhöhe, wie Violine und Violoncell. Ist bereits gegen das Violinconcert von Brahms die Bemerkung gefallen, es sei darin die Sologeige nicht die ihr zukommende Herrscherstellung eingeräumt, so verschärft sich noch dieser Einwand gegen das Doppelconcert, worin beide Soloinstrumente nicht bloß vom Orchester, sondern obendrein von einander in den Schatten gedrängt werden.«

Der Brahms-Freund Hanslick überschlägt sich in Bilderreichtum und Analogiekonstruktionen. Joseph Joachim wird von vornherein als »Geigerkönig« apostrophiert; mit dieser Voreingenommenheit ist es nur zu verständlich, welches Bild Hanslick später entwickelt: das des einen (einzigen) »siegreichen Helden«, eine Funktion, auf der das Konzert als Gattung elementar aufbaue. Und, indem er auf die Kritik hinweist, die man an Brahms' Solotechnik in dessen Violinkonzert geäußert hatte, stellt er die »Herrscherstellung«, die der Sologeige darin zukomme, als Maßstab des Konzertierens weit in den Vordergrund. Weitere Analogien findet Hanslick auf dem Theater (ein Drama mit zwei Hauptfiguren) und in der Malerei (Doppelporträt). Unterschwellig scheint also sogar Hanslicks Sehweise von der Annahme einer reinen Begleitfunktion des Orchesters durchdrungen zu sein, denn in ihr bleibt weder für Schumanns »Kammern« und deren Vereinbarung »mit dem Klavier« noch für irgendein Relikt der Praetorius-Definition eines »Gegeneinander [!] Streittens« ein Platz: Hanslicks »Dramentheorie« und seine »Doppelporträt«-Konstruktion gesteht dem Orchester allenfalls eine Nebenrolle oder eine Hintergrundfunktion zu.

Die Analogie zwischen Konzertsolist und Herrscher prägte im 19. Jahrhundert – besonders nach den aufsehenerregenden Konzertreisen Nicolò Paganinis als Geiger und Franz Liszts als Pianist – wesentlich das Bild, das sich die musikinteressierte Öffentlichkeit vom Instrumentalkonzert machte. Dieses Bild »des Konzerts« spiegelt sich überraschend klar in Adolph von Menzels Gemälde »Das Flötenkonzert Friedrichs des Großen in Sanssouci« (vgl. die Abbildung rechts). Das Ölbild, nach unterschiedlichen Vorstufen Menzels 1852 entstanden, zeigt den preußischen König als Flötisten. Daß ein Herrscher musiziert, ist gerade im 18. Jahrhundert nichts Außergewöhnliches; Friedrich war nicht nur ein gewandter Interpret, sondern ist auch selbst mit einem umfangreichen kompositorischen Oeuvre hervorgetreten. Das Bild des Königs als Musiker dokumentiert somit in einem Ausschnitt die Universalität und die kulturellen Interessen, die die Nachwelt an Friedrich bewunderte. Doch das Bild zeigt ihn nicht etwa beim Kammermusikspiel (Triosonate etc.), sondern beim Konzertspiel; somit rückt Menzel (nicht als Augenzeuge, sondern als »Historiker« – über einen rund hundertjährigen Zeitraum hinweg) den König bereits in eine Position, die der von Hanslick später angesprochenen Helden- und Herrscherfunktion auch musikalisch nahesteht. Obendrein aber zeigt das Bild den König in einer ganz bestimmten Situation des Konzerts: Alle hören ihm zu (nicht nur das Publikum, sondern auch das Orchester) – folglich spielt Friedrich gerade eine Solokadenz. Quantz, Friedrichs Flötenlehrer, fordert, daß eine Kadenz in einem Konzert für solistisches Blasinstrument auf einen Atem gespielt werden müsse (vgl. oben, S. 40); doch die Kadenz, an die Menzel denkt, ist deutlich länger (der Gesichtsausdruck der – wirklich wartenden – Mitspieler und schließlich auch die Tatsache, daß sie ihre Instrumente abgesetzt haben, spricht Bände).

Menzel bemühte sich um große Detailgenauigkeit in seinen Bildern; sie galt dem Musikzimmer in Sanssouci ebenso wie den Gesichtszügen der dargestellten Personen. Daß er nicht wußte, wie lang um 1750 eine Kadenz sein dürfe, erscheint als ein nur minimaler »Fehler« – der aber immense Aussagekraft hat. Es kann keinen Zweifel daran geben, daß

Menzel den König gerade in dieser Situation, die jedem gebildeten Betrachter aus dem Konzertleben heraus unbedingt vertraut sein muß, zeigen wollte (dies um so mehr, als Menzels frühere Beschäftigungen mit dem gleichen Sujet stets auch die übrigen Musiker in voller Aktion zeigen). Somit stellt Menzel den König in dem kürzesten und speziellsten Formglied eines Konzerts dar. Ob Menzels Bild absolut das Konzertverständnis seiner Zeit trifft, sei dahingestellt; aber man muß annehmen, daß beim Betrachter dieses historischen Gemäldes ganz bestimmte Assoziationen geweckt werden sollten: Man sollte nicht nur allgemein den kunstsinnigen König sehen, wie dieser gerade zufälligerweise irgendetwas musiziert, sondern diesen in der Position des »Konzert-Helden«, und zwar sogar als »absoluten Virtuosen« beim Spiel einer Kadenz, in der man die herausgehobene Virtuosenpersönlichkeit am klarsten empfinden kann. Die im 19. Jahrhundert entstandene Vorstellung, daß ein Konzertsolist ein »Geigerkönig« sein könne, schlägt hier also sogar auf die (historische) Darstellung eines Herrschers zurück.

Zu berücksichtigen hat man schließlich auch, daß dem Publikum seit dem Beginn des 19. Jahrhunderts »der Virtuose« viel stärker bewußt werden konnte als zuvor. Die *Infrastruktur* im europäischen Raum wurde verbessert: Der Wegfall zahlreicher mitteleuropäischer Grenzen nach der Napoleonischen Ära erleichterte das Reisen, und das Verkehrswesen entwickelte sich sprunghaft fort. Konzertreisen nach dem Prinzip »heute hier, morgen dort« wurden extrem erleichtert, so aufsehenerregend sie zunächst noch waren (mit den Reisen Nicolò Paganinis seit 1828 als erstem Schlüsselereignis). Zudem hatte das *»bürgerliche Konzertwesen«* einen Stand erreicht, der jeweils vor Ort die Auftrittsmöglichkeiten garantierte. Gewissermaßen handelte es sich also darum, daß eine »Nachfrage« gleichzeitig mit einer radikalen Angebotsverbesserung entstand. Daraus ergab sich ein doppeltes Problem: Einerseits konnte der Virtuose tatsächlich als »absolut« erscheinen (er unterschied sich vom Orchestermusiker durch seine Reisetätigkeit). Andererseits fehlten dem erweiterten Publikum letztlich auch die Maßstäbe, um das »neue« Virtuosentum aus den ja prinzipiell gleichartigen (und bereits ähnlich kritisierten) Virtuositätsverhältnissen des 18. Jahrhunderts heraus zu begreifen.

Zusammenfassung

Konzert ohne »das Brillante« hat es wohl nie gegeben; in manchen Details konnte es ausufern, ohne kritisiert zu werden (in Konzerten, die – als Werke – den Charakter einer Raritätenschau annehmen konnten), in anderen stellte sich Kritik geradezu wie von selbst ein. Die Kritik am Konzert und an der Virtuosität bleibt stets in einer Art »subjektivem Bereich« stecken: Man kann sie nicht verabsolutieren. Da ist zunächst die Problematik des Virtuosen, des Spielers, der für sich ein Konzert schreibt; an Bach- oder Mozart-Konzerten, die der jeweilige Komponist ähnlich »für sich« geschrieben haben kann, übt man freilich keine Kritik, obgleich es hier selbstverständlich auch nicht ohne Virtuosität abgeht. Die Steigerung des Problems betrifft die Neigung eines solchen Konzertkomponisten, daß er das Orchester vernachlässige. Man müßte konsequenterweise auch die vielbewunderten Abschnitte in Bachs 5. Brandenburgischem Konzert kritisieren, in denen der Cembalist sowohl das Orchester als auch seine Co-Solisten (Flöte, Violine) plötzlich weit hinter sich läßt und »absolut solistisch« musiziert (1. Satz, zunehmend ab T. 140). Als tatsächlich problematisch gelten alle Werke, in denen die Orchestertutti-Abschnitte erst nach Vollendung der Soloabschnitte komponiert wurden. Scheibe wie Schumann kritisieren das Verfahren – doch Leopold Mozart, unter dessen Aufsicht sein Sohn gerade dieses Verfahren auf dem Weg zum Konzertkomponisten anwendet, scheint es sogar als pädagogisch sinnvolles Mittel betrachtet zu haben, Georg Joseph Vogler empfiehlt es nachdrücklich als Konzert-Kompositionstechnik, und es ist ein Rückgrat der Formenlehre.

Schließlich aber zeigt sich, daß nicht nur dasjenige Konzert »durchfallen« kann, das ein Virtuose sich selbst auf den Leib geschrieben hat, ohne an das Orchester zu denken, sondern auch dasjenige, das ein erfahrener Orchesterkomponist geschrieben hat, ohne die virtuosen Möglichkeiten des Soloinstruments, für das er komponierte, restlos ermessen zu können (zumindest also aus der Theorie heraus). Ohne die Notwendigkeit der instrumentenspezifischen »Brillanz« wäre jede Kooperation zwischen Komponist und Interpret sinnlos (abgesehen davon, daß ein Virtuose sich ein Konzert nur regelrecht »bestellt«). »Das Virtuose« setzt also grundsätzlich einen Kompositonsvorgang voraus, an dem irgendjemand als Kenner der Möglichkeiten eines bestimmten Instruments beteiligt ist (dies kann freilich auch der Komponist selbst sein). Dennoch gibt es zeitweise Konzerte, in denen ein nur reduziertes Virtuositätsprinzip zur Entfaltung kommen darf: Konzerte, die für eine Verbreitung im Druck entstanden. In diesen Fällen darf ein gattungstypisches Maß an Virtuosität dennoch nicht unterboten werden; die zitierten Briefausschnitte Mozarts lassen erkennen, um welche Gratwanderung es sich dabei handelte.

Der Virtuose scheint generell eine größere Neigung zur Selbstdarstellung mit geringerer als mit allzu großer Begleitung gehabt zu haben; die typische Programmgestaltung des späten 18. und des 19. Jahrhunderts erweckt den Eindruck, daß der virtuose Höhepunkt gerade ohne Orchester erreicht werden sollte (die Möglichkeiten, die sich dafür im Rahmen eines Solokonzerts – etwa in der Solokadenz – bieten, sind freilich nur begrenzt). Allgemein jedoch konnte der Virtuose als »siegreicher Held« erscheinen – nicht zuletzt freilich dann, wenn er ohne Orchester musizierte (da die Person jedoch beide Male die gleiche ist, erfaßt der »Helden«-Charakter auch die Solo-Rolle im Konzert). Hanslicks Kritik des Brahms-Doppelkonzerts zeigt dabei überraschend deutlich, wie sehr dieser Übergang der Helden-Funktion auch auf das Konzert das Verständnis für die konzertanten Möglichkeiten verdunkelte: Daß zwei Parts miteinander – über einem Tutti-Fundament – konzertieren, stört nur das Helden-Prinzip, ist aber seit dem 17. Jahrhundert »ur-konzertant«. Brahms dürfte im übrigen mit Hanslicks Sicht absolut nicht einverstanden gewesen sein (denn wenn er nicht ein anderes Gattungsverständnis gehabt hätte, hätte er ein Werk wie das Doppelkonzert gar nicht schreiben können); das Theoretisieren über Musik und die Musik selbst schlagen hier also zwei elementar verschiedene Wege ein.

Sinnvoller erscheint hingegen Schumanns Idee einer gegenseitigen »Kontrolle« (oder: Abstimmung der jeweiligen Mittel).

Die politisierte Sicht der Virtuosität im Konzert war um 1900 noch völlig intakt – so sehr, daß es etwa auch Probleme bereitete, Konzerte aufzuführen, deren einstige Virtuosität durch Neuerungen auf dem Instrumentensektor als überholt erscheinen mußten. Manches änderte sich schließlich, nachdem der Pianist Carl Reinecke 1895 eine vielbeachtete Schrift mit dem aus heutiger Sicht kaum verständlichen Titel »Zur Wiederbelebung [!] der Mozartschen Clavier-Concerte« veröffentlicht hatte (zu den Auswirkungen auf die Konzertkultur des 20. Jahrhunderts vgl. das 9. Kapitel). Auf die gleiche Zeit gehen hingegen auch die kulturpolitischen Ziele der aufstrebenden kommunistischen Bewegung zurück; daß das noch immer so unumschränkt vorherrschende Bild des Konzertsolisten als eines Monarchen die Entwicklung der Gattung in der jungen Sowjetunion wesentlich mitbestimmte, ist somit kaum verwunderlich.

Jenes »politisierte« Bild wurde im 20. Jahrhundert allmählich überwunden; damit war der Weg frei für eine unbestritten kunstvolle Konzertpraxis, die von virtuosen Mitteln außerordentlich weitgehenden Gebrauch macht. Besonders stark wirkte sich dies offenkundig im Komponieren von Konzerten für Streichinstrumente und Orchester aus, weil sich die Spielpraxis von Streichinstrumenten besonders intensiv variieren läßt. Die entsprechenden Techniken waren bereits dem 19. Jahrhundert zugänglich, galten aber zunächst als künstlerisch minderwertig oder »veräußerlicht«: etwa Differenzierungen der Tonerzeugung durch pizzicato (die Saiten werden gezupft) oder col-legno-Spiel (die Saiten werden mit dem Holz der Bogenstange gestrichen anstatt mit der dafür eigentlich vorgesehenen Roßhaarbespannung), aber auch Differenzierungen der Tonqualität (in den unterschiedlichen Formen des Flageolett-Spiels, bei dem die Saitenschwingungen dadurch »verfälscht« werden, daß man, anstatt einen Ton »richtig« zu greifen, mit dem entsprechenden Finger die Saite nur leicht berührt). Erst im 20. Jahrhundert war man bereit, diese Techniken auch als »künstlerisch« anzuerkennen. Allerdings: Ein Pianist kann ihnen bis um die Jahrhundertmitte kaum etwas gleichwertig Experimentelles entgegensetzen. Insgesamt aber geriet die Gattung Konzert bereits nach 1900/20 in einen neuen Aufwind, nicht zuletzt dank einer – wohl unausgesprochenen – Sanktionierung neuer Virtuosität.

7. KAPITEL:
DIE INSTRUMENTE

Wie erwähnt, ist die Entwicklung des Konzerts von instrumentalen Entwicklungen nicht unabhängig: Virtuosität wird jeweils im Einzelfall definiert – daraus, daß etwas *instrumentenspezifisch* ist, aber die Grenzen des Instruments gerade eben noch nicht übersteigt (oder, um mit Mozart in dessen Brief über die Klavierkonzerte KV 413–415 zu sprechen: daraus, daß etwas auf einem bestimmten Instrument als virtuos erscheinen kann, selbst wenn man als Hörer nicht weiß, warum dies so ist). Entscheidend für Virtuosität kann also nur sein, auf welchem Stand sich die *Spieltechnik* jeweils befindet; diese ist aber von *baulichen Grundgegebenheiten* abhängig, denn es ist von vornherein ausgeschlossen, mehr aus einem Instrument herauszuholen, als in ihm steckt (und zwar hinsichtlich des *Tonmaterials*, des *Klangcharakters* und des *technischen »Funktionierens«* als »Maschine«), und dies gilt für den Spieler ebenso wie für den Komponisten.

Diese Übersicht über Einzelentwicklungen kann nicht das gesamte Instrumentarium erfassen; sie strebt auch nicht an, die instrumentenkundliche Literatur zu ersetzen[1]. Vielmehr sollen einige Schlüssel-Instrumente und die Fortentwicklung ihrer Technik betrachtet werden; Ziel ist dabei zwar zunächst, die Bedingungen für Virtuosität im Konzert zu erkunden, doch muß in einzelnen Punkten der Blick auch über die Gattungsgrenzen hinausreichen – die Instrumente sind schließlich nicht nur für den Gebrauch im Solokonzert konzipiert. Als Vertreter der Holzblasinstrumente sei die *Querflöte* betrachtet, deren entscheidende Entwicklungsphase ziemlich genau in die gleiche Zeit fällt, in der auch das Solokonzert entstand, und die dabei die Blockflöte überflügelte. Danach seien Entwicklungsaspekte der *Violine* beleuchtet, eines Instruments, das schon vor Entwicklung des Solokonzerts so ausgereift war, daß es zum Rückgrat des Ensembles werden konnte, das aber in späterer Zeit noch entscheidend fortentwickelt wurde. Globaler eingegangen sei auf die *Tasteninstrumente*, da sich ihre »Instrumentenfamilie« in der zu betrachtenden Zeit und mit Blick auf die zu betrachtende musikalische Gattung besonders entscheidend veränderte: nicht allein durch die Erfindung des Hammerklaviers oder den Verzicht auf Generalbaß-Strukturen, sondern zudem durch die Fortentwicklung des Hammerklaviers, die jener »späteren« der Violine an Radikalität vergleichbar ist. An einem Blechblasinstrument, dem *Horn*, seien schließlich technische Neuerungen erläutert, die an der elementaren Substanz des Instruments ansetzten und damit eine komplexe, herkömmliche Spieltechnik überflüssig machten.

[1] Etwa: John Henry van der Meer, Musikinstrumente. Von der Antike bis zur Gegenwart, München 1983; Winfried Pape, Instrumentenhandbuch. Streich-, Zupf-, Blas- und Schlaginstrumente in Tabellenform, Köln (später: Laaber) 1971 (Musik-Taschen-Bücher Theoretica, Band 11).

Block- und Querflöte

Die Entwicklung der Flöte hat nur zu bestimmten Zeiten der Musikgeschichte, insbesondere im 18. Jahrhundert, einen lebendigen und wichtigen Einfluß auf die Entwicklung des Konzerts gehabt. Deshalb lassen sich daran beispielhaft, überschaubar und punktuell die Zusammenhänge von Instrumentenentwicklung und Konzertpraxis skizzieren.

Die *Blockflöte* war bereits in der Renaissance ein wesentliches Instrument: nicht nur weil sie in jenen Zeiten in einer der typischen »Familien« erscheint (indem jede Stimmlage ein eigenes Instrument entwickelt – wie heute noch in den Bezeichnungen für die Blockflöten unterschiedlicher Größe erkennbar), sondern auch deshalb, weil sie sich als ein klanglich und spieltechnisch ausgereiftes Instrument präsentieren konnte; abgesehen von baulichen Verfeinerungen blieb der Charakter der Blockflöte bis ins 18. Jahrhundert hinein im wesentlichen unverändert. Dieses Instrument ist es auch, das im Konzertschaffen Antonio Vivaldis und Johann Sebastian Bachs solistische Funktionen übernimmt.

Doch in Vivaldis und Bachs Konzertschaffen wird die Blockflöte zunehmend von der *Querflöte* verdrängt; beide Komponisten wandelten Blockflötenwerke in Querflötenwerke um. In Vivaldis Werk gipfelt dies in dessen sechs Konzerten op. 10 (um 1728; vgl. Tabelle 16): Veröffentlicht wurden sie ausdrücklich als Konzerte für »Flauto traverso« (so auch der Titel); für alle außer einem läßt sich nachweisen, daß sie zuvor in anderen Versionen existiert haben. Entweder waren Kammerkonzerte (»Konzerte ohne Orchester«) mit Querflötenbeteiligung die Vorlage oder aber Kammer- und Solokonzerte mit Blockflöte. Klar ist: Wenn eine Druckveröffentlichung überhaupt sinnvoll sein sollte, muß es für derartige Werke beim Publikum eine entsprechende Nachfrage gegeben haben; die Querflöte muß also als Instrument sowohl einen Verbreitungsgrad als auch einen *spieltechnischen* Entwicklungsstand erreicht gehabt haben, der nicht nur die Drucklegung, sondern schon zuvor auch die Umarbeitung der Werke rechtfertigte. Zudem muß ihre *Leistungskraft* größer gewesen sein diejenige der

Tabelle 16: Vivaldis Flötenkonzerte op. 10 und ihre Vorlagen

op. 10	RV	Ton	Titel	Vorlage
Nr. 1	433	F	La tempesta di mare (»Der Seesturm«)	Kammerkonzert RV 98
Nr. 2	439	g	La notte (»Die Nacht«)	Kammerkonzert RV 104
Nr. 3	428	D	Il gardellino (»Der Distelfink«)	Kammerkonzert RV 90 (Blockflöte)
Nr. 4	435	G	–	–
Nr. 5	434	F	–	Solokonzert RV 442 (Blockflöte)
Nr. 6	437	G	–	Kammerkonzert RV 101 (Blockflöte)

Blockflöte: Ihre Klangfülle muß es gerechtfertigt haben, Kammerkonzerte zu Solokonzerten mit der Begleitung eines vollen Orchesters umzuarbeiten. Ein ähnliches Bild ergibt sich auch bei Bach, etwa in der Geschichte des 4. Brandenburgischen Konzerts, das ursprünglich für Violine, zwei Blockflöten und Orchester geschrieben war, das aber im Zuge Bachscher Umarbeitungen nicht etwa nur anstelle des Soloviolinparts einen Cembalopart erhielt, sondern zudem anstelle des Blockflötenpaars ein Querflötenpaar.

Die eigentliche Entwicklung der Querflöte, die an sich wie die Blockflöte zu den »familienbildenden« Instrumenten auch der Renaissance gehört hatte, setzt in der Zeit ein, in der die Entwicklung der Blockflöte als abgeschlossen betrachtet werden kann; die Zerlegung des Instruments in mehrere Teile (zunächst in drei, später in vier) hingegen setzt für beide Instrumente in der gleichen Zeit ein. Die Mittelstücke der Querflöte konnten aber zudem in geringfügig unterschiedlicher Länge gebaut, also *austauschbar* angelegt werden; war der Querflöter also einmal an einem Ort, an dem der absolute Stimmton örtlicher Begleitinstrumente anders war als gewohnt, konnte er stets ein Mittelstück passender Länge einschieben. Dieser »kosmopolitische« Zug war ein weiterer Aspekt, den die Querflöte der Blockflöte voraushatte.

Eine Querflöte jener viergliedrigen Bauart liegt auch den Überlegungen Johann Joachim Quantz' in dessen »Versuch einer Anweisung die Flöte traversiere zu spielen« zugrunde: Er fügt dem Werk als eine erste erläuternde Tafel eine Grifftabelle bei, die ein Instrument mit diesem Tonvorrat (zweieinhalb Oktaven von d^1 bis a^3) und den typischen vier Teilen zeigt (die Mittelstücke mit je drei Grifflöchern, im Fußstück mit einer einzigen Klappe). Bis gegen Ende des Jahrhunderts wurde die Spieltechnik erleichtert, indem man weitere Klappen hinzufügte; die »Endstufe« ist schließlich in der Flöte realisiert, die Theobald Boehm 1847 in München entwickelte.

Das Instrument, das die Blockflöte aus dem Ensemble und aus dem Kreis der potentiellen Soloinstrumente verdrängte, war aber jenes auch von Quantz angesprochene. Diese Flöte wurde zu einem ausgesprochenen *Modeinstrument*: Friedrich der Große ist nur einer unter vielen anderen adligen Flöten-Dilettanten; im allgemeineren europäischen Kontext gilt dies etwa auch für den Duc de Guines, für den (und seine harfespielende Tochter) Mozart 1778 in Paris das Konzert für Flöte und Harfe KV 299 komponierte. Diese Beliebtheit unter Dilettanten höherer Gesellschaftsschichten war von der *Reisetätigkeit* großer Virtuosen in der ersten Hälfte des 18. Jahrhunderts »vorbereitet« worden, etwa von Pierre Gabriel Buffardin (Lehrer Quantz' und von Bachs Bruder Johann Jakob). Daneben wurden auch jeweils vor Ort neue Grundlagen geschaffen – wie in Vivaldis venezianischem Umkreis: Dort wird 1727/28 erstmals ein Querflöter angestellt (der Musiker Ignazio Siber, zuvor als Oboist tätig), und in die gleiche Zeit lassen sich Vivaldis erste Querflötenwerke datieren. Schließlich aber waren es *pädagogische Schriften* wie die von Jacques Hotteterre (1707) und Michel Corrette (1735) in Frankreich, später auch von Quantz in Deutschland (1752), mit denen sich die Breitenwirkung des Instruments verbinden läßt. Entwicklungen, die die Blockflöte schon früher erfaßt hatten, führten also bei der Querflöte zu einem spieltechnisch und klanglich besonders günstigen Ergebnis – in einem Moment, da die Vermarktungsstrategien für Noten und gerade für dieses Instrument einen günstigen Stand erreicht hatten.

Die Violine

Die Violine konnte – anders als die Querflöte – schon deutlich vor 1700 als technisch ausgereift erscheinen: Schon im 16. Jahrhundert war die Viersaitigkeit zur Norm geworden (zuvor: drei Saiten), und die äußeren Umrißformen waren im Groben determiniert, ebenso die Gestalt der f-Löcher (der Schallöffnungen in der Decke). Nur Details waren, so scheint es, offengeblieben: wie die Frage, was man etwa klanglich erreichen könne, wenn man die Korpuslänge, die Wölbung der Decke oder deren Randüberstände über den Zargenkranz hinaus um Bruchteile von Millimetern variiert – dies sind Aspekte, in denen etwa Antonio Stradivari (1644–1737) noch richtungweisende Korrekturen am äußeren Erscheinungsbild vornahm. Mit diesen Voraussetzungen eroberte die Violine die Musikwelt, nicht nur als *solistisches*, sondern auch als *ensemblebildendes Instrument*. Ähnlich wie die barocke Querflöte, aber mit viel einfacheren technischen Mitteln, konnte man die Violine universell einsetzen; die Abhängigkeit von determinierten Stimmtonverhältnissen ist praktisch Null. Für die Violine handelte es sich aber – retrospektiv beurteilt – nur um etwas Vorläufiges: Nach einer Phase relativer »Ruhe« entwickelte die Geigenbautechnik im *19. Jahrhundert* eine Dynamik, die zuvor nicht abzusehen war.

Beschränkt man sich auf die Fortentwicklungen mit unmittelbar spieltechnischer Relevanz, so lassen sich die bautechnischen Konsequenzen an folgenden Bau-Details zusammenfassen: Die Geige erhielt einen *Kinnhalter*, ein längeres, der Saitenneigung angepaßtes *Griffbrett*, und für ihren *Bogen* wurde eine neue Form entwickelt – nicht mehr mit gerader oder konvex gebogener Stange, sondern mit einer konkaven. Welche Folgen und Hintergründe hatten diese drei Entwicklungen?

Der Geiger hielt in der Zeit zuvor sein Instrument mit der linken Hand; das Instrument ruhte außerdem auf der Schulter des Spielers (oder wurde über der Schulter an den Hals gelegt). Demgegenüber bietet der *Kinnhalter* den Vorteil, daß der Geiger das Instrument zwischen Kinn und Schulter fixieren kann, ohne daß die Hand zur Unterstützung eingreifen muß. Was der Spieler dann mit seiner linken Hand macht, bleibt somit ihm überlassen; er kann sie relativ frei bewegen (eingeschränkt freilich dadurch, daß die Schulterstellung festgelegt ist), anders als der Geiger früherer Zeit, der die Hand – außer zum Greifen der Töne – auch dazu benötigte, um das Instrument nicht fallen zu lassen. Dies beschränkte aber zuvor auch seinen allgemeinen »Spiel-Raum« beim Geigen: Lagenspiel (also Spiel im Tonraum über h^2) war ihm zwar möglich, aber zunächst nur insofern, als er ohne Probleme in eine höhere Lage überwechseln konnte, nicht aber in jedem Fall zurück von einer höheren in eine tiefere. Beim Wechsel in eine höhere Lage – also: bei der Bewegung der Hand zum Körper hin

– konnte der Geiger sein Instrument gegenüber dem Körper in einer sicheren Position halten. Wer aber als Geiger (ohne Kinnhalter) einen Wechsel von einer hohen Lage zurück in eine tiefere vornehmen will, destabilisiert zwangsläufig die Lage des Instruments, weil er ja die Spiel-Hand (und damit prinzipiell auch die Geige) vom Körper weg bewegen muß. Die Geiger mußten also in einem Aspekt bereits eine beachtliche Virtuosität entwickeln, den man späterhin kaum noch als virtuos empfinden konnte; sie mußten also in ihrem Spiel die entsprechenden statischen Sicherungen berücksichtigen – oder darauf vertrauen, daß dies bereits der Komponist getan hatte. Kein Problem ergab sich natürlich, wenn eine Phrase auf einem extrem hohen Ton endete und man anschließend pausierte (etwa: Bach, Violinkonzert a-Moll BWV 1041, 2. Satz, T. 15). Ähnlich hilfreich konnte es bereits sein, wenn man in dem Moment des Lagenwechsels gerade eine leere Saite zu spielen hatte (dann war die Hand frei für die »Rückwärtsbewegung« und das Sichern der Geige, ohne daß aber die Finger zudem noch greifen mußten) oder wenn die Rückwärtsbewegung sich allmählich vollzog (etwa in einer Stufensequenz) und man den Wechsel durch eine geringfügige Überdehnung der Hand schrittweise bewältigen konnte; doch dies war bereits eher etwas für einen Solisten als für einen Orchestergeiger, der weithin in der ersten Lage verharrte.

> Aufgabe (14):
> Deutlich wird dieser Unterschied im 1. Satz von Bachs a-Moll-Violinkonzert BWV 1041: Definieren Sie anhand des letzten Tuttiabschnitts (T. 143–171) die Anforderungen, die Bach an die ersten Orchesterviolinen stellt – im Unterschied zu denen, die der Sologeiger zu erfüllen hat.

Das Spiel höherer Lagen war aber auch noch durch einen anderen Aspekt erschwert: durch die Bauform des *Geigenhalses* (mit dem Griffbrett). Die Saiten verlaufen nicht waagrecht über das Instrument, parallel zur Deckenoberfläche, sondern zum Steg hin ansteigend: vom Wirbelkasten über den Obersattel (an der Obergrenze des Griffbretts, ungefähr auf gleichem Niveau wie die Decke des Instruments) über den Steg, der die Saitenschwingungen auf die Decke überträgt, »zurück« zum Saitenhalter, der mit seinem unteren Ende am Untersattel wieder auf dem Niveau der Geigendecke liegt. Welches Verhältnis nimmt der Geigenhals dazu ein?

Bei modernen Geigen – und bedauerlicherweise auch (durch Umbau) bei den meisten älteren – paßt sich der Geigenhals ungefähr dem Saitenverlauf an, ist also leicht rückwärts geneigt; damit erreicht man, daß sich auf der ganzen Länge des Griffbretts etwa ähnliche Abstände zwischen ihm und der Saite ergeben. Bei älteren Geigen war der Hals jedoch ziemlich gerade an das Geigenkorpus angesetzt; der zunehmende Abstand zwischen Saite und Griffbrett wurde von einem keilförmigen Griffbrett ausgeglichen. Dann aber stellte die zunehmende Dicke des Griffbretts den Geiger beim Spiel höherer Lagen vor Probleme – seine Hand mußte zwischen Daumen und Zeigefinger ein Holzstück von beträchtlich zunehmender und das Spiel daher behindernder Dicke umfassen. Vor diesem Hintergrund verwundert es nicht, daß die originalen Griffbretter alter Geigen kürzer sind als die von moderneren Geigen (bei gleicher Saitenlänge); da das Spiel in allerhöchsten Lagen technisch derart erschwert war, kam es praktisch auch kaum in Frage.

Die neue Hals-Konstruktion wurde zu Beginn des 19. Jahrhunderts populär; einen Kinnhalter hat erstmals Louis Spohr entwickelt (vor 1820), doch jener setzte sich erst im 20. Jahrhundert endgültig durch. Folglich hat man im »historischen« Spiel noch der Violinkonzerte Mozarts und Beethovens grundsätzlich mit dem doppelten Problem beim Erreichen hoher Lagen zu rechnen.

Eine Vergrößerung des Tonvolumens schließlich ergab sich auch aus der Standardisierung des *Bogens* durch François Tourte um 1780: Eine konkave Form des Bogenholzes ermöglichte eine gleichmäßigere Übertragung des von der rechten Hand ausgehenden Drucks auf die Bespannung des Bogens. Auch diese Neuentwicklung setzte sich aber erst allmählich durch. Erwähnen sollte man schließlich auch, daß man zu einer neuen Form der Besaitung überging: Um die Durchschlagskraft des Klangs zu vergrößern, wählte man an Stelle traditioneller Darmsaiten mit der Zeit metallumsponnene oder stählerne Saiten – sofern der Bau des Instruments dem Zug der vergrößerten Saitenspannung standhielt.

Daneben eröffnete die Violine ihren Spielern über die gesamte Zeit hinweg technische Eingriffe, die das Spielen erleichtern konnten. Bezeichnend ist die Bewertung der *Skordatur*, des (absichtlichen) Verstimmens einer – oder mehrerer – Saiten des Instruments. Bereits aus dem 17. Jahrhundert heraus bekannt (etwa in den »Rosenkranzsonaten« Heinrich Ignaz Franz Bibers), handelt es sich später im Instrumentalkonzert nicht selten um eine »Verstimmung« des gesamten Instruments: In Mozarts Sinfonia concertante KV 364 (Es-Dur) ist der Bratschen-Part in D-Dur notiert; der Bratscher stimmt also sein Instrument insgesamt um eine Sekund höher als üblich und erleichtert sich damit das Spiel erheblich. Aus einer exakt gleichartigen Total-Skordatur hat man hingegen Paganini einen Vorwurf gemacht: Sein D-Dur-Violinkonzert (Nr. 1, op. 6) war zunächst in einer Es-Dur-Fassung entstanden, doch Paganini spielte den Solopart – mit veränderter Instrumentenstimmung – als den eines D-Dur-Konzerts.

Cembalo und Klavier

So selbstverständlich uns ein klassisch-romantisches Klavierkonzert erscheinen mag, sind Konzerte für Tasteninstrumente zunächst nichts Selbstverständliches gewesen: Wenn ein Tasteninstrument im »Generalbaßzeitalter« einen Solopart übernimmt (und nicht die typische begleitende Generalbaßfunktion), werden damit seine Aufgaben grundlegend uminterpretiert. Daher verwundert es nicht, daß die Tasteninstrumente erst allmählich jene herausragende Position als Konzert-Soloinstrumente erlangt haben.

Frühe Konzerte für Tasteninstrumente gibt es in Bachs Werk: Im 5. Brandenburgischen Konzert figuriert das Cembalo (neben Querflöte und Violine) als Soloinstrument; das Konzert entstand vermutlich um 1720. Bachs Konzert für vier Cembali und Streicher BWV 1065 (als Bearbeitung des Vivaldi-Konzerts op. 3 Nr. 11) dürfte – im Rahmen des Raritätenkabinett-Effekts – Ende 1729 entstanden sein. »Solo«-Konzerte für Tasteninstrumente gibt es von Bach hingegen erst aus der Zeit um 1738 – als Umwandlungen von Konzerten für Melodieinstrument und Orchester. Aus der gleichen Zeit datieren die ersten erhaltenen Tasteninstrument-Solokonzerte Händels: die sechs Orgelkonzerte op. 4 (1735/36). Sie können nicht nur auf einer Orgel gespielt werden, sondern auch auf einer Harfe (wie der Titel ihrer Druckausgabe ausweist) oder auf einem Cembalo (da der Orgelpart rein manualiter konzipiert ist). Manche seiner Orgelkonzerte einer »zweiten Reihe« sind Bearbeitungen von Concerti grossi (op. 6, 1739) und nehmen damit eine ähnliche Position ein wie die Bachschen Transkriptionen. Offenbar gab es also in der Zeit um 1730/40 generell einen Bedarf an Konzerten auch für Tasteninstrument und Orchester – der wie bei den Querflöten-Konzerten nicht selten auf dem Wege der Bearbeitung älterer Werke befriedigt wurde; Orgel und Cembalo nehmen dabei, wie Händels Praxis zeigt, eine so dicht benachbarte Stellung zueinander ein, daß man zunächst »Orgelkonzerte« und Konzerte für andere solistische Tasteninstrumente nicht scharf gegeneinander abgrenzen kann.

»Cembalo« blieb bis nach 1800 *Sammelbezeichnung* für »besaitetes Tasteninstrument«, schloß also »Fortepiano« ein. Wenn ein Komponist ausdrücklich Hammerklavier-Absichten verfolgte, mußte er sich deutlicher ausdrücken – wie etwa Carl Philipp Emanuel Bach in seinem Konzert für Cembalo, Hammerklavier und Orchester Wq 47 (1788) oder auch noch Ludwig van Beethoven (weshalb der Name »Hammerklavier-Sonate« für die Klaviersonate op. 106 nur besagt, daß sie auf einem »Cembalo« nicht spielbar sei). Über einen beträchtlichen Zeitraum hinweg standen also zwei Grundtypen von besaiteten Tasteninstrumenten zur Verfügung, und erst allmählich setzten die entscheidenden Revolutionierungen ein, und zwar am Hammerklavier. Sie erschlossen einen größeren Bewegungsraum (Vergrößerung der Tastatur), ermöglichten eine universellere Handhabung der Tasten (speziell: auch den *schnellen Anschlag* einer Taste mehrfach nacheinander) und insgesamt eine größere *Klangfülle* (allerdings auch auf Kosten der klanglichen Trennschärfe). Die Entwicklungen waren erst im 20. Jahrhundert – gemessen am derzeitigen Standard – abgeschlossen.

Zunächst zu den Umfangsproblemen: Wenn es für einen Geiger des 18. Jahrhunderts lediglich ungemütlich werden konnte, sobald er in die höchsten Lagen seines Instruments vordrang, stieß (und stößt) der Pianist an viel handfestere Grenzen – dort, wo die Tastatur zu Ende ist, kommt er keinesfalls weiter. Wer also für Klavier komponiert, kann vom Pianisten keinen größeren Tonraum erwarten als normalerweise verfügbar, und wenn der künstlerische Höhenflug eines Komponisten in Sphären vorzustoßen ansetzt, die das Klavier nicht erschließt, muß er zu Ausweichkonstruktionen greifen.

Ein illustratives Beispiel begegnet in einem der besonders virtuosen Klavierkonzerte Mozarts, dem »Krönungskonzert« KV 537, im ersten Satz: Von Takt 251 an wird eine viertaktige Phrase in Stufen aufwärts sequenziert, deren Spitzenton in Takt 254 zunächst ein f^3 ist (in einer Sechzehntel-Figur »es^3-f^3-es^3-d^3«). Beim nächsten Eintritt des Sequenzglieds vier Takte später (eine Sekund höher) muß Mozart die Grenze respektieren, die das Instrument ihm setzt: Er ist nicht in der Lage, »f^3-g^3-f^3-e^3« zu komponieren, weil Klaviertastaturen jener Zeit nicht über f^3 hinausreichen; deshalb folgt als zweites Sechzehntel lediglich ein e^3, womit die Sechzehntelbewegung gewahrt bleibt. Die Phrase erklingt auch noch ein drittes Mal (Takt 262) – doch hier muß Mozart schon am Schluß des Vortakts die Aufwärtsbewegung abbrechen und gewinnt damit eine neue Figuration, die ihm eine freie Fortsetzung ermöglicht.

Mozart stand offenkundig zeitlebens ein Fünf-Oktaven-Klavier (F_1-f^3) zur Verfügung; er schöpfte diesen Klangraum in seinen späten Konzerten (D-Dur KV 537, B-Dur KV 595) ebenso aus wie schon in seinen frühen (etwa B-Dur KV 238). Dieses *Ausschöpfen des Tonraums* ist ein wesentliches Stück pianistischer Virtuosität. Die entscheidenden Entwicklungen zur Vergrößerung des Tonraums liegen erst in der Zeit nach Mozarts Tod; auch spätere Komponisten benutzten jeweils den gesamten Klavier-Tonraum, den ihnen das Instrument bot. Die instrumentengeschichtlichen Wandlungen lassen sich somit auch aus den Noten der Klavierkonzerte selbst ablesen, etwa aus der Disposition derjenigen Beethovens, zu denen in Tabelle 17 als »Vergleichswert« auch das Klavierkonzert Schumanns hinzugezogen wird.

Tabelle 17: Klavierumfang in Konzerten Beethovens (und Schumanns)

Werk	tiefster Ton (Satz/Takt)	höchster Ton (Satz/Takt)
Nr. 1 C-Dur op. 15	F_1 (I/293)	f^3 (I/123)
Nr. 2 B-Dur op. 19	F_1 (I/101)	f^3 (I/90)
Nr. 3 c-Moll op. 37	F_1 (I/364)	c^4 (III/347)
Tripelkonzert op. 56	Eis_1 (I/287)	c^4 (III/193)
Nr. 4 G-Dur op. 58	F_1 (I/210)	c^4 (I/86)
Bearbeitung nach op. 61	A_1 (I/111)	d^4 (I/101)
Nr. 5 Es-Dur op. 73	F_1 (I/183)	f^4 (I/226)
Schumann, op. 54	C_1 (I/71)	fis^4 (III/562)

Die beiden ersten Klavierkonzerte Beethovens stehen noch im gleichen Rahmen wie diejenigen Mozarts. Mehr Klangraum erfordern hingegen das c-Moll-Konzert, das Tripelkonzert und das 4. Klavierkonzert; sie gehören damit zu den frühesten Werken Beethovens mit diesem erweiterten Klangraum, der sich mit Beethovens Sébastien-Erard-Flügel in Verbindung bringen läßt. Schon für die Bearbeitung des Violinkonzerts op. 61 für Klavier (1807) legt Beethoven einen noch größeren Klaviaturumfang zugrunde, und für das 5. Klavierkonzert schließlich benötigt Beethoven gegenüber jenem Erard-Umfang oben eine weitere Quarte (bis f^4). Und Schumann spielte einen Conrad-Graf-Flügel mit dem Umfang C_1-g^4; diesen Umfang schöpft er in seinem a-Moll-Klavierkonzert fast völlig aus.

Aufgaben (15):

1. In welchem Verhältnis steht der Klavierumfang Schumanns zu dem eines modernen Klaviers?

2. Benötigt man zum Spiel von Carl Maria von Webers Konzertstück für Klavier und Orchester f-Moll op. 79 (Noten: ETP 746) bereits ein Instrument mit dem Umfang, der auch Schumann zur Verfügung stand – oder »genügte« auch ein Instrument, mit dem Beethoven arbeitete?

Ein besonderes spieltechnisches Problem behob Sébastien Erard in London mit seiner Erfindung der »doppelten Auslösung«, die er 1821 patentieren ließ: Diese Technik (für die es bereits mehrfach zuvor Lösungsversuche gegeben hatte) ermöglichte den mehrfachen Anschlag einer einzigen Taste, ohne daß diese dafür sich völlig in die Ausgangsposition zurückbewegen mußte.

Welche Probleme es in der Zeit zuvor mit der Auslösung geben konnte, ist außerhalb des Konzerts überliefert: für Schuberts Klavierspiel. Schubert hatte in der Klavierbegleitung des Liedes »Der Erlkönig« Probleme mit den in Achteltriolen repetierten Oktaven; als er das Werk seinem Vater vorspielte und dabei die triolische Bewegung auf eine duolische reduzierte, wurde er nach seinen Gründen für diese vereinfachte Spielweise gefragt, und er soll geantwortet haben: »Die mögen andere spielen, für mich sind sie zu schwer!« Das Problem dürfte aber nicht, wie man denken könnte, dasjenige Schuberts gewesen sein, sondern eines der Klaviermechanik: Nicht Schubert war es, der die Schwierigkeiten seiner Komposition nicht meisterte, sondern das Instrument war mit dem überfordert, was Schubert von ihm verlangte.

Vor diesem Hintergrund braucht man nicht lange nach einer Antwort zu suchen, weshalb sogar Beethoven (der über Instrumente Erards und John Broadwoods Zugang auch zu anderen Klaviertechniken hatte) im Mittelsatz seines 2. Klavierkonzerts dort, wo schnelle, repetierte Terzgriffe erklingen (Sextolen, Takt 65), staccato-Punkte setzt; dies läßt sich nur als Erinnerung an den Pianisten verstehen, hier dem Instrument die nötige Zeit zu lassen, um dem Spieler den »permanenten« Wiederanschlag überhaupt zu ermöglichen. Ebenso ist es keine Frage, weshalb im letzten Satz des 4. Klavierkonzerts von Beethoven das Streicherthema, in dem gruppenweise in drei Sechzehntel-Schritten Töne im Vivace-Zeitmaß repetiert werden, vom Klavier nie in Originalform übernommen werden oder weshalb vergleichbare Repetitionen in der Originalkadenz zum ersten Satz nur zwei Töne unmittelbar hintereinander auf gleicher Höhe erfassen: Auch hier muß man die Auslösungs-Probleme in Betracht ziehen, und wenn nicht für Beethoven selbst, so doch für seine Wiener Umwelt.

Die Zunahme der Klangfülle schließlich spiegelt sich im Wandel dessen, wie man die Möglichkeiten des Klavierkonzerts einschätzte; dieser Wandel vollzog sich in außerordentlich knapper Zeit zu Beginn des 19. Jahrhunderts[2]. Noch 1812 schrieb Ernst Theodor Amadeus Hoffmann, er habe »aus dem Grunde einen Widerwillen gegen alle Flügel-Konzerte, da hier die Virtuosität des

[2] Zitate im folgenden nach: Ernst Theodor Amadeus Hoffmann, Schriften zu Musik, Aufsätze und Rezensionen, München 1977, S. 120 (Rezension der Klaviertrios op. 70 von Beethoven); Robert Schumann, Gesammelte Schriften über Musik und Musiker, hrsg. von Martin Kreisig, Leipzig 1914, 1. Band, S. 386.

einzelnen Spielers in Passagen und im Ausdruck der Melodie geltend gemacht werden soll, der beste Spieler aber auf dem schönsten Instrumente vergebens nach dem strebt, was z. B. der Violinist mit leichter Mühe erringt. Jedes Solo klingt nach dem Tutti der Streicher und Bläser steif und matt, und man bewundert die Fertigkeit der Finger und dergl., ohne daß das Gemüt recht eigentlich angesprochen wird.« Hoffmann sieht also das Klavier in einem Konzert als ein Instrument, das dem Klang des Orchesters unterlegen ist. 22 Jahre später hingegen schreibt Schumann: »Sicherlich müßte man es einen Verlust heißen, käme das Klavierkonzert mit Orchester ganz außer Brauch; andererseits können wir den Klavierspielern kaum widersprechen, wenn sie sagen: ›Wir haben anderer Beihilfe nicht nötig, unser Instrument wirkt allein am vollständigsten.‹ Und so müssen wir getrost den Genius abwarten, der uns in neuer, glänzender Weise zeigt, wie das Orchester mit dem Klavier zu verbinden sei, daß der am Klavier Herrschende den Reichtum seines Instruments und seiner Kunst entfalten könne, während das Orchester dabei mehr als das bloße Zusehen habe und mit seinen mannigfaltigen Charakteren die Szene kunstvoller durchwebe.«

Doch die klanglichen Möglichkeiten des Klaviers wurden noch fortentwickelt: Zum Kernproblem wurde dabei – ähnlich wie bei den Streichinstrumenten – die Verstärkung der Besaitung. Damit das Instrument diese aber überhaupt ertragen konnte, wurde um 1850 in den USA die Idee entwickelt, in das Instrument einen Gußeisenrahmen einzubauen. Eine klangliche Veränderung – gleichfalls mit dem Ziel einer größeren Durchschlagskraft – ergab sich zudem daraus, daß bereits Erard für die Hämmerchen anstelle der ursprünglichen Lederbespannung eine Filzbespannung einführte. Beides ging allerdings auf Kosten klanglicher Intimität – die man sich etwa noch für die Konzerte Chopins (1830) zu denken hat.

Wie bei der Violine liegen also auch für das Klavier die wesentlichen Fortentwicklungen erst im 19. Jahrhundert – für die Violine an einem zuvor schon »einmal ausgereiften« Instrument, für das Pianoforte an einem Instrument, das überhaupt erst im 18. Jahrhundert erfunden worden war und das um 1780/1800 lediglich eine gewisse Stabilitätsphase erreicht hatte. Komponisten schöpften – auch außerhalb des Konzerts – die jeweiligen Grenzen offenkundig restlos aus; Begrenzungen empfanden sie tatsächlich als solche, wie Schuberts Anforderungen (außerhalb des Konzerts) und Mozarts Sequenz-Verhalten im »Krönungskonzert« KV 537 deutlich zeigen. Doch die restlose Ausschöpfung eines Instruments ist, da sie dessen ebenso restlose Beherrschung voraussetzt, in jedem Fall »Virtuosität«. Die Nachwelt hat in ihrem vergleichenden Urteil zwischen der Virtuosität eines Mozart oder eines Liszt nicht von der Ausschöpfung des modernsten verfügbaren Instruments auszugehen (das freilich Liszts Instrument nähersteht als dem, das Mozart ausschöpfte), sondern sie hat die Maßstäbe dafür aus den zeitüblichen Vorlagen heraus zu entwickeln.

Das Horn

Der Spieltechnik aller Blechblasinstrumente liegen die Möglichkeiten der *Naturtonreihe* zugrunde: ein stark begrenzter, nur abschnittsweise diatonischer (in noch geringerem Ausmaß chromatischer) Tonvorrat. Die Naturtonfolge ist in ihrem Aufbau immer gleich; Unterschiede können sich lediglich durch den Grundton ergeben: Er bestimmt den Ausgangspunkt dieser in sich stets gleichartigen intervallischen Ordnung. In einem Trompeten- oder Hornkonzert können also für das Soloinstrument nur die Töne vorkommen, die in der Naturtonreihe über dem Instrumenten-Grundton enthalten sind (daß dies zugleich die Tonartwahl begrenzt, sei am Rande bemerkt); andere Töne sind prinzipiell ebenso unspielbar wie auf dem Klavier jene Töne, die schlichtweg außerhalb der Tastatur liegen.

Eine Ausnahmeerscheinung unter den Blechblasinstrumenten ist die Posaune: Auf ihr ist chromatisches Spiel möglich, weil ihre Instrumentenröhre (mit dem »Zug«) verlängert oder verkürzt werden kann; diese Entwicklung läßt sich schon um die Mitte des 15. Jahrhunderts nachweisen. Versuche, diese Zug-Technik auch auf die Trompete zu übertragen, setzten sich ebensowenig durch wie Experimente, Klappenmechanismen aus der Holzblasinstrumententechnik zu entlehnen und auf Blechblasinstrumente zu übertragen. Erst die *Ventiltechnik* hat das Trompeten- und Horn-Spiel daher entscheidend verändert: Ventilschaltungen während des Spiels ermöglichen seit dem frühen 19. Jahrhundert vergleichbare Rohrlängen-Veränderungen wie ein Posaunenzug.

Dennoch versuchte man um die Mitte des 18. Jahrhunderts, den auf dem Horn erreichbaren Tonvorrat zu erweitern, und zwar aus der Spieltechnik heraus, wofür die Horn-Haltung den Anstoß gab: Eine Hand ist frei, um in die Stürze, den Trichter, zu greifen. Auf der Trompete wäre dies – bei einer anderen Haltung – nicht denkbar gewesen. Je nachdem aber, wie tief der Hornist die Hand in die Stürze einführt, wird der Ton zwar dunkler und auch matter, aber zugleich stufenlos tiefer. Diese »*Stopftechnik*« (mit der die instrumententypische Schwierigkeit, den richtigen Ton überhaupt zu treffen, noch dadurch erweitert wurde, daß man diesen auch noch von Hand »nachträglich« zu variieren hatte), war um 1780 so weit verbreitet, daß Mozart sie auch von Tuttihornisten verlangen konnte (wie das Lagenspiel von einem Tuttigeiger); dennoch unterscheiden sich seine Solopartien auch noch von Tuttipartien.

Mozarts Entwurfspartitur zu seinem Hornrondo KV 514 (1791), möglicherweise (vgl. S. 116) Grundlage für ein erstes Test-Durchspielen durch den Virtuosen, enthält zahlreiche verbale Zusätze. Sie enthalten zunächst die Einsatz-Aufforderung »à lei, Signor Asino« (»für Sie, Herr Esel«; ähnlich auch im weiteren Verlauf) und »Informationen« über den formalen Aufbau des Rondos; ferner betreffen Mozarts Zusätze aber gerade die Stopftöne. Der Hornist spielt ein D-Horn; auf ihm sind »naturgegeben« folgende Töne spielbar (in der oberen Reihe steht die Naturton-Numerierung, in der unteren der jeweilige Ton):

1	2	3	4	5	6	7*	8	9	10	11*	12	13	14*	15*	16
D	d	a	d^1	fis^1	a^1	c^2	d^2	e^2	fis^2	gis^2	a^2	h^2	c^3	cis^3	d^3

Problematisch ist dabei der Klang des 7., 11., 14. und 15. Naturtons (mit einem Stern markiert): Er ist jeweils unrein und klingt »zu tief«. Bei einer perfekten Stopftechnik müssen also auch diese Töne korrigiert werden, und weil dies natürlich nicht mit dem – auf noch weitere Tiefe abzielenden – Stopfen des betreffenden Tons selbst geschehen kann, muß der Umweg über den nächsthöheren Ton eingeschlagen werden. Ein gis^2 klingt also entweder so unrein, wie es auf einem Naturtoninstrument »normal« ist, oder er wird dadurch »rein« erreicht, daß man das a^2 stopft.

In Takt 57 von Mozarts Konzertrondo kommen nun folgende Töne vor: a^1 (in der Naturtonreihe über D enthalten), cis^2 (muß um einen Halbton gestopft werden), d^2 (in der Naturtonreihe enthalten), e^2 (ebenfalls), f^2 (muß um einen Halbton gestopft werden). Die Bewegung (Allegro, 6/8-Takt) ist in Achteln und Sechzehnteln gehalten, also relativ schnell; die Stopftechnik muß folglich zügig und zuverlässig funktionieren. Mozarts Kommentar lautet: »ah che mi fai ridere!« (»Ach, wie du mich doch zum Lachen bringst!«) Ohne Verständnis für die Mühe, die dem Hornisten das Spiel hier macht, bleibt die Anspielung ohne Sinn. Entsprechend fordert Mozart in Takt 100 und 101 jeweils einmal h^1 – und schreibt darüber: »Ma intoni almeno una, Cazzo!« (»Aber triff doch wenigstens einen davon, du Schwanz!«) Und auch Mozarts Zusätze zu den ersten vier gis^2 (Takt 21–26) lassen sich als handfeste Spiel-Informationen verstehen: »bestia – o che stonatura – Ahi! – ohimè!« (»Bestie; o welch Mißklang; ach; o je!«) Sie gelten somit dem 11. Naturton, der üblicherweise zu tief klingt, waren also eine »Warnung« vor einem Ton, bei dem buchstäblich ein »Eingriff« in die Stürze notwendig war.

Mozarts Horn-Anforderungen gehen weit über die spieltechnischen Ausgangs-Möglichkeiten des Instruments hinaus; das Beispiel zeigt, welche »Virtuosität« der Nachwelt verborgen bleibt, wenn man als deren Meßlatte nicht die zeitgenössische Instrumententechnik zugrunde legt. Für spätere Hornkonzerte (beispielsweise diejenigen Richard Strauss', 1883 und 1942) ergeben sich freilich ganz andere Verhältnisse hinsichtlich des verfügbaren Tonmaterials.

8. KAPITEL: DAS 19. JAHRHUNDERT

Die Probleme im Überblick

Konzerte des 19. Jahrhunderts werden in der Literatur üblicherweise zwei verschiedenen Kategorien zugeordnet: Man grenzt »*Virtuosenkonzerte*« von »*Sinfonischen Konzerten*« ab. Deshalb liegt es nahe, im »Virtuosenkonzert« eher das Virtuose als das Satztechnische oder Formale zu konstatieren und im »Sinfonischen Konzert« gerade umgekehrt zu verfahren. Brahms' Konzerte sind aber ohne Virtuosität ebensowenig zu begreifen wie Paganinis Konzerte ohne einen formalen Kontext. Im folgenden sollen die beiden »Gattungen« miteinander »vermischt« betrachtet werden, und zwar in drei größeren und und einem kleineren thematischen Block.

Der erste gilt den formalen Problemen des »*Tutti*«, wie im 4. Kapitel kurz umrissen (S. 89): Zu betrachten ist, wie sich der formale Stellenwert von Tuttiabschnitten im Konzert fortentwickelte. Adolph Bernhard Marx etwa sprach 1859 in seiner Beethoven-Biographie davon, daß »die Aufgabe, – ein einzeln Instrument und seine Leistung als Hauptsache, und das ganze unverhältnismässig reichere und bedeutsamere Orchester als dienende Nebensache hinzustellen, – im Grund eine künstlerische Unwahrheit enthält« (Ausgabe Leipzig 1902, Bd. 2, S. 81); er gibt damit dem Aspekt, daß man während der Tuttieröffnung eines Konzertsatzes lediglich auf den Einsatz des Solisten warte, eine zusätzliche Schärfe. Erstaunlicherweise aber blieben gerade im »Virtuosenkonzert« die formalen Dispositionen des 18. Jahrhunderts erhalten; ein Virtuose wie Paganini begriff das Musizieren des Orchesters nicht als Problem – er »wartete« demnach nicht jeweils ungeduldig auf den eigenen Einsatz, und in seinen eigenen Konzerten wirkt das Orchester auch nicht als »dienende« Nebensache (gerade dann nicht, während der Solist »wartet«). Marx hingegen hat es als ein Verdienst Beethovens bezeichnet, dieses Problem »gelöst« zu haben; folglich hat man die musikalischen Erscheinungsformen des Problembewußtseins und der Problembewältigung zu betrachten – an den *Eröffnungen* der Konzerte Beethovens. Tuttiabschnitte konnten aber aus Konzertsätzen völlig entfernt werden; bisweilen wurde als »Gegengewicht« dafür (weil sonst das Orchester praktisch bedeutungslos geworden wäre) der *Dialog zwischen Tutti und Solo* intensiviert (wie in späteren Konzerten Mendelssohns), doch vor allem gegen Ende des Jahrhunderts konnten traditionelle Formglieder eines schnellen Konzertsatzes auch *ersatzlos gestrichen* werden. Dies galt primär Tuttiabschnitten (etwa in Tschaikowskys Violinkonzert festzustellen), aber auch Soloabschnitten; beides erscheint eher als eine autonom-konzerthafte denn als eine primär sonatenhafte Maßnahme.

Diese Satz-»Verkürzungen« sind Teil eines zweiten Problemkreises, den es zu betrachten gilt: Möglicherweise schlagen sich in ihnen *Fantasie*-Prinzipien nieder. Diese aber erfassen das Konzert nicht nur darin, daß nun formal

»freiere« Konstruktionen möglich sind, mit denen sich die zeitgenössischen Konzertprobleme elegant umgehen ließen; »fantasiehaft« ist es auch, Sätze bruchlos ineinander übergehen zu lassen. Damit begegnet man einer neuen Form der zyklischen Gestaltung eines Konzerts; sie kann sich aber auch umgekehrt ergeben, nämlich dadurch, daß man ein Werk *einsätzig* anlegt und in ihm mehrfach das Tempo wechseln läßt. Einzelheiten von Einsätzigkeit und Fantasieprinzip seien an Carl Maria von Webers »Konzertstück« für Klavier und Orchester exemplifiziert.

Der dritte Problemkreis widmet sich dem Nebeneinander von Solo und Tutti: In Webers »Konzertstück« übernehmen punktuell Instrumente aus dem *Orchester* heraus *Solofunktionen* neben dem Klavier; in Mendelssohns späteren Konzerten ergibt sich ein *»intensivierter Dialog«* zwischen Tutti und Solo. Mit beidem wird das Orchester auf unterschiedliche Weise neben dem Solisten aufgewertet; man hat das Ergebnis als etwas *»Sinfonisches«* interpretiert, insbesondere an Werken Brahms'. Dies sei an dessen 2. Klavierkonzert betrachtet, in dem ein Orchestermitglied außerordentlich stark herausgestellt wird (der erste Cellist), aber zugleich die allgemeineren »sinfonischen« Möglichkeiten erkennbar sind. Zu bedenken hat man aber, daß das Konzert damit kurioserweise zu den *Wurzeln seiner Begrifflichkeit* zurückkehrt: Wenn in der Musik vor 1600 »concertare« als »etwas aufeinander abstimmen« oder als »gemeinsam musizieren« verstanden worden ist, dann ist das »Dialogisieren« von Teilensembles des Orchesters mit dem Solisten etwas ganz ähnliches. An einer solchen Stelle zeigt sich, wie universell der »konzertierende Stil« in der Musik der Zeit nach 1600 ist – und wie wenig Sinn Beobachter des 19. Jahrhunderts für dies »Konzertierende« hatten. Statt dessen hatte sich der Begriff »Konzert« eher so weit verselbständigt, daß man mit ihm kaum mehr etwas anderes verband als die Gattung und die Veranstaltung.

Und schließlich das vierte Thema: Eine gedankliche Nähe zwischen Sinfonie und Konzert ergibt sich auch in der *Sinfonischen Dichtung*. In ihr kann es um die musikalische Darstellung eines Einzelschicksals gehen; ein solcher literarischer »Held« kann somit Züge tragen, die man auch mit einem Virtuosen verband. Die Betrachtung eines der wenigen Werke, in denen Gedankengut der Sinfonischen Dichtung sich intensiv mit Prinzipien des Solokonzerts verbindet (also über das punktuell solistische Musizieren von Orchesterangehörigen hinaus), führt aber dazu, daß jenes *Bild des Virtuosen* in der Öffentlichkeit mit musikalischen Realitäten praktisch nicht zu tun hat: Welche Stellung also hat das Soloinstrument (Bratsche) in Hector Berlioz' »Harold in Italien«?

Unvermeidlicherweise rücken dabei wiederum Probleme der *ersten Konzertsätze* in den Mittelpunkt der formalen Betrachtungen. Doch darin spiegeln sich dann nicht zuletzt die Themen, die man – abgesehen von der Virtuosität generell – in jener Zeit mit Blick auf das Konzert besonders intensiv diskutierte: Probleme mit »ersten Sätzen« ziehen sich wie ein roter Faden durch das 19. Jahrhundert. Über Beethovens 4. Klavierkonzert etwa schreibt der Musikkritiker Friedrich Rochlitz 1808, den ersten Satz müsse man mehrfach anhören, um ihn erfassen zu können; ähnlich berichtet Frédéric Chopin nach der Uraufführung seines f-Moll-Konzerts op. 21, das erste Allegro des Werks sei nur wenigen zugänglich gewesen (an Tytus Woyciechowski, 27.3.1830). 1840 zieht es Robert Schumann vor, gewissermaßen statt eines Konzerts eine »Fantasie« für Klavier und Orchester zu schreiben, und erst allmählich – bis 1845 – setzt sich bei ihm das Bewußtsein durch, daß diese »Fantasie« der erste Satz eines größeren Konzerts sein könne (Klavierkonzert op. 54). Im gleichen Jahr bewundert man in Mendelssohns Violinkonzert vor allem die Form des ersten Satzes. Gegen Ende des Jahrhunderts intensivierte sich dann das Interesse an der »Form« im Konzert; daß man dafür diejenige der »ersten Sätze« herausgriff (»Sonatenkonzerttheorie«), erscheint bereits gattungsgeschichtlich als eine logische Konsequenz – selbst wenn gerade damit auf die Form des Sonaten-»Hauptsatzes« angespielt wird, die ja ebenfalls die Form erster Sätze beschreibt.

»Tutti« als Problem

Wie beginnen Beethovens Klavierkonzerte Nr. 4 und 5?
🕮 Eulenburg-TP 705 (Nr. 4), No. 706 (Nr. 5)

Wie erwähnt (S. 89), wird im ersten Satz von Beethovens 2. Klavierkonzert ein Herangehen an das Konzertieren erkennbar, das sich von der Praxis des 18. Jahrhunderts radikal unterscheidet: Alles, was sich zwischen erstem Tutti und erstem Solo für die nachfolgenden Teile des Satzes als »thematische Spannung« auswirken könnte (dadurch, daß Motive nicht nur entweder im Tutti oder im Solo vorkommen können, sondern sowohl im Tutti als auch im Solo), ist beseitigt; Tutti und Solo erhalten zunächst ihre *unverwechselbar eigene Motivik* und begegnen einander lediglich in den Umrissen des Hauptthemas. Um so fragwürdiger wird dabei der Sinn einer orchestralen Einleitung, der lediglich ein Vorspielcharakter anhaftet und die obendrein noch entsprechend lange dauert; dabei entsteht (wohl eher rückwirkend) ein Erwartungsdruck auf den Einsatz des Solisten. Dadurch, daß in der Durchführung ein Tuttithema »durchgeführt« wird, und dadurch, daß in der Reprise Tutti-Situationen aufgegriffen werden, wird das Problem nur unwesentlich entschärft.

Den Erwartungsdruck hat Beethoven in seinen Klavierkonzerten Nr. 4 (G-Dur op. 58) und Nr. 5 (Es-Dur op. 73) beseitigt: indem er den Solisten schon in den allerersten Takten des Konzerts in das Geschehen einführt (dies steht hinter Adolph Bernhard Marx' Sehweise, Beethoven habe mit einer »Unwahrheit« des Konzertsatzes gebrochen; vgl. S. 143). Das G-Dur-Konzert wird *vom Solisten ganz allein eröffnet*: Er spielt zunächst fünf Takte lang ohne jede Orchesterbeteiligung; erst dann setzt das Orchester ein und spielt 68 Takte ohne jede Solobeteiligung, so daß damit das Formglied »Orchestereinleitung« bestehen bleibt. Jene solistische Eröffnung und die anschließende »Orchestereinleitung« sind musikalisch aufeinander angewiesen, sie stehen in einem fundamentalen Abhängigkeitsverhältnis zueinander: Der Pianist stellt in der Grundtonart (G-Dur) eine Art Thema vor, das aber mit einem Halbschluß auf der Dominante endet (D); daraufhin setzt das Orchester in H-Dur ein und hat erst in Takt 14 die Grundtonart G-Dur wieder erreicht. Der Orchestereinsatz schwebt in der Luft, wenn man ihn nicht im Kontext mit den fünf Solotakten hört; diese hingegen sind musikalisch nichts Abgeschlossenes. Aus dem »Dialog« zwischen Solo und Tutti heraus ergibt sich also eine Möglichkeit zur Überwindung der formalen Probleme. Dennoch haftet der Eröffnung der Charakter einer »Introduktion« an, ehe der »richtige«, »eröffnende« Orchesterabschnitt erreicht ist. Im Es-Dur-Konzert ist dieser Introduktions-Charakter noch stärker: indem das Orchester drei fortissimo-Akkorde spielt und der Solist zwischen ihnen freie Figuration einschiebt; die drei Akkorde stehen auf der Tonika, der Subdominante und der Dominante, beschreiben also einen einfachen Kadenz-Gang, der schließlich in die Grundtonart aufgelöst werden muß und dort den Orchesterabschnitt (97 Takte lang) regelrecht »freisetzt«.

Beethoven betrachtete diese Teile allerdings nicht als bloße *»Introduktion«* – sonst hätte er sie späterhin kaum jeweils auch als *Start-Punkt der Reprise* benutzt. Daher werden beide Werke gegenüber Konzerten des 18. Jahrhunderts gewissermaßen um ein formales Glied erweitert. Möglicherweise ließ Beethoven sich zu dieser Lösung von Mozarts Es-Dur-Klavierkonzert KV 271 inspirieren, das ebenso im Wechsel zwischen Orchester und Klavier beginnt (und dieses Wechselspiel ebenfalls im Reprisenbeginn wiederaufgreift). Während dies aber für Mozart etwas Punktuelles bleibt (in keinem seiner 27 späteren Konzerte kommt er auf dieses Experiment zurück), scheint sich der Solobeginn eines Konzerts für Beethoven eher als echtes Problem dargestellt zu haben. Die Solobeteiligung an den Eröffnungstakten ist dabei ein Kompromiß: Es verbleibt anschließend noch genügend Raum, um einen ausladenden Orchesterteil zu schreiben, der sich gedanklich in der Gegend einer Konzert-»Einleitung« befindet.

Das Orchester in Paganinis Violinkonzert Nr. 1
🕮 Klavierauszug Edition Peters 1991

Die zügige Weiterentwicklung der *Instrumententechnik* im Laufe des 19. Jahrhunderts ließ die Schere zwischen den Fähigkeiten eines durchschnittlichen Orchestermusikers und denen eines international wirkenden Virtuosen überproportional auseinanderklaffen; der Virtuose konnte »Forderungen« an die Motivik stellen, die, wenn man dieselbe Motivik auch dem Orchester hätte zuweisen wollen, den Tuttispieler »über«-fordert hätte. Wie lange also konnte man dann einem Publikum zumuten, sich zu Beginn eines Konzerts Musik minderwertigen virtuosen Gehalts anzuhören, bis »endlich« der Solist einsetzen würde?

Man könnte erwarten, daß gerade in einem Konzert, das ein *Virtuose für sich selbst* komponierte, dieses Tutti-Solo-Problem besonders massiv zutage tritt. Wie gering die Probleme mit der *»alten« Ritornellform* aber selbst dann sein konnten, wenn man als Musiker ein überaus virtuoses Konzert schreiben wollte, zeigt Paganinis 1. Violinkonzert D-Dur op. 6. Es entstand um 1817/18 (also nach Beethovens Konzerten). Der erste Satz beginnt mit einem effektvollen Tuttiabschnitt, stolze 94 Takte lang (nur drei Takte kürzer als die Orchestereinleitung in Beethovens 5. Klavierkonzert); daß das Orchester den Einsatz des Solisten

»hinauszögern« könne, scheint für den Virtuosen Paganini eine abwegige Idee zu sein. Auch aus der Thematik des Satzes ergeben sich keine Probleme: Tuttithemen und Solothemen sind einander verwandt (Hauptthema: durch die Auftaktfigur) oder gleichen einander (Seitenthema: T. 43/143); sie werden also sowohl im Tutti-Kontext als auch im Solo-Kontext dargeboten, und aus dieser thematischen Ambivalenz entsteht dieselbe »Spannung« wie etwa in einem Mozart-Konzert. Die »effektvolle« Gestaltung des eröffnenden Tuttiabschnitts sichert diesem seinen eigenen, eigenständigen Stellenwert; daß der Solo-Kontext seinen Effektreichtum aus anderer Quelle bezieht, ist allerdings keine Frage. So bieten die Orchester-Themen dem Komponisten die Möglichkeit, den an Virtuosität sehr reichen Solopart mit lyrischen Passagen zu unterbrechen. Die Grenze zwischen Lyrischem (wie dem Seitenthema) und Virtuosem (»Episodischem«) ist schärfer als etwa in einem Mozart-Konzertsatz; dennoch zeigt sich in der Verbindung beider Sphären, daß Paganini – gerade in dieser thematischen Hinsicht – den Materialreichtum des traditionellen »Ritornells« benötigt und angemessen auszuschöpfen weiß.

Allerdings bleibt dem Orchester in einem Konzert wie demjenigen Paganinis für eigenständige Entfaltung praktisch kein Raum mehr, sobald der Solist spielt: Hier ist die *Rolle des Orchesters* weithin auf das Repetieren von Akkorden beschränkt. »Eigenständig« ist das Orchester also nur in den Tuttiteilen – so daß sich der Konzertsatz strukturell aus drei Komponenten ergibt: Lyrische und virtuose Soloabschnitte, in denen das Orchester nicht mehr als eine Begleitfunktion übernimmt, wechseln miteinander ab, doch es gibt daneben auch kompositorisch anspruchsvolle Tuttiabschnitte.

Das 19. Jahrhundert betrachtete das »Virtuosenkonzert« zunehmend als eine Gattung für sich (als eine Gattung minderer Güte), vor allem wenn ein Virtuose für sich selbst Konzerte schrieb – prinzipiell also Werke wie das 1. Violinkonzert Paganinis. In solchen Werken bestand folglich die Gefahr, daß der Komponist sich vorrangig darauf konzentrierte, in seinem Werk seine eigenen spieltechnischen Fähigkeiten in aller Breite darzustellen und deshalb die Ausgestaltung des »Rahmens«, in dem er auftrat, zu vernachlässigen. Daß diese Praxis die etwa von Schumann angesprochenen Gefahren barg (vgl. Anhang, Text 4), liegt auf der Hand; daß aber alle Komponisten von »Virtuosenkonzerten« tatsächlich dieser Praxis gefolgt und diesen Gefahren erlegen seien, widerlegen Werke wie Paganinis 1. Violinkonzert, das gerade auf dem formalen Sektor viel unproblematischer erscheint als Beethovens Konzerte, weil es aus bewährten Traditionen schöpft. Somit zeigt sich auch, daß nicht eine gesteigerte Virtuosität die überkommenen formalen Möglichkeiten außer Kraft gesetzt hat, sondern daß es eher eine *Neudefinition* dessen gewesen sein müßte, was sich *formal* und *satztechnisch* in einem Konzert ereignen solle.

Was geschieht, wenn das erste Tutti wegfällt? Mendelssohns Violinkonzert e-Moll

Daß die Tuttiabschnitte völlig aus einem Konzert beseitigt worden seien, hat man wohl erstmals für Mendelssohns e-Moll-Violinkonzert konstatiert. Im März 1845 uraufgeführt, erschien das Werk gegen Jahresende in der seither bekannten Form im Druck (die die Intentionen des Komponisten nicht in allen Details völlig originalgetreu wiedergibt). Wenig später besprach ein Rezensent, der mit »E. K.« zeichnet (vielleicht Schumanns Freund Eduard Krüger), das Werk mit folgenden Worten: »Als wir vernahmen, daß Mendelssohn die Literatur der Violine um ein Concert bereichert habe, waren wir sehr gespannt, dasselbe kennen zu lernen, da wir von dem Componisten eine eigenthümliche Erfassung der Aufgabe erwarten durften. Daß wir uns hierin nicht getäuscht hatten, erwies sich gleich im ersten Allegro, welches ... merklich von der üblichen Construction abweicht; hier namentlich fiel uns auf, daß das erste Tutti weggefallen ist. Bis jetzt ist uns nur eine Abweichung von diesem Gebrauch, in Beethoven's Pianoforte=Concert in Es, vorgekommen, wo jedoch das Tutti nach der Cadenz sehr ausgeführt nachfolgt. Das Allegro molto appassionato, E-Moll, alla breve nur durch einen Tact der begleitenden Figur piano eingeleitet[,] beginnt, wie bemerkt, sogleich mit dem Solo.«

In der Rezension kommt eine Spannung zwischen formaler Erwartung und musikalischer Realität zum Ausdruck; die Erwartung, die der Rezensent hegt, richtet sich lediglich darauf, von Mendelssohn »eine eigenthümliche Erfassung der Aufgabe« präsentiert zu bekommen. Er hat allerdings unübersehbare sprachliche Probleme damit, das Neuartige des Mendelssohn-Konzerts zu beschreiben: Der Begriff »erstes Tutti« läßt eine Erwartung auf ein »zweites Tutti« zu; doch dessen Funktion ist fraglich, wenn ihm der rechnerische Bezugspunkt eines »ersten Tutti« fehlt – ein solches »zweites Tutti« hinge dann zwangsläufig in der Luft. Daß sich dies auch als musikalisches Problem äußert, erweist sich daraufhin im ganzen ersten Satz.

Mendelssohn stellt dabei Grundprinzipien des Instrumentalkonzerts in Frage: Mit welchem Material könnte er gegen Satzmitte und -schluß Tuttiabschnitte versehen, wenn sie einen »Ritornellcharakter« haben sollten, aber ohne daß der motivische Bezugspunkt für eine solche »*Wiederkehr*« existierte? Die Tuttiabschnitte müßten etwas »Wiederkehrendes« enthalten, obgleich das, was wiederkehren soll, gar nicht dagewesen ist. Oder, allgemeiner gesprochen: Selbst wenn der Motivik der Tuttiabschnitte kein Gewicht mehr beigemessen würde, läge beim Tuttiabschnitt eben noch der »wiederkehrende« Aspekt des »Tutti«; doch auch hier kann nichts wiederkehren, was nicht dagewesen ist. So sind Tuttiabschnitte nach dem fehlenden »ersten« also zunächst weder motivisch noch formal denkbar. Wenn es aber gar keine Tuttiabschnitte mehr gibt: Wer übernimmt dann die *harmonische Gliederungsfunktion*, die sich doch üblicherweise mit den Tuttiabschnitten verbindet (da diese auf den markanten harmonischen Positionen eines Satzes eintreten)? Welche Rolle bleibt dann dem Orchester außer einer bloßen Begleitfunktion? Und: Kann es eigentlich noch »Soloabschnitte« geben, wenn es keine Tuttiabschnitte mehr gibt (wenn also der Besetzungskontrast Solo-Tutti seine formal abgrenzende Wirkung nicht mehr entfaltet)? Es ist klar, daß die Probleme nur punktuell – an den Grenzen der traditionellen Formglieder – tatsächlich »aufbrechen«; man hat also zu fragen, was Mendelssohn an den

Stellen tut, an denen es formal »brenzlig« wird. Mendelssohn hat seine Ideen nicht erst an jenem Violinkonzert entwickelt, sondern sie schon 15 Jahre zuvor erstmals realisiert: 1830/31 in seinem g-Moll-Klavierkonzert Nr. 1 op. 25.

🕮 Eulenburg-TP 702 (Violinkonzert)

Das erste jener formalen Probleme betrifft den *Werkanfang*: Wie (und wie lange) läßt sich eine Solo-Linie durchhalten, damit klargestellt ist, daß ein späterer Einsatz des Orchesters nicht den Beginn eines »ersten Tuttiabschnitts« bezeichnet – oder anders gesagt: daß dieser Einsatz nicht nur die Lösung Beethovens aufgreift, einem Anfangstutti eine Introduktion mit Solobeteiligung voranzustellen?

Mendelssohn löst das Problem im Violinkonzert über den – zunächst sehr einfachen – Bau des Solothemas: Die ersten acht Takte der Solomelodie sind in vier plus vier Takte gegliedert; sie enden mit einem Halbschluß auf der Dominante H (T. 10), der den acht vorausgehenden Melodietakten den Charakter eines Vordersatzes gibt und daher ein Fortfahren notwendig macht. Man kann nun also einen ähnlich gebauten Nachsatz erwarten, der im Unterschied zum Vordersatz in der Ausgangstonart e-Moll kadenziert. Zunächst wird die Erwartung befriedigt: Im neunten bis zwölften Melodietakt werden die ersten vier Melodietakte wörtlich wiederholt. Doch nach weiteren vier Takten wird neuerlich keine schlußkräftige Kadenz erreicht: Die Solomelodie läßt eine Fortsetzung als unausweichlich erscheinen (T. 18); und auch im folgenden entstehen zu Kadenzen nie auch melodische Schlüsse. Ohne Schlußkadenz bricht die Solo-Beteiligung schließlich ab (erst im 47. Takt); das Orchester setzt ein – mit dem Anfangsthema. Der Vordersatz erklingt wie zu Werkbeginn; mit einer neuen Fortführung wird dann, ebenfalls vom Orchester, eine erste gliedernde Kadenz erreicht. Für ein paar Takte fährt das Orchester daraufhin mit neuer Motivik fort, ehe der Solist wieder in das Geschehen eintritt und diese neue Motivik nun selbst übernimmt.

Mendelssohn entwickelt also eine zunächst einfach gehaltene Thematik. Virtuose Figuration (als spezifisches Element eines Soloparts) ermöglicht es ihm, das Orchester noch zu einem späten Zeitpunkt mit der Anfangsthematik in den Satz einzubeziehen. Der Tuttiabschnitt ist somit dem vorausgegangenen Soloabschnitt motivisch und formal nachgeordnet. Dennoch erhält das Tutti eigenes motivisches Gewicht – dadurch, daß Mendelssohn in ihm das Thema für den Fortgang des Satzes vorstellt. Damit allerdings baut Mendelssohn die formale Identität des Tuttiabschnitts neuerlich ab: Dieser steht mit seiner Funktion, einerseits den vorausgegangenen Soloabschnitt zu beenden und andererseits den nachfolgenden einzuleiten, kompositorisch an einem Scheitelpunkt, gewissermaßen zur Hälfte in einem formalen Teilglied, zu Hälfte in einem andern. Dies ist – bezogen auf Konzert-Eröffnungssätze – tatsächlich etwas radikal Neues. Doch das Verfahren an sich ist im Konzert nicht ungewöhnlich; daß ein Satz vom Solisten eröffnet wird, daß daraufhin das Orchester das Anfangsthema übernimmt und schließlich das motivische Material für den – solistischen – Fortgang präsentiert, findet man bereits in Konzerten Mozarts, allerdings in Rondo-Schlußsätzen (etwa im Es-Dur-Klavierkonzert KV 271; vgl. S. 107). Mendelssohn arbeitet folglich mit traditionellen kompositorischen Techniken; neu ist, in welchem Kontext er sie anwendet.

Der nächste Punkt im Satzverlauf, den Mendelssohn einschneidend ändern muß, ist das typische Ende des »ersten Soloabschnitts« – dort, wo die Zieltonart bereits erreicht und dem Solisten ein Freiraum zur Entfaltung virtuoser Möglichkeiten eröffnet worden ist. Der Abschnitt mündet traditionell in einen hervorgehobenen *Solo-Triller*, in dessen kadenzierende Auflösung hinein das Orchester mit einem »zweiten Tuttiabschnitt« einsetzt. Problematisch ist also zweierlei, neben dem allgemeinen Tuttiabschnitt-Problem auch noch etwas weiteres: Da an diesen Stellen nie eine Zäsur zwischen Solo und Tutti entsteht, sondern der Solo-Schluß und der Tutti-Einsatz miteinander überlappen, muß Mendelssohn schon den Solo-Schluß so ändern, daß die Notwendigkeit einer Tutti-Fortsetzung ausgeschaltet wird (gewissermaßen »inszeniert« der Soloschluß normalerweise den nachfolgenden Tuttieinsatz). Somit hat Mendelssohn nicht nur sein allgemeines »Tutti«-Problem, sondern auch ein ganz spezielles »Trillerproblem« zu lösen. Tatsächlich findet sich dieser Triller auch in den späten Konzerten Mendelssohns, freilich ohne daß ihm ein »zweiter Tuttiabschnitt« folgen könnte.

Wie endet der »erste« Soloabschnitt im e-Moll-Violinkonzert? Auch hier findet sich ein Triller, auch auf dem richtigen Ton (T. 210: a); er müßte nach g aufgelöst werden, und daraufhin könnte in einem traditionellen Konzert ein »zweites Tutti« in G-Dur folgen. Aber der Triller steht an »falscher« Stelle in der Partitur, nämlich nicht im Solo, sondern im Orchester. Dieser Rollentausch hat weitreichende Folgen: Nach dem Triller, mit dem das Orchester selbst in den Vordergrund tritt, kann Mendelssohn keinen Orchesterabschnitt mehr folgen lassen. Daher aber kann der Solist sogleich mit einer (umfangreicheren) Durchführung fortfahren. Hier also scheinen *Triller und Tuttifunktion* in ein einziges formales Glied zusammenzufallen.

Auf ähnliche Weise schließt auch der gesamte Satz (vgl. T. 459ff.): Wiederum liegt der Triller im Orchester, so daß das traditionelle »Schlußtutti« nicht folgen kann. Mendelssohn greift die Situation aus der Satzmitte auch darin auf, daß er nach dem Triller nochmals den Solisten fortfahren läßt; damit eröffnet dieser eine Coda, die einzige in Mendelssohns Konzertschaffen und somit ein vielbewundertes Formglied. Doch letztlich ist auch sie ein Ergebnis des Verzichts auf Tuttiabschnitte in diesem Satz, ebenso wie der Tutti-Triller selbst – nach dem eben ein Tuttiabschnitt nicht mehr folgen kann, nach dem aber eine Fortführung unverzichtbar ist. Dies fängt die Coda daher als etwas praktisch Unumgängliches auf.

Ein drittes grundlegendes Problem, das Mendelssohn in dieser besonderen Konzertsatz-Anlage zu lösen hat, ist das des *Reprisenbeginns*: Der Überraschungseffekt des Solothemas am Anfang des Violinkonzerts läßt sich kaum reproduzieren, auch nicht als Anfang einer Reprise. Mendelssohn löst das Problem, indem er hier – das einzige Mal in einem seiner Konzert-Anfangssätze und das einzige Mal in seinen späteren Konzerten überhaupt – eine Kadenz für den Solisten vorsieht. Sie endet in einer Arpeggien-Figur; zu ihr setzt das Orchester mit dem Solothema des Anfangs ein und musiziert es (erstmals) in jener einfachen 16taktigen Gestalt, in der man es bereits zu Anfang des Konzerts erwartet hätte. Neuerlich löst Mendelssohn also ein Problem, das er aus der besonderen Konzert-Eröffnung heraus geschaffen hat, mit spezifisch konzertanten Mitteln: Der Werkbeginn schränkt die Orchesterfunktionen scheinbar ein; obligates Accompagnement (oder wohl nun eher: die Verlagerung des Themas in das Orchester als echtem Partner des Solisten beim »Konzertieren«) fängt jene Zurücknahme der Orchesterfunktionen auf.

Mendelssohns Konzertsatz in einer tabellarischen Übersicht zu präsentieren ist kaum denkbar, weil der thematische Aufbau des Satzes und die Wechsel in der Besetzungsstruktur nicht »deckungsgleich« sind. Daran wird aber deutlich, daß die Kategorien »Tuttiabschnitt« und »Soloabschnitt« für den Satz tatsächlich ihre Aussagekraft eingebüßt haben. Weil aber dennoch Solist und Orchester in einen so fruchtbaren Dialog treten, würde man dem Satz auch nicht gerecht, wenn man allein die Begrifflichkeit einer »Sonatenform« ohne alle Konzert-Spezifika heranzöge. Tabelle 18 stellt daher beide Ansätze einander gegenüber (wobei »Tutti« ein Pausieren des Solisten bezeichnet, nicht aber etwa die Orchesterfunktionen im Rahmen »obligaten Accompagnements« bezeichnen kann).

Tabelle 18: Felix Mendelssohn Bartholdy, Violinkonzert e-Moll op. 64, 1. Satz

Takt	Besetzung	Formglied
1	Solo	Hauptsatz (mit virtuosem »Schluß«)
47	Tutti	
72		Überleitungsthema
76	Solo	
131		Seitensatz (G-Dur): eingeführt von den Holzbläsern
168		Schlußgruppe (ohne Schlußtriller und -kadenz)
210	(Tutti?)	Expositions-Schlußtriller
226	Solo	Durchführung
234	(Tutti)	(Einwurf im Rahmen der Durchführung)
238	Solo	
298		Solokadenz
335		Reprisenbeginn: Hauptthema (16taktig)
351	Tutti	Überleitungsthema
363	Solo	
377		Seitensatz (E-Dur): eingeführt von den Holzbläsern
414		Schlußgruppe (ohne Schlußtriller und -kadenz)
459	(Tutti?)	Reprisen-Schlußtriller
481	Solo	Coda
513	Tutti	
527		Horn-Überleitung zum 2. Satz

Obgleich Mendelssohn also aus dem Satz alle formal eigenständigen Orchesterabschnitte traditioneller Machart verbannt, bedeutet dies nicht, daß das Orchester nun etwa keine Funktionen mehr hätte. Gerade darin, daß das Orchester zwar am Satzbeginn keinen »ersten Tuttiabschnitt« spielt, aber daraufhin dem

Solisten das Überleitungsthema präsentiert (T. 72), ebenso darin, daß das Orchester den Expositions-Schlußtriller »an sich reißt« oder aus »obligatem Accompagnement« heraus die thematische Entwicklung des Satzes nachhaltig mitbestimmt, zeigt sich, welche Funktionen dem Orchester eben dennoch verbleiben können: Es übernimmt keine bloße »Begleitfunktion«, sondern wird zum »Dialogpartner« des Solisten. Im ersten Satz bleibt dies – außer an den beschriebenen »kritischen Stellen« – auf relativ Traditionelles beschränkt: Wenn etwa der Solist in der Exposition unablässig seinen tiefsten Ton spielt (die leere G-Saite), während die Holzbläser das Seitenthema vortragen (T. 131ff.), bewegt sich dies im Rahmen auch der schon Mozartschen Techniken: In Mozarts D-Dur-Violinkonzert KV 211 spielen die ersten Violinen das Seitenthema, und der Solist setzt diesem lediglich ein e^3 entgegen (1. Satz, T. 40/41). In Mendelssohns Konzert wirkt sich dieses neue, partnerschaftlich dialogisierende Verhältnis von Tutti und Solo später noch viel stärker aus: im Mittelteil des zweiten Satzes. Dort zeigt sich, daß auch der Solist eine veränderte Rolle zu spielen hat.

Nach der lyrischen Eröffnung des Satzes (attacca anschließend an die Coda des ersten) läßt Mendelssohn im Mittelteil (T. 52) die zweiten Violinen und Bratschen eine Zweiunddreißigstelbewegung »aufstellen«, die fortan 32 Takte lang den Satz durchzieht, noch über den Wiedereinsatz der »lyrischen Eröffnung« (T. 79) hinaus bis Takt 84. In Takt 52 pausiert der Solist; er tritt in Takt 55 wieder in das Geschehen ein und übernimmt die Zweiunddreißigstelbewegung der zweiten Geigen und der Bratschen bruchlos in eine Doppelgriff-Passage: In dieser begleitet der Solist sich nun mit den Zweiunddreißigsteln selbst. In Takt 58 intensiviert der Solist aber seinen Vortrag der Hauptstimme: Er spielt sie fortan in Oktaven und hat damit keinen Griff-Platz mehr für die begleitenden Zweiunddreißigstel. Daher werden sie nun neuerlich vom Orchester übernommen (diesmal von den ersten und zweiten Violinen). In Takt 61 hingegen werden nun auch die ersten Violinen motivisch »aufgewertet«; prompt springen die Bratschen in die Bresche und übernehmen nun ihrerseits einen Anteil an der Zweiunddreißigstel-Bewegung, bis sie in Takt 62 wieder bruchlos sogar in den Soloviolinpart zurückwechselt. Dieses Verfahren, das sich ähnlich noch weiter fortsetzt, hat eine andere Qualität als die »bloße Teilhabe« des Orchesters an einem Dialog mit dem Solisten: Hier nimmt nun – umgekehrt – der Solist auch Anteil an der motivischen Binnengestaltung des Begleitapparats; die Zweiunddreißigstelbewegung wird zu einem Kontinuum, das alle Mitglieder des Ensembles – einschließlich des Solisten – gleichermaßen aufgreifen und forttragen können: als »durchbrochene Arbeit«, an der aber eben neben den Einzelstimmen des Orchesters auch der Solist beteiligt wäre. Das heißt freilich auch, daß es keine traditionelle konzertante »Spaltung« gibt (hier Solo, dort Tutti), sondern daß auch der Solist zu einem Teil des einzigen, *umfassenden Gesamtensembles* geworden ist.

Aufgabe (16):
Robert Schumanns Cellokonzert op. 129 (Noten: ETP 786) beginnt mit einer ähnlichen Themenpräsentation wie Mendelssohns Violinkonzert op. 64. Versuchen Sie, in der Themenpräsentation Unterschiede und Ähnlichkeiten zu Mendelssohns Verfahren, den Tuttieinsatz nicht als »ersten Tuttiabschnitt« erscheinen zu lassen, ausfindig zu machen.

»Auswahlverfahren« für die Form erster Sätze: Tschaikowskys Violinkonzert
🕮 Eulenburg-TP 708

Auch spätere Komponisten sahen Mendelssohns »Problem«, lösten es aber anders. Wesentliche Hintergrundinformationen hierzu erschließt Tschaikowskys D-Dur-Violinkonzert op. 35 (1878), wenn man es nach *Wechselwirkungen* zwischen *Besetzungsstruktur* und *thematischer Struktur* hinterfragt. Das Werk beginnt mit einem Orchesterabschnitt: In einem Allegro moderato klingen Fragmente eines »Themas« an; vom neunten Takt an erhebt sich über einem Orgelpunkt auf A ein gewaltiges Crescendo, das den Einsatz des Solisten vorbereitet (T. 23; freie solistische Figuration bis T. 27). Dann ist das Grundzeitmaß des Satzes erreicht (Moderato assai) und zugleich das Hauptthema, eingeführt vom Solisten.

Die Musik bereitet das Hauptthema feindosiert aus jener *Introduktion* heraus vor: Damit der Solist nicht sogleich mit dem Thema einsetzt, geht dessen Einsatz freie solistische Figuration voraus; damit der Satz nicht mit dieser beginnt, bereitet Tschaikowsky sie orchestral vor, und zwar mit einem ausladenden Crescendo. Dieses aber kommt nicht aus dem Nichts, sondern wird mit neun knappen Takten Musik vorbereitet, deren Thematik aber noch kaum auf das Hauptthema vorausweist. Daß dem Orchesterabschnitt der Rang einer »Tuttiexposition« zukommt, wird man also nicht behaupten können; vielmehr ist er Teil einer Introduktion als Vorbereitung des Hauptthemeneinsatzes in Takt 28.

Daraufhin ereignet sich zunächst nichts Außergewöhnliches, und das Nachfolgende läßt sich guten Gewissens als »Soloexposition« bezeichnen (nichts von dem, was kommt, ist bereits anderweitig »exponiert«, und der Verlauf entspricht dem, den auch die Sonatenhauptsatzform beschreibt). In Takt 69 tritt somit ein Seitenthema in der Dominante ein; Konzerttypisches wie einen »sinfonischen« Wechsel der Klangblöcke findet man in Takt 59–62, obligates Accompagnement von Takt 101 an, indem das Orchester die Anfangsmotivik des Seitenthemas einer virtuosen Solofiguration entgegenstellt. Man könnte also glauben, hier entstehe ein Konzertsatz, der über die Elemente eines Sonatensatzes hinaus nichts mehr zu enthalten brauche; welchen Sinn und welche Stellung sollten hier *Tuttiabschnitte* übernehmen?

In Takt 127 ist ein solcher allerdings erreicht: Er steht in der Dominante, beginnt mit dem Hauptthema und leitet (von T. 141 an) zur Durchführung über. Von den Beobachtungen an Mendelssohns Violinkonzert her gesprochen, entsteht hier ein »zweites Tutti«, ohne daß ein typisches »erstes« dagewesen wäre; seine Motivik ist hingegen so barockvorklassisch, wie sie nur sein könnte: Es beginnt »plötzlich« mit dem Hauptthema. Klar ist also zweierlei: Tschaikowsky kann ein Mitteltutti in der Dominante schreiben (das traditionelle »zweite Tutti»), ohne dieses auf ein »erstes Tutti« zu beziehen; durch die thematische Ausgestaltung (mit dem Hauptthema) stellt Tschaikowsky klar, daß er dabei nicht an eine »schließende« Wirkung gedacht hat, die einem derartigen Tutti nach dem Modell des Sonatenkonzertsatzes allenfalls zukommen könnte. Tschaikowsky dürfte auch nicht daran gedacht haben, daß das Mitteltutti komplett Bestandteil der Durchführung ist; dies legt die solistische Fortführung nahe, die neuerlich selbst auf das Hauptthema zurückgreift (T. 162). Von ihm aus ergibt sich zunächst eine tatsächlich »thematische« Durchführung, bis Tschaikowsky sich in Takt 176 vom Hauptthema löst und mit freier Figuration fortfährt.

Wenig später erklingt dann ein weiterer Tuttiabschnitt (T. 188, F-Dur), der wiederum mit dem Hauptthema beginnt. Sein Zweck ergibt sich aus der Solokadenz, die in Takt 211 erreicht ist (und dann selbst zur Reprise überleitet). Als »Vorkadenz« mag dieser Abschnitt zwar als fast zu lang erscheinen; dennoch ist der Bau klar auf diesen Zweck hin angelegt: Sieben Takte nach jenem Hauptthemeneinsatz ist in Takt 195 ein Baß-A erreicht, das zum Orgelpunkt ausgebaut wird; die Situation ist also der Vorkadenz in Mendelssohns Violinkonzert, an der der Solist allerdings viel intensiver beteiligt ist, direkt vergleichbar (dort: H-Orgelpunkt ab Takt 282).

Die Reprise lehnt sich eng an die Soloexposition an; anstatt aber in ein Schlußtutti zu münden, erklingt an der Stelle, an der es eintreten müßte (T. 303, entsprechend T. 127), lediglich ein einzelner forte-Akkord des vollen Orchesters – und Tschaikowsky fährt mit einer freien Coda fort. Auch in der Reprise zeigt sich also, daß ein Schlußtutti nicht deren Teil sein könnte; zwar ist wenigstens jener eine Akkord noch als Anspielung auf die Mitteltutti-Situation zu verstehen, doch ein »Schlußtutti« erweist sich letztlich auch als etwas so Eigenständiges, daß man es durch etwas Andersartiges ersetzen kann – ohne daß das »Reprisenprinzip« dabei Schaden nähme.

Tschaikowskys Konzertsatz gliedert sich in sieben Teile (vgl. Tabelle 19). Gemessen an den Konzertform-Überlegungen Georg Joseph Voglers (1779; Anhang, Text 3) trifft Tschaikowsky hundert Jahre später also eine *freie Auswahl* aus den vormals typischen Gliedern des Konzertsatzes: Voglers zwei sonatenartige Soloabschnitte bleiben das formale Gerüst des Satzes, allerdings im Sinne der Sonatenform als etwas Dreigliedriges verstanden (Durchführung und Reprise neben der Exposition). Die Form wird *ausstaffiert* mit einer gemischt orchestral-solistischen Introduktion (die nicht den Charakter eines »ersten Tutti« übernimmt), mit einem Dominanttutti (Mitteltutti; »zweites« Tutti nach Voglers Modell), mit einer Solokadenz (zuzüglich vorausgehender Vorkadenz), die den Repriseneinsatz von der Durchführung absetzt, und einer freien, neuerlich gemischt orchestral-solistischen Coda.

Tschaikowskys Konzert ist mit diesem *Auswahlverfahren* kein Einzelfall. Ähnliche Ideen scheint schon 1833/35 Clara Schumann in ihrem a-Moll-Klavierkonzert zu entwickeln: In das eröffnende a-Moll-Thema des Orchesters greift frühzeitig, schon im 17. Takt, auch das Klavier ein. Zwischen Takt 65 und 74 erklingt ein Thema, das von der Seitenthemen-Position C-Dur ausgeht (dieser »Seitensatz« endet dann in F-Dur); es schließt sich ein virtuos verdichtender Abschnitt an, der »Schlußgruppen«- und »Durchführungs«-Charakteristika in sich verbindet. Der Satz endet dann mit einem Tuttiabschnitt in E-Dur, also auf der Dominante – an sich also »erst« in einer Mitteltutti-Position.

Voraussetzung für dieses Verständnis war anscheinend, daß man einem Tuttiabschnitt nur noch eine gliedernde Wirkung beimaß. Dies zeigt beispielsweise eine Formübersicht, die Robert Schumann 1831 in einem seiner Skizzenbücher aufzeichnete, um daraus ein

Tabelle 19: Tschaikowsky, Violinkonzert op. 35: Gliederung des ersten Satzes

	Takt	Formglied
1.	1	Introduktion; Tutti-Vorbereitung des unthematischen Soloeinsatzes (dieses als Vorbereitung der Soloexposition)
2.	28	Soloexposition
3.	127	Mitteltutti (Dominante; mit Hauptthema)
4.	160	Durchführung
5.	188	Tutti-Vorkadenz; Solokadenz
6.	212	Reprise
7.	303	Coda (Solo und Tutti), einsetzend an der Stelle eines Schlußtuttis

Klavierkonzert zu entwickeln (unvollendet; das Schema ist publiziert von Claudia Macdonald, vgl. Literaturverzeichnis). Schumann plante demnach einen Satz aus *drei Soloabschnitten* (entsprechend den typischen Formgliedern einer Sonate), die er mit *zwei Tuttiabschnitten* gegeneinander absetzte. Er bildet also keinen Tutti-Rahmen mehr um einen Satz; motivisch Signifikantes kann sich in den Tuttiabschnitten nicht mehr ereignen. Daß man daraufhin einen Schritt weiterging und von Fall zu Fall auch auf die gliedernde Wirkung der Tuttiabschnitte verzichtete, erscheint somit als konsequent.

Besonders naheliegend ist eine solche freie Auswahl der Formglieder natürlich in einer *Fantasie* – wenn man also bewußt in einer »freien Form« komponieren will und das Auswahlverfahren, nach dem man traditionelle Formglieder des Konzertsatzes fakultativ eintreten lassen kann, als Teil des Fantasieprinzips ansieht. In dem stark systematisierten Vorgehen Mendelssohns zeigt sich also ein andersartiger Ansatz: Mendelssohn wählt nicht »frei« aus, sondern läßt dort, wo ein traditionelles Formglied wegfällt, Gegenmaßnahmen wirksam werden. Kraß gesagt, konnte man hingegen dann, wenn man jenes »Fantasieprinzip« zugrunde legte, wie selbstverständlich mit einer *Sinnestäuschung des Publikums* rechnen (und gegen Ende des Jahrhunderts noch stärker als um 1830): Als Hörer erwartete man die Beteiligung des Solisten von Anfang an; deshalb konnte ein »erstes Tutti« ersatzlos wegfallen. Aber man erwartete dennoch ein Tutti nach der Exposition; folglich hat man sich beim Erklingen dieses nur noch gliedernden Tuttiabschnitts (vormals »zweites Tutti«) aus der Konvention heraus einen fiktiven Bezugspunkt mitzudenken, der real gar nicht existiert.

> Aufgabe (17):
> Ähnlich »fantasieartig« scheint auch in Max Bruchs g-Moll-Violinkonzert (Nr. 1 op. 26, 1866; Noten: ETP 714) der erste Satz angelegt zu sein: Es gibt eine Introduktion von Orchester und Solist gemeinsam (die zu einem »Hauptthema« hin im Tempo verdichtet wird), ferner ein »Seitenthema« in der Durparallele und einen einzigen Tuttiabschnitt (abgesehen von der Tutti-Überleitung zum Mittelsatz). Versuchen Sie, Bruchs »Auswahl« zu interpretieren.

Die Feststellung jenes »Auswahlverfahrens« bleibt nicht ohne Konsequenzen, wenn man das Modell der *Sonatenkonzertform* näher betrachtet. Entwickelt wurde es kurz nach der Zeit, in der das erwähnte Konzert Tschaikowskys entstand – und somit läßt sich dieses viergliedrige Schema fast eher aus der Zeit heraus verstehen, in der es formuliert wurde, als mit Blick auf die Werke, an denen man es entwickelte (Konzerte der Klassik). Ist nicht auch jene Viergliedrigkeit eine »Auswahl« aus dem Kanon der »traditionellen Formglieder«? Wenn ein Musikforscher der Zeit um 1900 folglich feststellt, ein Konzert bestehe nur aus »Tuttiexposition, Soloexposition, Durchführung und Reprise«, bräuchte das nicht zu bedeuten, daß das Konzert, das er vor Augen hat, keine weiteren Tuttiabschnitte außer jenem eröffnenden enthalte; aber es sagt etwas über das Bewußtsein des Betrachters aus, der weitere Tuttiabschnitte eben gewissermaßen für »nicht so nötig« hält – und eine derartige Perspektive ist exakt die gleiche, aus der heraus Tschaikowsky in seinem Violinkonzert anstelle eines »nicht so nötigen« Schlußtuttis eine Coda vorsieht.

Daß eine Nähe zwischen Sonaten- und Konzertsatz bestehen kann, sei nicht in Frage gestellt. In der Viergliedrigkeit ihrer Formulierung erscheint die Sonatenkonzerttheorie aber als (wertvolles) Dokument für das Bewußtsein ihrer Zeit – und soll als solches zu Beginn des 9. Kapitels gewürdigt werden. Die Analyse von Werken des ausgehenden 19. Jahrhunderts zeigt andererseits, daß die Differenzierung von Formteilen nach ihrer Besetzung (wie schon für das barocke Konzert) weiterhin »lebensnotwendig« ist.

Konzertfantasie

Fantasieprinzip, Einsätzigkeit und »Konzert als Satzzyklus«

»Einsätzigkeit« stellt das traditionelle zyklische Prinzip des Solokonzerts in Frage. Dieses aber erscheint Betrachtern des 19. Jahrhunderts als ähnlich »sonatenhaft« wie der Bau der ersten Sätze. Adolph Bernhard Marx etwa beschreibt »Konzert« in seiner »Allgemeinen Musiklehre« von 1839 lapidar folgendermaßen (S. 250):

»Unter diesem Namen wird in der neuern Zeit eine mehrstimmige Komposition verstanden, in der ein Instrument, das Prinzipal-Instrument (oder die Prinzipalstimme), oder auch mehrere konzertirende Instrumente die Hauptpartie übernehmen und dabei die vorzüglichen (Virtuosen-) Kräfte, die Bravour des Spielers an den Tag legen sollen, während das Orchester eine sich unterordnende Begleitung dazu giebt, die aber gelegentlich auch zu einer grössern Wichtigkeit sich erheben kann und soll. Auch hier herrscht die Sonatenform, jedoch auf drei Sätze beschränkt; das Scherzo bleibt gewöhnlich weg. Ein kleineres, auf einen oder zwei Sätze beschränktes Konzert wird Konzertino genannt.«

Demnach »herrscht« die Sonatenform aus seiner Sicht auch in der *Satzzahl* – obgleich in ihnen das angeblich Unsonatenhafte passiert, daß dem Konzert ein vierter Satz »fehle«. Dieses Bild leitet Marx freilich aus seiner Gegenwart her, nicht aber aus der Gattungsgeschichte: Die Dreisätzigkeit des Konzerts ist um 1840 ein überaus »alter Hut« , so daß seine Darstellung absolut nicht sachgerecht ist. Ferner berichtet Marx aber, daß die Normierung auf Dreisätzigkeit in seiner Zeit nachlasse; allerdings entsteht auch nicht bei jeder derartigen »Verkürzung« von vornherein ein »Konzertino«. Dieser Begriff erscheint für alle Formen einsätziger, durchkomponierter oder fantasieartiger Konzerte nicht angemessen (vermutlich hat Marx an diese auch gar nicht gedacht). Gerade diese sind aber für die Musik des 19. Jahrhunderts besonders wichtig.

Dabei können in erster Linie musikalische Strukturen, wie sie in *einzelnen Sätzen eines Konzerts* vorkommen können, zum *selbständigen »Werk«* ausgedehnt werden. Beethovens Romanzen op. 40 und 50 für Violine und Orchester (gedruckt 1805) sind somit »langsame Sätze« außerhalb jeglichen zyklischen Zusammenhangs; Frédéric Chopins Variationen über »Là ci darem la mano« für Klavier und Orchester op. 2 (1827) und Mendelssohns »Rondo brillant« op. 29 für Klavier und Orchester (1834) repräsentieren zwei wesentliche Schlußsatz-Kategorien schon des 18. Jahrhunderts (dort: eher Rondo als Variation). Weitere Werke treten als Kombinationen zweier Teilglieder mit unterschiedlichen Tempi hinzu: Mendelssohns »Capriccio brillant« h-Moll op. 22 (Andante – Allegro con fuoco) ebenso wie Schumanns »Introduktion und Allegro« für Klavier op. 134. Sie wirken auf den ersten Blick analog zu den Romanzen, Rondos und Variationen wie isolierte »erste Sätze« mit langsamer Einleitung. Doch gerade für das frühere 19. Jahrhundert ist eine solche Sicht problematisch: Zwar haben damals Sinfonien relativ häufig eine langsame Einleitung; seit etwa der Mitte des 18. Jahrhunderts ist dies aber im Konzert absolut unüblich und – mit Blick auf die Ritornellanlage – formal auch nicht zu begründen.

Das »Problem« der Einsätzigkeit im Solokonzert des 19. Jahrhunderts insgesamt scheint auf konträre Weise formulierbar zu sein, wobei beide Zugänge wohl nicht restlos »falsch« sind. Negativ gesprochen: Um und nach 1800 traten die *formalen Probleme* des typischen »ersten Konzertsatzes« zunehmend und derart in den Vordergrund, daß man sich einsätzigen Formen des Konzertierens stärker zuwandte – vor allem Formen, die bislang im konzertanten Zyklus an zweiter oder dritter Satzposition existierten (»erste Sätze« allenfalls in der Umdeutung, daß ihnen eine langsame, betont solistische Einleitung vorangestellt wurde).

Eine solche Sehweise legt etwa *Schumanns* Konzertschaffen nahe: Das erste konzertante Werk, das er vollendete, war eine »Fantasie« für Klavier und Orchester (1841); Musikverlage standen einer Drucklegung ebenso skeptisch gegenüber wie die Pianistin, für die das Werk entstanden war, Schumanns Frau Clara. 1845 erweiterte Schumann das Werk um zwei Sätze, und Clara Schumann notierte nach der Vollendung des Schlußsatzes in ihrem Tagebuch: »Robert hat zu seiner Phantasie für Klavier und Orchester in A-Moll einen letzten schönen Satz gemacht, so daß es nun ein Konzert geworden ist, das ich nächsten Winter spielen werde. Ich freue mich sehr darüber, denn es fehlte mir immer an einem größern Bravourstück von ihm.« Clara Schumann hatte also ziemlich genaue Vorstellungen von einem »Konzert«, die sich mit Bravour und Mehrsätzigkeit verbanden; Schumann hingegen scheint ein eigenes zyklisch-konzertantes Werk in den traditionellen Formen aber zunächst kaum für möglich gehalten zu haben, allenfalls durch Erweiterung eines als »Fantasie« entstandenen Einzelsatzes (für ihn ändert sich das erst mit dem Cellokonzert op. 129 von 1850 und dem nicht mehr zu Lebzeiten gedruckten Violinkonzert von 1853). Daß dies ein durchaus gangbarer Weg war, zeigt sich letztlich darin, daß das »Auswahlverfahren« der Formteile eines ersten Satzes sich als fantasieartig interpretieren läßt und ein Satz, der nach diesen Gesichtspunkten gearbeitet ist, durchaus auch als Teil eines konzertanten Satzzyklus denkbar ist.

Doch die Gesamtsituation läßt sich auch positiv formulieren: Demnach hätte sich das Konzertieren von »dem Konzert« als normiertem Satzzyklus *emanzipiert*; prinzipiell ist schon die Bedeutung, die die Rondoform im Konzert vor 1800 hatte, ein Schritt in diese Richtung. Das Zusammenspiel zwischen einem fest bestimmten Solisten und einem Orchestertutti ergriff dabei auch von anderen musikalischen Formen als nur »der Konzertform« Besitz, und die Musikstücke in jenen Satzformen erlangten dabei bisweilen Dimensionen, die dem Rahmen eines Satzes im »konzertanten Zyklus« gesprengt hätten.

Dies etwa legt das Œuvre Frédéric Chopins nahe: Neben den beiden Konzerten für Klavier und Orchester, beide um 1830 entstanden (e-Moll op. 11, f-Moll op. 21) stehen als Werke für Klavier und Orchester die Variationen über »Là ci darem la mano« op. 2 (1827), die »Grande Fantaisie sur des airs polonais« op. 13, »Krakowiak, Grande Rondeau de Concert« op. 14 (beide 1828) und die »Grande Polonaise brillante« op. 22 (1830/31) – also Satzformen, die auch im »konzertanten Zyklus« denkbar sind (Rondo, Variation) neben der aus der Tanzmusik in die Solokonzert-Ebene transformierten Polonaise und neuerlich der »Fantasie«, hier bezogen auf das Nationalkolorit polnischer Volkslieder. Die beiden Klavierkonzerte fügen sich in dieses Umfeld durchaus als »unproblematische« Ausdrucksformen des Konzertierens ein. Chopin und Schumann waren gleichaltrig, beide 1810 geboren; ihr Schaffen scheint den Problemkreis »Einsätzigkeit-Mehrsätzigkeit« dennoch aus zwei völlig verschiedenen Blickwinkeln zu beleuchten.

In den »Fantasien« äußert sich jenes grundsätzlich veränderte Interesse am »Konzert« vielleicht am deutlichsten. Zunächst denkt man dabei vielleicht an »freie Satzformen«, und an diese dürfte letztlich auch Schumann gedacht haben, als er den ersten Satz seines nachmaligen Klavierkonzerts schrieb; doch im engsten Sinne hat es etwas mit *attacca-Anschlüssen* der Sätze zu tun, wie etwa Beethovens zwei Klaviersonaten op. 27 zeigen, die er jeweils als »Sonata quasi una Fantasia« bezeichnete (darunter, als op. 27 Nr. 2, die »Mondscheinsonate«). Vergleichbares findet sich nun auch in seinen Konzerten.

Richtungweisend ist dabei das Tripelkonzert op. 56: Es ist das erste Konzert Beethovens, in dem zwischen zweitem und drittem Satz keine Zäsur mehr entsteht. Ein solcher Übergang kann zwischen zunehmend entfernten Tonarten vermitteln. Im Tripelkonzert schlägt das Solocello eine Brücke vom As-Dur-Mittelsatz zum C-Dur-Schlußsatz (der Übergang erfolgt also aus der Unterterz); im G-Dur-Klavierkonzert op. 58 entsteht die Brücke zwischen dem e-Moll-Mittelsatz und dem C-Dur-Beginn des Finalsatzes (also umgekehrt: in die Unterterz). Etwas weiter geht Beethoven im Es-Dur-Klavierkonzert: Hier steht der Mittelsatz in H-Dur, ebenfalls eine »große Terz« von der Grundtonart entfernt, aber enharmonisch verwechselt; Beethoven benötigt also eine Sekundrückung von H nach B, um das Es-Dur-Finale bruchlos anschließen zu können.

Somit läßt sich zwischen den *zweiten und dritten Sätzen* in den späteren Konzerten Beethoven ein neuer Aspekt der Zyklus-Bildung feststellen: das »fantasia-artige« attacca-Satzübergang. In den späteren Konzerten Mendelssohns findet man das gleiche, integrierende Prinzip schließlich auch zwischen *erstem und zweitem Satz* (im Violinkonzert übrigens in der gleichen Tonart-Verbindung wie zwischen Mittel- und Schlußsatz von Beethovens 4. Klavierkonzert: e-C).

Andererseits kann schon für Beethoven der »Fantasie«-Begriff auch im Konzert noch mehr aussagen als die bloße attacca-Folge von Sätzen. Seine »Chorfantasie« op. 80, etwa im gleichen Sinn zunächst ein reines Instrumentalwerk wie die 9. Sinfonie (beide Werke haben lediglich einen Chor-»Schluß«), ist, als Klavierkonzert verstanden, eben tatsächlich eine »freie« Fantasie: Zunächst spielt das Klavier einen c-Moll-Adagiosatz ganz allein; weitere vier Teilglieder bilden als attacca-Satzfolge einen großen »zweiten Satz«. Dieser wird mit einem c-Moll-*Allegro* eröffnet, in dem der Dialog zwischen dem Klavier und dem Orchester etabliert wird (C-Dur); bruchlos schließt sich ein A-Dur-*Adagio* an und an dieses eine F-Dur-*Marcia*, ehe zum Schluß-Teilsatz (C-Dur; *Allegretto*, später *Presto*) auch Vokalsolisten und Chor eintreten. Vier »sinfonische Satztypen« folgen also innerhalb eines einzigen Satzes aufeinander. Das Thema des vokalen Schlußteils durchzieht bereits das erste Allegro und die Marcia; daher ist klar, daß die vier Teilsätze nicht etwa als direkte Abkömmlinge einer viersätzigen Sonaten-Satzfolge zu verstehen sind. Um so »fantasiehafter« ist dann die Kombination der Teilglieder (zudem: ausgehend von einem »absoluten Solo« in Moll durch den Pianisten) in einer Konzert-Umgebung.

> Aufgabe (18):
> Wie stellt sich die Situation am Übergang vom Mittelsatz zum Finale in Beethovens 3. Klavierkonzert (c-Moll, op. 37) und in seinem Violinkonzert op. 61 dar?

Carl Maria von Weber, Konzertstück für Klavier f-Moll
🕮 Eulenburg-TP 746

Wenn man ein einsätziges Werk in *mehreren Teilabschnitten* anlegt und zwischen ihnen das Tempo wechselt (wie im gesamten zweiten Satz von Beethovens »Chorfantasie«), entsteht im Endeffekt etwas ähnliches wie bei der Verbindung der Sätze mit attacca-Übergängen; aus dem Fantasia-Zugang heraus wird dabei aber der zyklische Zusammenhang intensiviert. In diesem »Zyklus« können auch »Satz«-Typen vorkommen, die zuvor nicht von der Gattung Konzert erfaßt worden sind; zudem können die »Sätze« von einem übergeordneten Bindeglied zusammengehalten werden: Die Fantasie kann ein außermusikalisches Programm umsetzen.

Ein Schlüsselwerk hierbei ist Carl Maria von Webers Konzertstück f-Moll von 1821: Es erschien bald nach seiner Vollendung im Druck, und zwar nicht nur als Stimmensatz, sondern auch als Partiturdruck; dies erleichterte den Zugang der Musikwelt zu ihm erheblich. Führende Musiker der Zeit spielten das Werk, wodurch es auch in allgemeinen konzerttechnischen Fragen eine Vorbildfunktion übernehmen konnte – beispielsweise für Mendelssohn. Wie also tritt ein solches »einsätziges«, aber dennoch »zyklisches« konzertantes Werk seinem Publikum gegenüber?

Weber beginnt mit einer langsamen Einleitung (Largo affettuoso): Zunächst musizieren die Holzbläser allein, dann treten die Streicher mit eigener Thematik hinzu (die Blechbläser bleiben zunächst ausgespart). Zwei Orchestergruppen eröffnen also den Satz mit eigenständiger Thematik; die beiden »Themen« stehen im gleichen Verhältnis zueinander wie am Beginn Mozartscher Konzerte (vgl. etwa: Es-Dur-Klavierkonzert KV 482, T. 1 und 13), nur daß es sich eben nicht um den Beginn eines schnellen »ersten Konzertsatzes« handelt. In einen Dominantseptakkord dieser beiden Orchestergruppen hinein setzt der Solist ein (T. 21); Weber kehrt daraufhin zu beiden »Themen« zurück (T. 25/32), weicht dann nach C-Dur aus (T. 46), entwickelt dieses C zu einem Orgelpunkt des Orchesters (ab T. 59) – einem Dominantorgelpunkt, der die Überleitung zum Allegro passionato in f-Moll ermöglicht (T. 86), wobei Überleitung und Allegro-Fortsetzung beim Solisten liegen.

Die Eröffnung nimmt nun also den gleichen Verlauf wie eine langsame Introduktion in einer Sinfonie: Sie verläßt die Grundtonart kurzzeitig, hat aber für die schnelle Fortsetzung wieder zur Grundtonart zurückzukehren. Für den Allegro-Beginn stellt sich dann freilich nicht mehr die Frage, ob dort das Orchester eintritt oder nicht: Nach der solistischen Überleitung ist eine solistische Fortsetzung naheliegend. Wann aber tritt hier das Orchester ein – und wie verhält sich Webers Lösung dieses »Problems« zu derjenigen Mendelssohns?

Weber entwickelt für den Pianisten kein »Thema«, sondern eher eine prägnante virtuose Figur; der virtuose Teilabschnitt, der sich darauf gründet, endet mit einer Kadenz im Einsatz des Orchesters (nun: des vollen, T. 100). Auch hier entsteht kein Thema, sondern eher eine motivisch und harmonisch offene Konstruktion – die nach wenigen Takten den Wiedereinstieg des Solisten ermöglicht (T. 109, hierin ähnlich wie später in Mendelssohns 1. Klavierkonzert, T. 51). Daraufhin ergibt sich ein Wechselspiel zwischen Klaviervirtuosität und Orchester-Einwürfen – mit dem Ziel einer Kadenz auf C (T. 129), dem Beginn eines neuerlichen Orchesterabschnitts. An dessen Ende ist As-Dur erreicht (T. 143), die Durparallele der Grundtonart; somit entsteht anschließend eine Situation, die sich aus der Sonatenform heraus als »Seitensatz« begreifen läßt. Nach dessen Ende, von Takt 165 an, verdichtet Weber die virtuosen Elemente neuerlich, und zwar mit einer As-Dur-Version jener »prägnanten Figur«, mit der der Solist das Allegro passionato eröffnet hat; binnen kurzem ist mit ihr aber wieder eine Dominantorgelpunkt-Situation auf C geschaffen (T. 178), die also einen »Repriseneinsatz« in f-Moll absehbar werden läßt. Was dann von Takt 184 an in diesem Sinne folgt, bleibt auf eine Variante jener »prägnanten« Klaviereröffnung aus Takt 86–99 beschränkt (hier: bis T. 198), und der Teilsatz endet mit einer virtuosen Coda.

Bis zum As-Dur-Einsatz jener »Schlußgruppe« scheint Weber eine Praxis vorwegzunehmen, die sich später auch in Mendelssohns Konzerten entfalten: Auch Weber schreibt kein »erstes Tutti« und kann daher auf »weitere« Tuttiabschnitte in den traditionellen Positionen verzichten. Er entwickelt statt dessen Tuttiabschnitte auf Positionen, die gemessen an den Traditionen des Konzerts als »unorthodox« gelten müßten: einen nach der Allegro-Eröffnung des Solisten und nur einen weiteren vor dem Eintritt des »Seitensatzes«. Somit könnte es scheinen, als setze bereits Weber ein »Auswahlverfahren« für die Satzglieder um. Doch dabei ist Vorsicht angebracht: Webers »Konzertstück« ist einsätzig angelegt; dieser erste von insgesamt vier Teilen braucht in sich nicht ähnlich abgeschlossen zu sein wie ein kompletter Satz. Vor diesem Hintergrund läßt sich Webers gesamter Allegro-Teil letztlich als etwas nur *»Expositionsartiges«* verstehen, das außerdem eine vom Solisten beherrschte harmonische Rückleitung und, nachdem die Grundtonart und die Anfangs-Solofiguration wieder erreicht sind, eine Solo-Coda enthält; eine Gliederung dieses knappen Ablaufs mit Tuttiabschnitten (deren traditioneller Funktion) hat darin keinen Platz. Doch es ist klar, daß Weber in dieser *»Fantasie«* traditionelle Formmuster »frei« umdeuten kann.

Fünf Adagio-Takte des Fagotts und der Streicher leiten anschließend über zum »Tempo di Marcia« (T. 227), einem C-Dur-Teil fast ausschließlich des Orchesters – nur dessen Tuttieinsatz in Takt 261 wird von einem einzigen Klavier-Takt vorbereitet. Das nachfolgende

»Più mosso« (T. 284ff.) gehört daraufhin allein dem Pianisten, ehe dieser auch den Schluß-Teilsatz »Presto gioioso« eröffnet (T. 305). Dieses »Finale« wird nach Art eines Rondos von zwei Themenblöcken geprägt: einer von ihnen ist von absteigenden Leiterfiguren über repetierten Akkorden geprägt (wie im ersten »Presto-gioioso«-Takt 305), ein zweiter von gegenläufigen Akkordbewegungen in Sechzehnteln (Klavier: T. 329), zu denen die Streicher – wie erstmals in Takt 337 – eine wiegende Viertel-Achtel-Figur entwickeln können.

Im letzten dieser »wiegenden« Abschnitte (T. 487) löst Weber aus dem Orchester eine einzelne erste Violine heraus, die den Pianisten (gemeinsam mit der ersten Flöte und der ersten Oboe, über einem Orgelpunkt der Hörner) begleitet: Weber durchbricht mit diesem kurzen *Soloviolin-Abschnitt* die eindeutige Bestimmung »des« Solisten in einem Konzert, indem er ausdrücklich aus dem Orchester heraus einen weiteren Solopart entwickelt – freilich fast unmerklich, da für jene beiden hohen Holzbläser ohnehin mit einer solistischen Besetzung zu rechnen ist. Die Übertragung dieses Prinzips auf eine an sich chorisch besetzte Stimme des Orchesters (dahingehend, daß man aus dem »Chor« einen »Solisten« herauslöst), erfordert allerdings eine genauere Betrachtung – an Werken wie Clara Schumanns einzigem und Brahms' 2. Klavierkonzert (S. 165).

Der Marsch-Abschnitt, der praktisch ohne Solisten spielbar ist, und die più-mosso-Überleitung des Pianisten sind in dieser Form in einem traditionellen Konzert undenkbar, wenn sie auch – vor dem Presto gioioso – eine Stellung einnehmen, die einem traditionellen Mittelsatz und dessen Überleitung zum Schlußsatz vergleichbar sind. Doch es handelt sich eben um ein »freies« Konzertstück, zumal ein solches, in dem offenbar auch *programmatische Absichten*[1] umgesetzt werden – typischerweise solche, die auch in zyklischen sinfonischen Satzgebilden gesehen werden, etwa im »Triumph über das Schicksal«, das sich in Beethovens 5. Sinfonie äußere. Von solchen Absichten berichtete Weber bereits 1815 dem Musikschriftsteller Friedrich Rochlitz; seine »Projektskizze« läßt sich aber nur punktuell mit dem schließlich ausgearbeiteten Werk in Verbindung bringen (Weber bildet vier Satzgruppen »All[egr]o, Trennung. Adagio, Klage. Finale, höchster Schmerz, Trost Wiedersehen Jubel«, doch weder der geschilderten Adagio-Aspekt noch der »höchste Schmerz« als Finale-Eröffnung finden sich im »Konzertstück«). Sein Schüler und Biograph Julius Benedict hingegen referiert ein noch ausgedehnteres Programm, das ihm Weber am Tag der Uraufführung mitgeteilt habe:

»Die Burgfrau sitzt auf dem Söller. – Sie schaut wehmütig in die weite Ferne hinaus. – Der Ritter ist seit vielen Jahren im heiligen Lande. – Wird sie ihn wiedersehen? – Viele blutige Schlachten sind geschlagen. – Keine Botschaft von ihm, der ihr alles ist. – Vergebens ihr Flehen zu Gott, vergebens ihre Sehnsucht nach dem hohen Herrn. – Da befällt sie eine entsetzliche Vision. – Er liegt auf dem Schlachtfeld, verlassen von den Seinen, das Herzblut aus der Wunde rinnend. – Ach, könnte ich ihm zur Seite sein – und wenigstens mit ihm sterben! – Sie sinkt bewußtlos und erschöpft hin. – Horch, was klingt da in der Ferne? – Was glänzt dort am Walde im Sonnenschein? – Was kommt näher und näher? –

[1] Zitate nach Friedrich Wilhelm Jähns, Carl Maria von Weber in seinen Werken, Berlin 1871, S. 338; Julius Benedict, Carl Maria von Weber, London 1881, S. 66; deutsche Fassung nach Julius Kapp, Weber, Stuttgart 1922, S. 173.

Die stattlichen Ritter und Knappen alle mit dem Kreuzeszeichen, und wehende Fahnen, und Volksjubel, und dort – er ist's! Sie stürzt in seine Arme. – Welch ein Wogen der Liebe – welch endloses unbeschreibliches Glück. – Wie rauscht und weht es mit Wonne aus den Zweigen und Wellen, mit tausend Stimmen den Triumph treuer Minne verkündend.«

Man kann durchaus Bedenken an der Authentizität einer solchen Mitteilung haben. Doch Benedicts Mitteilungen lassen sich besonders gut mit den einzelnen Werkabschnitten in Verbindung bringen: Das wehmütige Warten der Burgfrau aus der Introduktion schlüge demnach im Allegro passionato in ihre »entsetzliche« Vision um, ehe sie in der kurzen Adagio-Überleitung bewußtlos hinsänke; im Tempo di Marcia nahte dann etwas »in der Ferne«, ehe (nach der Steigerung des Più mosso) im Presto gioioso das »Wogen der Liebe« als »endloses unbeschreibliches Glück« erreicht wäre. Webers Musik setzt dieses »Programm« (wenn es denn wirklich ein »Programm« auch für die Kompositionsarbeit war) freilich nur so weit um, wie es formale Standard-Prozeduren zulassen; allenfalls auf die Abfolge der Teilsätze und deren Gesamtcharakter kann es nachhaltigere Wirkung gehabt haben. Programmatische Aspekte konnten allerdings über diese allgemeinen Rahmenbedingungen auch hinausgehen, hatten dann aber musikalisch ganz andere Folgen (vgl. S. 166).

Erweiterter Dialog zwischen Solist und Orchester

»Sinfonisches Konzert« als satztechnisches Prinzip: Brahms' Klavierkonzerte

Mendelssohn wertete in seinen späteren Konzerten die Rolle des Orchesters aus der *Satztechnik* heraus auf, weil er sie in ihrer Bedeutung für die Form eingeschränkt hatte; seine Zeitgenossen standen dem zunächst ratlos gegenüber. So konstatierte im Dezember 1832 ein Rezensent des g-Moll-Klavierkonzerts in der »Allgemeinen Musikalischen Zeitung« (1833, Sp. 22), daß das Werk »in dem Wechsel der gewaltigen Orchester-Tutti's mit den Pianoforte-Solosätzen ganz frei vom Herkömmlichen« sei und daher einen eigenen Weg verfolge; doch insgesamt empfand er das Werk als »fast zu stark begleitet«. Mit ähnlich erweiterten Orchesterfunktionen im Konzert arbeitete wenig später auch Brahms, und das Publikum (einschließlich der Kritiker) hatte damit die gleichen Probleme. Zu Brahms' Verteidigung erklärte man die Werke zu *»symphonischen Konzerten«*, prägte also zu deren Verständnis einen neuen Begriff.

Dieser geht auf den Hamburger Musikkritiker Carl G. P. Grädener zurück, der 1859, kurz nach der restlos mißglückten Uraufführung von Brahms' 1. Klavierkonzert (d-Moll op. 15), die Hamburger Erstaufführung zu rezensieren hatte und sich vehement gegen die bisherige, abschätzige Sehweise seines Berufsstandes dem Werk gegenüber wandte. Ein Leipziger Kritiker hatte bemerkt, in jenem Werk habe Brahms »mit vollstem Bewusstsein ... die Principalstimme ... so uninteressant wie möglich gemacht« und weiter ausgeführt, daß in dem Werk stets, »wo irgend einmal etwas auftaucht, was den Anlauf von Brillanz oder Flottheit nimmt«, dieses »gleich wieder von einer dichten orchestralen Begleitungskruste niedergehalten und zusammengequetscht« werde. Dem hält Grädener entgegen, daß »seit Beethoven jedes ächte Concert eine Symphonie mit obligatem Piano, ein Symphonie-Concert« sei, nicht also lediglich ein »blosses Virtuosen-Concert«. Damit schlägt Grädener (unbewußt?) eine Brücke zum Klavierkonzert-Stil Franz Liszts: Dieser hatte sein 2. Klavierkonzert zunächst als »Concert symphonique« bezeichnet. Allgemein lag es also nahe, Klavierkonzerte als »Symphonie mit obligatem Piano« zu sehen.

Grundsätzlich baut auch vieles in Brahms' »sinfonischer« Konzert-Satztechnik auf »obligatem Accompagnement« auf. Brahms schöpft dabei einen Punkt noch weiter aus als Mendelssohn: die Möglichkeit, das Orchester auch im Verlauf von »Soloabschnitten« formal eigenständig zu Wort kommen zu lassen. Grundsätzlich läßt sich dies auf Techniken des *Tuttieinwurfs* zurückführen (vgl. S. 56), mit denen bereits im 18. Jahrhundert eine strikte Tutti-Solo-Trennung der Formteile »verwässert« worden ist. In Mendelssohns Violinkonzert lassen sich derartige Tutti-Bestandteile als Folgen des »ausgebliebenen ersten Tutti« erklären (T. 47–76), oder sie ergeben sich in der Durchführung (T. 234–238) – an einer Stelle, an der der Solist sich von einem »Thema« löst und zu »virtuoser Figuration« übergeht, also an einer zäsurhaften Schaltstelle im Solopart, die der alten Tuttieinwurf-Funktion nahesteht. Brahms hingegen arbeitet mit jenen kurzen Tuttigliedern, weil er die *thematische Fortentwicklung* des Satzes auf die Klangkörper des Gesamtensembles verteilt; daran hat der Solist dann einen ähnlichen Anteil wie Teilensembles des Orchesters (z. B. die Streicher oder die Bläser allein). Dieses Prinzip prägt Brahms' B-Dur-Klavierkonzert (Nr. 2 op. 83) nun bereits von den ersten Takten an: im Vortrag des Hauptthemas.

🕮 Eulenburg-TP 716

Zunächst spielt nur das erste Horn; es präsentiert zwei Phrasen des Themas. Nach Ende jeder Horn-Linie tritt das Klavier ein und setzt diese fort, jeweils zunächst mit einer großangelegten Akkordbrechung. Von Takt 7 an übernehmen die Holzbläser (ab T. 9 auch die Streicher) die bisherige Horn-Rolle im Themenvortrag; einen Abschluß erhält das Thema nicht, sondern statt dessen öffnet sich ein weiter Raum für den Pianisten, um diese Introduktion »absolut« solistisch zu beenden. Klar ist: Eine Anspielung auf jenes Abwechseln ist später im Satz kaum möglich, ohne daß dem Orchester (oder einem Teil davon) eine herausragende Position zukäme (entweder muß es den einstigen Klavierpart übernehmen oder den einstigen Hornpart); sogar das Klavier kann ein *Thema dieses weitgelagerten Ausmaßes* nicht allein bewältigen. Eine Alternative ergibt sich allenfalls daraus, was Brahms aus der zweiten Hornphrase macht (T. 86): Orchester und Klavier spielen sie gemeinsam, und die Aufgabe, anschließend die »Lücke« zu füllen, bleibt weiterhin beim Klavier. Auch hier kommt es aber zu einer Änderung der Ensemblestruktur, so daß das Orchester seine »obligate Funktion« behält. Von Takt 88 an wird jene Tuttiphrase aus Takt 6–8 dann verarbeitet. Hierzu wechseln mehrmals unterschiedliche Klanggruppen miteinander ab: Zunächst spielen für zwei Takte die Streicher, dann antwortet zwei Takte lang das Klavier; danach (T. 92) setzen die Streicher wieder ein und führen ihre zweitaktige Phrase anschließend noch um vier Takte fort, ehe sie eine zweitaktige Antwort erhalten – aber durch die Holzbläser, und erst dann meldet sich das Klavier wieder zu Wort.

Brahms intensiviert also das Prinzip, den Solisten in »durchbrochene Arbeit« einzubeziehen, das Mendelssohn im Mittelsatz seines e-Moll-Violinkonzerts an einer durchgehenden Begleit-Linie entwickelt (vgl. S. 152); Brahms wendet die durchbrochene Arbeit aber nicht nur auf eine Begleit-Linie an, sondern auf die thematische Entwicklung des Satzes, und er läßt die Ensembleteile blockhaft miteinander abwechseln. Beide Komponisten rechnen aber mit einem *allumfassenden Ensemble unter Einschluß des Solisten*; wenn in diesem »Gesamtensemble« einzelne »Teilensembles« miteinander in konzertanten Wechsel treten sollen, erscheint »der Solist« ebenso als Teil des Ganzen wie jede Orchestergruppierung.

> Aufgabe (19):
> Einem vergleichbarem Wechsel der Klanggruppen begegnet man in Brahms' 2. Klavierkonzert wenig später nochmals auf ähnliche Weise. Wo entsteht er, wie stellt er sich im einzelnen dar, wie beendet Brahms dieses Abwechseln?

Ist Brahms' Vorgehen an derartigen Stellen aber wirklich »sinfonisch« – nur deshalb, weil er dem Orchester einen herausgehobenen Part in der Gestaltung des Satzes einräumt? Gerade der »Wechsel der Klanggruppen« läßt sich auch anders verstehen: »*Symphonisch*« bezeichnet auf griechischer Wurzel prinzipiell nichts anderes als das, was – abgeleitet vom Mittelitalienischen – als »*konzertant*« gilt, nämlich das klangliche Zusammenwirken (vgl. S. 15). Noch Vivaldis Werke für Streichorchester allein werden in den Quellen alternativ als »Sinfonia« und als »Concerto« bezeichnet (RV 109–168, vgl. S. 15); um die Mitte des 19. Jahrhunderts scheinen sich die Begriffe »Konzert« und »Sinfonie« aber als Gattungsbezeichnungen verselbständigt zu haben. Dennoch ist somit auch das »Sinfonische« im Konzert der späteren Romantik an sich lediglich »konzertant«. Als Grundlage dieses sinfonisch-konzertanten Stils kann man folglich zum einen das »*obligate Accompagnement*« ansehen: Einem virtuos figurierten Solopart treten Einzelgruppen des Orchesters mit »Themen« des Satzes entgegen. Die andere Grundlage dieses »sinfonischen« Eindrucks ergibt sich (wie bei Brahms) daraus, daß das Prinzip der *Tuttieinwürfe* weitergedacht wird: Diese haben nun nicht mehr nur gliedernde Funktion, sondern übernehmen eine eigenständige Rolle im Fortentwickeln der Thematik – so daß an dieser Tuttigruppierungen und der Solist (oder allgemein: beliebige Einzelgruppen des »Gesamtensembles«) einen gleichartigen Anteil haben können. Gewissermaßen werden hier die Prinzipien der Tuttieinwürfe und der *durchbrochenen Arbeit* miteinander kombiniert.

Häufig wird beides als ein »*Dialogisieren*« zwischen Solo und Tutti oder als »*Dramatisierung*« des Konzerts verstanden – und zwar seit Mozarts Klavierkonzerten aus dem Jahr 1784 (von KV 449/450 an). Mozart hat dort den Orchester-*Holzbläsern* eine besondere Funktion eingeräumt: Wenn die Besetzung im Begleitapparat reduziert wird, bleiben nicht zwingend die Streicher übrig, sondern vorrangig die Bläser. Der Hintergrund hierfür ist offenbar, daß die Holzbläser im Orchester ohnehin solistisch besetzt sind und daher besonders geeignet sind, eine *Mittlerfunktion* zwischen dem Orchester (dem sie der Partitur nach angehören) und dem Solo (das sie durch ihre Besetzungs-Form ja ebenso wie »der Solist« verkörpern) zu übernehmen. Doch dieses »Dramatische« erscheint letztlich nur als ein weiteres Synonym im Begriffsfeld neben dem »Konzertanten« und dem »Sinfonischen«, hinter dem in jedem Fall »urkonzertante« Prinzipien zu stehen scheinen; auf ihnen konnte – wie Brahms' Vorgehen zeigt – nun die Fortentwicklung der Gattung aufbauen.

Soloinstrumente neben »dem Solisten«

Prinzipiell sind diejenigen Instrumente des Orchesters, die ohnehin solistisch besetzt sind, dafür prädestiniert, im »Dialog« des Orchesters mit dem Solisten eine herausgehobene Funktion zu übernehmen; eine »Sinfonisierung« des Konzerts kommt damit freilich nicht zustande. Motivation hierzu ergibt sich aber tatsächlich auch in Sinfonien – bis hin zu solchen exzeptionellen Soli wie dem des Posthorns in Gustav Mahlers 3. Sinfonie (3. Satz, T. 256ff.). Das Problem scheint also allgemein mit der *Geschichte der Orchesterbesetzung* zusammenzuhängen: Je stärker die *chorische* Besetzung der Streicherstimmen im »Sinfonieorchester« anwuchs, desto mehr konnten alle übrigen Stimmen des Orchesters, die von diesem Anwachsen ausgespart blieben, als etwas *»bedingt Solistisches«* erscheinen; für alle musikalischen Gattungen, die sich dieses Orchesters bedienten, konnten daraus Konsequenzen gezogen werden. Demgegenüber konnten Konzerte des 18. Jahrhunderts auch in den Tuttistimmen nur einfach besetzt werden (in diesem Sinne ist Adolph von Menzels Wiedergabe eines Konzertspiels – vgl. hierzu S. 127 – durchaus realistisch: Neben Friedrich dem Großen, dem Cembalisten und dem Cellisten musizieren drei Musiker stehend, folglich je ein erster und zweiter Geiger sowie ein Bratscher).

Wie in Webers »Konzertstück« kann sich diese Solofunktion auch künstlich ergeben – also ohne daß eine bestehende Solorolle eines Instruments ausgenutzt würde: Dort übernimmt in den Schlußtakten ein einzelner Geiger für einen kurzen Moment einen Solopart, ohne daß das »Konzertstück für Klavier« dadurch in seiner instrumentalen Bestimmung beeinträchtigt wäre. Dies ist freilich auch außerhalb des Konzerts denkbar, etwa in der Sinfonischen Dichtung – sei es als »einfach« aus dem Orchester herausgelöste Soli wie das der Violine in Richard Strauss' »Don Juan« op. 20, sei es bildlich (»emblematisch«) bedingt wie in Camille Saint-Saëns' »Danse macabre«, in der ein Geiger eine Art Violinkonzert zu spielen hat, weil der literarische Gehalt des Stücks dies »erfordert« (das Geigenspiel des personifizierten Todes im Rahmen einer Totentanz-Thematik).

Die Soloaufgaben eines »Orchestersolisten« können auch im Solokonzert weiter ausgreifen. Besondere Wege schlägt dabei Clara Schumann in ihrem a-Moll-Klavierkonzert op. 7 (1833/35) ein: Im Mittelsatz, zunächst ausschließlich Angelegenheit des Klaviers (das Orchester schweigt völlig), tritt zu diesem um die Satzmitte ein *Solocello* hinzu, das fortan die »Melodie« des Satzes spielt; an ihr hat das Klavier nur noch insofern direkten Anteil, wie es die Fülle des Klaviersatzes zuläßt (fast scheint es, als müsse an dieser Stelle eine zusätzliche Stimme in den Satz eintreten, weil das Klavier mit ihm allein nicht mehr »fertig« wird). Mit dieser Kombination hat Clara Schumann zudem auch ganz konkret richtungweisend gewirkt. Solocello und Klavierkonzert: Manchem dürfte dabei zunächst Liszts A-Dur-Klavierkonzert oder Brahms' 2. Klavierkonzert einfallen. Liszts Cellist übernimmt im zweiten Satzglied des Werks (von T. 224 an) die Grundthematik des gesamten Werks, und der Pianist »begleitet« ihn mit freier Figuration; Brahms' Cellist entwickelt das Thema für den langsamen dritten Satz und trägt dies zunächst vollständig vor, ohne daß der »eigentliche Solist« hinzuträte; dann pausiert er für längere Zeit, in der das Klavier unumschränkter Solist ist, und tritt erst wieder für eine Art »Reprise« ein, in der nun (ähnlich wie bei Liszt von vornherein) das Klavier an der Begleitung der Cellostimme beteiligt ist. Clara Schumann zieht also für die figurativ übersteigerte »Reprise« einer Klavier-Solophrase das Solocello als neuen Melodieträger und zusätzliches Klangregister hinzu; ebenso stellt Liszt einer bereits eingeführten Thematik (Solocello) eine freie Figuration gegenüber. Liszt reduziert hierfür die Besetzung, so daß nur Klavier und Cello übrigbleiben; in Clara Schumanns Werk tritt der Cellist in einen bereits seit längerem allein vom Klavier gespielten Abschnitt ein. Beides läßt sich aber noch als eine (außerordentlich spezielle) Form von obligatem Accompagnement verstehen (das Soloinstrument spielt »virtuose Figuration« und wird aus einer Orchesterstimme heraus mit »thematischem« Material begleitet). Brahms geht einen Schritt weiter: Sein Satz ist tatsächlich Musik für zwei Solisten.

Somit zeigt sich, wie das geschilderte Orchester-Problem auch in die Gattung Solokonzert eingreifen konnte: Die *Solorolle* vor allem der Bläser konnte von ihrem *entwicklungsgeschichtlichen* Aspekt abgelöst und auch auf andere Instrumente übertragen werden. Für das Konzert konnte damit eine neue Ebene des »Dialogs« entstehen – punktuell für einzelne Takte einer Komposition, aber auch für ganze Sätze. Die Extremform dieses Verfahrens ist schließlich, das Klavier als Orchesterinstrument einzusetzen und ihm zentrale obligate Partien einzuräumen. Auch dies ist aber etwas Gattungsübergreifendes: Man begegnet ihm in Igor Strawinskys »Symphonie in Three Movements« (1942/45) ebenso wie in Witold Lutosławskis »Partita« für Violine und Orchester (1985/88).

Sinfonische Dichtung mit Soloinstrument: Berlioz' »Harold in Italien«

🕮 Eulenburg-TP 423

Mit der Gattung »Sinfonische Dichtung« konnten dramatische Elemente in sinfonische Strukturen aufgenommen werden und dabei »Dramatisierungen« noch übersteigern, wie man sie traditionell in Beethovens »Schicksals«-Sinfonie gesehen hat. *Dramatisches* konnte auf vielfältige Weise aber auch ins Konzert eindringen: »Dramatisch« ist schon der Dur-Schluß eines Moll-Konzerts (vgl. S. 94); eine Analogie zu »Dramatischem« läßt sich aber auch auf formaler Ebene erzielen: darin, daß etwa Louis Spohr sein 8. Violinkonzert »in Form einer Gesangsszene« komponierte (vgl. S. 95), und schließlich konnte ein Konzertsolist als eine Art »Held« verstanden werden. An dieser Stelle aber trifft das äußere Erscheinungsbild des Konzerts mit den inhaltlichen Möglichkeiten der Sinfonischen Dichtung zusammen: Auch diese kann sich auf einen »Helden« beziehen und dessen Geschichte erzählen. Hätte es nicht also nahegelegen, stark *»personifizierte« Stoffe*, die in einer »Sinfonischen Dichtung« musikalisch verarbeitet werden, als Konzerte anzulegen – etwa Hamlet mit einem einzigen Soloinstrument, Romeo und Julia als Doppelkonzert? Die Entwicklung der Sinfonischen Dichtung ging an den Möglichkeiten des Solokonzerts weithin vorbei; mit Hector Berlioz' »Harold in Italien« (mit Solobratsche, 1834) und Richard Strauss' »Don Quixote« op. 35 (mit Solocello, auch Solobratsche; 1897) dürfte sich eine Aufzählung wichtiger Werke, in denen sich feste Soli mit Ideen der Sinfonischen Dichtung verbinden, bereits erschöpfen. Für die musikalische Substanz dieser Werke bemerkenswert ist eine zweite Feststellung: Wenn tatsächlich in einem derartigen Werk ein Soloinstrument vorkommt, nimmt man an der Komposition die konzerthaften Züge kaum wahr, sondern vereinnahmt sie von vornherein unter dem Begriff »*Sinfonie*«. Dies gilt auch für Berlioz' »Harold en Italie«, eines der Schlüsselwerke der Gattung Sinfonische Dichtung – spätestens seit 1855, als Franz Liszt in seiner Abhandlung »Berlioz und seine Harold-Symphonie« den Gesamtkomplex der Legitimität programmatischer Musik betrachtete (hier zitiert nach: Gesammelte Schriften IV, Leipzig 1882). Welche Funktion liegt also bei einem Soloinstrument, wenn dies einen »Helden« zu »personifizieren« scheint?

In Webers »Konzertstück« (für einen Solisten und Orchester) wird das mutmaßliche Programm nicht nach der Art aufgefaßt, daß der »Solist« die Funktion eines »Helden« (oder einer »Hauptfigur«) übernähme, wie es zeitgenössische Sehweisen des Konzertsolisten ausdrücken: Weber erzählt nicht die Geschichte einer »Burgfrau«, die durch das Klavier musikalisch »personifiziert« wird, sondern er verarbeitet in seiner Komposition allenfalls eine Geschichte, in der eine solche Burgfrau vorkommt, und der Solist hat am »Erzählen« der Geschichte prinzipiell einen ebenso großen Anteil wie das Orchester.

Nicht erst für Liszt, sondern auch schon für Berlioz war »Harold« wohl nie ein »Konzert«, sondern eine »Symphonie en 4 parties avec un alto principal« (Sinfonie in vier Sätzen mit Solobratsche) – wenn auch die (nicht sicher belegte) Entstehungsgeschichte eher daran denken läßt, Berlioz habe ein »Konzert« zu komponieren gehabt. Den Ausführungen in Berlioz' »Mémoirs« (Kapitel XLV) zufolge gab Paganini den Anstoß zu der Komposition, weil er in einem Solowerk mit Orchester eine Stradivari-Bratsche aus seinem Besitz spielen wollte. Ob man Berlioz' Äußerungen nun Glauben schenken will oder nicht: Sie sind in jedem Fall deshalb von Interesse, weil Berlioz die Diskrepanz diskutiert, die er zwischen Solokonzert (bzw. Paganinis Wunsch nach einem solchen) und Sinfonie sieht (bzw. Berlioz' Absicht, eine solche zu schreiben).

Berlioz sieht für sich Probleme, als Außenstehender für einen Virtuosen vom Schlage Paganinis ein Konzert zu komponieren; dies könne eigentlich nur Paganini selbst tun. Damit drückt er eine rein auf das virtuose Element ausgerichtete Zweckbindung der Gattung aus. Dies setzt sich fort, wenn er über seine Arbeitsweise spricht: In seinem »Solokonzert« solle das Orchester keine nur »sekundäre Bedeutung« haben; da Berlioz schreibt, Paganini habe am Ergebnis Kritik geübt (insbesondere an den »vielen Pausen im Allegro«), kann man annehmen, daß Berlioz dies für ein atypisches Verfahren im Konzert hielt. Als Paganini schließlich seinen Auftrag zurückzog, änderte Berlioz anscheinend seinen Plan: Er reduzierte das brillante Element des Bratschenparts und schrieb schließlich für das Orchester (!) »eine Reihe von Szenen ..., in denen die Solobratsche die Rolle einer mehr oder minder wichtigen Person spielen sollte, die durch das Ganze ihren eigenen Charakter bewahrt« – eben eine Sinfonie mit Solobratsche, die sich an Lord Byrons Epos »Childe Harold« orientiert, aber zugleich Reiseeindrücke Berlioz' aus Italien aufgreift. Die Diskrepanz entspricht folglich dem zeitüblichen Standard: Ein Virtuose sucht nach einer Komposition, in der sein besonderes Instrument dem Orchesterklang gegenübertreten könne; anstatt darin eine Standardsituation des Konzerts schon seit dem frühesten 18. Jahrhundert zu sehen, begreift man es aber als Virtuositätsproblem der eigenen Zeit. Und: Ein Komponist scheut davor zurück, ein Konzert zu schreiben; das ist im 19. Jahrhundert eine nicht untypische Komponistenreaktion (vgl. etwa S. 145 zu Schumann). Die Komposition bestätigt zumindest jene nachträglich formulierten Absichtserklärungen Berlioz' (nicht unbedingt die Details der Paganini-Geschichte: Bereits Liszt macht darauf aufmerksam, daß die Arpeggienfigur der Viola im Canto-religioso-Abschnitt des zweiten Satzes sich direkt aus der Spielpraxis Paganinis herleite; Liszt, S. 83).

Das Werk gliedert sich in vier Sätze, in denen die Bratsche eine der jeweiligen inhaltlichen Situation entsprechende Solo-Stellung einnimmt. Die Satzüberschriften lauten:

1. Harold aux Montagnes. Scènes de mélancholie, de bonheur et de joie. [Harold in den Bergen. Szenen der Schwermut, des Glückes und der Freude.]
2. Marche de Pélerins, chantant la prière de soir. [Marsch der Pilger, ihr Abendgebet singend.]
3. Sérénade d'un Montagnard des Abbruzes à sa maîtresse. [Ständchen eines Liebhabers in den Abruzzen.]
4. Orgie de Brigands. Souvenirs de scènes précédentes. [Beim Gelage der Räuber. Gedenken früherer Eindrücke.]

Die Bratsche *personifiziert* Harold; dies geht so weit, daß man ihren allerersten Einsatz (zu Harfenklängen) als »Lied eines Sängers« mit charakteristischer Begleitung verstehen kann. Damit übernimmt die Harfe zunächst die typische Solo-Rolle, mit der vorzugsweise ein in der Orchesterbesetzung allein spielendes Instrument einem »echten« Solisten entgegentreten kann. Sekundär erhält sie aber eine ähnlich »emblematische« Funktion wie die Bratsche selbst: Zu »Harolds Lied« (das in der Partitur freilich auch nichts anderes ist als ein Solothema der Bratsche und erst durch die inhaltliche Überhöhung der Harold-Geschichte zum »Lied« wird) trägt sie nicht nur satztechnisch, sondern auch »dramatisch« die Begleitung bei. In der Interpretation des »Liedes« ging Liszt noch einen Schritt weiter: Für ihn wird es nicht von der Bratsche vorgetragen, sondern ausdrücklich und ganz direkt von »Harold« (Liszt, S. 78). Immer, wenn diese Melodie eintritt, soll man also an zweierlei erinnert werden: an den konkreten »Gesang«, aber auch daran, daß Harold es ist, der ihn vorträgt (Berlioz spricht daher von einer »double idée fixe«). Daß es Berlioz' »Harold« nicht gerecht wird, wenn man das Werk als »Konzert« analysiert, ergibt sich also allgemein aus dem Gattungskontext und speziell aus der Entstehungsgeschichte. Dennoch läßt sich danach fragen, welche »konzertante« Rolle dem Soloinstrument im weiteren Werkverlauf zukommt, wenn darin die außermusikalische Hauptfigur (Harold) mit der angeblich musikalischen Hauptfigur (Bratsche) zusammenfällt.

Im ersten Satz läßt sich der Anteil der Bratschenstimme als der eines Klangkörpers neben anderen, gleichwertigen verstehen (daraus erklärt sich auch, daß die Bratsche im ersten Satz durchaus als »das Soloinstrument« erscheinen kann). Diese Rolle eines »primus inter pares« zeigt sich etwa zu Beginn der »Durchführung« (ca. T. 210), in dem der Satzfortgang sich auf den Bläserapparat, die Violinen, die tiefen Streicher und eben die Soloviola als vier selbständige, miteinander »konzertierende« Klanggruppen verteilt – ähnlich also, wie es sich an Brahms' 2. Klavierkonzert zeigen läßt. Später, im dritten Satz, ist viel eher das Englischhorn als Soloinstrument zu bezeichnen: Es trägt von Takt 35 an ein eigenes Thema vor und schließt es ab, ehe die Bratsche, die zunächst für lange Zeit pausiert, diesem Thema entgegentritt (es ist nun auf weitere Orchesterstimmen verteilt; T. 65). Zunächst spielt die Bratsche wiederum das »Lied« aus dem ersten Satz, später auch andere Thematik. Das gleiche ereignet sich zuvor im zweiten Satz, allerdings ohne ein »konkurrierendes« Soloinstrument: Hier erklingt zunächst im Orchester das »Abendgebet« der Pilger, ehe Berlioz die Bratsche eintreten und nach kurzem zu dem »Lied«-Thema übergehen läßt (T. 64).

Die »idée fixe« durchzieht diese Sinfonische Dichtung als etwas zwar Wandelbares, aber dennoch Wiedererkennbares: Sie wird zum Erkennungszeichen Harolds; wenn die Bratsche das Liedthema spielt, erscheint gewissermaßen auch Harold auf der »Bildfläche« der einzelnen Sätze. Dies hat eine klare Konsequenz für den Komponisten: In jedem Satz muß jeweils erst einmal die »Bildfläche« klargestellt sein; erst dann kann ihr die Bratsche das eigene Thema (auch abstrakt »konzertant«) entgegensetzen. Dieses Thema bezieht Berlioz aus dem ersten Satz, in dem das Tableau der Gesamt-Geschichte gezeichnet werden muß und in dem die Harold-Bratsche also selbst erst ihre musikalische Identität (als etwas »Wiedererkennbares«) erhält. Harold macht zudem im Laufe des Werks einen persönlichen Wandel durch – unter dem Eindruck der Erlebnisse, von denen es handelt. Folglich gehören diese Eindrücke später ebenso fest zu seiner Identität wie das »Lied«, und Berlioz kann für das Finale auf Themen zurückgreifen, die »Harold« im Verlauf des Werks »erlebt« hat (Pilgergesang, Englischhorn-Ständchen), und ihn auch aus ihnen heraus charakterisieren.

Das Werk steht somit zwischen Sinfonie und Solokonzert: Es bedient sich der »symbolischen« Möglichkeiten, die im Wesen eines Konzertsolos zu liegen scheinen (»eine Hauptperson« zu sein), und integriert sie in ein Werk sinfonischen Anspruchs. Von der Gattung Konzert her betrachtet, ist es das Kernproblem des Werks, daß der Solist nun nicht nur dem Publikum als »Held« erscheint, sondern auch aus dem literarischen Vorwurf der Musik heraus personifiziert wird: Die Identität, die er hat und die sich zunächst lediglich anhand eines einzigen »leitmotivischen« Themas musikalisch fassen läßt, engt seinen Spielraum ein – nicht etwa den der Virtuosität, sondern den seiner Solorolle. Oder anders: Harold bleibt während des ganzen Stücks *dieselbe Figur* (er ändert sich in dem Ausmaß, wie sich eben ein Mensch verändern kann) und begegnet während des Stücks *unterschiedlichen Situationen*, deren Wiedergabe das Orchester übernimmt. Diese Aufgabenverteilung stellt aber das traditionelle Tutti-Solo-Verhältnis auf den Kopf: Der Solist repräsentiert die konstanteren Elemente des Werks; vormals war dies die Aufgabe des Tutti (»Ritornelle«), das nun aber im wahrsten Wortsinn »Episoden« in Harolds Leben entstehen läßt. Die äußere Wirkung (»Held«) und die musikalische Anlage (»Konzert«) schließen einander also bei näherer Betrachtung überraschend weitgehend aus.

Berlioz' Arbeit mit einer »idée fixe«, die als zumindest in Umrissen konstanter thematischer Bestandteil seine mehrsätzige Komposition prägt, steht – auch im Konzert im engeren Sinne – nicht einzeln da. Besonders weitgehend übernimmt Franz Liszt sie in sein Konzertschaffen: In seinem 2. Klavierkonzert (A-Dur, 1848/57) macht das Hauptthema einen ähnlichen Wandel durch wie Berlioz' Liedthema. Als Adagio-Holzbläsersatz eingeführt und zum Klaviereinsatz als Arpeggien aufgegriffen, kann es später (T. 421) auch zum Marschthema transfiguriert werden. Liszts Konzert ist durchkomponiert, somit also ähnlich als »einsätzige Fantasie mit mehreren Tempowechseln« angelegt wie Webers »Konzertstück«. Das Klavier ist allerdings nicht »personifiziert« und bestimmt gewissermaßen in jedem Moment den Fortgang der Komposition. Freilich gibt es aber auch schon in Konzerten, die älter sind als Berlioz' »Harold«, thematische Reminiszenzen, etwa solche des Schlußsatzes an den Kopfsatz wie 1785 in Mozarts d-Moll-Klavierkonzert KV 466 (vgl. S. 94) oder 1830/31 in Mendelssohns g-Moll-Klavierkonzert, in dessen Schlußsatz nicht nur das Seitenthema des Kopfsatzes anklingt (3. Satz, T. 219; 1. Satz, T. 77), sondern auch die Satzübergänge aus der gleichen Fanfarenthematik gebildet werden.

Aufgabe (20):
Was ereignet sich folglich im Schlußsatz von Antonín Dvořáks Cellokonzert op. 104 in T. 461/477 in den Klarinetten (Noten: ETP 785)?

9. KAPITEL: DAS 20. JAHRHUNDERT

Konzert um und nach 1900: Der musiktheoretische Nährboden

Wie im vorigen Kapitel erwähnt, läßt sich der Versuch, Konzertform aus Sonatenform herzuleiten (wobei schon Donald Francis Tovey beide Formen voneinander abgrenzte), aus einer aktuellen kompositionstechnischen Situation der Zeit heraus verstehen (S. 156: »*Auswahlverfahren*«). Man kann den Gedanken des Zeitbezugs sogar noch weiter fassen. Tovey veröffentlichte seine Beobachtungen im Jahr 1903; sein Schlüsselbeispiel ist ein *Konzertsatz Mozarts* (C-Dur-Klavierkonzert KV 503, 1. Satz). Daß er einen solchen wählte, ist allerdings nicht selbstverständlich: Erst kurz zuvor (1895) hatte der Pianist Carl Reinecke eine Schrift mit dem bezeichnenden Titel »Zur Wiederbelebung der Mozart'schen Clavier-Concerte« veröffentlicht. Tatsächlich war eine »*Wiederbelebung*« nötig, denn abgesehen von den beiden Moll-Werken (d-Moll KV 466, c-Moll KV 491) waren Konzerte Mozarts praktisch unbekannt, ganz zu schweigen von weiteren Werken des 18. Jahrhunderts. Die Gründe hierfür liegen auf der Hand: Wenn 1859 (in der Zeitschrift »Signale für die musikalische Welt«) über die Leipziger Erstaufführung von Brahms' 1. Klavierkonzert mit den Worten berichtet wird, dem *Solopart* gehe jede »Neuheit und Feinheit« in den Passagen ab, so ist klar, daß man in einem Solokonzert gerade mit derartigem rechnete – und je älter ein Werk war, desto weniger davon war in ihm naturgemäß enthalten. Diese Sehweise prägt aber auch Äußerungen der jungen Musikwissenschaft über die Gattung Konzert; 1859 etwa schreibt Adolph Bernhard Marx in seiner Biographie Beethovens über dessen 5. Klavierkonzert (Ausgabe Leipzig 1902, Bd. 2, S. 80): »Der Geist des Instruments ... ergeht sich freien Flugs, kühn, mannhaft gegen den Jüngling Mozart, und stets innerlicher Einheit getreu, in sich gefestet.« Der dem *Historismus* entgegenwirkende Gedanke, daß ältere Musik zwangsläufig *minderwertig* sei, hat sich wohl in keiner Gattung hartnäckiger gehalten als im Instrumentalkonzert.

Zudem traten im äußeren Erscheinungsbild der Gattung Aspekte in den Vordergrund, denen man kritisch gegenüberstand: das Herausstellen technischer Fähigkeiten und die Selbstdarstellung einer einzelnen Musikerpersönlichkeit auf dem Podium. Durch beides sah man das Komponieren zwangsläufig als eingeschränkt an (ohne zu berücksichtigen, daß eine Kooperation wie die zwischen Joseph Joachim und Brahms für dessen Violinkonzert dabei inbegriffen wäre); Hugo Riemann[1] spricht davon, jene beiden Zwecke seien »nicht rein künstlerische«, weil die Rücksicht auf einen Spieler oder dessen Instrument die Kunstentfaltung behinderten, und er konstatiert: »Mehr oder weniger wird also

[1] Zitate aus: Adolph Bernhard Marx, Die Lehre von der musikalischen Komposition, neu bearbeitet von Hugo Riemann, Band IV, Leipzig ^{5}1988, S. 450f.

bei Kompositionen dieser Gattung von den reinen Kunstgesetzen abgewichen werden müssen.« Ratschläge an angehende Komponisten erteilt er daher auch nur mit der abschätzigen Einschränkung »... wenn man überhaupt Beruf [= Berufung] fühlt für diese Kompositionsgattung«. Riemanns Text ist Bestandteil einer Kompositionslehre, nicht also einer musikhistorischen Abhandlung; das erleichtert es, seine Worte als Dokument für die Sehweise seiner Zeit anzusehen. Doch auch die wissenschaftliche Bewertung wandelte sich zunächst nicht: Philipp Spitta bemerkte etwa 1873/80 in seiner Bach-Biographie, die barocke Konzertanlage ergebe bei strikter Durchführung »ein ärmliches Gebilde«, dem man allerdings durch »motivische Erfindungskraft ... besondern Reiz verleihen« konnte (Bd. 1, S. 733f.).

Insofern bedeutete Toveys Vorstoß, überhaupt ein Konzertform-Modell an Werken der Zeit vor Beethoven zu entwickeln, sich also einer ohnehin gescholtenen Gattung zu widmen und zudem an Werken, die wegen des Standes ihrer Virtuosität als überholt gelten mußten, etwas Neuartiges. Daß er einen Brückenschlag zur ungleich höher geschätzten Form von Sonate und Sinfonie wagte, mag nicht ohne Hintergedanken geschehen sein: Damit konnte das Konzert (zumindest: dasjenige aus weiter zurückliegenden Zeiten) vom künstlerisch weit *höher geachteten Sinfonie- und Sonatenprinzip* direkt aufgewertet werden. Insofern sind Toveys Modell und Riemanns Interpretation des Instrumentalkonzerts, aber auch musikhistorische Äußerungen der Zeit (und seien sie so gut gemeint wie diejenige Spittas) zunächst nur aus ihrer Zeit heraus zu verstehen. Wer diese Modelle allzusehr verabsolutiert (auch darin, daß man kritisiert), nimmt ihnen zunächst die Kraft, selbst ein historisches Dokument zu sein. Daneben gibt das Sonatenkonzert-Modell allerdings zweifellos auch sinnvolle Beobachtungen wieder (es ist ja nicht abwegig, zwischen Konzert und Sinfonie Berührungspunkte im formalen Aufriß und der Themenpräsentation zu konstatieren, und man kann sie daher durchaus gleich benennen – freilich im Bewußtsein dafür, daß Schlagworte künstlerische Phänomene grundsätzlich nur unzureichend beschreiben können).

In diesem Spannungsfeld bewegt sich nun die *musikalische Analyse* auf bisweilen fatale Weise: Entweder wird das viergliedrige Schema des Sonatenkonzertsatzes unmodifiziert als Grundlage der musikalischen Analyse benutzt; dann begibt man sich nicht nur terminologisch in die Situation der Zeit um 1900 zurück (weil man sich dann den verfeinernden Überlegungen der nachfolgenden Jahrzehnte verschließt), sondern man akzeptiert auch die *Intentionen des Modells* als etwas nach wie vor Gültiges – nämlich daß das Solokonzert gegen andere musikalische Gattungen verteidigt werden müsse (unter diesem historischen Blickwinkel hat man die Entstehung des Modells ja letztlich zu sehen). Andererseits: Wer die Modelle, zu denen die Anstrengungen der Zeit um 1900 führten, in Bausch und Bogen verwirft (weil es weder historisch noch formal angemessen sei, Werke der Zeit um 1800 mit Kategorien zu beschreiben, die um 1850 an einer anderen Form entwickelt wurden), gibt zugleich den historischen Bezugspunkt preis, von dem die gesamte nachfolgende musikhistorische Beschäftigung mit dem Solokonzert ausgegangen ist.

Das Phänomen »Konzert« mußte um und nach 1900 allerdings auch von den *Komponisten* neu »entdeckt« werden. Wie sich dies – in der Zeit nach Riemanns vernichtenden Worten über den Kunstwert des Konzerts – vollzog, spiegelt sich in Arnold Scherings Buch »Geschichte des Instrumentalkonzerts«, der Druckfassung seiner Dissertation, die 1903 abgeschlossen wurde (im gleichen Jahr, in dem Tovey seinen Essay publizierte). 1927 erschien das Buch in zweiter Auflage; im Nachtrag setzt sich Schering mit der gegenüber 1903 veränderten Situation auseinander (vgl. Anhang, Text 5). In seiner Sicht ist manches wohl eher Wunschdenken – nicht nur in den *nationalen* Einschränkungen seines Entwicklungs-Bildes und der Betonung der angeblich so ungebrochenen *Pflege der »klassischen Meister des Konzerts«*, sondern auch in der idealisierten Sicht einer Rückbesinnung auf *barocke Vorbilder*. Sein Hinweis auf die Bedeutung von Sinfonie und Sinfonischer Dichtung (als Konkurrenz zu den Ausdrucksmöglichkeiten des Solokonzerts) ist allerdings bemerkenswert, so polemisch er gefaßt ist: Tatsächlich wirkt sich die von Riemann verbalisierte Konzert-Abneigung von Komponistengenerationen aus dem Ende des 19. Jahrhunderts bis in ihre *Werkverzeichnisse* hinein aus (vgl. S. 177).

Ein besonderes Licht auf die Situation um 1900 wirft die weitere Entwicklung des von Schering als fruchtbares Konzerte-Land angesprochenen Rußland in nachrevolutionärer Zeit: In der Sowjetunion unter Stalin wurde »Musik fürs Volk« zum kulturpolitischen Maßstab, an dem auch das Konzert gemessen wurde. Da aber dem Konzert aus dem 19. Jahrhundert heraus das Bild anhaftete, daß hier ein Herrscher gegen das Orchester antrete (vgl. S. 126), wird der schwere Stand des Konzerts plausibel. Wie weit dieses Bild mittlerweile getrieben wurde, zeigen die Äußerungen Hugo Riemanns in seiner (eigenen) »Großen Kompositionslehre« (Stuttgart 1913, Band 3, S. 181): »[Es war] notwendig, die Besprechung solcher Kompositionen [= Konzerte] in einen besonderen Abschnitt zu verweisen und einen energischen Strich zwischen ihnen und denjenigen zu machen, welche das Orchester als eine Art sozialistisches oder republikanisches Gemeinwesen behandeln, in welchem jeder mitzureden hat, aber keiner Regent ist. Im Konzert ist aber im Gegenteil der Solist der erwählte oder geborene Herrscher und das Orchester soll und darf keinen höheren Ehrgeiz haben als den, diesem Träger der Krone ein Relief zu geben, das seine Vorzüge in das glänzendste Licht stellt.« Zudem: Argumente wie das, die formalen Möglichkeiten des Konzerts seien erschöpft (wie dies letztlich auch Schering 1927 zum Ausdruck bringt), beförderten die Sehweise, Konzertkomposition sei »formalistisch«, folglich ausdrucksarm und daher für das Volk unverständlich. Eine Folge dieser kulturpolitischen Programmatik, die sich somit auf den Geist der Konzertkrise um 1900 zurückführen läßt, zeigt sich im Werkverzeichnis Dimitri Schostakowitschs: Dieser getraute sich noch 1955 (zwei Jahre nach Stalins Tod) nicht, sein 1947/48, auf dem Höhepunkt des Kulturkampfes in der Sowjetunion, komponiertes Violinkonzert mit der ihm zukommenden Opus-Nummer 77 zu versehen, sondern »tarnte« es als »op. 99«. Er hatte die Situation richtig eingeschätzt: Die Uraufführung des Werkes wurde offiziell totgeschwiegen.

Relikte der bis um 1900 herrschenden Abneigung gegen das Konzert sind auch unterschwellig fortgetragen worden. Dies gilt beispielsweise für einen Aspekt, den Schering 1927 als Grund für das gewandelte Konzert-Verständnis benennt: Er bezeichnet die *Lust auf Virtuosität* als eigentliche Ursache des Verfalls der Gattung; der Schluß liegt daher nicht fern, daß die Eindämmung der Virtuosität die Gattung wieder in Schwung gebracht habe. Das genau gegenteilige Bild vermitteln die Konzerte der unmittelbar folgenden Zeit: Virtuosität spielt in ihnen eine so elementare Rolle, daß sie geradezu als Schlüssel zur Neubelebung der Gattung gedient haben dürfte. Schering geht hingegen offenkundig von dem *Wunschdenken* aus, daß Konzerte des 18. Jahrhunderts frei von virtuosen »Äußerlichkeiten« gewesen sein könne – ein Gedanke, den man wohl nur dann haben kann, wenn man den (anderen) technischen Standard der Musikinstrumente Bachs oder Mozarts außer Betracht läßt.

Sehweisen wie die, daß (überspitzt formuliert) die Gattung Konzert künstlerisch höherwertig sei als vermutet, weil ihr etwas Sonatenhaftes anhafte, oder die, daß in früherer Zeit das Virtuositätsproblem nicht (oder weniger stark) geherrscht habe, konnten für die musikalische Praxis nicht ohne Folgen bleiben: Hier wirkt die eher historisch arbeitende Musikwissenschaft prägend für die eher zukunftsbezogene *Ausbildung von Komponisten*. Es verwundert aber nicht, daß sich als Folge der Sonatenkonzerttheorie zunehmend das Bild eines Konzerts in »der« Sonatenform verfestigen konnte; ebenso bleibt das – auch im Konzert beschworene – Barockmusik-Ideal nicht ohne Folgen für das Komponieren. Die Betrachtung des Konzerts im 20. Jahrhundert hat sich folglich verstärkt auch Verflechtungen zwischen Musikwissenschaft und Kompositionslehre zu widmen.

Die neue Situation des Konzerts um 1930

Das Instrumentalkonzert ist freilich nie aus dem Gesichtskreis der Komponisten verschwunden gewesen: Auch in der Zeit *um oder kurz nach 1900* sind Solokonzerte geschrieben worden, etwa von Sergej Rachmaninow die ersten drei seiner vier Klavierkonzerte (1891, 1901, 1909), von Jean Sibelius und Edward Elgar je ein Violinkonzert (1903 und 1910), von Max Reger ein Violin- und ein Klavierkonzert (1907/08 und 1910). Ferruccio Busoni übersteigert in seinem Klavierkonzert von 1903/04 den Gedanken Beethovens aus dessen Chorfantasie (und 9. Sinfonie), indem er das Werk in einen Satz mit Männerchor (»Cantico«) münden läßt. Eine nachhaltige *Änderung* ergibt sich dann in der Zeit des Ersten Weltkriegs und in den 1920er Jahren: Die ersten Violinkonzerte Karol Szymanowskis (op. 35, 1917) und Sergej Prokofjews (op. 19, 1921) lassen sich als »Beginn der Neuen Musik im Bereich des Violinkonzerts« bezeichnen, während Rachmaninows Klavierkonzerte »als ein letzter Gipfel in der Linie der großen Virtuosenkonzerte« seit Liszt angesehen werden können[2] – Rachmaninows 4. Klavierkonzert entstand 1927. Schließlich zeigt sich auch eine Änderung der traditionellen konzertanten Musiksprache (auch noch ohne Bezugnahme zu globaleren Umwälzungen wie der Formulierung der Zwölftontheorie): Die Uraufführung von Edward Elgars Violoncellokonzert 1919 wirkte schockierend

[2] Stephan, Berg, Violinkonzert, S. 9; Engel, Instrumentalkonzert, Band 2, S. 170.

auf das Publikum, weil der Komponist nach den Grauen des Ersten Weltkriegs nicht mehr so spätviktorianisch komponieren konnte wie zuvor.

Scherings Beobachtungen von 1927 stehen mitten in dieser Umbruchzeit; als deren Frucht lassen sich die Konzerte der 1930er Jahre bezeichnen. Manche dieser Werke sind als Einzelwerke mit Konzerten aus der »großen« Tradition des 19. Jahrhunderts (freilich: derjenigen der »sinfonischen« Konzerte) gleichgesetzt worden; im Grunde genommen kommt aber in jener Zeit das Konzert insgesamt zu einer völlig neuen Blüte, an der die »Klassiker der Moderne« in einer überraschend umfassenden und dichten Weise beteiligt waren (vgl. als Auswahl-Übersicht die folgende Tabelle).

Tabelle 20: Konzertkompositionen der 1930er Jahre

Jahr	Komponist	Konzert für	Bemerkungen
1931	Bartók, Béla	Klavier, Nr. 2	Nr. 1: 1926
1931	Casella, Alfredo	Tripelkonzert	für Violine, Violoncello, Klavier
1931	Prokofjew, Sergej	Klavier, Nr. 4	für die linke Hand
1931	Ravel, Maurice	Klavier D	für die linke Hand
1931	Ravel, Maurice	Klavier G	
1931	Strawinsky, Igor	Violine	»Concerto en Ré«
1932	Prokofjew, Sergej	Klavier, Nr. 5	Klavierkonzerte seit 1912 (Nr. 1)
1932	Poulenc, Francis	2 Klaviere	
1933	Szymanowski, Karol	Violine, Nr. 2	Nr. 1: 1916
1933	Glasunow, Alexander	Altsaxophon	
1933	Schostakowitsch, Dimitri	Klavier, Nr. 1	
1935	Berg, Alban	Violine	
1935	Hindemith, Paul	Viola	»Der Schwanendreher«
1935	Pfitzner, Hans	Violoncello, Nr. 1	
1936	Schönberg, Arnold	Violine	
1937	Chatschaturjan, Aram	Klavier	
1937	Prokofjew, Sergej	Violine, Nr. 2	Nr. 1: 1921
1938	Bartók, Béla	Violine (Nr. 2)	»Nr. 1« = zwei Konzertsätze, 1907
1938	Poulenc, Francis	Orgel, Pauken	
1939	Britten, Benjamin	Violine	
1939	Hindemith, Paul	Violine	
1939	Hartmann, Karl Amadeus	Violine	später »Concerto funebre« genannt

In manchen dieser Konzerte kann es scheinen, als werde auf musikalische Aspekte des 19. Jahrhunderts zurückgegriffen. Dies bedeutet aber noch nicht automatisch, daß die Werke damit »neoklassizistisch« seien; vielmehr haben die Komponisten (die ja mit wenigen Ausnahmen noch im 19. Jahrhundert geboren wurden) jene gattungstypischen Aspekte der Spätromantik noch durchaus als ihre eigene Gegenwart kennengelernt. Somit zeigt sich in diesen »spätromantischen« Zügen etwas, das in historischer Entwicklung ganz normal und überhaupt nicht historistisch ist: die individuelle Uminterpretation des Hergebrachten. Doch so folgerichtig die Entwicklung dabei für den einzelnen gewesen sein mag, entstand alles andere als ein einziger Entwicklungsstrang: Die Komponisten entstammen unterschiedlichsten musikalischen Traditionen – sie integrieren Zwölftönigkeit (Berg, Schönberg, aber auch Bartók), offen historistische Elemente (auch Strawinsky, Hindemith), Folklore verschiedenster Art (Bartók, Hindemith) oder Jazzelemente (Ravel, D-Dur-Konzert) in die Solokonzerttradition. Dies verstellt ein wenig den Blick fürs Ganze: Es erscheint als so schwierig, Maßstäbe für einen analytischen Vergleich jener Kompositionen zu finden, daß man eher den Eindruck von etwas total Heterogenem, Undurchdringlichem gewinnt.

Die Vielfalt, die die Werke zeigen, ist also eher eine qualitative als eine quantitative; gemessen an anderen »Spitzenzeiten« des Konzerts (beispielsweise der Zeit um 1720) mag die Ausbeute geradezu als dürftig erscheinen. Erklärbar ist das Gesamtphänomen anhand einer bissigen Bemerkung Igor Strawinskys[3]: »Vivaldi wird sehr überschätzt, ein langweiliger Mensch, der ein und dasselbe Konzert sechshundertmal hintereinander komponieren konnte.« Daraus ist zu schließen, daß Strawinsky sich eher für jedes Konzert einen eigenen Formplan gemacht hätte; für seine Kollegen gilt dies in ähnlicher Weise. Verwunderlich ist dies übrigens nicht, da die größere Diversifizierung der konzertanten Möglichkeiten bereits aus dem 19. Jahrhundert heraus (»Auswahlverfahren« hinsichtlich der Formteile, Öffnung der tonalen Disposition) im Konzert eine solche Entwicklung zwingend nahelegt (deshalb ist auch das Formulieren von »Aufgaben« erschwert, da hierfür Einzelbeobachtungen übertragbar sein müßten).

Doch so undurchdringlich und so heterogen, wie diese Gruppe von Konzerten zu sein scheint, ist sie bei näherer Betrachtung nicht: Es gibt erstaunlich viele *Querverbindungen* zwischen den Werken. Nachdem der Geiger Louis Krasner Alban Berg zum ersten Solokonzert eines Komponisten aus dem Schönberg-Kreis bewogen hatte, begann auch Schönberg Konzerte zu schreiben; seinem Violinkonzert folgte dann 1942 noch ein Klavierkonzert. Berg hatte in der Planungsphase Karol Szymanowskis Violinkonzert op. 35 zu Rate gezogen; dieses Werk, ebenso Bergs »Arbeitsergebnis«, schickte die Wiener »Universal Edition« 1936 als Informationsmaterial an Bartók, als dieser sein Violinkonzert zu erarbeiten begann. Benjamin Britten war Zeuge der Uraufführung von Bergs Konzert; daß dies seine eigene Beschäftigung mit dem Gedanken, ein Violinkonzert zu schreiben, unberührt gelassen hätte, ist kaum denkbar. Zudem dürfte Britten Strawinskys Violinkonzert nachhaltige Anregungen verdanken, nicht nur in der Motorik des zweiten Satzes im Violinkonzert (Vivace; Ähnlichkeiten zu Strawinskys Schlußsatz, »Capriccio«), sondern auch darin, ein Konzert mit einer »Toccata« zu beginnen (dieses historistische Element greift Britten 1938 in seinem Klavierkonzert op. 13 auf). Ob schließlich Karl Amadeus Hartmanns Konzert-Schlußsatz »Choral« (ebenso der Choral-Schluß in Hindemiths »Trauermusik« für Bratsche und Orchester von 1936) von Bergs Choralzitat im Schlußsatz seines Violinkonzerts abhängig ist, sei dahingestellt.

[3] Igor Strawinsky, Gespräche mit Robert Craft, Zürich 1961, S. 103.

Tabelle 20 auf S. 175 spiegelt (abgesehen von einer größeren Zahl Klavierkonzerte) eine Polarisierung auf *Violinkonzerte*; Hintergründe hiervon seien später an Einzelwerken betrachtet. Etwas in den Hintergrund treten in dieser Liste die Cellokonzerte – an deren Komposition allerdings ebenfalls gesteigertes Interesse bestand (Bohuslav Martinu, 1931; Darius Milhaud und Sergej Prokofjew, beide 1934). Daneben gibt es – wie in früheren Zeiten – Konzerte, in denen »Marktneuheiten« gewürdigt werden (wie das Saxophonkonzert von Glasunow). Hervorzuheben ist daneben die Höherbewertung von Schlaginstrumenten als Soli; diese Tendenz, die sich hier in Poulencs Orgelkonzert zeigt, gipfelte später im »Geigy Festival Concerto« für Basler Trommel und Orchester von Rolf Liebermann (1958). Und auch über Poulencs Komposition hinaus gibt es Konzerte für mehr als ein Soloinstrument – in den traditionellen Ausprägungen als Doppelkonzert (Poulenc, 1932) oder Tripelkonzert (Casella, 1931).

Als *Begleitung* dient – wie bisher – ein Sinfonie- oder Kammerorchester. Seit dem ausgehenden 19. Jahrhundert gibt es allerdings zunehmend »exotische« Orchesterzusammensetzungen, die dem Solisten gegenübertreten. Bereits 1877/78 schrieb Nikolai Rimsky-Korsakow Konzerte, die von einer Militärkapelle begleitet werden (für Posaune und für Klarinette); 1923/24 entstanden Strawinskys Konzert für Klavier und Blasorchester sowie Alban Bergs »Kammerkonzert« für Violine, Klavier und 13 Bläser (je ein Satz für die Soloinstrumente allein, einer für beide zusammen), und auf dieser Bahn folgt 1928 Kurt Weills Konzert für Violine und Blasorchester nach.

Für manche der Komponisten ist das erwähnte Konzert *das erste* (oder gar einzige), das sie geschrieben haben. Je älter sie zum Zeitpunkt der Komposition waren, desto klarer wird, wie stark sich das Bewußtsein (gegenüber einem andersartigen »vorher«) gewandelt hatte. Besonders deutlich wird dies für Alban Berg (50 Jahre alt; einziges Solokonzert, nach dem »Kammerkonzert« in jener abweichenden Gestaltung) und Arnold Schönberg (62 Jahre alt), aber auch für Maurice Ravel (56 Jahre alt). Andererseits sind einige sehr junge Komponisten darunter, die – anders als noch wenige Jahrzehnte zuvor von Riemann empfohlen – sich bereits frühzeitig daran machten, Konzerte zu komponieren: etwa der 26jährige Britten (der zuvor, mit 25, bereits ein Klavierkonzert geschrieben hatte) oder der 27jährige Schostakowitsch.

Bei einigen Werken zeigt sich an der Numerierung, daß ihr Schöpfer bereits *vor den 1930er Jahren* als Konzertkomponist aktiv gewesen ist. Prokofjews erstes Klavierkonzert entstand 1912, Szymanowskis erstes Violinkonzert, wie erwähnt, 1917. Charakteristisch ist die Laufbahn Bartóks als Konzertkomponist: 1904, mit 23 Jahren, hatte er eine Rhapsodie und ein Scherzo für Klavier und Orchester geschrieben – also einzelne »Charakterstücke«, die nicht als »volle« Konzerte in traditioneller Ausdehnung konzipiert sind. 1907 schrieb er zwei Konzertsätze für Violine und Orchester, die bisweilen als sein »erstes Violinkonzert« bezeichnet werden (Bartók hingegen wehrte sich gegen diese Zählung und bestand darauf, nur ein einziges Violinkonzert geschrieben zu haben, nämlich sein »zweites«). Somit nimmt Bartóks »eigentliche« Konzertkomposition ihren Ausgang erst mit dem ersten Klavierkonzert – von 1926, also mitten in der erwähnten Umbruchphase.

Der Umbruch an sich spiegelt sich besonders deutlich in Richard Strauss' Œuvre (weil Strauss eben auf das Konzertekomponieren nicht restlos verzichtet hat): 1864 geboren, vollendete er 1882/83 das Violinkonzert op. 8 und das Waldhornkonzert op. 11. Weitere Konzerte versah er nicht mit Opus-Nummern: Die beiden ersten von ihnen ergänzen jene Frühwerk-Konzerte (Romanze für Violoncello und Orchester, 1883; Burleske für Klavier und Orchester, 1885); die übrigen sind ausgesprochene Spätwerke, nämlich das 2. Hornkonzert (1942), das Oboenkonzert (1945) und das Duett-Concertino für Klarinette und Fagott mit Streichorchester und Harfe (1947). Die Werke konzentrieren sich auf die Zeit um 1882/85 und 1942/47, mehr als ein halbes Jahrhundert auseinanderliegend. Da die erste Werkgruppe noch der Zeit später Brahms- und Dvořák-Konzerte angehört, den Konzerten der zweiten aber Werke Bartóks, Schönbergs und Strawinskys vorausgegangen sind, stehen beide Gruppen zudem in völlig unterschiedlichen Gattungs-Zusammenhängen – so daß zwischen ihnen auch ein Bewußtseinswandel vollzogen wurde, zu dem Strauss selbst nicht beitrug, dem er sich aber in seinem Spätwerk nicht verschloß. Werke mit Soloinstrument, die in der Zwischenzeit entstanden, lassen sich entweder der Gattung »Sinfonische Dichtung« zurechnen (»Don Quixote« op. 35, 1897) oder als Gelegenheitskompositionen bezeichnen (»Parergon zur Sinfonia domestica« op. 73, Panathenäenzug op. 74; 1925/27).

Auf diesen Umbruch haben wiederum die *Interpreten* einen nicht zu unterschätzenden Einfluß. Es erscheint als kaum denkbar, daß Berg und Schönberg überhaupt an der Entwicklung Anteil genommen hätten, wenn Louis Krasner sie nicht dazu nachhaltig angeregt hätte; ähnlich wichtig ist für Strawinsky die Zusammenarbeit mit Samuel Dushkin, für Bartók die mit Zoltán Székely gewesen (beide ebenfalls als Geiger). Allerdings gibt es auch weiterhin Konzerte, die die *Komponisten für sich selbst* schrieben: Hindemith hat sein Bratschenkonzert, Prokofjew sein 5. Klavierkonzert selbst uraufgeführt. Eine Besonderheit des Repertoires zeigt sich schließlich in den beiden Klavierkonzerten »für die linke Hand« von Ravel und Prokofjew: Ähnlich wie zuvor durch Hindemith (1923) und später durch Britten (1940; »Diversions for Piano and Orchestra«) und zahlreiche mehr entstanden diese Werke für den Pianisten Paul Wittgenstein, der armamputiert aus dem Ersten Weltkrieg heimgekehrt war, seine Pianistentätigkeit aber dennoch fortsetzen wollte und somit die Entstehung eines eigenen Konzertrepertoires auslöste.

Schering beschwor 1927 den *barockbezogenen Geist* des neuen Konzerts. Tatsächlich gibt es in jener Zeit Konzerte, die sich eines »barocken« Instrumentariums bedienen, die also etwa das wiederentdeckte Cembalo oder Orgel als Soloinstrument verwenden (Cembalo: Wolfgang Fortner, 1932, und Hugo Distler, 1936; Orgel: »Concerto Romano« von Alfredo Casella, 1926). Diese »historisierenden« Instrumentationen bleiben aber eine Nebensache. Wichtiger ist das, was Schering in die Tradition des Concerto grosso stellt: Tatsächlich gab es in den 1920er Jahren eine Art »Concerto-grosso-Bewegung« , die sich auf die Formel »Neobarock als Anti-Sinfonik« verkürzen läßt – an die Stelle einer »überbewerteten« Sinfonik in der Zeit zuvor sollte nun eine Rückbesinnung auf Concerto-grosso-Prinzipien treten. Es entstanden Werke wie Concerti grossi von Ernst Krenek (1921, 1924) oder Paul Hindemiths »Konzert für Orchester« op. 38 (1925). Im Grunde genommen sind derartige Werke aber als sinfonische Werke zu verstehen: als Kompositionen mit Stimmen, die ähnlich obligat geführt sind wie bereits die Begleitung eines Brahms-Konzerts (also noch ohne den Solopart genommen). Neuerlich zeigt sich also in »sinfonischen« Werken ein für sie ganz normales »konzertantes« Satzprinzip (vgl. S. 164); und in diesem Sinne gilt Hindemiths »Konzert für Orchester« zu Recht üblicherweise als *Orchesterwerk*, nicht als Konzert.

Die Tradition derartiger »konzertanter Orchesterwerke« setzte sich fort – mit einigen besonders bezeichnenden Ausprägungen. 1932, zur 50-Jahr-Feier der Berliner Philharmoniker, schrieb Hindemith sein »Philharmonisches Konzert« (ebenfalls ein »Orchesterwerk«). Heinrich Strobel beschrieb das Werk in seiner Hindemith-Monographie so[4]: »Es ist, als wolle er ... die ganze Meisterschaft seines kontrapunktischen Könnens an einem Variationenwerk zeigen, das zugleich auch allen Spielern des berühmten Klangkörpers Gelegenheit gibt, ihr Können zu beweisen.« Also scheint das Werk jedem der Spieler derart auf den Leib geschrieben zu sein, als handele es sich bei ihnen um »den« Solisten; dies rechtfertigte eine Sehweise, daß es eine Komposition nach Konzert-Vorbild sei. Andererseits handelt es sich ebenso um ein eher »sinfonisches« Werk ohne ausdrücklichen Solisten – also tatsächlich um ein Orchesterwerk in der Sprache der Zeit. Die Titelformulierung schließlich ergänzt einen weiteren Aspekt: Mit »Philharmonisches Konzert« spielt Hindemith auf den Namen der Institution an, die es zu feiern gab – das Orchester veranstaltete seit 1882 »Philharmonische Konzerte«. Somit gibt es in einem an sich »sinfonischen« Werk, das Ur-Elemente des Konzertierens in sich aufnehmen kann, zudem einen Berührungspunkt mit dem Veranstaltungs-Begriff.

Ein ähnliches Konzertieren ohne Solisten zeigt etwa auch Bartóks »Concerto for Orchestra« (1943), und zwar »zeitweilig« konkret anknüpfend an barocke Musik: Der Verleger Ralph Hawkes schlug Bartók 1942 vor, moderne Werke nach dem Vorbild von Bachs Brandenburgischen Konzerten zu schreiben. Bartók behauptete daraufhin, er habe bereits Ideen zu etwas derartigem entwickelt gehabt, doch als das Werk im September 1943 allmählich fertig wurde, stellte er fest, daß sich das Ergebnis von dem ursprünglich Geplanten entfernt habe. Bartók wird also zu einem »Konzert« nach Art Bachscher Werke angeregt, doch sein »Orchesterwerk« schlägt andere Bahnen ein – ohne nachher etwa kein »Konzert« mehr sein zu können. Daß weite Bereiche der Ensemblemusik insgesamt nach dem »konzertanten« Prinzip eingerichtet sind, bleibt weiterhin unberücksichtigt; als begrifflichen Bezugspunkt sehen Hawkes und Bartók (ebenso wie zuvor Schering) Werke, in denen sich dieses – letztlich auch »sinfonische« – Satzprinzip mit dem Begriff »Konzert« verbunden hat: »Concerti grossi«. Somit werden Hindemith und Bartók von der Begriffsgeschichte eingeholt; Hindemith allerdings konnte obendrein den Veranstaltungs-Begriff mit dem Prinzip obligater, »maßgeschneiderter« Führung der Stimmen in einem »Orchesterwerk« vereinigen.

Form und Satztechnik im Überblick

Die Hauptunterschiede zwischen den Konzerten liegen nicht nur in der *Musiksprache* begründet – also darin, daß bereits Bergs und Schönbergs Violinkonzerte als Zwölftonkompositionen unterschiedliche Ideen repräsentieren, weil beide Komponisten die Zwölftontechnik unterschiedlich interpretier-

[4] Heinrich Strobel, Paul Hindemith, Mainz ^{3}1948, S. 71.

ten (Berg klangbezogener als Schönberg). Vielmehr tragen die Komponisten obendrein auf ihre ureigene Weise auch *»fremde« Elemente* in die Konzerte hinein. Berg verarbeitet in seinem Violinkonzert eine Kärntner Volksliedmelodie; daß dabei etwas völlig anderes herauskommt als in den Volksmusik-Verarbeitungen Bartóks und in Hindemiths Bratschenkonzert (die sich beide neuerlich fundamental voneinander unterscheiden), braucht kaum weiter erwähnt zu werden. Berg bezieht in sein Violinkonzert außerdem eine Choralmelodie ein, streckenweise den »zugehörigen« vierstimmigen Choralsatz Johann Sebastian Bachs; das ist ein historistisches Element – allerdings ein anderes als diejenigen, die Arnold Schering 1927 beschworen hat, und historistische Elemente in Strawinskys »Concerto en Ré« sehen wiederum anders aus (vgl. S. 176). In keinem der beiden Werke wird man aber davon sprechen können, daß erst die Verwendung historischer Elemente eine Neubelebung der Gattung ermöglicht habe; die Concerto-grosso-Techniken, auf die Schering anspielt, erweisen sich also als etwas Drittes. Zentrale Unterschiede leiten sich ferner aus der Einstellung der Komponisten zum *Formproblem* her: inwieweit also hinsichtlich der Tuttiabschnitte das »Auswahlverfahren« der Spätromantik für sie Gültigkeit hat oder inwieweit der Gedanke eines »Konzerts in Sonatenform« umgesetzt wird. In diesem zweiten Fall stellt sich aber die Frage, wie sich eigentlich das Konzerthafte in den Werken äußert – je weniger es Tuttiabschnitte gibt, desto eher könnte ja der Eindruck einer »Sinfonie mit Soloinstrument« entstehen. Völlig verschiedenartig gelöst ist schließlich auch die Frage, welche Sätze eigentlich zur Bildung eines konzertanten Satzzyklus nötig sind.

Das Konzert noch des ausgehenden 19. Jahrhunderts wird wesentlich von seinem *harmonischen Verlauf* definiert – sei es daß Themen auf Tonartstationen eintreten, sei es daß diese Tonartstationen zugleich von Tuttiabschnitten markiert werden. Wenn also ein Konzert *atonal* (frei oder zwölftönig) komponiert werden soll, fällt damit zugleich ein Grundaspekt der Formbildung aus, und zwar stärker als in anderen musikalischen Formen, weil die Definitionsgrundlage des Tuttiabschnitts damit als aufgehoben erscheint. Es zeigt sich dort, daß das Konzertieren sich weniger als etwas Form-Relevantes auswirkt (darin, daß Tutti- und Soloabschnitte gebildet würden), sondern vorwiegend auf der satztechnischen Grundlage des Konzertierens in dessen ursprünglichstem Wortsinn. Betrachtet werden soll dieser Aspekt an Bergs Violinkonzert.

Doch auch ein Werk wie das »zweite« Violinkonzert von Bartók, dessen erster Satz von *Sonatenform-Elementen* geprägt ist, bewertet die formalen Möglichkeiten des Konzertierens (Tutti- und Soloabschnitte) anders, als man es zu Ende des 19. Jahrhunderts getan hat; sie werden aber genutzt, obgleich sie keinem tonalen Zweck mehr dienen. Der erste Satz von Bartóks Violinkonzert soll daher am Anfang der vertiefenden Betrachtungen stehen.

Bei den beiden Werken, die damit in den Mittelpunkt des Blickfelds gerückt sind, handelt es sich um Violinkonzerte. Das ist kein Zufall: Gerade Violinkonzerte konnten auch in spieltechnischer Hinsicht gegenüber dem späten 19. Jahrhundert neue Dimensionen annehmen, weil die Komponisten und Interpreten auf Klangeffekte, die man an sich eher dem »rein-virtuosen« Bereich zuzuordnen bereit ist, nicht verzichteten. Abgesehen also davon, daß Klavierkonzerte jener Zeit ebenso exorbitant schwierig sein können wie Violinkonzerte (in der Erschließung und Ausschöpfung des Tonraums und in präzisen Vortragsanweisungen), eröffnen sich im Violinkonzert aus Flageolett, pizzicato, Strichtechnik und Festlegungen, auf welcher Saite gespielt werden soll (um deren eigentümliche Klangwelt auszuschöpfen), zusätzliche Möglichkeiten zur Differenzierung der Virtuosität. Das »*Virtuositätsproblem*« nach der »Überwindung« des virtuosen Konzerts läßt sich also auf dem Gebiet des Violinkonzerts exemplarisch betrachten. Außer den beiden erwähnten Werken sei hierzu auch Benjamin Brittens Violinkonzert in die Betrachtung einbezogen.

Unter diesen Werken ist nur Bartóks Konzert in traditioneller *Dreisätzigkeit* (schnell-langsam-schnell) gehalten. Auch Brittens Konzert ist dreisätzig, aber der schnellste Satz steht in der Werkmitte. Bergs Konzert hingegen umfaßt zwei Sätze, von denen jeder in sich wiederum zweiteilig ist, so daß hier ein viersätziges Prinzip zum Vorschein kommt (viersätzig ist etwa auch Strawinskys »Concerto en Ré«). Diese Beobachtungen zeigen, welche Freiheiten das Konzert des früheren 20. Jahrhunderts seinen Komponisten bis in die Satzanordnung hinein gibt.

Somit konzentriert sich die Betrachtung zunächst auf Werke, die zwischen 1930 und 1940 entstanden. Damit erfaßt man das Konzert des 20. Jahrhunderts freilich nicht komplett. Unberücksichtigt bleiben zunächst Tendenzen, die sich direkt aus der Musik des 19. Jahrhunderts herleiten, also primär Konzerte älterer Traditionen, die bis in die Zeit um 1920/25 hinein vorherrschen: Für sie ergeben sich Arbeitsgrundlagen daher auch aus der Situation jener vorausgegangenen Zeit. Weniger detailliert betrachtet wird hingegen das Konzert der Zeit nach 1950 – dies aber nicht nur, weil die verringerte historische Distanz systematisierende Blicke »über den Tellerrand hinweg« erschwert, sondern weil sich jene Fortentwicklungen wesentlich auf die Situation der 1930er Jahre beziehen lassen: vor allem darin, daß die Stimmen des »Begleit«-Orchesters als *potentielle Soli* geführt werden und »der« Solist praktisch »permanent« spielt (auf extrem hohem technischem Niveau). Das Musizieren des Solisten ist dann das kontinuierliche Element des Werks, während sich dessen Konzertieren mit den Orchesterstimmen im Werkverlauf vielfältig wandelt. Dies sei abschließend in einem allgemeineren Überblick und speziell am Cellokonzert von György Ligeti ausgeführt.

»Sonatenform« im Konzert der 1930er Jahre? Der erste Satz von Bartóks »zweitem« Violinkonzert

🕮Boosey & Hawkes TP HPS 81

Bartóks Violinkonzert aus dem Jahr 1936 beginnt nach übereinstimmender Ansicht seiner Kommentatoren mit einem Satz in *Sonatenform*. Da es sich aber um ein Konzert handelt, hat man sich zu fragen: Handelt es sich um einen Satz, dessen Aufbau und Ablauf sich tatsächlich in groben Zügen mit den Begriffen der Sonatenform umschreiben läßt – so daß Bartók also einen Konzertsatz komponiert hätte, der prinzipiell nicht anders aufgebaut ist als eine Violinsonate mit einer Orchester- statt einer Klavierbegleitung? Oder benötigt man auch hier zusätzlich die Besetzungs-Kategorien traditioneller Konzerttechnik, um die formalen Verhältnisse zu beschreiben?

Die Grobgliederung des Satzes erschließt sich relativ leicht aus den Bewegungscharakteren. Auf einem Harfenklänge-Teppich (T. 1–6) setzt der Solist ein – mit einer scharf profilierten, streckenweise auch synkopischen Thematik, deren Notenwerte im wesentlichen Achtel und Viertel sind (nur gelegentlich auch Halbe oder Sechzehntel). Sechzehntel sind daraufhin der normale Notenwert des Soloparts in den Takten 22 bis 43; dann folgt ein Orchesterabschnitt. In Takt 51 setzt der Solist wieder ein, in einer Tranquillo-Partie mit ruhigen Notenwerten, ehe in Takt 56 (»Risoluto«) die Solostimme wiederum von Sechzehntelwerten geprägt wird. Diese werden von Takt 71 an von einer Achtelbewegung abgelöst; die Bewegungsreduktion wird obendrein durch ein »ritardando al Calmo« verstärkt. Praktisch handelt es sich also um ein auskomponiertes Ritardando bis hin zum langsamen Zeitmaß und einer anschließend von Vierteln geprägten Bewegung. In Takt 92 bricht ein Vivace-Abschnitt (neuerlich mit Sechzehntelbewegungen des Soloparts) in diese Welt ein; er endet in Takt 105, dem Einsatz eines neuerlichen Tuttiabschnitts. Der Neueinsatz des Solisten (T. 115) lehnt sich an den Werkanfang an: Harfenteppich und Violinpart erinnern an die Anfangsthematik.

In Termini der Sonatenform gesprochen, hat man dort die Durchführung erreicht. Das »Sonatenhafte« des Vorausgegangenen ergibt sich dadurch, daß man die Abschnitte ruhigerer Motivik als »thematisch« empfinden kann, die bewegteren hingegen als »Zwischengruppe« und »Schlußgruppe«. Tatsächlich scheint auch Bartók derartige Strukturen im Sinn gehabt zu haben: Die ruhigeren Abschnitte sind mit Musik ausgestattet, der man einen »thematischen« Charakter beimessen kann.

Das *Anfangsthema* des Solisten, für den die Harfe ein Tableau bildet, orientiert sich an ungarischer Volksmusik: Diese synkopischen oder punktierten Rhythmen in geradtaktiger Bewegung und die Melodieführung, die einerseits periodisch gebaut ist und andererseits – scheinbar improvisatorisch – auch die Einlagerung deutlich kleinerer Notenwerte zuläßt, greifen typische Elemente des »Verbunkos« (Aussprache: »wérbunkosch«) auf; dieser war ein bis ins 19. Jahrhundert hinein verbreiteter ungarischer Volkstanz (bevor er von der Csárdás überflügelt wurde), der seine Wurzeln in der Musik hat, mit der zu Anfang des 18. Jahrhunderts in Ungarn Soldaten für das habsburgische Militär angeworben wurden. Wie intensiv Bartók mit dem Verbunkos-Charakter rechnete, zeigt sich daran, daß die ursprüngliche Tempobezeichnung des Satzes nicht »Allegro non troppo« lautete, sondern »Tempo di verbunkos«. Dieses Anfangsthema ist also nicht nur in seiner Bewegung, sondern auch in seinen Sprachformen als etwas scheinbar Vorgegebenes aus dem Kontext des übrigen herausgelöst.

Als *Seitenthema* müßte hingegen das angesehen werden, was in dem »Calmo«-Abschnitt von Takt 73 an erklingt. Tatsächlich steht auch dies in einem völlig anderen Zusammenhang als die Musik zuvor und danach: Bartók arbeitet mit zwölftönigen Gebilden. Es handelt sich um nichts, das der Zwölftontechnik Schönbergs entspräche, auch nicht um eine »thematische« Vorgabe, die einen ganzen »Seitensatz« bestimmte, sondern eher um eine Verkettung von chromatischen Gebilden, die den gesamten Tonvorrat der chromatischen Skala ausschöpfen. Sie lassen sich auf eine gemeinsame Grundgestalt beziehen, die in Takt 73–75 von der Solovioline vorgestellt wird (a-h-f-b-fis-cis-g-dis-c-e-gis-d). Daraufhin folgen sechs weitere Reihen-»Durchgänge«; in manchen von ihnen werden Einzeltöne vertauscht oder fortgelassen, und die Reihe kann auch transponiert von d aus eintreten. Bartóks Zwölftönigkeit ist also lediglich ein Mittel zur Formulierung eines charakteristischen Teilabschnitts in seiner Komposition: Das »Thema« ergibt sich aus der externen Vorgabe, daß die zwölf Töne der chromatischen Skala sämtlich vorhanden sein sollen.

Ähnlich also wie Bartók das Anfangsthema aus der »Vorgabe« der Volksmusik entwickelt, gewinnt er diesen »Seitensatz« aus Vorgaben durchorganisierter chromatischer Musik. Beide »Themen« unterscheiden sich in ihrem Gestaltungsprinzip von demjenigen, das Bartók in den benachbarten, virtuos bewegten Abschnitten entfaltet. Eine »sonatenhafte« *harmonische Entwicklung* ist mit den beiden Themen nicht verbunden: Das Anfangsthema entwickelt sich auf einem Klangteppich, in dem H-Dur vorherrscht (die Anfangs- und Zieltöne der Einzelphrasen widersprechen dieser Tonalität nicht); der Seitensatz ist auf a bezogen. Wenn also Bartók mit Charakteristika von sonatenartigem Haupt- und Seitensatz spielte (und daß er dies tat, ist angesichts der herausgehobenen Gestaltung beider Abschnitte kaum zu bezweifeln), dann übernahm er sie in seine Komposition ohne tonartliche Hintergedanken.

Bartók unterbricht den Fortgang des Soloparts an zwei Stellen mit Tuttiabschnitten (vgl. Tabelle 21): In Takt 43 greift das Orchester – nach der virtuosen Verdichtung des Soloparts – die Anfangsthematik auf (in gleicher Tonlage wie der Solist zu Beginn: vgl. T. 7, Violine solo, mit T. 43, Violine 1 und 2); dies erinnert stark an die Disposition der motivischen, virtuosen und besetzungsspezifischen Mittel zu Beginn von Mendelssohns Violinkonzert. Anders ist aber nochmals die Fortsetzung durch den Solisten: Er greift in Takt 51 das Anfangsthema auf, ehe er mit einem bewegt-virtuosen Abschnitt bis hin zum »Seitensatz« fortfährt. Doch daß eine »Zwischengruppe« mit einer Variante des Hauptthemas eröffnet wird, ist nach der Sonatenform ja nichts Ungewöhnliches, auch nicht im Konzert, und so ähnelt das Ergebnis etwa Brahms' 2. Klavierkonzert (1. Satz, T. 68). Eher aus einer Sonatenkonzert-Idee scheint hingegen abgeleitet zu sein, daß Bartóks Tuttiabschnitt am Ende der »Soloexposition« unthematisch ist: Die ersten Violinen nehmen Motivik des Soloparts auf (vgl. T. 105 mit T. 103), deren E-/D-Dur-Tonalität wird sukzessive aufgehoben – bis hin zum »Durchführungs«-Einsatz mit einer F-Dur-Version von Harfen-Klangteppich und Verbunkos-Anklängen. Der Tuttiabschnitt hat somit die Funktion einer Überleitung, die abseits der thematischen Konstruktionen des Satzes steht. Freilich ist sie auch ohne Ritornellcharakter ein eigenständiges Formglied, das aus der Sonatenform heraus nicht definierbar ist.

Mit Hilfe einer differenzierten Musiksprache variiert Bartók also die traditionellen Formen des Konzertablaufs; typische Tuttistationen des gewandelten romantischen Konzertsatzes werden ebenso beibehalten wie typische Themenstationen der Sonatenform (damit zugleich: die typischen Satzabschnitte, in denen sich – statt der Themen – in schnelleren Notenwerten Virtuosität entfalten kann). »Themen« und »Tuttiabschnitte« erscheinen dabei als gleichermaßen *frei gesetzte Glieder* mit einer wesentlichen Funktion für die Form: Sie gliedern die Exposition.

Tabelle 21: Béla Bartók, Violinkonzert »Nr. 2«, 1. Satz, Übersicht

Takt	Tempo	Besetzung	Motivik	»Sonatenform«
				Exposition
1	Allegro non troppo	(Harfe)	(Vorbereitung des Hauptthemas)	
7		Solo	Hauptthema	Hauptsatz
22	mosso		Virtuosität	
43	**quasi Tempo I**	**Tutti**	**Hauptthema**	
51	Tranquillo	Solo		Zwischengruppe
56	Risoluto		Virtuosität	
73	Calmo		Seitenthema	Seitensatz
92	Vivace		Virtuosität	Schlußgruppe
105	**(Risoluto)**	**Tutti**	**frei**	
				Durchführung
115		Solo	Hauptthema	
160	Vivace		Virtuosität	
169			+ Hauptthema (Orch.)	
204	**Più mosso**	**Tutti**	**frei**	
				Reprise
213	Tempo I	Solo	Hauptthema	Hauptsatz
220	Mosso		Virtuosität (T. 22ff.)	
228		**Tutti**	**frei**	
248	Risoluto + Calmo	Solo	Virtuosität (T. 56ff.) + Seitenthema	Zwischengruppe + Seitensatz
280	Vivace		Virtuosität (T. 92ff.)	Schlußgruppe
294	**Più mosso**	**Tutti**	**(»Virtuosität«; wie T. 293) (?)**	
298		Solo	(Quintolen-Fortführung)	
303	Tempo I		Vierteltton-Abschnitt	
309			Solokadenz	
344	Vivace		Virtuosität (T. 160ff.)	Coda-Vorbereitung
354	Tempo I		+ Hauptthema (Orch.)	
364	Vivace		Virtuosität	

(Satzende: Takt 389)

Im folgenden erweist sich zumindest der Verbunkos als ein »Thema« – das im Sinne der Sonatenform *»durchgeführt«* wird: zunächst über einem F-Dur- und einem c-Moll-Klangteppich der Harfe (T. 115; 127), dann die Kopfmotivik (Streichbässe) zweimal im Wechsel mit triolisch freien Abschnitten des Solisten (T. 139/141, 146/148), ehe von Takt 160 an die Bewegung der Solostimme beschleunigt wird (Vivace). In diesen Abschnitt dringen von Takt 169 an (Horn 1) neuerlich Klangelemente des Hauptthemas ein. Von Takt 204 an schweigt dann der Solist; sein Wiedereinsatz in Takt 213 (Hauptthema) läßt sich als Beginn einer Reprise verstehen, der zehntaktige Tuttiabschnitt folglich als ein entsprechender Überleitungsabschnitt – mit wiederum freier Motivik. Von Takt 213 an hat sich dann also die Beobachtung, es handele sich um einen Konzertsatz in Sonatenform, in besonderer Weise zu bewähren: Was rechtfertigt es, von einer *»Reprise«* zu sprechen?

Das Hauptthema erklingt – wie zu Beginn – von H ausgehend, allerdings zwei Oktaven höher und von der Harfe nicht in Vierteln, sondern in Halben begleitet. Der mosso-

Abschnitt ist bereits nach sieben Takten erreicht; nach nur acht weiteren öffnet sich Raum für einen Tuttiabschnitt, neuerlich mit freier Motivik. Ein Tranquillo-Neueinsatz des Solisten wie in Takt 51 bleibt aus; statt dessen ist sofort die »Risoluto«-Virtuosität erreicht (T. 248). Diese wechselt daraufhin mehrfach mit Calmo-Abschnitten, in denen erwartungsgemäß zwölftönige »Themen«-Gebilde erklingen (T. 255–280); den Schluß dieses Abschnitts bildet im »più lento« die Ausgangsform der Reihe aus Takt 73, allerdings nicht von a ausgehend, sondern von fis (und ohne den 12. Ton, h). Wie in der »Exposition« folgt ein Vivace-Abschnitt; wie aus dieser bekannt, endet auch er mit Trillertönen, denen ein Tuttiabschnitt folgt, allerdings nicht mit »freier« Motivik, sondern unter Verwendung dieser Triller-Motivik (kombiniert mit den jeweils vorausgehenden Quintolen; T. 294ff.). Von Takt 298 übernimmt der Solist neuerlich die Quintolenmotivik, hat von Takt 303 an einen Viertelton-Abschnitt zu spielen, der auf die Solokadenz hinführt, ehe mit Durchführungs-Anklängen (vgl. T. 344 mit T. 160; vgl. die Hauptthemen-Anklänge aus dem Orchester heraus, T. 355ff., mit T. 169ff.) die Coda vorbereitet wird.

An der Reprise sind daher mehrere Aspekte bemerkenswert. Zunächst: Da sich die typische *tonale Spannung* zwischen den Seitenthemen-Eintritten in Exposition und Reprise nicht ergeben kann, flicht Bartók die Seitenthemen-Wiederaufnahme in die Wiederaufnahme der Risoluto-Überleitungsmotivik ein. Ferner: Tuttiabschnitte sind für Bartók auch in der Reprise eine feste, unverzichtbare Größe – vielleicht sogar mehr als Komponisten der Zeit hundert Jahre zuvor. »Reprise« bedeutet für ihn, daß er neuerlich Tuttiabschnitte in den Positionen vorsieht, in denen sie auch in der Exposition eingetreten sind, doch sie erhalten neue Motivik, weil sie in einem anderen Verlaufs-Kontext stehen: Weil der Seitensatz nicht mit einem ausgedehnteren virtuosen Abschnitt vorbereitet wird, sondern beide Teilglieder ineinander verflochten werden, muß der Orchesterabschnitt, der dem »Verflechtungsglied« vorausgeht, zu diesem überleiten, kann also nicht selbst das Hauptthema enthalten (das daraufhin vom Solisten nochmals aufgegriffen würde wie in der Exposition). Das Tuttiglied, das der Vivace-»Schlußgruppe« folgt, hat eine andere Überleitungsfunktion als das in der Satzmitte (zwischen Exposition und Reprise): Hier geht es darum, den kompositorischen Raum für 89 weitere Konzerttakte zu erschließen (Vierteltonabschnitt, Kadenz, Coda).

Das traditionelle Auswahlverfahren scheint Bartók also überwunden zu haben, obgleich er auf dessen Prinzipien aufbaut. Dies zeigt erst die Reprise; bis dahin ließe sich das nach innen verlagerte »erste Tutti« als ein Anknüpfen an die Mendelssohn-Brahms-Tradition verstehen, und Tuttiabschnitte in der Satzmitte und vor Reprisenbeginn findet man ja auch in Tschaikowskys Violinkonzert. Brahms zieht im Kopfsatz seines 2. Klavierkonzerts aus der veränderten Tonlage, mit der er es in der Reprise zu tun hat, die Konsequenz, auf einen korrespondierenden Tuttiabschnitt verzichten zu können; auch für Bartók präsentiert sich die Lage als »verändert«, doch er zieht daraus die Konsequenz, an der Wiederaufnahme eines Tuttiabschnitts nicht vorübergehen zu können, gleich welchen Materials. Tschaikowsky ersetzt den Tuttiabschnitt am Reprisenschluß, der demjenigen zwischen Exposition und Durchführung entsprechen könnte, durch eine Coda; auch Bartók schreibt eine (aufwendige) Coda, und er verzichtet zudem auf die Motivik des Tuttiabschnitts aus der Satzmitte; doch wiederum führt für ihn an dem rein abstrakten Gedanken, einen Tuttiabschnitt zur Satzgliederung vorzusehen, kein Weg vorbei. Der *Tuttiabschnitt* ist für ihn somit in völlig veränderter Form zu einem essentiellen Element des Konzertsatzes geworden: Er ist ein *episodisches Formglied* (weil von ihm grundsätzlich keine »thematische« Wirkung ausgeht, die nur in den Soloabschnitten liegt), aber neben »thematischen« und »virtuosen« Abschnitten des Solisten eine dritte, gleichberechtigte formale Kategorie.

Bartók greift also formale Traditionen auf; dennoch wird auch an diesem Satz deutlich, was Strawinsky mit seiner abfälligen Bemerkung über Vivaldi gemeint hat (vgl. S. 176): Die thematische Disposition des Satzes aus Verbunkos und Zwölftönigkeit, die Abstimmung der Tuttiabschnitte auf zwar standardisierte Verlaufspositionen, aber ihre »episodische« Ausstattung (abhängig von der Solo-Situation, die sie jeweils umgibt), schließlich die Konzeption der Überleitungsthematik (von vornherein natürlich mit Blick darauf, daß sie sich für eine Verflechtung mit der Zwölftönigkeit überhaupt eignet), dies alles erscheint als praktisch unwiederholbar, ohne als »zweiter Aufguß« erkennbar zu sein. Somit zeigt Bartóks Konzert, daß auch bei einem Anknüpfen an Tradition die Konzertform zu etwas Singulärem wurde, das praktisch für jedes Werk neu entwickelt werden mußte (andere Werke zeigen dies allerdings in noch stärkerem Ausmaß).

Dies setzt sich fort, wenn man das Konzert als ganzes überblickt. Schon Bartóks »Reprise« ist eher Variation des zuvor Dagewesenen als eine Wiederaufnahme: Keines der Teilglieder erscheint in gleicher Gestalt wie am Satzbeginn (wie sich schon abstrakt an den unterschiedlichen Längenverhältnissen korrespondierender Abschnitte ablesen läßt). Und der Schlußsatz nimmt neuerlich die Thematik des Kopfsatzes auf und präsentiert sich damit als dessen Variation. Das Andante tranquillo in der Werkmitte ist selbst ein Variationensatz; somit ergibt sich in allen Sätzen ein gleichartiger Zugriff auf »Konzert« – also etwas auf neuartige Weise Einheitstiftendes in traditionellen Formen (in der »alten« Dreisätzigkeit des Konzerts mit der Satzfolge schnell-langsam-schnell).

In der Vierteltonpassage am Ende des ersten Satzes macht Bartók von einer spieltechnischen Möglichkeit Gebrauch, die auf einem Klavier und den meisten Blasinstrumenten undenkbar ist. Auch auf diesem Feld der erweiterten Spieltechnik gehen andere Komponisten noch über Bartóks Maßnahmen hinaus; dieser Aspekt sei daher insgesamt am Ende des Kapitels in einem eigenen Abschnitt dargestellt.

Aufgabe (21):
Der erste Satz von Strawinskys »Concerto en Ré« (Toccata) läßt sich ebenfalls als Sonatenform beschreiben, freilich ohne deren tonale Spannung; versuchen Sie eine Gliederung des Satzes, die aber auch die Position der Tuttiabschnitte berücksichtigt (Noten: ETP 1815).

»Permanentes Solo«: Satztechnik in Bergs Violinkonzert

🕮Philharmonia TP 426

Alban Bergs Violinkonzert, entstanden zwischen Februar und Juli 1935, wird in der Regel ausschließlich als *Zwölftonkomposition* gewürdigt. Das primäre Interesse gilt der Zwölftonreihe mit ihren unverhüllt tonalen Elementen: Sie ergibt sich zunächst aus einer Folge kleiner und großer Terzen, mit der die Dreiklänge g-Moll, D-Dur, a-Moll und E-Dur »übereinandergeschichtet« werden; übrig bleiben cis, es und f, die auf den E-Dur-Spitzenton h als Ganztonfolge angeschlossen werden. Weiter widmet man sich den *»reihenfremden« Elementen*, dem Kärntner Volkslied »A Vegale af'n Zweschpmbam« (»Ein Vögelein auf dem Zwetschgenbaum«), das in Takt 214 des ersten Satzes vom ersten Horn eingeführt wird, und dem Choral »Es ist genug«, der den Schluß des zweiten Satzes, von Takt 136 an, wesentlich beherrscht, streckenweise nur als Melodie (die mit den gleichen drei Ganztonschritten beginnt, mit denen die Zwölftonreihe endet), streckenweise zudem in der Harmonisierung, in der Johann Sebastian Bach den Choral am Ende seiner Kantate »O Ewigkeit, du Donnerwort« BWV 60 verwendet. Beide Melodien sind in doppelter Hinsicht interessant: in kompositionstechnischer, weil sich dort Zwölftönigkeit mit traditioneller Tonalität verbindet, daneben aber auch in »inhaltlicher«. Das Werk ist »Dem Andenken eines Engels« gewidmet und hat einen Requiem-Charakter: Inhaltlicher Bezugspunkt ist, daß 1935 die 18jährige Manon Gropius (Tochter Alma Mahlers aus ihrer Ehe mit dem Architekten Walter Gropius) an Kinderlähmung starb. Der »apokalyptische« Choral verdrängt letztlich den »jugendfrischen« Kärntner Ländler (bei dessen Anklingen im zweiten Satz, umgeben von Choral-Anklängen, zwischen den Takten 199 und 214), so daß eine Beziehung nicht nur zwischen der Reihe und den beiden reihenfremden Elementen jeweils für sich entsteht, sondern auch zwischen jenen beiden Elementen untereinander.

Schließlich gilt ein besonderes Interesse auch der äußeren Form: Von Anfang an hatte Berg im Sinn, das Konzert zweisätzig anzulegen, wobei jeder Satz in sich nochmals zweigeteilt sein sollte. Wie Anthony Pople dargestellt hat, leiten sich Einzelheiten dieses Aufbaus direkt aus Bergs Hauptarbeit jener Zeit her, die der (unvollendet gebliebenen) Oper »Lulu« galt; erst im Laufe der Arbeit verselbständigte sich die Form in Richtung auf die, die sich im Konzert letztlich entfaltet und die Berg am 28. August 1935 in einem Brief an Arnold Schönberg erläuterte (vgl. Tabelle 22).

Konzertspezifisch ist an diesen Aspekten zunächst überhaupt nichts, weder die Vorgabe aus der Reihentechnik noch die – gegenüber Bartók – freie Konfrontation »externen« Materials mit dieser, ebensowenig die inhaltliche Überhöhung und schließlich auch nicht die Anlage in den zweimal zwei Satzblöcken. Daß die spezifisch konzerthaften Elemente derart in den Hintergrund treten, leitet sich allerdings schon aus der Entstehungsgeschichte des Werkes her: Der Anlaß für den Geiger Louis Krasner, Berg um ein Konzert zu bitten, war nicht nur, daß er sein eigenes Konzertrepertoire um ein völlig neues Werk erweitern wollte; Krasner wollte sich vielmehr global für die Musik des

Tabelle 22: Alban Berg, Violinkonzert, Satzfolge: Entwurf und Ausführung

Planung (Wiener Skizze)		Ausführung (Brief an Schönberg)	
1a:	2/4, Introduktion, Andante cresc. zum ff	1a:	Andante (Präludium)
1b:	3/4, Ländler, Allegretto ABA (Volkslied-Variation), Ende pp	1b:	Allegretto (Scherzo) [ab Takt 104]
2a:	4/4, Vision (Choral), Adagio ABA; cresc./dim. Kadenz, Allegro	2a:	Allegro (Kadenz)
2b:	6/8, Rondo endet f	2b:	Adagio (Choralbearbeitung) [ab Takt 136]

Schönberg-Kreises einsetzen und deren geringen Rückhalt beim Musikpublikum mit einem eigenen Beitrag überwinden. Ganz klar ist also: Es ging insgesamt um den Musikstil der »Wiener Schule«; daß dabei ein Konzert entstand, ist – bei der Zusammenarbeit eines Komponisten und eines Virtuosen – fast unvermeidlich, aber als Tatsache im engsten Sinne nebensächlich.

Das Violinkonzert war nicht Bergs erster Versuch, ein Soloinstrument einem größeren Ensemble gegenüberzustellen; bereits 1925, im »Kammerkonzert« für Violine, Klavier und 13 Bläser, hatte er sich damit beschäftigt. Das Werk, sein letztes in freier Atonalität, hat drei Sätze; über die Solofunktionen in diesen schrieb Berg am 9. Februar 1925 in einem Brief an Schönberg (dem das Werk nachträglich zum 50. Geburtstag gewidmet ist): »Jedem von diesen [Sätzen] ist, die Dreizahl der vorhandenen Instrumentengattungen (Tasten-, Saiten- und Blasinstrumente) ausnützend, ein besonderer Klangkörper eigen, indem einmal das Klavier (I), einmal die Geige (II), im Finale schließlich beide konzertierenden Instrumente dem Bläserensemble gegenübergestellt sind.«

Diese *Gegenüberstellung von Klangkörpern* dürfte eines der zentralen Anliegen Bergs auch in seinem Violinkonzert gewesen sein, freilich deshalb auf veränderter Grundlage, weil die Solofunktionen nicht Satz für Satz wechselt, sondern konstant bei der einen Violine liegt. Um »Gegenüberstellung« handelt es sich dabei ganz konkret: so, daß sie sich entweder in simultanem Spiel oder in knappen, sehr schnell aufeinander folgenden Phrasen unterschiedlicher Besetzungsstruktur ergibt. Für den Solisten heißt dies, daß er praktisch pausenlos spielt: Pausen ergeben sich im ersten Satz allenfalls für drei bis vier Takte (Ausnahmen: T. 155–160, fünf Takte; zweimal im 3/8-Takt-Schlußabschnitt, T. 176ff., 240ff., dort aber eben bei verkürzter Takteinheit). Das gleiche Prinzip setzt sich im zweiten Satz fort: 124 Takte lang hat der Solist allenfalls Phrasierungs-Zäsuren (maximal Viertel), schweigt daraufhin für einen Takt und pausiert im Schlußteil (IIb) nur dann für mehrere Takte, wenn im Orchester komplexere Satz-Spiele mit der Choralmelodie entstehen (Bachs Choralsatz in den Bläsern, etwa T. 142–147; Choral-Engführung zwischen Tutti-Celli und Harfe, T. 158ff.).

Bergs Violinkonzert präsentiert sich also als »*permanentes Solo*« – in einer Intensität, die in der Beanspruchung des Spielers über diejenige vieler Violinso-

Tabelle 23: Alban Berg, Violinkonzert, 1. Satz, 2. Teil

Teil	Takt	Partitur-Eintragung	Formglied
A	104	scherzando	a
	110	wienerisch	b
		114: rustico	
	118	a tempo, ma tranquillo	c
	126	wienerisch	b
	132	Tempo I	a
B	137	Trio I	3 Abschnitte: ab T. 137, 141, 151
C	155	Trio II	2 Abschnitte; Liberamente (T. 160-162)
B'	167	Trio I	(vgl. T. 137ff.; verkürzt)
A'	176	scherzando; wie ein Walzer	(vgl. T. 110ff.)
		192: rustico	
–	214	come una pastorale	Volkslied-Verarbeitung
	228	(231: scherzando)	Coda
	240	quasi Stretta	

naten hinausgeht. Die Gliederung des Werks ergibt sich daher auch nicht aus »der Besetzung« im traditionellen Sinn. Wichtig ist zunächst das motivische Material: die Reihe, aus der Berg klar faßliche »Motive« bildet, ferner das reihenfremde Material. Gliederungsfunktionen für die Komposition übernimmt aber auch der *Duktus der Einzelteile*, den Berg in der Partitur klar (verbal) bezeichnet. Besonders deutlich läßt sich dies für den zweiten Teil des ersten Satzes zeigen (Allegretto; vgl. Tabelle 23).

Dabei begegnet man neuerlich jenem charakteristischen Grundaspekt dieses Werks: Die Gliederungsmittel sind auch außerhalb des Solokonzerts denkbar. Die Feststellung des »permanenten Solos« wirft daher die Frage auf, welche Aufgaben Berg überhaupt dem Orchester zuweist – in welcher Form sich also das Konzertieren äußert. Hierbei sind drei Aspekte von besonderem Interesse; erstens: Die Solovioline spielt in diesem »permanenten Solo« nicht auch dauernd die *Hauptstimme*; Berg hat Haupt- und Nebenstimmen – wie im Schönberg-Kreis üblich – zumeist in der Partitur bezeichnet, so daß eine Identifizierung ohne große Mühe möglich ist. Welche Stellung übernimmt also das Soloinstrument – in welcher Weise bereichert es das Spiel mit Hauptstimmen- und Nebenstimmenfunktionen in einer konzertspezifischen Weise? Zweitens: Gibt es Teilglieder, in denen die Solovioline mit Orchesterstimmen zu einem *gemeinsamen Part* zusammentritt – gewissermaßen nach dem Muster barocker Konzerte, in denen der Solist im Tuttiabschnitt den Part der ersten Violine mitspielt? Und drittens: Unter welchen Voraussetzungen entstehen die längeren Pausen des Solisten, die – dies zeigen die Taktzahlen – ausschließlich in den Teilsätzen Ib und IIb vorkommen; äußern sich dort besondere Detailformen des Konzertierens?

Zum ersten dieser Aspekte: In der Nomenklatur des Schönberg-Kreises können Stimmen dreierlei Funktionen annehmen. Sie können in der Partitur als

Hauptstimme bezeichnet werden (»H¯«); alle Stimmen, die jeweils nicht mit »H¯« bezeichnet sind, haben also *Nebenstimmen*-Funktion. Diese wird weiter differenziert: Je nach der Wichtigkeit wird zwischen *bezeichneten* (»N¯«) und *unbezeichneten* unterschieden. Nicht selten spielt der Solist einen als »Hauptstimme« gekennzeichneten Part, etwa in den allerersten Takten des Werks, in denen er an der Etablierung der Reihe wesentlich mitbeteiligt ist: zunächst am Aufstellen von Folgen leerer Quinten, dann an deren Ausfüllen mit Terzen und damit an der melodischen Vervollständigung der Zwölftonreihe (T. 15ff.). Schon dabei ergibt sich ein Abwechseln im Vortrag von Hauptstimmen-Anteilen der Partitur: Im ersten Takt liegt die Hauptstimmenfunktion bei Harfe und Klarinette; der Solist schweigt und übernimmt erst im zweiten Takt eine Hauptstimmenfunktion. Diese gibt er im dritten Takt wieder an Klarinette und Harfe ab, während er die leere g-Saite streicht (also praktisch schon die Funktion einer unbezeichneten Nebenstimme übernimmt), und er übernimmt sie erst wieder in Takt 4.

Wann die Hauptstimmenfunktion endet, ist aus der Partitur nicht auf den ersten Blick ersichtlich: Berg hat vor allem die End-Markierungen nicht immer restlos konsequent angebracht. Wahrscheinlich hat man jedoch mit einem Ende der Hauptstimmenfunktion in Takt 27 zu rechnen (weil Berg üblicherweise einen Neubeginn in Hauptstimmenfunktion als solchen bezeichnet, insbesondere wenn diese inzwischen bei einer anderen Stimme gelegen hat). Erstmals als »bezeichnete Nebenstimme« geführt wird die Violine von Takt 54 an; die Hauptstimmenfunktion weist Berg den Celli zu, danach dem ersten Horn (T. 63). Dort aber markiert Berg ausdrücklich ein Ende der Nebenstimmenfunktion in der Solovioline – so daß deren begleitende Sextolenbewegung klar als »unbezeichnete Nebenstimme« in den Hintergrund abgedrängt wird. Wenig später (T. 70) stellen sich dieser Sextolenbewegung die erste Trompete mit einem »H¯«-Part und zudem die Klarinetten mit einem »N¯«-Part entgegen, so daß der Soloviolinpart eine »drittrangige« Funktion erhält.

Zweifellos ist die Solovioline für Berg eine herausgehobene Stimme – dies wird nicht zuletzt daran deutlich, daß sie »permanent« spielt. Dennoch kann sie aber so behandelt werden wie prinzipiell jede andere Orchesterstimme auch; hierbei wirkt sich die »sinfonische« Technik, *Orchesterstimmen als Soli* aus dem Ensemble herauszuheben, auf fortentwickelte Weise aus. Die Stellung der Solovioline ist dabei aber nicht zufällig; die Verhältnisse im ersten Teilsatz (1a; in sich dreiteilig, ABA') sind in Tabelle 24 dargestellt.

Tabelle 24: Alban Berg, Violinkonzert, Satz 1a, Stellung der Solostimme

Takt	Formglied	Solo H¯	Solo N¯	Solo unbezeichnet
1–10	A	2/4/6/8		
11–27		15–27(?)		
28–37	Überleitung			(30–37)
38–46	B			(38–46)
47–53		47–50		
54–62			54–62	
63–76				63–76
77–83	Überleitung	79–83		77–78
84–93	A'	84–93		
94–104			94–104	

In Abschnitt A spielt der Solist ausschließlich einen als Hauptstimme bezeichneten Part; ihm tritt dabei keine bezeichnete Nebenstimme entgegen, sondern alle Stimmen, die außer der Solovioline hervortreten, sind ebenfalls »Hauptstimmen«. Die Nebenstimmenfunktion wird daraufhin zunächst »am Solopart vorbei« fortentwickelt: In der Überleitung, für die der Solist erstmals einen (offensichtlich) unbezeichneten Part spielt, gibt es zunächst keine Hauptstimme, aber erstmals eine bezeichnete Nebenstimme (T. 30: Fagott). Eine »Hauptstimme« musiziert erstmals wieder in Takt 47: die Solovioline. Erstmals treten dort Stimmen aller drei Kategorien nebeneinander (zwei auf verschiedene Weise bezeichnete, daneben die unbezeichneten). Daraufhin wechseln die Funktionen: Die Aufgabe, bezeichnete Nebenstimme zu sein, geht aus dem Orchester heraus auf den Solisten über, und umgekehrt übernehmen Orchesterstimmen die bisherige Hauptstimmen-Aufgabe von der Solovioline. Schließlich tritt die Solovioline völlig in den Hintergrund (mit einem virtuosen poco-forte-Part freilich nicht real, sondern nur konstruktiv); zunächst ist ihr aus dem Orchester heraus eine einzelne Hauptstimme übergeordnet (T. 63), schließlich auch noch eine bezeichnete Nebenstimme (T. 71). Für die Überleitung zum Schlußteil avanciert die Solovioline dann wieder zur Hauptstimme und bleibt bis zum Teilsatz-Schluß in konstruktiv herausgehobener Position. Folglich kennt der Teil A nur Hauptstimmen und unbezeichnete Nebenstimmen; die Funktion der »bezeichneten Nebenstimme« wird aus dem Orchester heraus in einer Überleitung geschaffen. Der Solist wird regelrecht auf sie hingeführt (von der Hauptstimmenfunktion aus), tritt dabei aber hinter anderen Stimmen zurück – und dies setzt sich noch fort, indem ihr als unbezeichneter Nebenstimme das Orchester zunehmend Gewicht entgegensetzt). Für die »Reprise«, deren Eintritt der Solist selbst vorbereitet, übernimmt er nur herausgehobene Funktionen, wechselt aber neuerlich von der zunächst übernommenen Hauptstimmen- zu einer Nebenstimmenfunktion.

Berg arbeitet mit dreifach differenzierten Funktionen; der Solist kann Funktionen jeder Kategorie übernehmen. Zweimal, für insgesamt 33 Takte (rund ein Drittel des Teilsatzes), tritt der Solopart als »unbezeichnete Nebenstimme« hinter anderen Parts zurück, die statt dessen das Schwergewicht der thematischen Fortentwicklung übernehmen. Damit äußert sich für den Solisten das gleiche Prinzip, das sich für Musik Mozarts als »obligates Accompagnement« bezeichnen läßt, insbesondere im bewegten zweiten dieser Abschnitte (T. 63–78). Doch dieser Differenzierung kommt zugleich eine formale Bedeutung zu: Der Fortgang der Komposition wird aus dem Rang der Solostimme heraus bestimmbar – und zwar nicht nur, wie Theodor W. Adorno konzedierte, im Mittelteil[5], sondern im gesamten Teilsatz 1a.

Prinzipiell ist dies aber nichts Neues. Der Erwartung nach werden in einem klassisch-romantischen Konzert die »Themen« (zumindest in der Soloexposition) vom Solisten gespielt, und anhand der virtuosen, »unthematischen« Abschnitte lassen sich Zwischen- und Schlußgruppe definieren. Oder in einer Konzert-Durchführung: Der Solist löst sich allmählich von »Themen« (freien oder solchen, die bereits aus der Exposition heraus vorgegeben sind), und während Teile des Orchesters diese Themen übernehmen, kann der Solist »freie Virtuosität« entfalten; andere Teile des Orchesters figurieren dann als Stimmen

[5] Theodor W. Adorno, Der getreue Korrepetitor, zitiert nach: Gesammelte Schriften, Bd. 15, Frankfurt am Main 1976, S. 351.

einer »dritten Art« – als Füllstimmen. Diese *drei Kategorien* kann Berg aber so einsetzen, daß auch die *Solostimme* jene »dritte« Funktion übernimmt; dann liegen – traditionell gesprochen – die Hauptstimme und obligate Nebenstimmen im Orchester, während der Solist »Füllstimme« wird. Dies aber ist im klassisch-romantischen Konzert schlichtweg nicht machbar (in einem niedrigeren Rang als dem einer »obligaten Nebenstimme« kann man den Solisten rein praktisch nicht führen). Berg kann dies aber erreichen, weil er mit Reihentechniken arbeitet: Er definiert die obligate Stellung der Stimmen nicht aus melodisch faßbaren Themen heraus, sondern – allgemein gesagt – nach deren Funktion im Fortgang der Reihentechniken. Diese dreifache Differenzierung der Stimmen, die prinzipiell in jeder Zwölftonkomposition denkbar ist, wird aber noch um eine vierte überhöht, die sich nun außerhalb des Solokonzerts praktisch nicht umsetzen läßt: Allenfalls in einer Violinsonate mit Klavierbegleitung wäre denkbar, daß sich die drei Stimmfunktionen entfalten und man trotzdem noch das Bewußtsein hat, daß einer der Interpreten eine so herausgehobene Stellung hat, wie man sie in den Noten oder im Konzertsaal mit dem Solisten verbinden kann. Somit wird auch verständlich, weshalb es in diesem Konzert *keine Tuttiabschnitte* geben kann: Wenn sich der Fortgang der Komposition so direkt aus der Funktion der Solostimme ergibt, kann diese nicht für längere Zeit pausieren. Die für Mendelssohn getroffene Feststellung, daß eine Beseitigung der Tuttiabschnitte im Konzert notwendigerweise zu einer Aufwertung des Orchesters führe (mit Blick auf »ur-konzertante« Funktionen: das Wechselspiel mit dem Solisten), gelangt hier also zu einer besonders weitgehenden Ausprägung.

Vor diesem Hintergrund wird auch verständlich, weshalb Berg dort einen einzigen Abschnitt, in dem die Solovioline unisono mit den Violinen und Violen des Orchesters geführt wird, ausdrücklich als »Höhepunkt« bezeichnet (Adagio; 2. Satz, T. 186): Die Verbindung jener Stimmen mit dem Solopart ist für die Komposition etwas Unwiederholbares; nach jenem intensiven Konzertieren in den vorausgegangenen Teilen ist die *Vereinigung aller* etwas Besonderes. Damit läßt sich der zweite der eingangs angesprochenen Aspekte ungleich knapper klären als der erste: Da Berg – neben Mitteln wie den motivisch-gestischen des »Scherzos« (Satz Ib) – auch die Stellung der Solostimme als etwas Formbestimmendes betrachtet und deshalb Tuttiabschnitte traditionellen Zuschnitts praktisch unmöglich geworden sind, kann »der Tuttiabschnitt« selbst nur noch zu einem solchen »gestischen« Ereignis werden.

Orchester und Solist treten also in Dialog zueinander, und an den jeweils aktuellen Dialogfunktionen läßt sich der Satzverlauf verfolgen. Dies gilt schließlich auch für die Momente, an denen das *Orchester* denn doch für einen etwas längeren Moment allein zu Wort kommt: Im ersten Satz (Teilsatz 1b) handelt es sich um die *Anfänge der Abschnitte* Trio I und Trio II, von »wie ein Walzer« und »quasi Stretta«, für die das Orchester folglich eine Einleitungs-Funktion übernimmt; nur für die Volkslied-Passage, in der die Solovioline den typischen »Jodler-Überschlag« zur Liedmelodie zu spielen hat, tritt dieses Prinzip in den Hintergrund (ebenso natürlich für die Wiederaufnahme des Trio I).

Anders steht es um den *Choral* (Teilsatz 2b): Ihn führt der Solist ein, und die Holzbläser folgen – mit Bachs Harmonisierung. Daß dieser Wechsel überhaupt so funktioniert, ergibt sich aus der speziellen Form des Chorals: Wesentlich ist, daß er nicht einfach in Barform (AAB) steht, sondern auch alle Melodieteile des B-Teils – die nach dem Schema jeweils nur einfach einzutreten hätten – sind doppelt vorhanden.

Tabelle 25: Alban Berg, Violinkonzert:
Textfortgang und melodische Wiederholungen im Choral

	»1. Durchgang«			»Wiederholung«
A:	Es ist genug!	→	A':	Mein Jesus kommt:
	Herr, wenn es dir gefällt,			nun gute Nacht, o Welt!
	so spanne mich doch aus!			ich fahr ins Himmelshaus,
B:	ich fahre sicher hin mit Frieden,	→		mein großer Jammer bleibt darnieden.
	Es ist genug!	→		es ist genug!

Jeweils den *ersten Melodieeintritt* exponiert die *Solovioline*; und jeweils für die *Wiederholung* des Melodieabschnitts erklingt aus den *Holzbläsern* heraus Bachs Originalsatz, an den Zeilenenden von der Solovioline atonal verfremdet. Berg hätte wohl kaum einen Choral finden können, der seinen Zielen insgesamt besser angepaßt gewesen wäre: nicht nur darin, daß seine Melodie mit den gleichen vier Tönen beginnt, die in Bergs Reihenkonstruktion nach den Dreiklangsfolgen noch »übriggeblieben« waren, oder darin, daß der Choral einen apokalyptischen Charakter hat, sondern auch darin, daß jede der Melodiezeilen exakt zweimal vorkommt, so daß jenes Konzertieren möglich wird. Wie mühevoll die Suche nach einer passenden Choralmelodie war, berichtet Louis Krasner; wohl von Anfang an wollte Berg eine solche Melodie in die Komposition aufnehmen.

In Bergs Konzert erlangt also das Konzertieren eine neue Qualität: Zwar entsteht der Eindruck eines *»permanenten Solos«*, weil Berg auf Tuttiabschnitte verzichtet. Das Konzertieren an sich (und zwar in dessen dichter dialogischer Form) prägt dennoch die Form; die Wahl genau dieser Choralmelodie unterstreicht diese Form des Konzertierens in herausgehobener Position. Die Techniken allgemein sind aber nicht an Zwölftonmusik gebunden. Einerseits: Schönberg ist Berg in ihnen nicht gefolgt; der wesentlich stärker an Sonatenprinzipien orientierte Kopfsatz seines Violinkonzerts enthält einen typischen »nach innen versetzten ersten Tuttiabschnitt« (T. 45–51; als Überleitung zum Seitensatz) und einen ausgedehnten Tuttiabschnitt am Beginn der Reprise (T. 162–177); die Durchführung ist sogar insgesamt auf dem Abwechseln von je drei Tutti- und Soloblöcken aufgebaut (T. 93–161). Andererseits: Das Prinzip des »permanenten Solos« ist aus dem von Berg entwickelten, komplexen Beziehungsfeld auch isoliert worden; es prägt etwa auch Schostakowitschs 1. Violinkonzert (op. 77).

Neue Formen zyklischer Gestaltung

Fast unmerklich war im 19. Jahrhundert die alte dreisätzige Gestaltung des Konzerts aus den Fugen gehoben worden – unmerklich deshalb, weil sich die *einsätzigen* Werke mit mehrfach wechselnder Tempovorschrift zunächst als etwas eigenes neben der Dreisätzigkeit darstellten. Konsequenzen daraus blieben nicht aus: Auf die Integration der diversen Scherzo- oder Marsch-Charaktere in jene einsätzigen Werke reagierte letztlich Brahms, indem er in sein 2. Klavierkonzert ein Scherzo als »vierten« Satz aufnahm, zwischen dem ersten Satz (Allegro non troppo), der im Vergleich zu dem Scherzo nicht mehr eigentlich als »schnell« erscheint, und dem langsamen (dritten). Und als 1878 in Wien das c-Moll-Klavierkonzert von Camille Saint-Saëns aufgeführt wurde, dessen zwei Sätze einmal zweifach (Allegro moderato – Andante) und einmal dreifach untergliedert sind (Allegro vivace, Andante, Allegro), schrieb Eduard Hanslick dazu[6]: »Die merkwürdige Form wollen wir nicht anfechten; denn so zweckmäßig und organisch erwachsen die traditionelle dreisätzige Form auch sei, es bleibt doch von allen größeren Instrumental-Gattungen gerade das Concert diejenige, welche neue Gestaltungen und Varianten des Rahmens am willigsten zuläßt.«

Daß Hanslick als Gegner der Sinfonischen Dichtung eine ähnliche Verformbarkeit der Sinfonie wohl eher aus prinzipiellen Überlegungen nicht zugestehen wollte, sei dahingestellt; doch die weitere Entwicklung des Konzerts als Satzzyklus gibt Hanslick durchaus recht. Dreisätzigkeit in der traditionellen Form schnell-langsam-schnell bleibt zwar nach wie vor eine denkbare Konzert-Ausdrucksform; so unterschiedliche Werke wie die Violinkonzerte Bartóks (»Nr. 2«) oder Schönbergs und die Klavierkonzerte Ravels und Chatschaturjans bauen auf ihr auf. Besondere Bedeutung erlangen jedoch viersätzige Formen, und zwar unterschiedlichster Bauart. Dabei kann der alten Konzert-Dreisätzigkeit gewissermaßen ein weiterer langsamer Satz vorangestellt werden (Schönberg, Klavierkonzert, 1942), ebenso der Mittelsatz-Typus verdoppelt werden (ausdrücklich in Strawinskys »Concerto en Ré«: Toccata, Aria I, Aria II, Capriccio); in Schostakowitschs Klavierkonzert op. 35 findet man sogar eine »sinfonische« Viersätzigkeit (Allegro moderato, Lento, Moderato, Allegro con brio). Noch interessanter sind die freien Satzkombinationen – etwa wie in Bergs Violinkonzert (Andante/Allegro, Allegro/Adagio) oder Karl Amadeus Hartmanns »Concerto funebre« (Largo, Adagio, Allegro di molto, Langsamer Marsch) als viergliedrige Formen oder in der dreisätzigen Konstruktion in Benjamin Brittens Violinkonzert op. 15 (Moderato con moto, Vivace, Andante lento) – während Prokofjews Fünfsätzigkeit in seinem 5. Klavierkonzert sich als Vervielfachung des Dreisätzigkeits-Prinzips ausnimmt (Allegro con brio, Moderato ben accentuato, Allegro con fuoco, Larghetto, Vivo).

[6] Eduard Hanslick, Concerte, Componisten und Virtuosen der letzten fünfzehn Jahre, 1870–1885, Berlin 1886, S. 223.

Auch über derartige Äußerlichkeiten hinweg gerät aber die Binnengliederung eines Konzerts in Bewegung. Strawinsky entwickelt einen »Paß«, der zu seinem »Concerto en Ré« führt: den Akkord d^1-e^2-a^3. Jedem der vier Konzertsätze wird dieser Akkord vorangestellt, die Mehrsätzigkeit also nicht durch ähnliche Überleitungspassagen überformt (wie in Mendelssohns 1. Klavierkonzert), sondern ein thematischer »Anfangsreim« für alle Sätze gebildet. Ganz anders überformt Schostakowitsch in seinem 1. Violinkonzert das Mehrsätzigkeits-Prinzip: Er verbindet den dritten und vierten Satz (Passacaglia, Burleske) mit der Solokadenz. Eine Solokadenz erwartet man traditionell am Satzende oder aber vor einem Reprisenbeginn; gemessen an der Ausdehnung des gesamten Konzerts (drei Sätze sind vorausgegangen, der vierte folgt noch) ist die Stellung dieser Kadenz einem »Reprisenbeginn«vergleichbar. Aus ungeahnter Richtung entsteht also etwas Einheitstiftendes: aus der Solokadenz, eigentlich etwas, das zumindest in seiner Besetzung aus einem Konzert eher herausfällt, als daß es einheitstiftend wirkte. Durch ihre besondere Stellung gewinnt man den Eindruck, daß es sich bei dem Konzert um ein großes Ganzes handele, nicht nur um eine »Summe von Sätzen«.

Konzert um 1930: Auftrieb durch Streicher-Virtuosität?

Hugo Riemann (1913) und Arnold Schering (1927) lassen übereinstimmend erkennen, daß die Verselbständigung der Virtuosität im Konzert des 19. Jahrhunderts zum Verfall der Gattung geführt habe. Die Werke allerdings zeigen: Die Virtuosität an sich war nicht das entscheidende Problem (allenfalls also das Nebeneinander von Solist und Orchester in »virtuosen« Werken) – denn die Anforderungen an die Virtuosität des Spielers sind in Werken aus der Zeit danach gerade unverhältnismäßig hoch. Die Betrachtung von Werken hat sich zunächst auf Violinkonzerte beschränkt: Was also wird in ihnen vom Solisten verlangt?

Bartóks *Anforderungen an den Sologeiger* stehen zunächst im Rahmen der Tradition: Abgesehen von detaillierten Artikulationsvorgaben (Bindebögen, staccato-Anweisung etc.) fordert Bartók zweistimmiges und akkordisches Spiel (1. Satz, T. 179, 183). Wichtiger ist daher, daß er dem Geiger stellenweise vorschreibt, auf welcher seiner Saiten er eine bestimmte Passage zu spielen hat – hohe Passagen, die auf einer höheren Saite einfacher zugänglich wären, für die Bartók aber dem Spieler die größere Mühe abverlangt, auf einer tieferen Saite zu spielen (also gewissermaßen eine Quinte höher greifen zu müssen, weil die Saite eine Quinte tiefer klingt); dies gibt besonders einem Thema des 2. Satzes (T. 69ff.) einen besonderen Klang. Daneben gibt es aber die Vierteltonpassage am Ende des 1. Satzes (T. 303ff.), mit der der Violinpart eine völlig neue spieltechnische Qualität erhält.

Relativ zurückhaltend mit »Spezialeffekten« ist auch Alban Berg in seinem Violinkonzert; abgesehen von häufigen Doppelgriff-Abschnitten fordert er vereinzelt Flageolett-Spiel (1. Satz, T. 192–195; 2. Satz, T. 50/51), und im zweiten Satz findet sich bisweilen die

Anweisung »poco col legno« (T. 43, 58), die also beim Streichen die Einbeziehung des Bogenholzes fordert. Im zweiten Satz, von Takt 104 an, läßt Berg den Solisten fünf Takte in kurzen Phrasenbruchstücken zwischen gezupftem und gestrichenem Spiel hin- und herwechseln. Für den Choralvortrag verlangt Berg durchgängig das Spiel auf einer einzigen Saite – um den Klang der Melodie entsprechend auf den Klang einer Saite hin zu vereinheitlichen. Nach Abschluß des Choralvortrags durch den Solisten setzt dieser den Dämpfer auf sein Instrument auf (T. 164) und setzt ihn erst wieder für die fünf letzten Takte des Werks ab.

Diese Beschränkung war aber kein generelles »Problem« Bergs: Im »Kammerkonzert« schöpft er im Soloviolinpart Flageolett-Techniken viel exzessiver aus, und es gibt dort auch eine Vierteltonpassage des Ausmaßes, wie sie sich in Bartóks Konzert findet. Berg schuf den Solopart in seinem Violinkonzert offenbar in enger Anlehnung an die Spielpraxis des ersten Interpreten: Er ließ sich vom »Herumpräludieren« Louis Krasners inspirieren, und in der Planungsphase zog er ältere Werke aus Krasners Repertoire zu Rate (Edouard Lalo, Symphonie espagnole, 1875; Alexander Glasunow, Violinkonzert op. 82, 1904/05). Schönberg allerdings, der sein Violinkonzert ebenfalls Krasner »auf den Leib« schrieb, schöpfte die virtuosen Spezialeffekte viel umfassender aus; Flageolett-Abschnitte wie den, dem man im ersten Satz seines Konzerts zwischen Takt 65 und 72 begegnet, findet man in Bergs Violinkonzert jedenfalls nicht – Schönberg arbeitet hier auch mit Flageolett-Technik in Akkordgriffen. Somit zeigt sich, daß auch die Virtuosität eines einzigen Spielers von zwei verschiedenen Komponisten völlig unterschiedlich ausgeschöpft werden konnte.

🕮 TP Boosey & Hawkes HPS 768 (Britten)

Violinvirtuosität konnte allerdings auch noch weitergehen. Benjamin Britten schreibt dem Solisten seines Violinkonzerts nicht nur vor, auf welcher Saite er greifen solle, läßt ihn nicht nur Doppelgriffe und Flageolett spielen (auch: Doppelgriffe in Flageolett wie bei Schönberg: 1. Satz, Schluß; 2. Satz, Ziffer 25), außerdem akkordische Abschnitte im Wechsel zupfen und streichen oder Glissandi in Doppelgriffen ausführen; er äußert sich auch präzise über die Bogenführung (1. Satz: Ziffer 3, Akkorde; bei Ziffer 13, um damit den Klang genauer zu bestimmen) – und darüber, aus welcher Richtung eine Saite gezupft werden solle (1. Satz, Ziffer 8). Schließlich gibt es im zweiten Satz einen Abschnitt (Ziffer 27), in dem der Geiger denselben Ton auf zwei verschiedenen Saiten spielen soll, allerdings auf der einen gestrichen, auf der anderen gleichzeitig gezupft. Derartige Spezialeffekte stammen bereits aus der virtuosen Violinmusik des 19. Jahrhunderts; sie finden sich (zumindest rudimentär) auch in Violinkonzerten Paganinis oder in den Violinwerken von Pablo de Sarasate. Sarasate war für die französische Violinkonzert-Entwicklung von nachhaltiger Bedeutung – in einer Zeit, in der nach Schering gerade Frankreich im Bereich des Solokonzerts besonders wenig zu bieten hatte. Die Spieltechnik an sich, symptomatisch aber auch die Stellung von Lalos »Symphonie espagnole« in Bergs Arbeitsprozeß, zeigt, daß das »Problem« der Virtuosität weit weniger schwer wiegt, als angenommen wurde.

Eher im Gegenteil – denn andere Instrumente konnten mit den Erweiterungen spieltechnischer Möglichkeiten, die sich auf der Violine boten (bzw.: die auf der Violine plötzlich salonfähig geworden waren), nicht mithalten. Für streichertypische Vortrags- und Klangdifferenzierungen wie Strichvarianten aller Art,

Flageolett, Pizzicato, Wechsel zwischen reiner Melodieinstrument-Funktion und mehrstimmigem Spiel, Vierteltonspiel, (stufenlose) Glissandi, Beschränkung des »Spiel-Raums« auf genau eine Saite oder Aufsetzen des Dämpfers (erst recht die Kombination mehrerer dieser Effekte) gibt es auf anderen Instrumenten zunächst wenig Gleichwertiges, auch nicht auf dem Klavier. Für Komponisten des 20. Jahrhunderts konnte es daher eine besonders dankbare Aufgabe sein, ein Konzert für Violine (oder auch für Violoncello) zu schreiben. Und auch aus einem anderen Grund ist es reizvoll, wenn der Solopart eines Konzerts bei einem Melodieinstrument liegt: Dessen Klang läßt sich dann leichter mit demjenigen anderer Instrumente *verschmelzen* oder verfärben. Strawinsky koppelt im dritten Satz (Aria II) seines »Concerto en Ré« die Solovioline mit der ersten Flöte und der ersten Trompete in einer einzigen Stimme (T. 1) – und erzeugt damit eine ähnlich eigenartige Klangwelt wie Benjamin Britten in seinem Violinkonzert, in dem die Violine in einer extrem hoch liegenden Oktavgriff-Passage (dis^3/dis^4) mit dem Glockenspiel gekoppelt erscheint (gleichfalls dis^3) und von knappen marcato-Akkorden der Holzbläser begleitet wird (vor Ziffer 6).

Selbstverständlich ist »Solokonzert« nicht existenziell von fortschreitender Instrumententechnik abhängig; doch aus der Tradition des Konzerts heraus ist es ein selbstverständlicher Vorgang, daß neue spieltechnische Möglichkeiten den Reiz des Konzertanten erhöhen.

Konzert nach 1950

Mit dieser Dichte der Konzertproduktion, die zugleich kompositorische Möglichkeiten des Konzerts in extremer Breite erschließt, übernimmt das »Konzert der 1930er Jahre« eine *Schlüsselstellung* in der gesamten Geschichte der Gattung: zunächst darin, daß sich damals fast explosionsartig äußert, wohin ein Neuanfang mit einer zeitweilig geringgeschätzten Gattung führen kann, dann aber in der Qualität der Grundlagen, auf denen eine Weiterentwicklung der Gattung aufbauen konnte – ähnlich vielfältig wie in der Zeit zwischen den Weltkriegen, aber mit tendenziell gleichbleibenden Mitteln. Werke wie die späteren Konzerte Schostakowitschs oder diejenigen von Frank Martin, Krzysztof Penderecki, Hans Werner Henze, György Ligeti, Isang Yun, Philip Glass und Wolfgang Rihm unterscheiden sich bereits »sprachlich« fundamental voneinander; gemessen an der musikalischen Breite des »Konzerts der 1930er Jahre« ist diese Individualisierung der Konzertauffassung als solche nichts grundlegend Neues, sondern lediglich »neu« mit Blick auf die Wandlungen der Musiksprache selbst.

Die Werke entstanden vielfach in enger Beziehung zu bestimmten *Interpreten*; wiederum gibt es Persönlichkeiten, an deren Solospiel die Gattung Konzert gewissermaßen kristallisieren kann, etwa Mstislaw Rostropowitsch als Cellist (Werke beispielsweise von Britten, Cello Symphony op. 68; Chatschaturjan, Konzertrhapsodie; Prokofjew, Concertino op. 132; Schostakowitsch, Cellokonzerte op. 107 und 126). Auf diese Weise bilden – wie auch traditionell üblich – bestimmte Instrumente einen Brennpunkt des Interesses. Dies gilt ähnlich für

Holzblasinstrumente, beispielhaft etwa für die Oboe, der Heinz Holliger als Interpret (auch als Komponist) neuen »konzertanten Auftrieb« gab. Besonders farbige Experimente zeigen sich in Klavierkonzerten, etwa an zwei grundverschiedenen Werken von John Cage: Neben der technischen »Fortentwicklung« des Instruments (»Concert for Prepared Piano and Chamber Orchestra«, 1951) führte seine Beschäftigung mit der spieltechnischen 1957/58 zum »Concert for Piano and Orchestra«, das allenfalls noch in der Besetzung an traditionelle Konzerttechniken erinnert, ansonsten aber nach frei und für jede Aufführung neu zu regelnden Gesetzmäßigkeiten einen ungemein komplexen Klavierpart (in 84 verschiedenen, wechselnden Notationssystemen) dreizehn weiteren Instrumentalstimmen entgegenstellt. Und Dieter Schnebel bezog in seine Komposition experimentell auch das Standardverhalten eines Publikums ein (»concert sans orchestre« für Klavier und Publikum, 1964); allerdings wäre die Rolle des Publikums in einem Violinkonzert wohl kaum anders ausgefallen. Auch Konzerte für mehr als ein Soloinstrument nehmen eine markante Position ein; die Möglichkeiten des Konzertierens werden dadurch erhöht, daß dabei neue »Instrumenten«-Kombinationen geschaffen werden – bis hin zu Werken wie dem Violinkonzert Nr. 2 von Hans Werner Henze (1971), das für Sologeiger, Baß-Bariton, Tonbandstimmen und 33 Instrumentalisten geschrieben ist.

Diese Beobachtungen zeigen zunächst, daß das Instrumentalkonzert auch unter Anwendung serieller Techniken und elektronischer Mittel als Gattung lebendig weiterentwickelt werden konnte. Als Grundlage dieser Fortentwicklung erscheint die fundamentale *Erneuerung* der Konzerttradition aus der Zeit kurz vor und kurz nach 1930, mit der zum einen der vermeintliche *Gegensatz* zwischen kompositorischer Kunst und interpretatorischer Virtuosität überwunden wurde und in der sich zum andern – anknüpfend an das »sinfonische« Konzert des 19. Jahrhunderts – *Urformen des Konzertierens* als neues Schlüsselelement des Miteinanders von Solo und Tutti erweisen; dabei kann gleichgültig sein, in welcher musikalischen Sprache diese Techniken umgesetzt werden, denn die Formen eines intensiven musikalischen Dialogs, die sich etwa in Konzerten Brahms' zeigen, lassen sich auf jede dieser Sprachen übertragen. Diese Individualisierung und eine neue Offenheit gegenüber Virtuosität prägt die Situation des Solokonzerts auch der Zeit nach dem Zweiten Weltkrieg – an der ohnehin zunächst auch noch Komponisten Anteil hatten, die bereits in der Vorkriegszeit als Konzertkomponisten hervorgetreten waren. Zu einer vergleichbaren Dichte der Konzertproduktion kam es jedoch zunächst nicht; Werke, die eine Schlüsselstellung wie Bergs Violinkonzert übernähmen, entstanden kaum (am ehesten wäre an die Cellokonzerte Schostakowitschs zu denken: op. 107, 1959; op. 126, 1966) – wobei die Wege zu jener Popularität nicht nur aus Gründen geringerer Zeiträume erschwert sind, sondern auch dadurch, daß die Verbreitung der Werke von mehreren Interpreten zugleich übernommen werden müßte, die sich (wie in früheren Zeiten auch) mit den klanglich-spieltechnischen Gegebenheiten der Werke identifizieren. Somit erscheint die Situation des Konzerts zwischen 1930 und 1940 als ein neuer perspektivischer Fluchtpunkt der Gattung.

Traditionelle Konzert-Elemente des 20. Jahrhunderts in György Ligetis Cellokonzert

Studienpartitur Edition Peters Nr. 5936

György Ligeti schrieb sein Konzert für Violoncello und Orchester 1966 für Siegfried Palm als führenden Cellisten Neuer Musik in jener Zeit. Es stellt hohe Anforderungen an die Spieltechnik; Flageolett etwa ist nicht mehr ein Spezialeffekt, sondern – vor allem für die Solostimme – eine normale »Fortbewegungsform« unter mehreren. Das Konzert ist zweisätzig; beide Sätze sind zwar klar gegeneinander abgesetzt, gehen aber ineinander über (attacca-Anschluß) und haben das gleiche Tempo. Beide Sätze sind aber in ihrer Gestaltung stark unterschiedlich.

Der erste Satz wird von einer Aufwärtsbewegung der Cellostimme durchzogen, die auf einem e^1 im »pppppppp«, »wie aus dem Nichts kommend«, einsetzt und 64 Takte später auf einem gis^4 (als Flageolett) »erstickt« wird. Die Aufwärtsbewegung verläuft nicht linear Stufe für Stufe, und es gibt auch Schritte, die abwärts führen. Beides aber ist eingebettet in den Orchesterklang der Begleitung: Diese erschließt – entfernt nach Art eines Clusters – jeweils die Nachbartöne zu denjenigen des Cellos; damit gehen die Cellostimme und ihre Aufwärts-Tendenz in den vom Orchester verbreiterten Klängen auf. Umgekehrt strukturiert die Cellostimme aber auch diese Klänge: dadurch, daß sie sich intensiver bewegt als die Orchesterstimmen jeweils einzeln genommen.

Der zweite Satz entwickelt dann – in Termini sogar des 19. Jahrhunderts gesprochen – eher ein »sinfonisches« Aussehen: *Stimmgruppierungen* des Orchesters treten dem Solisten gegenüber; die Solostimme kann aber auch selbst in derartigen Gruppierungen aufgehen, und neben ihr können einzelne Orchesterstimmen *Soli übernehmen*. Dies läßt sich an folgenden Stellen exemplarisch beleuchten:

1. Zu Satzbeginn, noch ehe das Solocello einsetzt, ist das Orchester bereits in sich in voller »konzertanter Aktion«; die Stimmen befinden sich zunächst in einem lockeren, freien Dialog. Der Celloeinsatz in T. 8 wird dann von der Hornstimme vorbereitet (das Cello setzt mit a^1 ein, wiederum »wie aus dem Nichts kommend«, und greift dabei ein as^1 des Horns auf); währenddessen wechselt ebenso unmerklich ein Bewegungs-Teppich aus Flöte und Klarinetten in die hohen Streicher. Somit erscheint das Horn dem Solocello gegenüber als gleichberechtigter Partner, während dem Musizieren beider Instrumente zudem ein eigenständiges »Konzertieren« von Holzbläsern und Tuttistreichern entgegentritt.

2. Wenig später wird der Cellist in einen großen Tutti-Klangkomplex eingebaut (als »primus inter pares«; T. 12ff.), dann in einen erweiterten Solo-Apparat (aus jenem Klangkomplex treten neben dem Cello auch je eine erste und zweite Geige als zusätzliche Soli heraus; T. 18ff.). Derartiges bleibt aber kein Selbstzweck; vielmehr geht die Solostimme dabei jeweils in einem besonderen Klangkomplex auf. Dies zeigt sich etwa auch in Takt 43, in dem eine schnelle Cellobewegung mit zwei prinzipiell gleichartigen Klarinetten-Bewegungen in

einen umfassenderen »Strom« aus Klang und Bewegung zusammengelegt erscheint.

3. Das Orchester kann dem Solisten auch so entgegentreten, »als wären sämtliche Instrumente ein einziges Instrument« (T. 41; ausdrücklich so bezeichnet). Dies steigert Ligeti noch kurz vor Satzende: »Mechanisch präzis« (T. 59) haben alle Orchesterstimmen (außer den Violinen und Bratschen) Einzeltöne zu einer komplexen Quintolenbewegung beizusteuern; das Solocello, das hierzu lediglich »kaum hörbar« ein Tremolo spielt, antwortet völlig allein mit einem rhythmisch frei gehaltenen Takt (aus dem sich dann ein neues Miteinander von Solo und Tutti herleitet).

Aus dem Orchester herausgelöste »Zusatz-Soli«, Konzertieren der Orchestergruppen untereinander, Klangkombinationen des Soloinstruments mit einzelnen Orchesterinstrumenten: Dies sind Elemente, die bereits auch in Konzerten der 1930er Jahre denkbar sind, wenn auch (ebenso wie diese gegenüber der Spätromantik) in anderen Sprachformen. Tuttiabschnitte im Sinne barocker Ritornelltechniken oder spätromantischer Satzgliederung gibt es nicht; »permanentes Solo« ist hier Rückgrat des kompositorischen Verlaufs, vielleicht allerdings »faßlicher« als in Alban Bergs spezieller Definition.

Somit hat es den Anschein, als sei das Instrumentalkonzert im 20. Jahrhundert (wie in den »sinfonischen« Intentionen des 19. Jahrhunderts »vorbereitet«) zu den ursprünglichsten Wurzeln des Konzertierens zurückgekehrt. Der Begriff beschreibt ein Miteinander-Musizieren; das heißt auch, daß sich Teile des gesamten Ensembles zeitweise verselbständigen können. Diese obligate Funktion ist zwar auf »den« Solisten polarisiert, der »permanent« musiziert und in das Werk ein extrem hohes Maß an Virtuosität einbringt (in spieltechnischer Fertigkeit ebenso wie in der Differenzierung der Ton- und Klangerzeugung); sie liegt aber ebensosehr beim Orchester, dessen Stimmen prinzipiell alle zeitweilig eine Solofunktion übernehmen können. Somit erscheinen »das Tutti« sowie in herausgehobener Position auch »der Solist« als Teile eines übergeordneten Ganzen.

QUELLENTEXTE

Bei den hier wiedergegebenen Texten handelt es sich nicht generell um »die« Schlüsseltexte, aus denen man die Wandlungen der musiktheoretischen Sicht von »Konzert« ablesen kann; deren Zusammenstellung findet man im Artikel »Concerto/Konzert« im Handwörterbuch der musikalischen Terminologie (Erich Reimer, 1973). Hier geht es vielmehr um Texte, die in mehreren Kapiteln des Buches gebraucht werden oder deren Umfang die kontinuierliche Lektüre eines Kapitels sprengte. Zusätze (z.B. Übersetzungen) und Auslassungen werden durch eckige Klammern bezeichnet.

1. Michael Praetorius, Syntagmatis musici … tomus tertius, Wolfenbüttel 1619, S. 4f. (Faksimile Kassel 1958 = Documenta musicologica I/16):

Vsurpatur autem hoc Vocabulum Concert […] *Inspecie à Concertando* [= Dieser Begriff Konzert wird aber benutzt … besonders »à Concertando«], Wenn man vnter einer gantzen Gesellschafft der *Musicorum* etzliche, vnd bevorab die besten vnd fürnembsten Gesellen heraus sucht, daß sie *voce humana* [mit menschlicher Stimme], vnd mit allerley *Instrumenten*, als Zincken, Posaunen, Block- vnd Querflöiten, Krumbhörner, Fagotten oder Dolcianen, Racketen, *Violen de Gamba*, groß vnd kleine Geygen, Lautten, Clavicymbeln, Regal, Positiffen, oder Orgeln, etc. vnd wie die Namen haben oder erfunden werden mögen […] einer nach dem andern Chorweise vmbwechseln, vnd gleich gegen einander streitten, also, daß es jmmer einer dem andern zuvor thun, vnd sich besser hören lassen wil.
Daher auch das Wort *Concerti* sich ansehen lest, als wann es von Lateinischen *verbo Concertare*, welches mit einander scharmützeln heist, seinen Vrsprung habe.

2. Johann Joachim Quantz, Versuch einer Anweisung die Flöte traversiere zu spielen, Berlin 1752, S. 294–297, 299 (Faksimile Kassel etc. und Leipzig 1983 = Documenta musicologica I/2; ebenso als Taschenbuch: Kassel etc. und München 1992):

Das XVIII. Hauptstück. Wie ein Musikus und eine Musik zu beurtheilen sey.
30. §
Die Concerten haben ihren Ursprung von den Italiänern. Torelli soll die ersten gemacht haben. Ein Concerto grosso besteht aus einer Vermischung verschiedener concertirender Instrumente, allwo immer zwey oder mehrere Instrumente, deren Anzahl sich zuweilen wohl auf acht oder noch drüber erstrecket, mit einander concertiren. Bey einem Kammerconcert hingegen befindet sich nur ein einziges concertirendes Instrument.
[…]
33. § [Absatz-Setzung nicht original]
Ein ernsthaftes, oder für das Große gesetzetes einfaches Concert verlanget im ersten Satze:

1) ein prächtiges und mit allen Stimmen wohl ausgearbeitetes Ritornell;
2) einen gefälligen und begreiflichen Gesang;
3) richtige Imitationen.
4) Die besten Gedanken des Ritornells können zergliedert, und unter oder zwischen die Solo vermischet werden.
5) Die Grundstimme muß wohlklingend, und baßmäßig seyn.
6) Man mache nicht mehr Mittelstimmen, als es die Hauptstimme erlaubet: denn es thut oftmals bessere Wirkung, wenn man die Hauptstimmen verdoppelt; als wenn man die Mittelstimmen hinein zwingt.
7) Die Bewegungen der Grundstimme und der Mittelstimmen dürfen die Hauptstimme, weder an ihrer Lebhaftigkeit verhindern, noch sie übertäuben oder unterdrücken.
8) Im Ritornell muß man eine proportionirliche Länge beobachten. Es muß dasselbe wenigstens aus zweenen Haupttheilen bestehen. Der zweyte Theil davon, muß, weil man ihn am Ende des Satzes wiederholet, und damit schließet, mit den schönsten und prächtigsten Gedanken ausgekleidet werden.
9) Sofern der Anfangsgedanke vom Ritornell nicht singend, noch zum Solo bequem genug ist: so muß man einen neuen Gedanken, welcher jenem ganz entgegen ist, einführen, und mit dem Anfangsgedanken dergestalt verbinden, daß man nicht bemerken könne, ob solches aus Noth, oder mit gutem Bedachte geschehen sey.
10) Die Solosätze müssen theils singend seyn, theils muß das Schmeichelnde mit brillanten, melodischen, und harmonischen, dem Instrumente aber gemäßen Passagien, untermischet, auch, um das Feuer bis ans Ende zu unterhalten, mit kurzen, lebhaften, und prächtigen Tuttisätzen abgewechselt werden.
11) Die concertirenden oder Solosätze dürfen nicht zu kurz, die mittelsten Tutti hingegen, nicht zu lang seyn.
12) Das Accompagnement unter dem Solo muß nicht solche Bewegungen haben, welche die concertirende Stimme verdunkeln könnten; es muß vielmehr immer wechselsweise bald aus vielen, bald aus wenigen Stimmen bestehen: damit die Hauptstimme dann und wann Luft bekomme, sich mit mehrerer Freyheit hervor zu thun. Wenn es die Passagien leiden, oder man sie solchergestalt zu erfinden weis, daß die begleitenden Stimmen darunter etwas bekanntes aus dem Ritornell anbringen können: so thut es eine gute Wirkung.
13) Man muß immer eine richtige und natürliche Modulation beobachten, und keine allzufremde Tonart, welche das Gehör beleidigen könnte, berühren.
14) Das Metrum, auf welches man in der Setzkunst überhaupt ein genaues Augenmerk zu richten hat, muß auch hier genau beobachtet werden. [...]
15) Die Passagien darf man durch die Transposition, nicht in einerley Art [immer auf dieselbe Weise] bis zum Ekel verfolgen: man muß vielmehr zu rechter Zeit unvermerkt abbrechen, und sie verkürzen.
16) Am Ende darf man sich nicht übereilen, oder zu kurz abschnappen: man muß dasselbe vielmehr wohl zu befestigen suchen. Man darf nicht mit lauter neuen Gedanken schließen: man muß vielmehr die gefälligsten Gedanken von dem, was vorher gehöret worden, im letzten Solosatze wiederholen.

17) Endlich muß man im letzten Tutti, mit dem zweyten Theile vom ersten Ritornell, das Allegro, so kurz als möglich ist, beschließen.
[…]
36. §
Um die Leidenschaften zu erregen, und wieder zu stillen, giebt das Adagio mehr Gelegenheit an die Hand, als das Allegro. In vorigen Zeiten wurde das Adagio mehrentheils sehr trocken und platt, und mehr harmonisch als melodisch gesetzet. Die Componisten überließen den Ausführern das, was von ihnen erfodert wurde, nämlich die Melodie singbar zu machen: welches aber, ohne vielen Zusatz von Manieren, nicht wohl angieng. […]
37. §
[… Das Adagio] muß sich 1) sowohl in den Ritornellen, als in den Solosätzen, der möglichsten Kürze befleißigen. 2) Das Ritornell muß melodisch, harmoniös und ausdrückend gesetzet seyn. 3) Die Hauptstimme muß einen solchen Gesang haben, der zwar einigen Zusatz von Manieren leidet; doch aber auch ohne denselben gefallen kann. 4) Der Gesang von der Hauptstimme muß, mit den dazwischen vermischten Tuttisätzen, concertiren. 5) Dieser Gesang muß ebenso rührend und ausdrückend gesetzet werden, als wenn Worte darunter gehöreten. 6) Dann und wann muß etwas vom Ritornell angebracht werden. 7) Man darf nicht in allzuviele Tonarten ausweichen; als welches an der Verkürzung am meisten hinderlich ist. […]
38. §
Das letzte Allegro eines Concerts muß sich nicht nur in der Art und Natur, sondern auch in der Tactart, vom ersten Satze sehr unterscheiden. So ernsthaft das erste seyn soll: so scherzhaft und lustig muß hingegen das letztere seyn. […] Niemals müssen in einem Concert alle drey Sätze in einerley Tactart gesetzet werden. […] Der letzte Satz geht zwar aus der Tonart des ersten; doch muß man in Ansehung der Modulationen sich hüten, daß man im letzten Satze die Tonarten nicht so nacheinander berühre, wie im ersten Satze geschehen ist: um die Aehnlichkeit zu vermeiden.
[…]
40. §
Um auch bey einem Concert eine proportionirliche Länge zu beobachten: kann man die Uhr dabey zu Rathe ziehen. Wenn der erste Satz die Zeit von fünf Minuten, das Adagio fünf bis sechs Minuten, und der letzte Satz drey bis vier minuten einnimmt: so hat das ganze Concert seine gehörige Länge. Es ist überhaupt ein größerer Vortheil, wenn die Zuhörer ein Stück eher zu kurz, als zu lang finden.

3. Georg Joseph Vogler, Betrachtungen der Mannheimer Tonschule, 2. Jahrgang, 1. Lieferung: 15. Brachmonat 1779, S. 36f. (Faksimile Hildesheim 1974):

Wer ein Conzert sezen will, thut wohl, wenn er sich zuerst eine gewöhnliche Sonate macht. Der erste Theil hievon giebt das erste, der andere Theil das zweite Solo. Vor dem ersten, nach dem zweiten, zwischen dem ersten und zweiten Theile wird ein Vor- Nach- und Zwischenspiel von Instrumenten vorgetragen; und da *Tutti* in welscher Sprache Alle heißt: so nennt man zum Gegensaz des Allein- des Solospielers jene Vollständigkeit Tutti.

4. Robert Schumann, Gesammelte Schriften über Musik und Musiker, hrsg. von Martin Kreisig, Leipzig 1914, 1. Band, S. 154f.:

Zweierlei rüge ich besonders an Konzert-Konzertkomponisten (kein Pleonasmus), erstens, daß sie die Solis eher fertig machen und haben als die Tuttis, unkonstitutionell genug, da doch das Orchester die Kammern vertritt, ohne deren Zustimmung das Klavier nichts unternehmen darf. Und warum nicht beim ordentlichen Anfang anfangen? Ist denn unsere Welt am zweiten Tage erschaffen worden? Und ist's nicht überhaupt schwerer, einen zerrissenen Faden wieder aufzunehmen (namentlich musikalische, die so fein, daß jeder Knoten herauszufinden mit kritischen Fühlhörnern), als ihn ruhig fortzuziehn? Es gilt aber eine Wette, daß Hr. Kalkbrenner seine Einleitungs- und Mitteltuttis später erfunden und eingeschoben habe, und es ist Grund da, daß sie gewonnen wird. Zweitens aber rüge ich die Modulation [...], zu der sich namentlich jüngere Komponisten flüchten, wenn sie nicht recht wissen, wie weiter [...].

5. Arnold Schering, Geschichte des Instrumentalkonzerts, Leipzig ^{2}1927, S. 225:

Im Laufe der letzten zwanzig Jahre hat das Instrumentalkonzert als solches eine gewisse Krise überstanden. Ihr Höhepunkt lag zwar schon in den Jahren 1904/05, als in Paris ein allgemeiner öffentlicher Sturmlauf gegen das virtuose Solokonzert – selbst das klassische – einsetzte [...], doch machte sich auch weiterhin und auch außerhalb Frankreichs eine Abneigung der jüngeren Komponisten gegen die Form als solche bemerkbar. Abgesehen davon, daß bei der Diskussion manches Mißverständnis unterlief und im allgemeinen ein zu enger kunstgeschichtlicher Standpunkt eingenommen wurde, darf dieser Bewegung insofern symptomatische Bedeutung beigemessen werden[,] als sie zeigt, welche außerordentliche, alles andere zurückdrängende Macht die große Symphonie und symphonische Dichtung in diesen Jahren auf das europäische Publikum ausübte. Das Programm, die Impression, der weltanschauliche Inhalt (Strauß, Debussy, Mahler) galten alles. [...] Man erblickte – und darin dürfen wir Zurückblickende eine Schwäche jenes Zeitalters sehen – im Konzert einseitig den Tummelplatz technischer Virtuosität und faßte den Gegensatz von Tutti und Solo als ein äußerliches Formenspiel auf, dem eine tiefere Idee nicht entspreche. Während Frankreich diese beschränkte, aber aus dem Zustande seiner damaligen Musik leicht begreifliche Ansicht am entschiedensten vertrat, Jungrußland hingegen ihr nicht beipflichtete, sondern die Gattung auch weiterhin fleißig bestellte, beharrten Deutschland und England auf einer mittleren Linie, ohne die klassischen Meister des Konzerts auch nur einen Augenblick zu vernachlässigen. – Wie sich heute mit voller Klarheit zeigt, lag der tiefere Grund für diese kunstgeschichtlich seltsame Stellungnahme nicht, wie man glaubte, in der Natur des »Konzerts« als solchem, sondern in der geistigen Erschöpftheit der Zeit, in ihrem Unvermögen, aus dem Urphänomen des Klangs heraus zu gestalten, also in dem Mangel an unverbrauchter Natürlichkeit der formerzeugenden Phantasiekräfte. Inzwischen hat sich die geistige Lage verändert. Mit neuen, gewaltig erweiterten Perspektiven schreitet die jüngere lebende Generation an neue Aufgaben, gestützt und gehoben von der Zuversicht, es mit dem sicher gestaltenden Barockzeitalter aufnehmen zu können.

ZEITTAFEL

14. Jh.	Italien: »concertare« (allgemein) = »etwas aufeinander abstimmen«
1550	Adrian Willaert: »Salmi spezzati«
1553	Vincenzo Lusitano: »Concerto« als Improvisationstechnik
1587	Andrea und Giovanni Gabrieli: »Concerti« (der Begriff als Titel einer Sammlung von Werken)
1602	Lodovico Viadana: »Cento Concerti ecclesiastici« (der Begriff als Titel für geringstimmig besetzte Werke)
1619	Michael Praetorius: sieht in dem Begriff »Concerto« den – vom Lateinischen abgeleiteten – Wettkampf-Charakter
1649	Direkte Vorformen der späteren Ritornelltechnik in geistlichen Konzerten (Francesco Lucio, »Motetti concertati« op. 1)
1682	Bericht Georg Muffats über Concerti grossi von Arcangelo Corelli
1698	Giuseppe Torelli: Concerti op. 6 (als ein frühes Schlüsselwerk des »modernen« Solokonzerts)
um 1711	Antonio Vivaldi: 12 Concerti op. 3 »L'estro armonico«; immense Ausstrahlung in ganz Europa
1721	Johann Sebastian Bach: Widmungspartitur der Brandenburgischen Konzerte
1725	Antonio Vivaldi: 12 Concerti op. 8 »Il cimento dell'armonia e dell'inventione« (darin Nr. 1–4: Die vier Jahreszeiten)
1729?	Johann Sebastian Bach: Konzert für 4 Cembali und Orchester BWV 1065 (Bearbeitung nach Vivaldi) aufgeführt
1735	Johann Sebastian Bach: »Italienisches Konzert« (in: Clavierübung II); mit »Reprise aller Episoden«
um 1738	Johann Sebastian Bach: Cembalokonzerte (als Bearbeitungen älterer eigener Werke)
um 1747	Carl Philipp Emanuel Bach: Konzert d-Moll Wq 22 in verschiedenen Besetzungen; mit vielgliedrigem Ritornell und »Ritornellreprise« (unter Beteiligung des Solisten)
1752	Johann Joachim Quantz: »Versuch einer Anweisung die Flöte traversiere zu spielen«. Darin ausführliche Abhandlungen über das Konzert
1773	Wolfgang Amadeus Mozart: erste eigenständige Konzerte (Violinkonzert KV 207, Klavierkonzert KV 175)
1779	Georg Joseph Vogler: Abhandlung über »Konzert« in den »Betrachtungen der Mannheimer Tonschule«
1775	Wolfgang Amadeus Mozart: Violinkonzerte, u. a. A-Dur KV 219; darin »Thematisierung« des Ritornells und der »Soloexposition«
1784–86	Wolfgang Amadeus Mozart: »große Wiener Klavierkonzerte«, beginnend mit Es-Dur KV 449 und B-Dur KV 450, endend mit c-Moll KV 491 und C-Dur KV 503. »Thematische Entflechtung« von Tutti und Solo

1795	Ludwig van Beethoven: Klavierkonzerte Nr. 1 C-Dur op. 15 und Nr. 2 B-Dur op. 19
1800	Ludwig van Beethoven: Klavierkonzert Nr. 3 c-Moll op. 37. Erste Tendenzen, den 2. und 3. Satz miteinander zu verbinden
1806	Ludwig van Beethoven: Klavierkonzert Nr. 4 G-Dur op. 58. Eröffnung durch den Solisten. Violinkonzert D-Dur op. 61
1808	Ludwig van Beethoven: Chorfantasie op. 80
1809	Ludwig van Beethoven: Klavierkonzert Nr. 5 Es-Dur op. 73
1817/18	Nicolo Paganini: Violinkonzert Nr. 1 D-Dur op. 6
vor 1820	Louis Spohr entwickelt einen Kinnhalter für die Violine
1821	Carl Maria von Weber, Konzertstück für Klavier und Orchester f-Moll op. 79
	Sébastien Erard meldet in London ein Patent für die doppelte Auslösung auf dem Klavier an
1828	Nicolo Paganini reist durch Europa
1830/31	Felix Mendelssohn Bartholdy: Klavierkonzert Nr. 1 g-Moll op. 25. Erste Versuche, auf Tuttiabschnitte zu verzichten
1833/35	Clara Schumann, Klavierkonzert a-Moll op. 7
1834	Hector Berlioz: »Harold en Italie« als »Sinfonie mit einer Solobratsche«
1845	Felix Mendelssohn Bartholdy: Violinkonzert e-Moll op. 64
	Robert Schumann erweitert eine Fantasie für Klavier und Orchester zum Klavierkonzert a-Moll op. 54
1848/57	Franz Liszt, Klavierkonzert Nr. 2 A-Dur. Durchkomponiert, mit »idée fixe«
1852	Adolph (von) Menzel: »Das Flötenkonzert Friedrichs des Großen in Sanssouci«
1859	Johannes Brahms: Klavierkonzert Nr. 1 d-Moll op. 15. Nach der Uraufführung verteidigt man den Stil des Werks als »symphonisches Konzert«
1866	Max Bruch: Violinkonzert g-Moll op. 26
1878	Peter Iljitsch Tschaikowsky: Violinkonzert D-Dur op. 35. »Auswahlverfahren« für die Formteile
1881	Johannes Brahms: Klavierkonzert Nr. 2 B-Dur op. 83
1893	Richard Strauss: Don Quixote op. 35 (mit Solocello und Solo-Viola)
1894/95	Antonín Dvořák: Cellokonzert h-Moll op. 104
1903	Donald Francis Tovey: The Classical Concerto
	Arnold Schering: Geschichte des Instrumentalkonzerts
	Jean Sibelius: Violinkonzert
1903/04	Ferruccio Busoni, Klavierkonzert
1917	Karol Szymanowski: Violinkonzert Nr. 1
1919	Edward Elgar: Cellokonzert
1921	Sergej Prokofjew: Violinkonzert Nr. 1 op. 19
1927	Béla Bartók: Klavierkonzert Nr. 1

1930	Wilhelm Fischer: Das Instrumentalkonzert. Darstellung der Ritornellkonzertform
1931	Igor Strawinsky: »Concerto en Ré« für Violine
1932	Paul Hindemith: »Philharmonisches Konzert«
1935	Alban Berg: Violinkonzert
1938	Béla Bartók: Violinkonzert »Nr. 2«
1939	Benjamin Britten: Violinkonzert
1943	Béla Bartók: Concerto for Orchestra
1947/48	Dmitri Schostakowitsch: Violinkonzert op. 77, als »op. 99« getarnt
1951	John Cage: Concerto for Prepared Piano and Chamber Orchestra
1957/58	John Cage: Concerto for Piano and Orchestra
1966	György Ligeti: Konzert für Violoncello und Orchester
1972	György Ligeti: Konzert für Flöte, Oboe und Orchester
1976	Krzysztof Penderecki: Violinkonzert Nr. 1
1987	Philip Glass: Concerto for Violin and Orchestra
1992	Wolfgang Rihm: »Gesungene Zeit«

ZU DEN AUFGABEN

(1) Bei »ut animalia viderent Dominum natum« (T. 23ff.) und bei der Wiederholung von »jacentem in praesepio« (T. 29ff.); Taktzahlen nach: Giovanni Gabrieli, Opera omnia, Corpus Mensurabilis Musicae 12, Rom [und Neuhausen-Stuttgart] 1957ff., Band 1.

(2) Tuttiabschnitte beginnen – nach der Eröffnung – in T. 18 (zweites Tutti), 37 (drittes Tutti), 53 (viertes Tutti) und 71 (Schluß). Das zweite und vierte Tutti enthalten den Ritornell-Vordersatz, das dritte und fünfte die Ritornell-Kadenz; aber nicht nur im zweiten und vierten, sondern auch im fünften findet sich die Ritornell-Fortspinnung. Somit entsteht der Eindruck, Vivaldi habe die Ritornellbestandteile etwa gleichartig auf die Tuttiabschnitte verteilt, zumindest als Tendenz auch hier. – Zäsuren im dritten Solo entstehen in T. 46 (a-Moll-Kadenz) und T. 50 (Halbschluß E-Dur); das nachfolgende Tutti steht in a-Moll. Folglich erreicht Vivaldi die Zieltonart bereits vor der ersten Zäsur und erhöht die Spannung auf eine Fortsetzung mit der zweiten, da der »Halb«-Schluß »abgeschlossen« werden muß – in der zugehörigen Tonika a-Moll.

(3) Konzert op. 4 Nr. 4, 3. Satz (jeweils die erste Taktzahl bezieht sich auf den Satz als solchen; die zweite Zahl richtet sich nach der Vivaldi-Gesamtausgabe, in der die Takte werkübergreifend durchgezählt werden): Tutti 3 (T. 70/191) moduliert von C-Dur in den a-Moll-Bereich und wird erst nach einem Solo-Einschub (T. 77–85/198–206) abgeschlossen; der letzte Soloteil (T. 98–109/219–230) moduliert daraufhin nicht mehr, weil a-Moll die Grundtonart des Satzes ist.

Konzert op. 8 Nr. 6, 1. Satz: Gegen Satzende wird zwischen den einzeln stehenden Tutti-Vordersatz (T. 64–67) und den Ritornellschluß (T. 77–83) ein freies Sologlied aufgenommen, das die Grundtonart ebenfalls nicht mehr verläßt.

(4) Das Ritornell ist fugisch angelegt; die späteren Tuttiabschnitte (T. 46–49, 55–58, 85–88) greifen dies nicht auf. Nach Tutti 3 wird das Solo 2 wiederaufgegriffen (T. 59–62 entspricht T. 50–53; in T. 63/64, 65/66 und 67/68 wird die Motivik aus T. 54 erweitert); danach läuft die Motivik aus Solo 1 aus T. 30–45 neuerlich ab (T. 69–84). Somit entsteht nach Tutti 3 ein großer dritter Soloabschnitt, in dem Bach zunächst an Solo 2, dann an Solo 1 anknüpft. Lediglich die Motivik aus T. 22–29 bleibt »unberücksichtigt«; dies tut aber nicht zu Sache, weil sie ohnehin in Solo 1 doppelt vorkommt (auch in T. 38–45) und somit auch zum »wiederaufgegriffenen« Materialbestand gehört.

(5) Im 3. Satz des »Italienischen Konzerts« entsteht die beschriebene »Reprise aller Episoden«; im 1. Satz des 2. Brandenburgischen Konzerts entsteht keine »Reprise«, sondern – zwischen T. 107 und T. 114 – lediglich eine freie piano-Interpolation, die die wiedererreichte Grundtonart F-Dur nicht mehr verläßt.

(6) zu 2.: Die Generalpause entfällt; nach der typischen Halbschluß-Wendung (auf D, T. 12–15) tritt eine unisono-Überleitung an deren Stelle, ehe in T. 16 die »lyrische Motivik« erreicht wird, die als Seitenthema figurieren kann.

(7) 1.: Als Tuttieinwurf erklingt nicht die Schlußbestätigung des Ritornells, sondern die Motivik aus T. 12–14: Mozart greift in diesem Satz das Ritornellmaterial »linear« wieder auf. Dieser Gesamteindruck wird erst nach dem Reprisen-Schlußtriller durchbrochen, indem in T. 187 unvermittelt bereits die Schlußbestätigung aus T. 35 eintritt.

2.: T. 31: Soloeinsatz mit dem Hauptthema; virtuos fortgeführt. T. 44: erster Tuttieinwurf (»Schlußbestätigung«). T. 46: »erster Modulationsbereich«, ausgehend von e-Moll (VI. Stufe; über eine Stufensequenz abwärts ist also die V. Stufe erreichbar, T. 50). T. 57: zweiter Tuttieinwurf (auf A, Doppeldominante). T. 60/61: zweiter Modulationsbereich, kadenzierend »in« der Dominante. T. 70/71: Seitenthema. T. 79: Schlußgruppe (hier: mit Ritornellmotivik eröffnet).

(8) Beethoven greift die Eröffnungsmotivik des Ritornells auf (T. 118), aber ebenso das Ritornell-Seitenthema (T. 155; vgl. T. 47/49) und das piano-Zwischenglied aus der Kadenzenkette (T. 182, vgl. T. 86). Hier entsteht also viel eher eine Abhängigkeit des ersten Soloabschnitts von einem »vielgliedrigen Ritornellmaterial« – in dem übrigens auch der »normale« Halbschluß auf der Dominante erreicht wird (T. 46), nach dem das Seitenthema aber nicht in der Tonika (C-Dur) eintritt, sondern in Es-Dur, so daß prinzipiell das gleiche »Problem« wie im 2. Klavierkonzert zutage tritt.

(9) 1.: Von T. 4 an moduliert der Satz zur Dominante (h-Moll), in der am Ende von T. 5 kadenziert wird; von T. 8 an führt eine Sequenz in fallenden Quinten nach G-Dur (T. 9, 2. Hälfte; E-a-D-G). In Takt 10 setzt e-Moll frei ein; in T. 11 und 13 (jeweils 2. Hälfte) wird in e-Moll kadenziert.

2.: Dadurch, daß er das Ritornell nur bis zu dem Dominanthalbschluß führt, nach dem in einem schnellen Konzertsatz noch »Seitenthema« und Kadenzenkette erwartet werden könnten.

(10) 1.: Dreimal kommen vor die Motivik aus T. 6 (T. 20, 36), T. 9–10 (T. 23–24, 39–40) und T. 13–14 (T. 27–28, 41–42); zweimal erklingt die Musik aus T. 19 (T. 35; T. 5 bleibt ohne Partner). Im dritten Durchgang erklingen die solistisch-freien Bestandteile in exakt gleicher Reihenfolge wie im zweiten; die Verhältnisse werden also aus den Eintritten der Ostinato-Motivik heraus variiert (besondere Abschnittseröffnung in T. 29/30, zwei Taktpaare mit Terzfall-Motivik in T. 31–34, kein Teilglied mit Begleitung aus dem Ostinato-Motivik heraus nach T. 40 – vgl. demgegenüber T. 11 und 25!).

2.: T. 1–13: Ostinato-Modell in g-Moll. T. 14–26: Das Modell moduliert nach c-Moll. T. 27–29: frei. T. 30–42: Das Modell moduliert nach B-Dur. T. 43/44: frei. T. 45–57: Das Modell moduliert nach c-Moll. T. 58–60: frei. T. 61–74: Das Modell moduliert nach g-Moll, in T. 72/73 um einen Takt gedehnt. T. 75–87: Ostinato-Modell in g-Moll.

(11) »Sonatenhaft« könnte erscheinen, daß von T. 157 an (Couplet 2) das Seitenthema »durchgeführt« erscheint. – In Refrain 1 spielen die Streicher und die Flöten. In Refrain 2 (T. 104ff.) wechseln das Klavier und das Orchester miteinander ab (das Klavier führt, das Orchester wiederholt); die gleichen Verhältnisse herrschen in Refrain 4 (T. 315ff.). In Refrain 3 hingegen (T. 214ff.) treten die Streicher bereits jeweils zu den Klavieranteilen hinzu; auch hier antwortet das Orchester.

(12) Von T. 132 an schiebt Mozart einen a-Moll-Abschnitt mit »türkischer Musik« ein; anders als in KV 271 geht der Rondo-Erweiterung hier ein Refrain-Eintritt voraus. Ähnliche Erweiterungen findet man in den Schlußsätzen der Violinkonzerte KV 216 (T. 252ff.) und KV 218 (T. 127ff.).

(13) Denkbar ist, ein Solokonzert lediglich mit einem sinfonischen Werk größeren Ausmaßes zu kombinieren (z. B. Bruckner), das dann die Schlußposition einnimmt, ebenso, daß die zentrale Position von einem modernen Orchesterwerk eingenommen wird, so daß auch hier das Solokonzert am Beginn des Programms steht. In beiden Fällen zeigt sich die Tendenz, Konzerte eher mit einem Solokonzert zu beginnen als zu beenden. Unter anderen Gesichtspunkten sind aber auch alternative Lösungen sinnvoll.

(14) Die ersten Violinen werden im wesentlichen (abgesehen von den rein solistischen Anteilen am Fortgang) mit der Solovioline parallel geführt; sie können den

Tonraum der Violine in der ersten Lage (g^0-h^2) zwar um einen Halbton überschreiten (T. 159: c^3), müssen sich aber vom Part der Solovioline lösen, wenn dieser in höhere Lagen vordringt (T. 165/166): Anstatt ebenfalls bis e^3 hin aufzusteigen, schließen sich die ersten Tuttigeigen in T. 165 den zweiten an und verharren somit im Bereich der ersten Lage.

(15) 1.: Gegenüber Schumanns Conrad-Graf-Flügel haben moderne Klaviere in der Tiefe eine Terz, in der Höhe eine Quart mehr Klangraum (A_2-c^5).
2.: Erforderlich ist ein Instrument mit einem Umfang F_1-f^4 (vgl. etwa T. 422 und T. 406) – also demjenigen, den Beethoven in seinem 5. Klavierkonzert fordert.

(16) Schumann stellt der Begleit-Bewegung der Streicher, über der der Solist einsetzt, zunächst noch drei Akkorde voran. Sein Cellothema ist ausladender als das Violinthema Mendelssohns: Es gliedert sich in achttaktige Einheiten (in T. 21 wird die Motivik aus T. 5–12 (a) wiederaufgegriffen; T. 13–20 erweist sich daher als ein zweites motivisches Glied (b). Schumann dehnt daraufhin das zweite »a«-Motivglied mit Hilfe virtuoser Figuration aus; in T. 34 setzt das Tutti mit neuer Thematik ein. Wie Mendelssohn baut also auch Schumann die Erwartung auf ein »erstes Tutti« aus der Solothematik heraus ab; sein Tuttieinsatz bringt hingegen bereits eine Art Überleitungs-Thematik.

(17) Als »Hauptthema« könnte das Violinthema T. 16–23 angesehen werden; von T. 46 an erklingt ein Thema auf der Durparallele. Von T. 74 an wird auf jenes »Hauptthema« zurückgegriffen; die Bewegung wird – ähnlich wie für eine »Schlußgruppe« – verdichtet. Von T. 90 an wird der Satz von einem Orgelpunkt auf d (Dominante von g-Moll) beherrscht – ähnlich wie eine Rückleitung am Ende einer »Durchführung«. Dann folgt ein Tuttiabschnitt in g-Moll (T. 108–140), eher die Introduktions-Motivik aus T. 1 aufgegriffen wird; aus ihr heraus wird unmittelbar zum Mittelsatz übergeleitet. Man könnte also davon sprechen, daß hier (ähnlich wie zu Beginn von Clara Schumanns Konzert) Schlußgruppen- und Durchführungs-Aspekte verbunden werden; der Tuttiabschnitt könnte »vor dem Beginn einer Reprise« stehen (nicht wesentlich anders als in Tschaikowskys Konzert) – wenn er auch keine Reprise eröffnet. Übrigens: Bruch überschreibt den gesamten Satz mit »Vorspiel«; dies »rechtfertigt« eine derartige »Auswahl« (und ein »Fantasieprinzip«) freilich in besonderer Weise.

(18) Im 3. Klavierkonzert steht der Mittelsatz in E-Dur, der Schlußsatz beginnt in c-Moll (das Stufen-Verhältnis ist also das gleiche wie im G-Dur-Konzert, nur unter Vertauschung der Dur-Moll-Kategorien). Als Schlußklang des Mittelsatzes schreibt Beethoven im Klavier einen E-Dur-Akkord in Terzlage, geprägt von der Sexte h^1-gis^2. Der c-Moll-Schlußsatz beginnt mit einem einzelnen g^2-Auftakt; danach folgen als Achtelnoten die Töne as^2 und h^1 – also das gleiche Intervall (as/gis enharmonisch verwechselt), mit dem der Schlußsatz geendet hat. Im Violinkonzert begegnet man hingegen der »primitivsten« Lösung im Kontext der Beethoven-Konzerte: einem Übergang aus der Subdominante G in die Konzert-Grundtonart D-Dur.

(19) In T. 118ff.: Es ergibt sich ein Wechsel in zweitaktigen Einheiten (118: Fagotte, Hörner; 120: Violinen, Bratschen; 122: 1. Flöte, Oboen, Klarinetten; 124: Streicher; 126: Klavier). In T. 128 beendet Brahms das Verfahren aus Techniken des »obligaten Accompagnements« heraus, indem er die melodische Fortführung nochmals den hohen Streichern überträgt, ihr aber den virtuosen Klavierpart entgegenstellt.

(20) Dvořák spielt auf das Hauptthema des ersten Satzes an.

(21) Die Musik bei Ziffer 1 (Trompeten) läßt sich als Hauptthema bezeichnen; das Thema, das die Solovioline ab Ziffer 7 als Gegenstimme dazu entwickelt, kann man

als Seitenthema ansehen. Der Kernbereich dieser »Exposition« (Ziffer 3–11) wird als »Reprise« wiederholt (Ziffer 38–46). Tuttiabschnitte ergeben sich bei Ziffer 16/17 (Hauptthema) und bei Ziffer 27/31 (Fugato der Streicher, bei Ziffer 31 auch Trompeten); sie stehen nach Ende jener »Exposition« bzw. vor dem Wiedereinsatz der »Reprise«. Aus den Traditionen heraus gesprochen, ließe sich folglich die Position, in der der erste steht, als »einem Mittentutti ähnlich« beschreiben, während die Position des zweiten sich als »gegen Ende der Durchführung« denken läßt. Grundsätzlich ähnelt der Formverlauf somit demjenigen in Tschaikowskys Violinkonzert.

LITERATUR

1. Epochendarstellungen, Gattungsüberblicke etc.

Emans, Reinmar, und Matthias Wendt (Hrsg.): Beiträge zur Geschichte des Konzerts. Festschrift Siegfried Kross zum 60. Geburtstag. Bonn 1990. (Enthält Aufsätze zu Detailproblemen der gesamten Gattungsgeschichte des Konzerts; besonders hervorgehoben seien: Wolfram Steinbeck, Zur Entstehung der Konzertsatzform in den Pasticcio-Konzerten Mozarts, S. 125–139; Reinhard Dusella, Millionen Menschen begreifen diese formalistischen Verrenkungen nicht – Sergej Prokofjews Bekenntnis zum volksnahen Komponieren, untersucht am Beispiel der beiden Cellokonzerte op. 58 und op. 125, S. 371–381.)

Engel, Hans: Die Entwicklung des Deutschen Klavierkonzerts von Mozart bis Liszt. Leipzig 1927. (Erster – grundlegender – Versuch einer historischen Gesamtschau für die Gattungsgeschichte des Konzerts – am Beispiel Klavierkonzert – im 19. Jahrhundert.)

Engel, Hans: Das Instrumentalkonzert. Eine musikgeschichtliche Darstellung. 2 Bände, Wiesbaden 1971. (Monumentalstudie, in der, nach Instrumenten geordnet, schier unzählig viele Werke kurz porträtiert werden.)

Fischer, Wilhelm: Instrumentalmusik von 1600–1750. In: Guido Adler (Hrsg.), Handbuch der Musikgeschichte, Berlin 1930 (Nachdrucke: Tutzing 1961/München 1975), Bd. 2, S. 540–573. (Musikwissenschaftliche Herleitung der barocken Ritornellkonzertform.)

Hoffmann-Erbrecht, Lothar: Klavierkonzert und Affektgestaltung. Bemerkungen zu einigen d-Moll-Klavierkonzerten des 18. Jahrhunderts. In: Deutsches Jahrbuch der Musikwissenschaft 16 (1971), S. 86–110.

Hutchings, Arthur: The Baroque Concerto. London 1951.

Krummacher, Friedhelm: Virtuosität und Komposition im Violinkonzert. Probleme der Gattung zwischen Beethoven und Brahms: In: NZfM 135 (1974), S. 604–913.

Reimer, Erich: Die Polemik gegen das Virtuosenkonzert im 18. Jahrhundert. Zur Vorgeschichte einer Gattung der Trivialmusik. In: AfMw 30 (1978), S. 235–244.

Schering, Arnold: Geschichte des Instrumentalkonzerts bis auf die Gegenwart. Leipzig 1905, [2]1927, Nachdruck Hildesheim etc. und Wiesbaden [3]1988. (Erste größere historische Abhandlung über das Konzert als Gattung.)

Tovey, Donald Francis: The Classical Concerto (1903). In: Essays in Musical Analysis, Oxford 1935–39/Oxford 1989, S. 3–27. (Einleitung zum Band »Concertos and Choral Works«.)

2. Konzert als Veranstaltung

Heister, Hanns-Werner: Das Konzert. Theorie einer Kulturform. 2 Bände, Wilhelmshaven 1983 (Taschenbücher zur Musikwissenschaft 87/88).

Salmen, Walter: Das Konzert. Eine Kulturgeschichte. München 1988.

Schwab, Heinrich W.: Konzert. Öffentliche Musikdarbietung vom 17. bis 19. Jahrhundert. Leipzig 1971, [2]1980 (Musikgeschichte in Bildern, Band IV, Lieferung 2).

3. Konzert und Musiktheorie; Anfänge des Konzerts

Carver, Anthony F.: Cori spezzati. 2 Bände, Cambridge 1988.

Dahlhaus, Carl: Formen improvisierter Mehrstimmigkeit im 16. Jahrhundert. In: Musica 13 (1959), S. 163–167. (Über die Improvisationstechniken von Vincenzo Lusitano, 1558.)

Dubowy, Norbert: Arie und Konzert. Zur Entwicklung der Ritornellanlage im 17. und frühen 18. Jahrhundert. München 1991 (Studien zur Musik, 9).

Küster, Konrad: Opus primum in Venedig. Traditionen des Vokalsatzes, 1590–1650. Laaber 1994 (Freiburger Beiträge zur Musikwissenschaft).

Kunze, Stefan: Die Entstehung des Concertoprinzips im Spätwerk Giovanni Gabrielis. In: AfMw 21 (1964), S. 81–110.

Reimer, Erich: Artikel »Concerto/Konzert«. Wiesbaden 1973 (Einzellieferung in: Handwörterbuch der musikalischen Terminologie).

Selfridge-Field, Eleanor: Venetian Instrumental Music from Gabrieli to Vivaldi. Oxford 1975 (Blackwell's Music Series).

Stevens, Jane R.: Theme, Harmony, and Texture in Classic-Romantic Descriptions of Concerto First-Movement Form. In: JAMS 27 (1974), S. 25–60.

4. Einzelne Komponisten, einzelne Werke

Albinoni

Talbot, Michael: Albinoni. Leben und Werk. Adliswil/Lottstetten 1980.

Bach

Ahnsehl, Peter, Karl Heller und Hans-Joachim Schulze (Hrsg.): Beiträge zum Konzertschaffen Johann Sebastian Bachs. Leipzig 1981 (Bach-Studien, 6).

Breig, Werner: Das Ostinatoprinzip in Johann Sebastian Bachs langsamen Konzertsätzen. In: Frank Heidlberger, Wolfgang Osthoff, Reinhard Wiesend (Hrsg.), Von Isaac bis Bach, Studien zur älteren deutschen Musikgeschichte, Festschrift Martin Just zum 60. Geburtstag, Kassel etc. 1991, S. 287–300.

Küster, Konrad: Grenzen des Ritornellkonzerts? Zu Bachs Konzertsätzen BWV 1041/1 und 1060/3. In: Festschrift für Ulrich Siegele zum 60. Geburtstag, Kassel 1991, S. 105–116.

Siegele, Ulrich: Kompositionsweise und Bearbeitungstechnik in der Instrumentalmusik Johann Sebastian Bachs. Neuhausen-Stuttgart 1973 (Tübinger Beiträge zur Musikwissenschaft, 3).

Zehnder, Jean-Claude: Giuseppe Torelli und Johann Sebastian Bach. Zu Bachs Weimarer Konzertform. In: Bach-Jahrbuch 77 (1991), S. 33–95.

Beethoven

Osthoff, Wolfgang: Ludwig van Beethoven, Klavierkonzert Nr. 3 c-moll, op. 37. München 1965 (Meisterwerke der Musik, Heft 2).

Berg

Floros, Constantin: Die Skizzen zum Violinkonzert von Alban Berg. In: Alban Berg Studien, Band 2, Wien 1981, S. 118–135.

Krasner, Louis: The Origins of the Alban Berg Violin Concerto. In: Alban Berg Studien, Band 2, Wien 1981, S. 107–117.

Lorković, Radovan: Das Violinkonzert von Alban Berg. Analysen, Textkorrekturen, Interpretationen. Winterthur 1991 (Musikreflektionen, 3).

Pople, Anthony: Berg. Violin Concerto. Cambridge 1991 (Cambridge Music Handbooks).

Stephan, Rudolf: Alban Berg, Violinkonzert (1935). München 1988 (Meisterwerke der Musik, Heft 49).

Berlioz

Dömling, Wolfgang: Hector Berlioz – Die symphonisch-dramatischen Werke. Stuttgart 1979.

Brahms

Dahlhaus, Carl: Johannes Brahms, Klavierkonzert Nr. 1 d-moll, op. 15. München 1965 (Meisterwerke der Musik, Heft 3).

Klüppelholz, Werner, und Hermann J. Busch: Musik gedeutet und gewertet – Dokumente zur Rezeptionsgeschichte von Musik, Kassel etc. und München 1983. Auf S. 115–150: Dokumentensammlung zur Rezeptionsgeschichte von Brahms' 1. Klavierkonzert op. 15.

Chopin

Stegemann, Michael: Frédéric Chopin, Konzert für Klavier und Orchester e-Moll, op. 11. Taschenpartitur [mit] Einführung und Analyse. Mainz und München 1982.

Mendelssohn

Gerlach, Reinhard: Mendelssohns Kompositionsweise. Vergleich zwischen Skizzen und Letztfassung des Violinkonzerts opus 64. Zwei Teile (der erste unbezeichnet, der zweite als »II« bezeichnet); [I] in: AfMw 28 (1971), S. 119–133; II in: Carl Dahlhaus (Hrsg.), Das Problem Mendelssohn, Regensburg 1974 (Studien zur Musikgeschichte des 19. Jahrhunderts, Band 41), S. 149–167.

Mozart

Badura-Skoda, Eva: Wolfgang Amadeus Mozart, Klavierkonzert c-moll KV 491. München 1972 (Meisterwerke der Musik, Heft 10).

Hutchings, Arthur: A Companion to Mozart's Piano Concertos. London 1948, ^{2}1950.

Küster, Konrad: Formale Aspekte des ersten Allegros in Mozarts Konzerten. Kassel 1991.

Küster, Konrad: Von »Mitridate, Re di Ponto« zu »Il re pastore«. Stationen auf Mozarts Weg zur Konzertform. In: Mozart-Jahrbuch 1991, S. 956–962.

Schumann

MacDonald, Claudia: The Models for Schumann's F-major Piano Concerto of 1831. In: Studi musicali 21 (1992), S. 159–189.

Voss, Emil: Robert Schumann, Konzert für Klavier und Orchester a-Moll, op. 54. Taschenpartitur [mit] Einführung and Analyse. Mainz und München 1979.

Vivaldi

Ahnsehl, Peter: Genesis, Wesen, Weiterwirken. Miszellen zur vivaldischen Ritornellform. In: Informazioni e studi vivaldiani 6 (1985), S. 74–85.

Braun, Werner: Antonio Vivaldi, Concerto grossi, op. 8, Nr. 1–4, Die Jahreszeiten. München 1975 (Meisterwerke der Musik, Heft 9).

Heller, Karl: Antonio Vivaldi. Leipzig 1991.

Talbot, Michael: Antonio Vivaldi: Der Venezianer und das barocke Europa, Leben und Werk. Stuttgart 1985 (Originalausgabe: London 1978).

REGISTER

Im Register erfaßt werden Namen von Komponisten, Interpreten, Instrumentenbauern etc. sowie Namen von Verfassern theoretischer oder wissenschaftlicher Darstellungen, sofern diese als historische Quellen benutzt werden (Hinweise auf die ausführlicher behandelten Kompositionen ergeben sich aus dem Inhaltsverzeichnis).